데모스테네스 6

나남
nanam

한국연구재단 학술명저번역총서
서양편 458

데모스테네스 6

2025년 2월 25일 발행
2025년 2월 25일 1쇄

지은이   데모스테네스
옮긴이   최자영
발행자   趙相浩
발행처   (주) 나남
주소   10881 경기도 파주시 회동길 193
전화   (031) 955-4601 (代)
FAX   (031) 955-4555
등록   제 1-71호 (1979. 5. 12)
홈페이지   http://www.nanam.net
전자우편   post@nanam.net

ISBN 978-89-300-4190-4
ISBN 978-89-300-8215-0 (세트)

이 책은 2019년 대한민국 교육부와 한국연구재단이 우리 시대 기초학문의 부흥을
위해 펼치는 학술명저번역사업의 지원을 받은 책입니다(2019S1A5A7069146).

한국연구재단
학술명저번역총서
458

데모스테네스 6

데모스테네스 지음

최자영 옮김

Demosthenes

데모스테네스 ⑥

차 례

데모스테네스 ①

데모스테네스 ②

데모스테네스 ③

데모스테네스 ④

일러두기

1. 이 책은 그리스어 원문과 영문판, 프랑스어판, 일본어판을 함께 참고하여 번역했다. 미국 Loeb 총서의 *Demosthenes*〔C. A. Vince 외 편집 및 번역, 1962~1978〕를 기본으로, 그 외에 그리스어 Kaktos 판본, *Demosthenes*(1994), 프랑스 Belles Lettres 판본, *Démosthène plaidoyers politiques*(O. Navarre & P. Orsini 편집 및 번역, 1954), 일본 京都大學學術出版會의 西洋古典叢書 《デモステネス 弁論集 1》(2006) 등을 참고했다.

2. 'demos(데모스)'는 민중, 민회(*ekklesia*), 행정구역으로서의 촌락 등 여러 가지 의미로 쓰인다. 행정구역을 지칭하는 경우, 구(區)로 번역했다.

3. 인명·지명 표기에 있어 외래어표기법보다 그리스어 발음을 우선시했다. (예: 아테네 → 아테나이, 테베 → 테바이, 다리우스 → 다레이오스)

4. 본문 중에 표기된 숫자는 고전 원문의 쪽수(절)이다.

5. 참고문헌 표기에 있어, 고대 문헌의 장과 절은 '12. 34.'와 같이 표기했는데 '12장 34절'을 뜻한다.

6. 고대 아테나이 화폐단위는 1탈란톤 = 60므나, 1므나 = 100드라크메, 1드라크메 = 6오볼로스이다. 탈란톤과 므나는 주조 화폐가 아니라 무게(*money*)로 측량하며, 드라크메와 오볼로스는 주조 화폐(*coin*)이다. 탈란톤은 소 한 마리 가격에 해당하며, 소의 팔과 다리를 사방으로 늘여 편 상태의 모양(머리는 제거)으로 만든다. 금속의 가치에 따라 1탈란톤의 은은 더 가볍고, 동은 더 무겁다.

45

스테파노스의 위증을 비난하여 1

해제

이 변론은 데모스테네스가 아폴로도로스에 반대하는 입장에서 〈포르미온을 위한 '위법의 소(訴)'에 대한 항변〉[1]에서 다룬 사건의 다음 상황을 보여 준다. 포르미온을 위한 데모스테네스의 변론이 설득력이 강했으므로, 당시 재판관들은 아폴로도로스의 말은 들으려고 하지도 않았고, 아폴로도로스는 패소하여 6분의 1 (에포벨리온)의 벌금을 물어야 했다. 그런데 이 변론은 당시 포르미온을 위해 증언했던 스테파노스를 위증으로 고소한 재판에서 아폴로도로스가 발표한 것이다.

은행업자 파시온은 아폴로도로스와 미성년의 파시클레스를 두었다. 그가 죽기 전에 파시클레스를 위해 포르미온을 후견인으로 지명했는데, 포르미온은 해방되기 전 신분이 자기 수하의 하인이었으나, 나중에는 자기 처이며 아이들의 모친인 여인을 그에게 출가시켰다.

---

1   Demosthenes, 36.

아폴로도로스는 자기 동생과 부친의 유산을 배분해 가졌는데, 당시 포르미온에게 임대되었던 은행과 방패 공장은 제외되었다. 처음에 두 아들은 포르미온이 지불하는 임대료를 반씩 나누어 가졌다. 후에 파시클레스가 성인이 되면서, 임대되었던 유산도 분배하여 아폴로도로스는 공장, 파시클레스는 은행을 차지했다.

그런데 이들 모친이 죽자, 아폴로도로스는 모친의 재산도 분배하고, 포르미온에 대해서는 자신에게 귀속되는 재물을 포르미온이 장악하고 있다고 소(訴)를 제기했다. 이 사건이 중재에 붙여졌고, 아폴로도로스는 5천 드라크메를 받고 소를 취하했다. 그런데 아폴로도로스는 은행 예치 원금 문제로 다시 포르미온을 고소하고 거액(3탈란톤 20므나)을 요구했다. 그러자 포르미온이 '위법의 소(訴)'에 대한 항변을 제기했고, 그에 따른 재판에서 승소했다.

이 재판에서 동원된 포르미온 측 증인 가운데 한 사람이었던 스테파노스는 아폴로도로스 처의 재종이었는데, 파시온의 유언 관련하여 포르미온 주장의 정당성을 지지함으로써, 아폴로도로스에게 불리하게 증언했다. 증언의 내용에 따르면, 만일 아폴로도로스가 파시온의 유언장을 허위라고 인식했다면, 포르미온이 유언장 원본을 개봉해 보자고 제안[2]했을 때, 아폴로도로스가 포르미온의 이 같은 제안을 받아들이지 않았을 것이라는 것이다. 스테파노스의 이 같은 증언이 거짓으로 밝혀진다면, 아폴로도로스는 포르미온을 사기죄[3]로 얽어맬 수 있고, 본안 소송을 다시 시작할 수가 있게 된다.

원고 아폴로도로스의 주장은, 그 같은 제안은 없었으며, 자기 부친은 유언장을 작성한 적이 없고, 유언과 재산(은행과 방패 공장)의 대여는 포르미온이 꾸며낸 것이며, 포르미온이 주장하는 채무 변제 및 해소 사실은 존재하지 않는다

---

2 *proklesis.*
3 *dike kakotechnion.*

는 것 등이었다. 이어서 그는 스테파노스와 포르미온의 못된 인간 됨됨이를 공격한다. 아폴로도로스의 부친 파시온도 예속인 출신이었으나, 아폴로도로스는 포르미온이 이방인 출신으로 과거에 자기 부친에게 종속된 예속인이었다는 사실, 더 나아가 자기 동생 파시클레스는 부친 파시온의 생자(生子)가 아니라 실제로 포르미온과 자기 모친이 간통하여 낳은 자식이라고 매도(罵倒)한다.

위증 관련 법조문에 따르면, 위증으로 피해 본 사람은 위증의 소(訴)⁴를 제기하여 손해배상을 요구할 수 있다. 위증죄 혐의로 3번 유죄 선고받은 이는 자격박탈형에 처해진다. 아폴로도로스가 스테파노스에 대해 위증 혐의로 소 제기한 것은 앞서 패소한 본안 소송을 다시 도마 위에 올릴 수 있는 가능성을 여는 것이다. 앞의 재판에서 패소하여 자신이 요구한 3탈란톤 20므나의 6분의 1(에포벨리아)의 벌금을 물은 바 있는 아폴로도로스가 만일 이 재판에서 승소하면, 앞선 패소 판결을 무효로 할 수 있게 된다.

앞선 변론 〈포르미온을 위한 '위법의 소(訴)'에 대한 항변〉에서 아폴로도로스는 부친의 신임을 받지 못한 채, 낭비벽과 사기성이 있고 거만한 사람으로 그려진다. 그러나 그는 아테나이 사회에서 그렇게 하찮은 사람인 것만은 아니었고, 349/348년 의회 의원으로 봉직하면서, 관극기금을 군자금으로 전용하자는 취지의 조령을 제안한 적이 있다. 이것은 〈올린토스 변(辯)〉에서 데모스테네스가 주창하는 대의와 일치한다.

여기서 문제는 어떻게 데모스테네스가 아폴로도로스에 반대하는 변론(〈포르미온을 위한 '위법의 소(訴)'에 대한 항변〉)을 썼다가, 바로 이어서 그를 위하는 이 변론을 쓰게 되었는가 하는 점이다. 그 이유가 두 사람이 정치적 노선에서 공통점이 있었기 때문이라고 보는 견해가 있다. 그러나 이 변론은 문헌학적 시

---

4   *dike pseudomartyrion.*

각에서 데모스테네스의 작품으로 간주되는 다른 변론과 비교할 때 문체와 논리 전개의 구조상 차이가 있다.

이 두 편 외에도 아폴로도로스가 발표한 다섯 편[5]의 변론이 더 있는데, 이 다섯 편의 변론은 문체나 전반적 특성에서 공통성이 있다. 그래서 이 변론들이 아폴로도로스 자신의 작품이었으나, 후에 알렉산드로스 문헌학자들에 의해 데모스테네스 전집 안에 포함되었다고 추정하기도 한다. 다만, 두 편의 〈스테파노스의 위증을 비난하여〉는 문체, 변론 기법, 박력 등에서 다른 다섯 편보다는 더 우수하다는 측면에서, 아폴로도로스가 작성했으나 데모스테네스 등 다른 이의 도움을 받았다는 견해도 있다.

---

5   데모스테네스 전집에, 아폴로도로스에 의해 발표된 변론은 총 7개이다. 2편의 〈스테파노스의 위증을 비난하여〉 외에 5편〔49 (〈채무 관련하여 티모테오스에 반대하여〉), 50 (〈삼단노선주 부담 관련하여 폴리클레스에 반대하여〉), 52 (〈칼리포스에 반대하여〉), 53 (〈아레투시오스에 속한 예속인 목록 관련하여 니코스트라토스에 반대하여〉), 59 (〈테옴네스토스와 아폴로도로스가 네아이라를 비난하여〉)〕이 있다.

14

1. (소송상대의) 위증으로 인해, 아테나이인 여러분, 제가 패소[6]했고, 포르미온에 의해 모욕당하고 피해 본바, 잘못을 저지른 이들에 대해 여러분에게 판결을 구하게 되었습니다. 저는 여러분 모두에게 간청하고 호소하며 읍소하는바, 그 무엇보다 먼저 제 말을 경청해 주십시오. 저와 같이 불행을 당한 사람은 자신이 어떤 봉변을 당했는가를 전달할 수 있을지, 또 여러분 중에서 저를 동정하는 사람을 구할 수 있을지가 관건이기 때문이지요. 그다음에는, 만일 제가 피해를 본 것같이 보인다면 마땅히 저에게 도움을 주십사 하는 겁니다. 2. 제가 여러분께 밝히려는 것은, 이 스테파노스가 위증(僞證) 한 동시에, 그것이 비열한 욕심 때문이었다는 사실, 그리고 자신이 한 진술 자체에 의해 유죄임이 드러난다는 거예요. 저는 가장 간략한 진술로서 포르미온과 저 사이에 일어났던 일의 자초지종을 여러분에게 고하겠습니다. 제 말을 들으시면, 여러분은 포르미온의 비열함과 함께, 이들이 위증했다는 사실을 파악하게 될 거예요.

3. 저로서는, 재판관 여러분, 아버지가 거액의 유산을 남겨 주었는데, 이것을 포르미온이 가지고 있을 뿐만 아니라, 제가 삼단노선주로 복무하면서 공무로 해외에 나가 있을 때, 그가 제 어머니와 혼인했어요. 그가 어떻게 성사시켰는지는, 아들인 제가 제 어머니 관련하여 미주알고주알 밝히는 것이 도리가 아닐 것 같습니다. 제가 돌아와서 이런 상황을 알고는, 너무 황당해서 자제하기 어려웠으나, 사소(私訴)를 제기하지는 않았고, 4. 다만 법무장관[7] 앞으로 '모욕죄 공소'[8]

---

6   참조, Demosthenes, 36.

를 제기했어요. 사소를 제기하지 않은 것은 당시 전시였으므로 그 같은 사안은 다 연기되었기 때문이지요. 그러다 세월이 흐르면서 공소도 흐지부지되었고, 재판도 열리지 않는 가운데, 제 어머니가 이 사람의 아이들을 낳게 되었습니다.9 그런 다음, 여러분에게 사실을 죄다 말씀드리자면, 재판관 여러분, 제 어머니가 포르미온에 대해 듣기 좋은 말을 여러 번 하면서 그를 받아들이도록 제게 종용했어요. 그러나 포르미온 측은 그저 긴가민가했고 대수롭지 않아 했지요.

5. 그런데, 이야기를 간추리자면, 아테나이인 여러분, 그가 동의한 사안들에 대해 아무것도 실천하지 않으려 했고, 그가 은행에 보관하던 자금도 저에게 내놓지 않고 차지하고 있는 거예요. 그래서 제가 형편이 갖추어지자 바로 그를 제소했습니다. 포르미온은 모든 사실이 드러나고, 그가 저희에게는 세상 사람들 가운데서 가장 악한 사람이었음이 알려지게 될 것이란 사실을 깨달았어요. 그래서 계획하여 음모를 꾸미고는, 스테파노스를 사주하여 저에 대해 거짓말하게 하기에 이르게 된 겁니다. 처음에 포르미온은 위법의 소(訴)에 대한 항변10을 제기하면서, 자신에 대한 소는 성립하지 않는다고 주장했어

---

7   *thesmothetai.*

8   *graphe hybreos.* '*graphe*'는 소 제기하는 절차인데, 사소와 같이 개인이 제기하나, 공적 중요성이 있는 사안 관련한 절차이므로, '공소(公訴)'의 개념으로 이해할 수 있다. 공소는 5분의 1 지지표도 얻지 못한 채 패소하는 경우 벌금을 물어야 하는 위험부담이 따른다.

9   아폴로도로스의 모친 아르키페는 포르미온과 결혼하여 두 자식을 낳았다. 참조, Demosthenes, 36. 32.

10 *paragraphe*(위법의 소에 대한 항변). 법안이나 소송의 제기가 위법이라고 이의를

요. 그러더니 그다음에는 제가 그에 대한 채권을 철회한 사실이 있다고 위증하는 사람을 세우고, 위조 계약서와 존재하지도 않은 유언장을 내놓은 거예요. 6. 그가 저보다 먼저 발언했는데, 그 재판이 위법의 소 제기에 대한 항변이었으므로, 해당 사안의 구체적 내용에 관한 것이 아니었어요. 그냥 이 서류들을 소개하고, 다른 것들에 관해서도 자기에게 유리하게 거짓말해서, 재판관들을 현혹하여 마침내 저희가 하는 말을 들으려고도 하지 않도록 만들었던 거예요. 저는 6분의 1 벌금[11]을 지불했고, 발언의 기회조차 얻지 못한 채, 누구도 겪어 보지 못했을 그런 수모를 당하면서, 아테나이인 여러분, 무겁고 참담한 심정으로 법정을 떠났습니다.

7. 그런데 혼자서 곰곰이 반성하면서, 그 법정의 재판관들에 대해 제가 양해해야 한다는 사실을 깨달았어요. 저라도 어떻게 달리 표를 던질 수 있었을지 알 수 없으니까요. 한편으로 사건 자체에 대해 아는 것이 없고, 다른 한편으로 증언들이 나왔으니 말이에요. 오히려 분노는 바로 이들, 거짓으로 증언하여 이 같은 상황을 초래한 이들을 향해야 하는 것이지요. 위증한 다른 이들에 대해서는 여러분 앞에 소개할

제기하는 항변이다. 참조, 최자영, 《고대 그리스 법제사》, p. 446, p. 552; 같은 책(전자책), 제6장, 4. 4) 후견재판: 제8장, 7. 2) (1) 소작과 임대차.

11 *epobelia*. 에포벨리아는 1드라크메당 1오볼로스, 다시 말하면 6분의 1의 비율로 벌금이나 이자를 문다는 뜻이다. 아테나이에서는 사소(私訴)의 재판에서 원고가 5분의 1의 지지표도 얻지 못하고 패소한 경우, 피고에게 벌금을 문다. 벌금을 제때 지불하지 못하면, 매달 6분의 1 이자를 지불한다. 한 예로, 데모스테네스의 경우 후견인들에 대한 소송에서 에포벨리아의 위험을 감수했다. 이 변론 원고인 아폴로도로스는 결국 패소하여 3탈란톤 20므나 벌금형을 받았다.

때 가서 말씀드리도록 하고, 지금 당장은 스테파노스가 증언한 내용과 관련하여 여러분에게 고하겠습니다. 8. 제가 언급한 사실을 입증할 수 있도록, 이 증언을 들고 저를 위해 읽어 주십시오. 그리고, 당신은 물시계를 멈춰 주시고요. 12

증언

아카르나이 출신 메네클레스의 아들 스테파노스, 람프트라이 출신 에피게네스의 아들 엔디오스, 키다테나이온 출신 하르마테우스의 아들 스키테스는 다음 사실을 증언합니다. 본인들이 중재인13 아카르나이 출신 테이시아스 앞에 임석했을 때, 포르미온이 아폴로도로스에게 제안14하기를, 포르미온이 함(函)15에 넣어 둔 서류가 파시온의 유언장 사본이 아니라고 아폴로도로스가 주장한다면, 케피소폰의 사돈16 암피아스가 중재인(테이시아스)에게 제출한 파시온의 유언장 원본을 공개하자고 했습니다. 그러자 아폴로도로스가 공개하기를 거부했습니다. 그것은 파시온의 유언장 사본이었습니다.

9. 재판관 여러분, 여러분은 증언을 들으셨습니다. 제 소견에, 여러분이 다른 사안들은 간파하지 못했다 해도, 이상하다는 느낌을 받

---

12 증언을 읽는 시간은 발언 당사자의 변론이 아니므로, 허용된 변론 시간에서 제외하기 위해 물시계를 멈춘다.
13 *diaitetes*.
14 *proukaleito* (*proklesis*).
15 *echinos*.
16 아내의 형제로서 동서.

앉을 겁니다. 증언의 첫머리에 제안한 사실이 나오는데, 끝부분에는 유언장이 언급되는 사실이 그러합니다. 저로서는, 부득이, 유언장의 주요 내용이 거짓임을 밝힌 다음에야, 비로소 그와 관련된 몇 가지 상황을 부언하는 것이 옳다고 봅니다. 10. 이들의 증언에 따르면, 케피소폰의 사돈 암피아스가 중재인 테이시아스에게 제출한 유언장을 공개하도록 포르미온이 제게 제안했는데, 제가 공개를 거부했다고 하고 있어요. 이들이 증언한바, 이것이 원본 유언장의 사본이랍니다. 거기에 유언이 적혀 있다는 것이에요. 11. 그(포르미온)가 제게 그런 제안을 했는지 안 했는지, 유언장이 진짜인지 가짜인지에 대해 지금은 아무런 언급도 제가 하지 않겠습니다. 조금 뒤에 바로 이런 점들에 대해 말씀드릴 테니까요. 그런데, 이들이 증언한바, 제가 유언장을 공개하지 않으려 했다는 사실을 여러분이 생각해 보십시오. 누가 어떤 연유로 내용을 공개하지 않으려 하겠습니까? 제우스의 이름을 걸고, 재판관들에게 유언장 내용을 알리지 않으려 한 것이 되겠지요.

12. 이들이 증언에서 그런 (포르미온이 한) 제안과 유언장을 서로 연결하지만 않았어도, 제가 내용 공개를 거부했다는 사실이 그럴듯해 보일 뻔했어요. 그런데 증언에 유언장을 거론함으로써, 재판관들이 필히 그 유언의 내용을 들으려 했을 거란 말이에요. 그런 마당에 공개를 거부하는 것이 제게 무슨 이득이 있겠습니까? 실로 이득 될 게 없어요. 실은 그 반대입니다, 아테나이인 여러분. 이들이 그런 제안을 하지 않고, 그저 그 사안에 대해 언급만 하면서 어떤 사람이 유언장이라고 하고 그들에게 가져왔다고 쳐요. 13. 그렇다면, 제가 제안하여 그것을 열어 보자고 했을 거예요. 그래서 그 안에 무엇이라도 그

들 증언과 다른 것이 적혀 있다면, 제가 그 자리에 임석했던 이들 중 다수를 증인으로 부를 수 있고, 다른 모든 나머지 이야기도 터무니없이 조작한 사실을 증명하는 데 이용했을 겁니다. 그러나, 만일 그 내용이 일치한다면, 제가 유언장을 가져온 이의 증언을 요구했을 것이고요. 그래서 그이가 그 요구에 응한다면, 저는 확실한 증인 한 사람을 확보하는 것이 되는 것이에요. 만일 그가 거절한다면, 그런 사실 자체가 제게는 그들 이야기가 조작된 것이라는 확실한 증거가 되는 것이지요. 이런 경우라면, 결과적으로 저는 한 사람을 상대로 사태를 처리하면 되었을 것이나, 다수가 증언하는 경우라면, 많은 이들을 상대하게 되는 거예요. 여러분 가운데 후자[17]를 선호하는 이가 있습니까? 제 소견으로는, 아무도 없어요. 14. 달리 그런 사람이 있을 것이라고 여러분이 생각하는 것도 옳지 못해요. 아테나이인 여러분, 실로 화를 내거나 이익을 쫓거나 흥분하거나 싸우는 등 모든 행동의 전개에서, 사람마다 다양한 기질에 따라 달리 반응하게 됩니다. 그러나 이 같은 상황들과 무관하게 자신에게 이득이 되는 것을 냉정하게 계산하는 경우라면, 누가 자신에게 유리한 것을 마다하고, 싸우는 데 해가 되는 것을 택하려 하겠습니까? 타당성도 설득력도 없고, 아무도 하지 않을 그런 행위를 제가 했다고 이들이 증언하고 있어요.

15. 제가 유언장 공개를 거부했다고 그들이 증언한 사실 뿐만 아니라, 그 증언에서 (포르미온이) 제안한 바와 유언장을 동시에 언급한 사실로부터 그들이 위증하고 있음이 증명됩니다. 제 소견으로, 여러

17　한 사람이 아닌 여러 사람을 상대하는 것.

분 모두 주지하는 것으로서, 제안이란 여러분 앞에 제출될 수 없는 모든 사안과 관련한 절차입니다. 16. 예를 들면, 여러분이 심문하려고 하는 사람이 출석하려 하지 않을 때, 제안이 불가피한 거예요. 또 다루는 사건이 국외에서 발생한 경우, 육해(陸海)를 가리지 않고, 불가피하게 누군가가 사건 현장으로 가 봐야 하는 경우 제안이 이루어지는 겁니다. 그와 유사한 다른 경우도 있을 수 있죠. 그러나, 이 사건의 경우 여러분이 보시다시피, 사건 자체를 이 법정에서 고하는 것보다 더 간단한 것이 어디 있겠습니까? 17. 제 아버지는 아테나이에서 죽었고, 중재가 채색회랑[18]에서 있었어요. 이들의 증언에 따르면, 그 때 암피아스가 중재인에게 유언장 사본을 건넸다는 겁니다. 그런데, 이 사본이 진짜라면, 같은 내용의 유언장이 함(函)에도 들어 있어야 하고, 사본을 내민 사람이 이런 사실을 증명해야 하는 것이에요. 그래야 재판관들이 내용을 확신하고 또 봉인을 확인한 다음에 사실을 판단하게 될 것이니까요. 저로서는, 제게 피해를 준 사람이 있으면, 법정으로 그를 데려왔을 겁니다.

18. 그러나 지금 이들 중 아무도 전체 사실을 증언하지 않고, 또 누구라도 진실을 밝힐 때 드러나는 그 같은 분명함이 없어요. 반면, 아

---

18 Poikile Stoa. 채색회랑은 아테나이 아고라(시장 및 광장) 한편에 있다. 처음에는 기원전 5세기 중엽 아테나이 정치가 키몬의 사위였던 페이시아낙토스의 이름을 따서 '페이시아낙티오스(페이시아낙테이오스)'라고 불리다가, 나중에 '채색(poikule)'이라 불렀다. 폴리그노스토스, 미콘 등의 고명한 그림들로 장식되었기 때문이다. 그곳에 아테나이의 전승 기념물이 전시되었고, 입구에는 솔론상이 서 있었다. 이곳 회랑(stoa)에서 제논이 그 철학을 강의했으므로, '스토아학파'라 불린다.

주 지능적으로 제각기 한 부분씩만을 따로 떼어서 증언하므로, 처벌하기가 곤란한 것이지요. 한 사람은 '파시온의 유언'이라고 적힌 글이 있다고 증언하고, 다른 이는 유언 내용이 진짜인지 아닌지는 알지 못하지만, 앞 사람의 부탁을 받고 그 글을 가져다주었다고 합니다. 19. 이 법정에 나온 이들은, 제안이라는 절차를 연막으로 이용하여 유언장이 있었다는 사실을 증언함으로써, 한편으로 재판관들로 하여금 이 유언장이 제 아버지의 것이라고 믿도록 만들고, 다른 한편으로 저로서는 제가 당한 불이익을 말씀드릴 기회조차 박탈당했으니, 이들은 위증의 현장범으로 체포되어야 하는 거예요. 그러나 이들은 오히려 상황이 반대로 전개될 것이라고 생각하고 있어요. 제가 드린 말씀이 진실임을 여러분이 아실 수 있도록, 크테시폰의 증언을 들려주십시오.

증언

아피드나[19] 출신 케팔리온의 아들 케피소폰은 다음 사실을 증언합니다. 본인의 부친에 의해 본인에게 남겨진 서류에는 '파시온의 유언장'이라고 쓰여 있었습니다.

20. 재판관 여러분. 이런 증언을 한 사람이 "이 서류는 증인이 받아서 가지고 있던 것"이며, 그것을 함 안에 넣었다고 첨언하는 것은 간단한 일이죠. 그러나, 제 소견에, 그는 이런 거짓말에 여러분이 화

---

19 아티카 아이안티스 부족의 한 데모스(행정구역 촌락).

가 나서 자기를 처벌할 것이라고 염려했던 것 같아요. 반면, 서류가 자신에게 남겨졌다고만 증언하는 것은 별 의미가 없고 책임질 일이 없는 겁니다. 바로 이런 사실 자체가 상황을 분명하게 하고, 모든 전말이 그들 스스로 꾸며낸 것이란 사실을 드러내는 거예요. 21. 만일 유언장에 '파시온과 포르미온의 재산' 혹은 '포르미온에게' 혹은 그 비슷한 것이 적혀 있었다면, 당연히 누구라도 그것을 포르미온을 위한 것이라 여겼겠지요. 그러나 만일, 증언에서 말하는 것처럼, '파시온의 유언장'이라고 적혀 있었다면, 왜 제가 그것을 취하지 않았겠습니까? 재판에 임해야 한다는 점을 알고 있는 마당에 말이죠. 또 만일 이들 주장이 사실이라면, 그것이 저의 이익을 해치는 것이라고 제가 생각했겠습니까? 상속인으로서, 이 유언장이 진실로 제 아버지가 남긴 것이라면, 제 아버지의 다른 재산처럼, 그것도 저의 것이 되는 것이 잖아요.

22. 그러니 이 유언장이 포르미온을 위해서 파시온이 작성한 것인데, 제가 그것을 간과했다는 그들의 증언 자체로부터, 이 유언장은 가짜이고 크테시폰의 증언은 거짓이라는 사실이 드러납니다. 저는 여기서 크테시폰에 대해서는 다루지 않겠습니다. 지금 제가 그를 제소한 것이 아니고 또 그가 유언장 내용과 관련하여 증언한 것이 아니기 때문이에요. 23. 그런데 여러분이 유념하실 것은, 아테나이인 여러분, 이 증언이 거짓이라는 확실한 증거가 되는 것이 다음의 사실입니다. 유언장을 가지고 있다고 증언한 사람이 그것이 포르미온이 제출한 유언장의 사본이라는 사실은 증언하려 하지 않는다는 겁니다. 또 이들은 처음부터 옆에 임석했다거나, 중재인 앞에서 유언장을 열

어서 그 내용을 확인했다는 말도 하지 못해요. 그런데도 이들은 포르미온이 가지고 있던 것의 사본이라고 자신들이 주장하는 바로 그 유언장의 내용을 제가 공개하지 않으려 했다고 증언한 겁니다. 이 같은 증언은 자신들이 거짓말하고 있다는 사실을 스스로 증명하는 것 외에 무슨 의미가 있겠습니까?

24. 더욱이, 아테나이인 여러분, 누구라도 이런 증언이 어떻게 나오게 되었는가를 검토한다면 바로 깨닫게 되는 것은, 이들이 이렇듯 일을 꾸미는 것은 어떤 식으로든 유언장이 제 아버지에 의해 작성된 것처럼 보이도록 하려는 것입니다. 이 증언을 들고 읽어 주시고, 제가 원하는 곳에서 멈추어 주십시오. 그 내용 자체가 제 주장을 증명할 수 있는 곳 말이에요.

증언

증인들은 다음 사실을 증언합니다. 본인들이 중재인 테이시아스 옆에 임석해 있었을 때, 포르미온이 아폴로도로스에게 제안하여, 파시온의 유언장 사본이 아니라고 그가 주장할 수 있는지를 밝히라고 했습니다.

25. 거기서 멈추어 주십시오. 여러분은 여기 "파시온의 유언장"이라는 표현에 주의를 기울여 주십시오. 이들이 진실을 말하려고 했다면, 제안이 있든 없든 무관하게, 이와 같이 증언해야 하는 겁니다. 증언을 처음부터 다시 읽어 주세요.

증언

증인들은 다음 사실을 증언합니다. 본인들이 중재인 테이시아스 옆에 임석해 있었을 때 …

우리가 증언합니다. 실로 임석했기 때문이에요. 읽어 주세요.

포르미온이 아폴로도로스에게 제안하여 …

이것도, 그가 실제로 제안한 것이라면, 증언은 이렇게 했어야 하는 거예요.

파시온의 유언장 사본이 아니라고 말한다면 …

26. 거기서 멈추어 주세요. 제 아버지가 유언장을 작성할 때 임석하지 않았다면, 이같이 증언하려는 이는 실로 한 사람도 없을 거예요. 오히려 바로 "파시온의 유언장이 있는지 우리가 어떻게 알겠어요?"라고 말했을 것 같거든요. 그리고 제안의 서두로서, "이 문서가 파시온이 남긴 것이라고 포르미온이 주장하는 유언장의 사본이 아니라고 내(아폴로도로스)가 말한다면"이라 적도록 포르미온에게 요구했을 것 같아요. 유언장과 관련하여, "포르미온의 유언장"이라고 해서는 안 되고, "파시온이 남긴 것이라고 포르미온이 주장한다"라고 해야 하는 것이지요. 전자는 그들이 원하는 바의 유언장의 존재를 말하고, 후자는 포르미온이 언급한다는 뜻이 되니까요. 서류가 있다는 것

과 포르미온이 말한다는 것 사이에는 실로 큰 차이가 있습니다.

27. 유언장의 조작으로 인해 얼마나 많고 중요한 것들이 좌우되는지 여러분이 아실 수 있도록, 제 말씀 좀 들어 보십시오. 첫째, 아테나이인 여러분, 제가 이름을 입에 올리는 것이 부적절한 것 같아 거론하지 않겠으나,20 그래도 여러분이 누구인지 알고 있는 그녀를 농락한 사실과 관련하여 포르미온이 처벌을 피해야 하는 형편에 처했습니다. 그다음 제 어머니가 수중에 가지고 있는 제 아버지 재산을 가로채려 했어요. 그 외에도 우리에게 속하는 모든 것을 자신이 가지려고 했던 겁니다. 사실이 그러하다는 것을 여러분이 유언 내용을 들으시면 이해가 가실 거예요. 유언이 아버지가 자기 아들들이 아니라, 주인에게 속하는 것을 망가뜨린 다음 어떻게 처벌을 피할까 궁리하는 예속인에게 쓴 것 같다니까요.

28. 제안과 함께 이들이 증언한 유언장을 재판관들에게 읽어 주십시오. 이제 여러분은 제가 말씀드린 점들을 기억해 주십시오.

유언장

아카르나이 출신 파시온은 다음과 같이 유언한다. 나는 내 아내, 포르미온 출신 아르키페에게 주노니, 아르키페에게 페파레토스21에서 내게 들어오는 1탈란톤, 이곳 아테나이에서 내게 들어오는 1탈란톤, 시가

---

20 참고. 이 변론 §3 참조. 포르미온과 재혼한 자신의 어머니를 뜻하는 것이다. 그러나 이 같은 삼감은 이 변론 뒤편에 나오는 그녀에 대한 거친 비난과 사뭇 대조적이다.
21 페파레토스는 오늘날의 스코펠로스. 기원전 342년 이 섬 주인은 아테나이와 내통하여 헬론네소스를 공격했고, 필리포스는 맞대응하여 이 섬을 유린했다.

100므나의 가옥, 하녀들과 보석, 그 외 그녀가 집안에 가지고 있는 모든 것 등을 지참금으로 유증한다.

들으셨듯이, 아테나이인 여러분, 유언장에 "페파레토스에서 내게 들어오는 1탈란톤, 이곳 아테나이에서 내게 들어오는 1탈란톤, 시가 100므나의 가옥, 하녀들과 보석, 그 외 그녀가 집안에 가지고 있는 모든 것 등을 지참금으로 유증한다"고 되어 있어요. 이 표현에 따르면, 아버지는 우리가 남겨진 어떤 재산이 있는지 찾는 것조차 불가능하게 만든 겁니다.

29. 이제 포르미온이 제 아버지에게서 은행을 임차한 임대차 계약서를 여러분에게 보여드리겠습니다. 이것도 조작된 것인데, 이것을 통해 유언장이 온통 조작이라는 사실을 여러분이 파악할 수 있을 거예요. 제가 여러분에게 소개하는 임대차 계약서는 다른 것이 아니라 포르미온 자신이 제시한 것으로서, 거기에 부기 조항으로 제 아버지가 포르미온에게 계좌 잔고에서 11탈란톤의 채무를 지고 있는 것으로 나와요. 30. 이 조항은, 제 소견에, 다음과 같은 효과를 낳은 것이에요. 여러분이 금방 들으셨듯이, 유언에 의해 재물들이 제 어머니와 함께 포르미온의 수중에 들어감으로써, 그가 집안의 주인이 되는 겁니다. 그러나 은행의 돈은 모두가 알고 숨길 수가 없는 것이므로, 제 아버지가 그만큼 자기에게 빚을 지고 있었다는 명분으로 수중에 넣는 겁니다. 얼마가 되었든 있는 대로 다 가져가도 돌려받은 것이라고 둘러댈 수가 있는 것이지요. 아마 여러분도 짐작하시겠습니다만, 이 사람(포르미온)이 하는 말이 서투르고[22] 이민족[23] 출신이라

여러분의 멸시를 받기 딱 알맞죠. 실제로 그가 이민족 기질을 가졌는데, 그것은 존경해야 할 이들을 있는 대로 다 혐오하는 한편, 고약한 일이나 남을 모함하는 데에는 어느 누구에 뒤지지 않기 때문이지요.

31. 이 임대차 계약서를 들고 읽어 주십시오. 이 계약서도 이들이, 유언장과 관련해서 한 것처럼, 제안 절차를 통해 제출한 것입니다.

은행 임대차 계약서

다음과 같은 조건으로 파시온이 은행을 포르미온에게 임대한다. 포르미온은 은행 임차료로 파시온에게 일일 소요 경비에 더하여 해마다 2탈란톤 40므나를 지불한다. 파시온의 자식들의 승낙을 먼저 얻지 않으면, 포르미온은 은행을 경영할 수 없다. 한편, 파시온은 은행 계좌에서 11탈란톤의 채무를 지고 있다. 24

32. 이것이, 재판관 여러분, 은행 임차와 관련하여 포르미온이 제출한 임대차 계약서입니다. 들으신 내용에서 여러분이 알게 된 것은,

---

22 *soloikizei* (*soloikismos*) (문법적 오류). '솔로이키스모스'는 'Soloi (솔로이인)'에서 파생한 용어이다. 이곳은 킬리키아 (아이깁토스 해변) 지역 아테나이 식민도시 (훗날 '폼페이우폴리스')로, 스토아 철학자 크리시포스 (Chryssipos), 수학자 아라토스 (Aratos)의 고향이다. 여러 종족의 주민이 어울려 살면서, 언어의 정체성이 희미해졌다. 이것은 이민족 (*barbaros*)의 발음 혹은 표현의 오류와는 또 다른 종류의 것으로서, 단어보다는 문장상의 오류를 범하는 것을 뜻한다.

23 *barbaros*.

24 아폴로도로스는 이 돈이 은행의 초기 자금이라고 보고, 이자와 함께 원금의 반환을 요구하지만, 포르미온은 거부한다.

포르미온이, 일일 경비에 더하여, 해마다 2탈란톤 40므나를 임차료로 지불해야 하고, 저희 허락 없이는 은행을 경영할 수 없다는 사실입니다. 그런데 끝부분에 "파시온은 은행 계좌에서 11탈란톤의 채무를 지고 있다"는 말이 붙어 있습니다. 사무실 집기, 장소, 장부 등에 대해 그렇게 거액의 임차료를 지불할 사람이 도대체 어디 있겠습니까?

33. 그렇게 큰 액수의 채무를 뒤집어씌우는 은행업자에게 나머지 재산까지 맡기려 할 사람이 어디 있답니까? 실로, 이 같은 거액의 손실이 발생했다면, 포르미온이 은행을 경영할 때 생긴 겁니다. 여러분이 모두 주지하듯이, 제 아버지가 은행을 경영할 때, 포르미온은 계산대에 앉아서 지배인으로 일했고, 나머지 재산을 차지할 것이 아니라, 맷돌[25]을 안겨야 하는 거예요. 아무튼 이런 것들과 함께 11탈란톤 관련하여 제가 다른 것들도 언급할 수 있지만 다 접어 두고, 다만 제 아버지가 빚을 진 것이 없고, 포르미온이 은밀하게 11탈란톤을 횡령한 사실에 대해서만 말씀드리겠습니다.

34. 제가 임대차 계약서를 소개한 이유가 유언장이 가짜라는 사실을 입증하기 위한 것이라는 점에 대해 여러분의 주의를 환기하려 합니다. 계약서에는, "저희들(파시온의 자식)의 승낙을 먼저 얻지 않으면, 포르미온은 은행을 경영할 수 없다"고 되어 있어요. 이런 조건이 계약서가 가짜라는 사실을 확실히 증명하는 겁니다. 누가 짐짓 파시온이 한 것같이 하는 사람이 있겠습니까? 한편으로, 은행에서 나오는

---

25 *mylon*(맷돌). '맷돌'에서 일하듯이 노동해야 한다는 말로 보기도 하고(Loeb 판본), 고문 기구의 일종으로 보기도 한다(Kaktos 판본).

수입을 포르미온 자신이 아니라 아이들을 위해서 확보하려 하고, 그래서 이 사람의 이익이 저희 것과 따로 가지 않도록 이 사람이 자의적으로 은행을 경영하지 못하도록 했던 것이죠. 그런데 다른 한편으로 (아버지) 자신이 수고하여 얻은 재산을 포르미온이 취하도록 조치한다는 것이 가능한 일입니까? 35. 그러니, 한편으로, 일에서 나오는 수익을 가져가지 못하도록 권리를 없앴어요. 이런 경우 가져가도록 허락했다 해도 수치스런 일은 아니죠. 그러나, 다른 한편으로는 자기 아내를 이 사람(포르미온)이 취하도록 내주었다는 것인데, 이것은 파시온 자신에게 그보다 더 수치스런 짓거리가 없는 겁니다. 곧바로 그에게 선물26을 주었는데, 마치 예속인이 주인에게 선물을 주는 것 같았고, 도무지 예속인에게 선물을 주는 주인 같지가 않다는 것이죠. 아테나이에서 전례를 찾아볼 수 없는 그 같은 거액의 지참금을 주다니 말입니다. 정말로 준 것이 사실이라면 말이지요. 36. 그렇지만, 포르미온에게는 그 여주인의 배필이 되는 것만으로도 과분한 것이에요. 그런데, 이들이 주장하는 바와 같은 거액을 과연 주었을까 하는 점에서, 제 아버지로서는 그런 처사를 했다는 것이 설득력이 없어요. 개연성이나, 날짜나 사실 자체도 거짓으로 드러나는 것을 가지고, 이 스테파노스는 주저하지 않고 위증하고 있는 거예요.

37. 이 사람(스테파노스)에 따르면, 니코클레스는 유언에 따라서 후견인으로 봉직했다고 증언했고, 파시클레스는 유언에 의해 피후견인으로 있었다고 증언했습니다. 그러나, 저로서는, 이런 사실들이

---

26 아테나이 시민권 부여를 뜻하는 것으로 보인다.

이들 증인이나 다른 이들이 진실을 증언하지 않았음을 드러내는 것이라 봅니다. 유언에 의해 후견인으로 있었다고 증언한 사람은 유언 내용을 정확히 알고 있어야 하고, 유언에 의해 피후견인으로 있었다고 증언한 사람도 유언 내용을 정확히 알고 있어야 하기 때문이에요. 38. 그런데도, 당신네 여러분은 도대체 아는 것이 무엇이기에 유언과 관련하여 제안이라는 절차를 통해 증언할 뿐, 그들에게 증언하도록 놔두지 않습니까? 만일 그들도 유언 내용이 무엇인지 모른다고 한다면, 재판관 여러분이 어떻게 그것을 알 수 있습니까? 이 사안과 아무런 관련이 없는 여러분이 말이지요. 무슨 연유로, 일부는 이렇게, 다른 일부는 저렇게 증언한답니까? 앞서 제가 여러분께 말씀드렸듯이, 필시 나쁜 짓을 분담해서 하는 겁니다. 한 사람이 유언에 의해 후견인으로 봉직했다고 하고, 다른 이가 유언에 의해 피후견인으로 있었다고 증언하면서도, 39. 둘 다 각기 그 유언장에 어떤 내용이 적혀 있는지는 증언하지 않고서, 다만 제 아버지가 '유언장'이라고 적은 서류를 포르미온에게 넘겼다든가, 그 같은 변명들만 가지고도, 처벌받지 않을 것이라고 생각한 것이지요. 그러나 그 같은 거액의 횡령, 여인에 대한 농락, 여주인과 예속인 남성 간의 혼인, 수치와 불명예의 사안들에 연루된 유언장의 존재에 대한 증언은, 제안의 절차에 가담한 이들을 제외하고는, 아무도 말하는 사람이 없어요. 이들의 이 같은 권모술수는 처벌받아 마땅합니다.

40. 이제, 아테나이인 여러분, 스테파노스가 위증하고 있음을 여러분 앞에 밝히기 위해, 제가 그에 대해 하는 비난과 제가 제시하는 증거뿐만 아니라, 그(스테파노스)를 증인으로 내세운 사람의 행위를 통해

그이 (포르미온) 가 행한 짓거리를 여러분에게 말씀드리려 합니다. 저의 변론 서두에 언급했듯이, 그들은 스스로 비난을 자초하고 있어요. 포르미온은 제가 그의 모든 채무를 말소했다고 주장하면서, 이러한 증언들이 나오게 된 재판에 맞서기 위해 제가 그를 상대로 제기한 소(訴)가 성립되지 않는다고 하고, 위법의 소에 대한 항변27을 제기했어요. 41. 물론 저는 이 같은 그의 주장이 거짓이라는 점을 알고 있고, 이와 관련하여 증언한 사람들에게 반론을 제기할 때 사실을 밝히겠습니다. 그런데 스테파노스는 채무 말소를 주장할 수 없어요. 만일 여러분이 실제로 채무 말소가 있었다고 생각한다면, 오히려 스테파노스 자신이 위증한 사실, 그리고 가짜 유언장을 두고 진짜인 것처럼 증언한 사실이 아주 확실하게 드러나게 될 것입니다. 한편으로 증인들 앞에서 채무를 말소시켜 주고, 다른 한편으로 채무를 말소시켜 준 그 계약서, 유언장 등 다른 모든 것들을 봉인한 채 그대로 남겨 두면서 자신에게 불리한 상황을 초래한답니까? 42. 위법의 소에 대한 항변은 제시된 증언들과 배치되며, 조금 전에 여러분에게 읽어드린 임대차 계약서는 유언장 내용과 배치됩니다. 이런 사안들 중 아무것도 명백하고 정합적이며 그 자체로서 설득력 있는 것 같지 않습니다. 이렇게 모든 것이 가짜이고, 조작된 것이라는 점이 증명되는 거예요.

43. 이 사람은 물론 다른 누구도 그를 위해 나서서 그의 증언이 사실이라고 주장할 수 있는 이는 없다고 저는 봅니다. 제가 얻은 정보에 의하면, 이 사람(스테파노스)은 증언이 아니라 제안의 발기인이라고

---

27 *paregrapsato.*

말하고, 기록된 유언 내용 전체가 아니라 두 가지 점에 대해서만 언급하기로 말을 맞추었다고 합니다. 그 두 가지란 포르미온이 저에게 제안했는지, 그리고 제가 그 제안을 수용했는지 여부랍니다. 그의 증언은 이 두 가지 점에만 관련한 것일 뿐, 나머지는 포르미온이 제안에서 다룰 것이고, 그 내용의 진실 여부를 검토하는 것은 증인의 소관이 아니라고 주장할 것이랍니다.

44. 이 같은 주장과 그 뻔뻔함과 관련하여, 여러분이 현혹되어 잘못 판단하지 않도록 제가 미리 몇 가지 당부 말씀드리는 것이 좋을 것 같습니다. 첫째, 이 사람이 자신은 증언 내용 전체에 대해 책임지는 것이 아니라고 변명하려 하면, 여러분은 다음과 같은 점을 상기하십시오. 사람이 서면으로 증언하도록 법에 규정한 이유는 적혀진 것 중 일부를 지우거나 다른 것을 첨가하지 못하게 하려는 것입니다. 그러면, 이 사람은 자신이 증언한 것이 아니라고 지금 주장하는 부분을 그 당시에 지워 달라고 요구했어야 했던 것이고, 지금 적혀 있는 내용을 두고 이렇듯 뻔뻔하게 모른 척하면 안 된단 말이죠. 45. 둘째, 또 하나 유념하실 것이 있습니다. 여러분은 제가 서류 내용을 가지고 여러분 앞에서 무엇을 첨언하도록 내버려두시겠습니까? 물론 그렇지 않죠. 그와 같이, 이 사람(스테파노스)도 기존 내용에서 무엇을 제거해서는 안 되는 겁니다. 누구라도 취사선택하여 증언하고 원하는 것에 대해서만 책임진다면, 위증으로 유죄 선고를 받을 사람이 어디 있겠습니까? 법도 그 같은 취사선택을 허용하지 않고, 여러분도 그런 것을 용납해서는 안 되는 거예요. 분명하고 정당한 것은, 무엇이 적혀 있느냐, 당신이 증언한 것이 무엇이냐는 것입니다. 이런 것들이 사실

임을 증명하도록 하시오. 고소 혐의에 대한 답변서에 당신은 '서류에 이런저런 사실이 적혀 있다'가 아니라, '서류에 기록된 사실을 입증하는 진실의 증거를 제출했습니다'라고 반론[28]을 적었기 때문이요.

46. 제 발언이 사실임을 증명하기 위해, 저를 위해 답변서를 들고 들려주십시오.

답변서

아카르나이 출신 파시온의 아들 아폴로도로스가 아카르나이 출신 메네클레스의 아들 스테파노스를 위증으로 고소하고, 배상금 1탈란톤을 요구했다.

(아폴로도로스) 스테파노스가 서류에 기록된 바를 증언하면서, 나에게 불리하게 위증했다.

(스테파노스) 아카르나이 출신 메네클레스의 아들인 본인은 나의 서면 증언을 확인하면서, 사실을 증언한다.

이것이 이 사람(스테파노스)이 제출한 답변서입니다. 여러분은 이 점에 유의하시고, 곧 여러분이 들으시게 될 것인바, 법은 물론 이 사람이 자신의 답변서에 적은 글보다 더 그럴듯하게 보이는 기만의 주

---

28 *antigegrapsai* (*antigraphe*). 심리절차에서 피고가 원고의 주장을 반박하는 글을 적어 내는 것이다. 그러면 흔히 그 내용을 재판관들이 알도록 그 앞에서 낭독하도록 한다.

장에 현혹되지 마십시오.

47. 제가 알기로, 이들은 제가 연루된 첫 번째 재판을 거론하고, 그것을 모함에 의한 것으로 매도하려 하고 있답니다. 그러나 저로서는 여러분께 말씀드린 바, 포르미온이 은행 잔고를 횡령하기 위해서 임대차 계약서를 위조한 사실에 대해 상세하게 설명드렸고, 다른 사안들은 제게 허용된 발언 시간의 제한으로, 이 사람의 증언이 거짓이라는 점을 거론하고 설명드리지 못했습니다. 48. 그러나 여러분 스스로도 이런 사안들과 관련한 설명을 꼭 들어야 한다고 생각하지 않을 것 같아요. 다음과 같은 점을 고려하신다면 말이죠. 비난받을 위험이 없는 사안과 관련하여 지금 누가 이야기하는 것은 어려운 일이 아니고, 또 위증함으로써 무죄로 빠져나가는 것도 어렵지 않습니다. 그런데, 이 두 가지가 다 올바른 것이라고는 아무도 말할 수 없어요. 그래서 제가 지금 제안하는바, 여러분이 듣고 판단하십시오.

49. 저는, 지난번 재판에서 제가 고소한 사실을 입증하기 위해 논증되어야만 하는 것이나, 제게서 그 기회마저 박탈해 버린 논증의 기회를 지금 요구하는 것이 아닙니다. 다만 제가 검증의 기회를 빼앗긴 그 증언들이 진실임을 증명하라는 겁니다. 제가 이들에 대해 소(訴)를 제기하면, 이들이 자신들이 내놓은 증언을 반박하라고 요구하겠죠. 그래서 제가 반박하면, 이들은 다시 저에게 사안의 본질을 말하라고 요구하면서, 정직하게 말하지 않고 또 여러분에게 도움이 되는 무엇을 말하는 일은 없을 겁니다. 50. 여러분이 한 맹세는 피고가 판결에 부치도록 요구하는 사안이 아니라, 오로지 고소인 측에서 제시한 사안에 대한 것이어야만 합니다. 이 소송의 목적은 고소인의 고소

요지에서 명백하게 드러나야 하고, 제 사건의 경우 이것은 이 사람 (스테파노스)의 위증 관련 건입니다. 그러니, 이 사람으로 하여금 이 점을 이탈하여 저의 고소 요지에 무관한 사안에 대해 발언하는 일이 없도록 하시고, 그가 그런 뻔뻔한 짓거리를 하려 하면, 못 하도록 여러분이 막아 주십시오.

51. 제 소견으로, 이 사람(스테파노스)은 어떤 주효한 논변이 아니라, 이런 식으로 말할 것 같아요. 위법의 소에 대한 항변29에서 제가 패소한 후, 터무니없이 유언장 관련 증언한 이들에게 소를 제기한 것이라고 말이죠. 또 지난번 재판에서 재판한 이들이 포르미온을 무죄 선고했는데, 그것은 주로 제가 그(포르미온)의 채무를 말소시켜 주었다고 증언한 이들 때문이지, 유언장이 있다고 증언한 이들 때문이 아니라고 하는 것 등이에요. 그러나, 제 소견에, 아테나이인 여러분, 여러분 모두가 주지하듯이, 여러분은 이들 사안과 관련하여 위법의 소에 대한 항변 절차 못지않게 사건 내용을 두루 검토하시지요. 그런데 이들은, 사실 자체에 대해 위증함으로써, 제가 제기한 '위법의 소'에 대한 항변의 취지를 무력화시켰습니다. 52. 그 외에도, 모두가 위증할 때, 누가 가장 해를 많이 끼쳤는가를 가려내는 것은 하릴없고, 각자가 사실을 증언했음을 증명해야 하는 거예요. 다른 이가 거짓말을 더 많이 했다는 사실을 증명한다고 해서 증인 자신이 면죄부를 받

---

29 *paragraphe*. 보통 재판(*euthydikia*)에서는 본안 내용을 다루지만, 위법의 소(訴)에 대한 항변(*paragraphe*)에서는 소(訴)의 성립이 가능한지, 거기에 장애 사유가 있는지 여부 등 주로 형식을 중심으로 검토한다.

는 것이 아니라, 스스로 진실한 증거를 제공했다는 사실을 증명해야 하는 것이죠.

53. 이제, 아테나이인 여러분, 이 스테파노스가 처형되어야 마땅한바, 가장 중요한 이유에 대해 들으시겠습니다. 상대가 누구든 위증한다는 것은 가증스런 일이지만, 더욱 가증스럽고 더한 분노를 자아내는 것은 여러분 자신의 혈족을 상대로 위증하는 것입니다. 그런 유형의 사람은 성문법뿐만 아니라 자연적 혈육의 유대를 저버린 것이니까요. 이 사람(스테파노스)이 바로 그런 짓을 했어요. 54. 이 사람의 모친과 제 아내의 아버지는 오누이입니다. 그래서 제 아내는 이 사람의 (이종)사촌(제종) 되고, 그녀와 저의 자식들은 이 사람에게 사촌의 자식30이지요. 그러니, 여러분이 보시기에, 이 사람이 자신의 친척 여인들이 가난에 허덕이고, 해서는 안 될 일을 하는 것을 본다면, 많은 이들이 이미 해온 그런 배려를 할 것 같습니까? 다시 말하면, 그녀들을 위해 자신의 재산에서 지참금을 내줄 것 같으냐는 것입니다. 그들 자신의 것인 재산도 갖지 못하도록 증언으로 내쫓아 버리고, 친척으로서의 유대보다 포르미온의 부를 늘리고자 하는 이가 말이에요. 55. 제 말이 사실임을 증명하기 위해 데이니아스의 증언을 읽어 주시고, 데이니아스 본인을 여기에 불러 주십시오.

---

30 5촌 조카, 종질(녀).

증언

아트모논[31] 출신 테옴네스토스의 아들 데이니아스는 다음 사실을 증언합니다. 본인은 딸을 아폴로도로스에게 출가시켜, 합법적으로 그 아내가 되도록 했고, 아폴로도로스가 포르미온의 모든 채무를 말소시키는 현장에 임석한 적이 없으며, 그런 사실이 있었음을 알지도 못합니다.

56. 데이니아스가, 재판관 여러분, 이 사람(스테파노스)을 닮았습니까? 전자는 딸, 그 딸의 자식들, 사위인 저를 위할 뿐만 아니라, 같이 친척 관계에 있는 이 사람(스테파노스)에게도 불리한 증언을 하려 하지 않았어요. 그러나 이 스테파노스는 저희에게 불리한 위증을 서슴지 않았고, 또 혹여 다른 이도 있을 수 있겠지만, 적어도 자신의 모친에 대해서조차 일말의 연민이 없었어요. 그 모계 친척들이 극도의 궁핍으로 떨어지도록 방치했으니 말이지요.

57. 이제, 재판관 여러분, 그가 저에게 범한 가장 혹독한 처사에 대해서 여러분에게 말씀드리겠습니다. 그것은 재판 과정에서 참으로 저를 당혹스럽게 만든 것이었어요. 그러면, 여러분이 이 사람의 비열함을 좀 더 분명히 이해하실 것이고, 저로서는, 제가 겪은 질곡에 대한 저의 유감을 여러분에게 고함으로써, 다소간 위안으로 삼을 수 있을 것 같습니다. 제가 재판 관련 서류 가운데 있다고 생각했고, 또 제게 가장 중요한 입증 자료가 되는 증언문이 함 속에 들어 있지 않다는 사실을 급기야 깨닫게 되었어요. 58. 이렇듯 황당한 지경에 처한 제

---

31 Athmonon (Athmonia). 아트모논은 아티카 케크로피스 부족의 한 데모스이다.

가 달리 어찌할 방도가 없는 가운데, 담당 사무원이 못된 짓을 하여 함을 건드렸구나 생각하게 되었습니다. 그러나 지금에 와서는, 그 후에 입수한 정보에 의해, 이 스테파노스가 중재인으로부터 그것을 갈취해 갔다는 사실을 알게 된 거예요. 제가 어느 증인의 맹세를 구하려고 바깥으로 나간 사이에 말이죠. 먼저, 제가 드리는 말씀이 사실임을 당시 옆에서 사태를 지켜본 이들이 여러분에게 증명할 것입니다. 그들이 증언 거부의 맹세를 하려 들지는 않을 것으로 제가 믿습니다. 59. 만일 그들이 후안무치하게 그런 맹세를 한다면, 서기가 저의 제안을 여러분에게 읽어드릴 거예요. 이에 근거하여 여러분은 그들을 위증 현장범으로 체포하시고, 그같이 이 사람(스테파노스)이 증언문을 훔쳐간 사실도 밝힐 수 있게 될 겁니다. 도대체, 아테나이인 여러분, 다른 이를 위해서 무엇을 훔치는 이로 낙인찍히는 것을 주저하지 않은 사람이 자신을 위해서는 무슨 짓인들 못하겠습니까?

60. 먼저 증언을, 이어서 이 제안을 들려주십시오.

증언

증인들은 다음 사실을 증언합니다. 본인들은 포르미온의 친구 및 동료입니다. 본인들은 포르미온에 대해 소(訴)를 제기한 아폴로도로스에게 중재 결정이 내릴 때, 중재인 테이시아스 옆에 있었고, 또 스테파노스가 증언을 훔쳐갔고 아폴로도로스가 그를 절도죄로 비난하는 사실을 알고 있습니다.

증언하거나 거부의 맹세를 하십시오.

거부의 맹세

61. 의심의 여지 없이, 재판관 여러분, 이들이 기꺼이 (증언) 거부의 맹세를 택할 것 같습니다. 그러면, 바로 위증죄를 범하게 되는 거예요. 이 증언과 제안을 저를 위해 들고 읽어 주세요.

증언, 제안

증인들은 다음 사실을 증언합니다. 아폴로도로스가 스테파노스를 불러서 증언 서류를 절도한 사실과 관련하여 하인 동자32를 심문에 부치자고 제안했을 때 임석해 있었습니다. 아폴로도로스는 심문해야 한다고 서면으로 신청했습니다. 이런 아폴로도로스의 제안에 대해 스테파노스는 하인을 내놓기를 거부했고, 아폴로도로스에게 대답하기를, 자기가 부당행위를 한 것이 있다고 아폴로도로스가 생각한다면, 원하는 대로, 법정으로 소(訴)를 제기하라고 했습니다.

62. 이 같은 혐의를 받고 있는 사람으로서, 재판관 여러분, 스스로 결백하다고 생각한다면, 누가 하인을 심문에 부치지 않으려 하겠습니까? 그러니, 심문을 거부함으로써 그는 절도죄 혐의를 받게 됩니다. 위증의 불명예를 수치로 여기는 사람이, 도적으로 간주되는 것을 겁내지 않을 것이라 여러분은 보십니까? 혹은 누가 부탁하는 이도 없는데도 자진하여 사기를 친 이가 다른 이의 부탁으로 위증하는 것을

---

32 *pais.*

주저하겠습니까?

63. 이제, 아테나이인 여러분, 그는 이 모든 사안 관련하여 마땅히 처벌받아야 하지만, 다른 행동거지에 의해서 여러분 법정에서 더욱 크게 처벌받아야 마땅합니다. 그 삶의 이력을 살펴보시고 판단하십시오. 은행업자 아리스톨로코스가 잘나갈 때만 해도, 이 사람이 그 옆에 붙어 다니면서 아첨을 떨었어요. 이런 사실은 현장에 있던 여러분 다수가 잘 아는 것입니다. 64. 그런데 아리스톨로코스가 망해서 재산을 잃게 되었는데, 그런 데는 이 사람은 물론 그 같은 부류의 사람들 탓이 적지 않았어요. 그 가운데 아리스톨로코스의 아들이 많은 문제에 연루되어 시달릴 때, 스테파노스는 그를 거들떠보지 않았고요. 그를 도운 것은 이 사람이 아니라 아폴렉시스, 솔론 등 다른 모든 이였어요. 그 후 이 사람이 포르미온에게 접근했어요. 모든 아테나이인 가운데 그이를 골라서, 그의 친구가 되었던 거예요. 그 후 그이의 대리인이 되어 비잔티온을 향해 바다를 건너갔는데, 비잔티온인이 포르미온의 배를 억류하고는, 칼케돈인이 그를 상대로 소(訴)를 제기하자, 이 사람은 그를 위해 변호했고, 공개적으로 저에게 불리하게 위증했습니다.

65. 유복한 이들에게 아첨하다가, 그들이 역경에 처하면 배반하는 사람은 세상 사람들의 적으로 누구라도 증오해야 하는 것 아닌가요? 다른 많은 훌륭한33 시민들은 아무도 동등한 사람으로 대우하지 않고, 다만 위와 같은 사람들에게 의도적으로 접근하는 것이에요. 그 같은 수작으로 친척들에게 해를 끼치는지, 다른 사람들로부터 좋지 않은 평

---

33 *kaloi kagathoi.*

판을 얻는지 여부는 안중에 없고, 오직 한 가지, 어떻게 부를 얻을 것인가 하는 데만 골몰하니, 이 같은 이는 전 인류에 대한 공동의 적으로 여러분이 혐오해야 하는 것 아닙니까? 66. 저는 물론 그렇다고 봅니다. 너무나 비열한 이 같은 짓거리를 하면서, 아테나이인 여러분, 도시의 눈을 속이고, 재산을 은폐하고, 은행업을 통해 불가시(不可視)[34] 수익을 거두는 한편, 비극 기부자, 삼단노선주로 비용을 지출하거나, 그 능력에 걸맞은 다른 공적 부담을 진 적이 없어요. 그 같은 목적을 그가 이루었다는 증거가 여기 있지요. 재산이 아주 많아서 딸자식에게 100므나의 지참금을 주었지만, 공적 부담은 한 푼어치도 져 본 적이 없으니까요. 실로 아첨하고 위증하는 이보다 품위를 유지하고 도시에 불가피한 의무를 기꺼이 수행하는 이가 훨씬 더 훌륭한 것 아닙니까? 그러나 이 사람은 언제나 이득을 얻는 데만 골몰합니다.

67. 아테나이인 여러분, 부당행위를 한 이들의 경우, 가난한 이들보다 부자들에게 더 크게 분노해야 하는 거예요. 가난한 이들의 경우, 그 궁핍으로 인한 곤경이 인도적 연민으로 사건을 보는 이들로부터 다소간 양해를 얻어낼 수 있게 합니다만, 그러나 이 사람(스테파노스) 같이 부유하고 약은 이들은 아무런 떳떳한 명분도 내세울 만한 것이 없이, 하는 행동이 비열한 욕망, 탐욕, 오만, 그리고 자신의 음모를 법보다 더 가치 있는 것으로 두려는 기질에서 비롯된 것으로 드러납니다. 이런 것들은 어느 하나도 여러분에게 이득 되는 것이 아니에요. 그러나, 힘없는 이는 부자로부터 피해를 입었을 때 배상받을 수 있어

---

34 *ergasiai aphaneis.*

요. 여러분이 드러내놓고 약은 짓거리를 하는 부자들을 처벌할 때, 그런 것이 가능하죠.

68. 시무룩한 얼굴로 벽을 따라 걸을 때 이 사람(스테파노스)이 연출하는 분위기는 신중이 아니라 악의의 표현으로 비칠 수 있습니다. 불행을 겪어 보지 않고 생필품이 궁핍하지 않으면서도 이 같은 태도로 생을 살아가는 이는, 제 소견에, 내심 요량하고 결론에 이르기를, 어떤 이가 단순하게 자연스럽게 유쾌하게 걸어가면 사람들이 쉽게 접근하여 호소하고 무언가 부탁하는 데 주저하지 않지만, 재는 체하고 시무룩한 표정을 하고 있으면, 다른 이가 먼저 접근하기 힘들다고 보는 것 같아요. 69. 후자의 태도는 원래 자기 성격을 은폐하는 것에 다름 아니고, 그런 식으로 자기 성품의 가혹함과 악의를 드러내는 겁니다. 그 증거가 있어요. 아테나이에는 아주 많은 이들이 있는데, 딱히 재능도 없으면서 그들보다 더 유복한 당신이 그들 가운데 누구를 도운 적이 있소? 그의 편이 되어 준 적이 있소? 은혜를 베푼 적이 있소? 70. 한 건도 고할 것이 없을 거요. 오히려 당신은 이자를 우려먹고, 남의 불행과 궁핍을 당신의 행운으로 여기면서, 그렇게 당신 부친의 집에서 당신 숙부 니키아스를 내쫓았고, 그렇게 당신 장모에게서 생활 자금을 갈취했고, 당신이 재량권을 갖는 한에서 아르케데모스의 아들이 거처할 집도 없도록 만들었소. 당신이 채무자에게서 이자를 거두어들이는 것같이 그렇게 악착같이 채무 연체자로부터 돈을 거두어간 사람은 아무도 없어요. 모든 사안에서 이렇듯 모질고 가증스러운 사람을 부당행위 현장범으로 잡았는데도, 여러분은 처벌하지 않으시렵니까? 그렇다면 재판관 여러분, 여러분이 황당하고도 불공정

하게 처리하시는 겁니다.

71. 아테나이인 여러분, 포르미온 관련 사안에서 너무나 뻔뻔한 성질에다 배은망덕한 이 사람(스테파노스)을 증인으로 세운 사실에 대해 여러분은 분노하셔야 합니다. 제가 알기로, 여러분 모두가 주지하듯이, 이 사람(포르미온)이 예속인 신분이었을 때, 혹여 어떤 요리사 혹은 다른 기술자가 이 사람을 구매했더라면, 그는 그 주인의 기술을 배워야 했을 뿐 아니라 지금 같은 재산을 갖지는 못했을 거예요. 72. 그런데 은행업자였던 저의 아버지가 이 사람을 교육하고 경영을 가르쳤으며, 거액의 돈을 관리하도록 해서, 그가 부를 얻게 되었고, 마침내 저희 가족 구성원으로 편입되는 행운이 현재 그가 가진 모든 부를 이루는 시초가 되었던 것이에요. 73. 이방인이던 그를 헬라스인으로 만들고, 예속인이 아니라 유명인사로 탈바꿈시키고, 이렇듯 크게 번영할 수 있는 기회를 마련해 주었던 이들을, 자신은 가진 것이 있고 부유하면서도, 궁핍하게 살도록 내버려두는 것, 또 뻔뻔하기 그지없어 저희로 말미암아 누리게 된 행운을 그가 저희와 함께하지 않으려 한다는 것은 잔인한 것, 아니, 땅과 신들을 걸고, 잔인보다 더 악독한 것이지요.

74. 그는 망설임 없이 스스로 여주인과 혼인하고, 그가 구매되어 왔을 때 그에게 사탕세례35를 주었던 그녀의 남편이 되어 동거했어요. 또 망설임 없이, 자신을 위해 지참금을 5탈란톤으로 정하고, 그 외에도 제 어머니에게 속하는 거액의 재산을 스스로 장악했어요. 여러분이 보시기에, 왜 그가 유언장에다 "아르키페가 가지고 있는 모든

---

35 *katachysma*. 행운을 비는 의식으로 말린 무화과, 호두 등을 뿌린다.

것을 그에게 준다"라고 적었을까요? 그런 그가 제 딸들까지 내팽개쳤으므로, 이들은 아무도 지참금 마련해 줄 이도 없이 가난 속에 출가도 못하고 처녀로 늙어 버릴 것 같습니다. 75. 포르미온이 가난하고 우리가 부유하다면, 그리고 어쩌다가 제가 유고를 당하면, 이 사람의 아들들이 제 딸들에 대한 혼인권자로 나서게 되는 거예요. 예속인의 아들들이 주인의 딸들에게 말이죠. 이 사람이 제 어머니와 혼인했으므로, 그들(포르미온의 아들)이 제 딸들의 숙부가 되는 것이거든요. 그러나 그는 우리가 궁핍한 것을 보면서도, 지참금을 내주려 하지 않았고, 제가 가지고 있는 재산의 양만 눈독들이고 계산하고 있는 거예요. 무엇보다 가장 황당한 것은 말입니다, 76. 한편으로는, 저희에게서 갈취해간 돈과 관련하여 오늘까지 보고한 적이 없고, 제가 제소하는 것조차 불가하다는 취지로, 불법의 소(訴)에 대한 항변36까지 했어요. 다른 한편으로는, 제가 제 아버지에게서 받은 유산에 대해 감시까지 받는 겁니다. 다른 예속인들은 주인들에 의해 검증받는 것을 누구나 볼 수 있는데, 이 경우는 거꾸로 예속인이 주인에게 간섭하고, 그로 인해 전자가 비열하고 방자하다는 사실을 증명하고 있어요.

77. 저로서는, 아테나이인 여러분, 제 외모, 빠른 걸음, 큰 목소리 등과 관련하여, 자연적으로 혜택을 타고난 사람에 속하는 사람이 아니라고 생각합니다. 제가 이득 보는 것도 없이 남을 불편하게 하는 한, 여러모로 제가 불이익당하고 있어요. 그러나 온갖 씀씀이에 있어 삼가고, 포르미온이나 그를 좋아하는 또 다른 이들보다 훨씬 더 규모

---

36 *paragraphe.*

있게 생활한다고 자부합니다. 78. 반면, 도시 일, 그리고 여러분과 관련한 모든 사안에서, 여러분이 주지하듯이, 저는 능력이 허용하는 데까지 아낌없이 지출해왔어요. 제가 익히 아는바, 태생적으로 시민인 여러분의 경우, 법이 필요로 하는 공적 부담을 지는 것으로 충분합니다. 그러나 제도적으로 시민권을 부여받은 이들은 혜택을 받은 데 대한 감사의 보답에 걸맞게 공적 부담을 진다는 점을 내보여야 하는 겁니다. 그러니, 내가 당연히 칭찬받아야 하는 사안을 두고 당신(포르미온)은 나를 힐난하지 마십시오.

79. 도대체, 포르미온 씨, 내가, 당신이 한 것같이, 시민 가운데 누구를 돈으로 매수하여 함께 비루한 일에 작당37한 적이 있소? 말해 보시오. 내가 스스로 명예를 얻은 그 도시로부터, 당신이 명예를 먹칠한 그이같이, 그 누구를 추방한 적이나, 도시에서 자유 발언38하는 권리를 빼앗은 적이 있소? 당신이, 여러 여인에 더하여, 그녀에게 한 것처럼 내가 누구의 아내를 농락한 적이 있소? 신들의 적(敵)인 이 사람은, 자신의 여주인이었던 여인을 위해, 2탈란톤이 넘는 돈을 들여서 그 여주인 비석 옆에 비석까지 세웠어요. 그런데 이 사람이 깨닫지 못하는 것은, 그 같은 조형물이 그 여인을 위한 묘비가 아니라, 이 사람에 의해 그녀가 남편에게 저지른 부당행위를 기리는 기념비란 사실이에요.

80. 당신이, 스스로 한 이 같은 짓거리, 또 부도덕성을 드러내는

---

37 *hetairein*. 이 단어는 성적으로 '짝을 짓다', '교제하다'란 뜻과 함께, 정치적으로 '무리를 짓다'란 뜻이 같이 있어, 문맥에 따라 뜻이 달라진다. Loeb 판본에서는 '매춘하다'로, Kaktos 판본에서는 '비도덕적 행위를 함께하다'로 번역한다.

38 *parrhesia*.

그 많은 증거들을 두고도, 감히 다른 이의 삶에 개입하려고 하는 것이
오? 당신은 낮에는 조신한 척하다가, 밤이 되면 처형받아 마땅한 수
작을 하고 다니잖소. 이 사람의 비열함, 그 비열함과 부정직함은, 아
테나이인 여러분, 오래전 아나케이온[39]에서 나올 때부터 드러났던 거
예요. 그 증거가 있어요. 정직한 이였다면, 주인의 재산을 관리한 연
후에 가난했을 겁니다. 그러나 아주 많은 재산을 관리하면서, 지금
가진 전 재산이 드러나지 않게 훔친 것인데도, 남의 것이 아니라 짐짓
부친에게서 물려받은 것이라고 하는 겁니다. 81. 신들의 이름을 걸
고, 당신이 지금 가지고 있는 재물을, 그럴 수만 있다면, 당신이 짊
어지도록 하고, 내가 당신을 현장범 도둑놈으로 구인할 것인바, 훔친
재물이 아니라고 당신이 부인하는 경우, 어디서 그것을 얻었는지를
내가 묻는다면, 당신은 뭐라 대답할 거요? 당신 부친에게서 받은 유
산도 아니고, 다른 어디에서 구해온 것도, 또 우리에게 올 때 재물을
가지고 있었던 것도 아니니 말이오. 당신은 이민족 출신으로 우리에
게 팔려 왔잖소. 또 당신은 자행한 짓거리로 인해 공개처형 되어야 마
땅한 것이지만, 당신 자신의 몸을 보존하고, 우리 재물로 도시의 일
원이 되었으며, 당신 주인의 형제인 자식들을 두려 했고, 내가 내 재
산을 되찾으려는 소(訴) 제기가 성립하지 않는다고 항변[40]했던 거요.

---

39 Anakeion. 아나케이온은 디오스쿠로이(카스토르와 폴리데우케스 형제) 신전이
다. 테세우스가 디오스쿠로이의 누이 헬레네를 탈취해 갔으므로, 이들이 누이를
찾으려고 아티카를 쳐들어왔으나, 주민을 상하게 하지는 않았다고 한다. 이 신전
근처에 예속인을 매매하는 시장이 있었기 때문에 여기서 디오스쿠로이가 언급된
다고 보는 견해도 있다.

82. 게다가 그는 우리에 대해 험담하고, 우리 아버지가 어떤 사람인가에 대해 토를 달려고 했어요. 이 같은 짓거리에, 아테나이인 여러분, 분노하지 않는 이가 누가 있겠습니까? 저로서는, 여러분 중 어느누구보다 더 형편없는 인간이라고 해도, 적어도 이 사람(포르미온)보다는 제가 더 낫다고 보는 것이고요, 또 그의 입장에서 말하자면, 다른 이들 중 누구보다 더 못하지 않다고 해도, 저보다는 못한 거예요. 우리가 당신이 폄훼하는 바와 같은 인간들이라 하더라도, 당신은 우리의 예속인[41]이었으니까요.

83. 혹시라도 소송상대편 중 누가 이렇게 말할 수도 있겠지요. 파시클레스는 저의 형제이지만, 제가 제기한 이 소송 사건에 관여하여 포르미온을 비난하지 않는다고 말이죠. 그런데 저로서는, 아테나이인 여러분, 파시클레스에 대해서도 언급해야 할 것인바, 여러분이 저에 대해 양해해 주실 것을 부탁하고 읍소합니다. 저 자신을 억제하지 못할 정도로, 저 자신의 예속인에게 제가 당한 폭력 때문에 분노가 폭발한다면 말이지요. 다른 이들이 말해도 지금까지 제가 못 들은 척하면서 잠자코 있었던 사실을 이제는 숨기지 않고 공개하렵니다.

84. 제가 알기로, 파시클레스는 저와는 동모(同母) 형제이나, 아버지도 같은지는 잘 모르겠습니다. 그런데 포르미온이 우리에게 끼친 피해는 실로 파시클레스에게서 비롯된 것이 아닌가 저는 봅니다. 자신의 예속인과 한패가 되어 자기 형제의 자격을 박탈하려 하고, 또

---

40 *paregrapso (paragrapho)*.

41 *doulos*.

대접을 받아야 하는 이들에게 오히려 자기가 예속인같이 나서서 대접하려 하는 그런 이에 대해 의심하는 것이 당연한 것 아닙니까? 그러니, 저와 관련하여 파시클레스란 이름을 일단 유보하고, 당신의 주인이라고 하는 대신 당신 아들, 내 형제라고 하기보다, 그가 그렇게 선택했으므로, 내 소송상대라고 불리도록 해야 하겠소.

85. 그래서 저로서는, 이 사람(파시클레스)을 제외하고, 재판관 여러분. 제 아버지가 제게 남긴 도우미와 친구들, 바로 여러분에게 호소하려 합니다. 제가 여러분에게 부탁하고 간청하고 호소하는 것은, 제 딸들과 제 가난 때문에, 제 자신의 예속인들과 그들에게 아첨하는 이들의 웃음거리로 전락하지 말도록 해 주십사 하는 겁니다. 제 아버지는 여러분을 위해 천 개의 방패를 제공했고, 다방면으로 봉사했습니다. 삼단노선주로 다섯 번이나 봉직하며, 자진하여 배를 건조하고 자비를 들여 필요 인력을 채웠습니다. 제가 이런 점을 상기하는 것은 여러분이 제게 빚을 지고 있다고 생각해서가 아닙니다. 빚은 오히려 제가 여러분에게 지고 있는 것이니까요. 다만, 여러분이 깨닫지 못한 가운데 제가 부당한 대우를 받는 일이 없도록 하려는 겁니다. 그런 것은 여러분에게도 결코 좋은 것이 아니기 때문이지요.

86. 제가 당한 수모와 관련하여 말씀드릴 것이 많지만, 제게 주어진 물시계의 물이 충분하지 않습니다. 그래서 저는, 어떻게 하면 우리가 겪은 불이익이 얼마나 큰지 여러분 모두가 잘 알 수 있을지에 간해 제가 생각하는 점을 여러분께 말씀드리겠습니다. 여러분이 제각기 고려하실 것은, 집에 예속인을 두었다고 가정한 다음, 자신을 우리 입장에 대입하고, 자신이 예속인으로부터 우리가 겪은 것과 같은

불이익을 당했다고 생각해 보시라는 겁니다. 여러분의 예속인의 이름이 시로스, 마네스 등 그 어느 것이라도 상관없고, 다만 저의 예속인은 포르미온이라고 합니다. 상황은 똑같습니다. 저들은 예속인이고 포르미온도 예속인이었죠. 여러분은 주인이고, 저도 주인이었어요. 여러분이 각기 자신의 예속인으로부터 무언가를 돌려받으려고 제소했는데, 제가 판결 내리는 자리에 있다고 가정해 보십시오.

87. 법과 여러분이 한 맹세에 따라, 위증으로 저의 발언권을 빼앗았던 이를 심판하시고, 다른 이들에게 본보기가 될 수 있도록 그를 처벌하십시오. 저희로부터 들었던 모든 사실을 기억하시고, 마음에 깊이 간직하셔서, 이 사람들이 여러분을 속이려 한다면 각각의 사안에 대해 반박하도록 하십시오. 이들의 증언이 사안 전체를 담은 것이 아니라면, 이렇게 물어 주십시오. "유언 내용에 뭐라고 되어 있습니까? 왜 그것을 그때 바로 지우지 않았습니까? 장관 앞으로 제출된 사본에는 뭐라고 되어 있습니까?"라고요. 88. 어떤 이가 유언장에 따라 피후견인으로 있었다고 하고, 다른 이는 유언장에 따라 후견인으로 봉직했다고 하고, 또 다른 이는 유언장을 가지고 있다고 한다면, 여러분은 "무슨 유언장 말이오? 그 안에 뭐라고 되어 있소?"라고 물으십시오. 제 소송상대가 증언한 그 같은 유언장의 존재를 증언한 이는 달리 아무도 없어요. 이들이 엄살을 부리기 시작하면, 여러분의 연민이 향해야 하는 쪽은 처벌되어야 하는 가해자가 아니라, 그 피해자란 사실을 명심하십시오. 이렇게 하신다면, 여러분은 저를 도울 뿐만 아니라 이들의 순전한 기만을 차단하게 될 것이고, 또 여러분은 스스로 한 맹세에 걸맞게 판단하게 될 것입니다.

46

스테파노스의 위증을 비난하여 2

해제

〈스테파노스의 위증을 비난하여 2〉는 앞의 〈스테파노스의 위증을 비난하여 1〉에 이어진 두 번째 변론이다. 스테파노스는 앞의 변론 〈스테파노스의 위증을 비난하여 1〉에 대해 반론을 제기했고, 그에 대해 다시 이 변론의 화자(話者)인 아폴로도로스가 이 변론을 발표했다.

화자에 따르면, 스테파노스는 전문(轉聞·전해 들은 말)을 제공하고 있을 뿐이라 위법하며, 포르미온도 스테파노스의 증언을 자신에게 유리한 증거로 삼고 있는 데서 법을 어긴 것이라고 주장한다. 더구나, 화자는 스테파노스의 증언은 미리 계획적으로 조작된 것이 분명하다고 한다. 그 증언이 밀랍이 아니라 백색 서판에 적힌 사실이 그런 정황을 증명한다고 한다. 계획적으로 증언하고자 하는 이는 집에서 미리 백색 서판에 적어 와서 하는 것이고, 즉석에서 들어오는 제안에 대응하여 이루어지는 증언은 원하는 대로 더하고 지우고 할 수 있는 밀랍 판에 적기 때문이다(§11). 이어서 화자는 자기 부친이 유언장을 작성하지 않았다고 주장한다. 합법적으로 유언장을 작성할 수 없었던 정황을 여러 가지 법조문을 인용하여 피력한다.

이 변론은 매끈하게 정돈된 것이 아니고, 앞의 〈스테파노스의 위증을 비난하여 1〉보다 위작의 가능성이 더 강하게 제기된다. 그 근거 중 한 가지 논거로 제시되는 것이, 파시온이 합법적으로 유언할 수 없었다(§14)는 화자의 주장이 사실에 부합하는 것이 아니라는 것이다. 뿐만 아니라 화자의 말에 일관성이 없는 것으로서, 한편으로는 자신의 부친이 심신미약으로 제정신이 아니었다고 하고, 다른 한편으로는 부친이 나중에 회수할 수 있도록 자신이 가진 채권과 채권 내용, 대부금이 쓰이는 용도 등을 꼼꼼하게 기록했다고 하기 때문이다.

결국, 파시온의 유언이 무효라는 사실을 호소하려 했지만, 재판관들을 설득하지 못했던 것으로 추정된다.

1. 증언과 관련한 변론에서 이 스테파노스가 난처해하는 일은 없을 것이며, 그 증언이 서면 기록 전체에 관한 것이 아니라는 말로 여러분을 현혹하고 기만하려 한다는 사실을 저는 믿어 의심치 않습니다, 재판관 여러분. 이 사람은 영악하며, 또 포르미온을 위해 변론을 작성하고 조언하는 이들이 많기 때문입니다. 위증을 꾀하는 이들은 당연히 그에 관한 변명도 바로 궁리해 놓았겠죠. 2. 여러분이 유념하실 것은, 이 사람이 이렇듯 긴 시간 발언하면서도 사실에 대한 증인은 한 사람도 대지 못했다는 겁니다. 제 아버지가 유언을 작성할 때 스테파노스가 임석했으므로 이 문서가 그 유언의 사본이라는 사실을 알고 있다든가, 혹은 제 아버지가 작성하여 남긴 것이라고 사람들이 말하는 문서가 공개된 상태에 있는 것을 목격했다든가 하는 사실 말이지요. 3. 그러나, 문서에 기록된 내용이 파시온이 남긴 유언장의 사본이라고 이 사람이 주장하면서도, 제 아버지가 유언장을 작성한 사실이 있는지 여부, 혹은 이이 자신이 그 자리에 임석하여 제 아버지가 유언장 작성하는 것을 목격했는지 여부를 증명하지 못하는 것은, 이 사람이 위증하고 있다는 명백한 증거가 아니겠습니까?

4. 또 이것이 제안이지 증언2이 아니라고 이 사람이 주장한다면, 진실을 말하는 것이 아닙니다. 소송 쌍방이 서로 상대에게 제안하면서 법정에 제출하는 모든 사안이 증언의 형식을 취합니다. 증인을 같이 제시하지 않으면, 쌍방이 각각 진술하는 내용이 진실인지 거짓인

---

1 *proklesis*. 제안이란 이의신청의 한 형태이다.

2 *katathesis*.

지 여러분이 알 수가 없기 때문이죠. 증인이 나타나야 여러분이 소송 당사자들의 진술에 신빙성이 있다고 보게 되고, 진술과 증언에 의지하여 타당성이 있다고 여기는 쪽으로 결정을 내리게 되는 것이에요.

5. 그래서 증언은 단순한 제안이 아니라는 것, 그리고 제안하려면 어떤 방식으로 증언도 해야 하는지를 제가 지적하려 합니다. 이 사람의 진술에는 그 점이 빠져 있으니까요. "케피소폰의 사위 암피아스가 가져온 서류를 포르미온이 아폴로도로스에게 개봉하도록 제안했을 때, 본인들은 중재인 테이시아스 옆에 임석해 있었던 사실을 증언합니다. 또 아폴로도로스가 그것을 열지 않으려 했던 사실도 증언합니다." 이들이 이런 식으로 증언한다면, 진실을 증언하는 것으로 보였을 거예요. 그러나, 포르미온이 내놓은 문서가 파시온 유언장의 사본이라고만 증언할 뿐, 유언 작성 시 임석하지도 않고, 유언장 자체가 있는지 여부도 알지 못한다면, 그런 진술 자체가 명백히 황당무계한 것 아니겠습니까?

6. 만일 포르미온이 그렇게 말했으므로 이 사람(스테파노스)이 그것을 진실이라고 믿는다고 진술한다면, 그것은 실로 어떤 이가 발설한 것을 믿는 이에게 거꾸로 발설한 이를 위해 같은 사실을 증언하라고 하는 순환논법 같은 겁니다. 그러나 법에 따르면 그런 것은 용납되지 않고, 증인은 자신이 알고 있는 것, 혹은 현장에 임석하여 목격한 사실들에 대해 증언해야 하고, 또 그 증언은 문서로 기록된 것이어야 합니다. 그래야 쓰인 것에서 무엇을 빼거나 더할 수 없기 때문이죠. 7. 전문(傳聞) 증언은 생존한 사람이 아니라 죽은 자로부터의 것만 인정됩니다. 병자나 국경 바깥에 있는 이들의 증언은 서면으로 제출

되어야 합니다. 증인과 서면 증언 제출자는 같은 죄목하에 제소 대상이 될 수 있어요. 증인이 그 서면 증언 내용을 인정하면, 그 자신이 위증 혐의의 주체가 되는 것이고, 만일 증인이 그 내용을 인정하지 않으면, 서면 증언 제출자가 위증 혐의에 연루되는 거예요. 8. 그런데 스테파노스는, 제 아버지가 유언을 남겼는지 여부도 알지 못하고, 또 유언 작성 과정에 아예 임석한 적이 없으면서, 포르미온이 한 말만 전해 듣고는, 전문에 근거하여 거짓과 불법 사실을 증언한 겁니다. 제 진술이 사실임을 증명하기 위해 여러분에게 관련 법을 소개해 드리겠습니다.

법

전문 증거는 죽은 자로부터의 경우에 한하고, 국경 바깥에 있는 이와 병자는 서면 증언으로 한다.

9. 지금 제가 여러분에게 밝히려 하는 것은, 이 사람이 또 다른 법을 어긴 사실, 그리고 여러분도 아시듯이, 포르미온이, 스스로 자행한 큰 잘못으로 면피(免避)할 데가 없는 가운데, 제안이라는 명분을 빌미로 하여, 사람들의 증언들 뒤에 몸을 숨기고는, 실제로 자신과 관련한 증거를 제시하고 있다는 사실입니다. 그 증언들에 의해 재판관들이 기만당하여 이들이 진실을 증언하는 것으로 여기게 되었고, 급기야 저는 제 아버지의 유산을 빼앗기고, 제가 본 피해를 구제받지 못하기에 이르렀다는 사실입니다. 법에 따르면, 누구도, 형사, 민사, 회계보고 등에서, 스스로에 대해 증언하지 못하게 되어 있습니

다. 그런데 포르미온은 자신에 대해 증언했습니다. 이들 증인이 그에게서 들은 말을 근거로 하여 증언한 것이 바로 그러합니다.

10. 여러분이 정확히 이해하시도록, 이 법을 저를 위해 읽어 주십시오.

법

소송 쌍방은 부득이 상대의 질문에 대답해야 하는 것이나, 증언하면 안 된다.

지금 소개하는 또 다른 법은 위법하게 증언하는 이는 바로 그 같은 이유로 위증소송에 회부될 수 있다고 규정하고 있습니다.

법

위법하게 증언한 증인은 위증죄로 재판에 회부된다. 또 증언을 제출한 이도 이와 같다.

11. 더욱이 위 같은 문서에서 누구라도 간파할 수 있는 것은 이 사람이 위증했다는 사실입니다. 이 문서는 백색 서판으로 집에서 미리 준비한 것이에요. [3] 사실에 대해 증언하고자 하는 이는 집에서 미리 서면 증언을 준비해 와서 하는 것이고, 즉석에서 들어오는 제안에 응

---

3   바로 아래 설명이 이어지듯이, 백색 서판은 미리 준비한 것이고, 즉석에서 이루어지는 제안에 대한 답변은 백색이 아닌 밀랍 판에 적힌다.

하여 하는 증언은 밀랍 판에 적습니다. 원하는 대로 더하고 지우고 하는 것이 쉽기 때문이지요.

12. 그러니, 이 모든 상황으로부터 이 사람이 위증했고, 또 위법하게 증언한 것이 드러납니다. 더구나 다음과 같은 점도 제가 여러분에게 밝혀 두려 합니다. 제 아버지는 유언을 남기지 않았고, 법에 따르면, 유언이 금지되어 있었어요. 시민으로서 어떤 법에 따라 살아야 하느냐고 누가 여러분에게 묻는다면, 현행법에 따라야 한다고 대답하실 것 같습니다. 그렇다면, 법이 "한 사람에게만 적용되는 법이 아니라 모든 아테나이인에게 유효한 법을 제정해야 한다"라고 규정하고 있습니다. 13. 그러니, 이 법에 따르면, 시민들은 모두 같은 법에 따라야 하며, 각기 다른 법이 적용되면 안 되는 거예요. 그런데 제 아버지는 디스니케토스가 장관[4]으로 있던 해 죽었어요. 그런데 포르미온은 제 아버지가 죽은 지 10년째인 니코페모스가 장군으로 있던 해에 아테나이인이 되었거든요. 그런데 제 아버지가, 이 사람이 장차 아테나이 시민이 될지 여부도 알지 못한 상태에서, 자신의 아내를 이 사람과 혼인하게 함으로써 자신의 아이들을 수치스럽게 하고, 또 여러분으로부터 받은 선물[5]을 경시해 가면서 위법행위를 자행했겠습니까? 살아생전에 이렇게 하는 것, 아니면 죽어서 유언을 남기는 것, 둘 중 어느 게 더 적절한 것이었겠습니까? 후자는 할 권리도 없었던 거예요.

---

4   *archon*. 여기서는 그의 이름으로 한 해의 명칭을 정하는 수석장관(명칭장관, 아르콘)을 뜻한다.
5   선물이란 아테나이 시민권을 말한다. 파시온도 아테나이인들로부터 아테나이 시민권을 부여받았다.

14. 법 규정 자체를 들어 보신다면, 유언할 권리가 없었다는 사실을 여러분이 아시게 될 것입니다. 법을 읽어 주십시오.

법

솔론이 공직에 취임할 때 입양된 상태에 있어 상속권을 포기[6]하거나 요구[7]할 수 없는 이들이 아니라면, 적법한 아들이 없는 경우, 원하는 대로 자신의 재산에 대한 처분권을 갖는다. 다만 광기, 노망, 약물, 질병, 여인의 꾐, 강제 혹은 속박의 상태에 등 결격사유가 없어야 한다.

15. 방금 법조문을 들으셨지요. 이 법은 적법한 아들이 있으면, 유언을 작성하지 못하도록 하고 있습니다. 그런데 이들은 제 아버지가 유언했다고 주장하는 거예요. 유언장을 작성할 때 임석했다는 사실을 증명하지 못하면서 말이죠. 또 여러분이 다음 사실을 유념하실 필요가 있을 것 같습니다. 법에 따르면, 입양아가 아니라 적법한 자손이 상속하고, 자식이 없을 때는, (피상속인이) 자신의 재산을 유언으로 처분할 수 있습니다. 그러나 제 아버지는 민중의 결정에 의해 시민 자격을 얻었으므로, 그전에는 유언장 작성할 권한도 없었고, 특히 자신의 아내를 다른 데로 출가시킬 권리도 없었어요. 그녀에 대해 그는 법적으로 인정되는 보호자[8]가 아니었고, 또 자식들을 두고 있었거든요.

---

6   *mete apeipein.*
7   *mete epidikasasthai.*
8   *kyrios.*

16. 또 이런 점을 생각해 보십시오. 누가 자식이 없다 해도, 정신상태가 정상이 아니면, 재산을 유언으로 처분할 수 없어요. 더구나 병자로 약에 취한 사람, 여인에 의해 혼미한 사람, 노망, 광기, 강요 등에 의해 영향 받는 경우 법에 따라 그 유언은 무효가 됩니다. 제 아버지가 넘겼다고 이들이 주장하는 유언이 정상의 정신 상태를 가진 사람의 것인지를 여러분이 생각해 보십시오. 17. 다른 것은 놔두고, 은행 임대[9]의 경우만 예를 들어 본다면, 여러분이 보기에 이게 말이 되는지 보십시오. 제 아버지가, 한편으로 우리의 동의 없이는, 은행 관련 일을 보는 권리를 이 사람에게 내주지 못하도록 조치하면서, 다른 한편으로 자신의 아내를 이 사람과 혼인하게 하고 자식에 대한 부권(父權)까지 공유하게 한답니까? 이들이 은행 임대와 관련하여 다른 모든 것을 영악하게 조작하면서도, 이런 점을 놓친 것에 대해 여러분이 곤혹스러워하지 마십시오. 이들에게는 저희 돈을 뺏고, 제 아버지를 은행에 채무를 진 것으로 몰아세우는 것 외에는 관심 밖이었을 테니까요. 게다가 제가 이런 점들을 모두 세심하게 살펴볼 만한 능력이 있다는 생각을 못했겠지요.

18. 이제 어떻게 혼인의 성립에 관해 규정한 법조문에 유의해 주십시오. 이 법에 의해서도 스테파노스가 유언을 조작하여 위증했음을 여러분이 깨닫게 될 것입니다.

---

9 파시온이 포르미온에게 은행을 임대한 사실 관련하여, 참조, Demosthenes, 45. 31.

법

부친 혹은 동부 형제 혹은 부계 조부가 정식으로 여인의 혼인을 보증10
하면, 그 자식은 적자가 된다. 이들 범위의 친척이 없는 경우, 여인이
무남상속녀11가 되면, 그 보호자가 그녀를 아내로 맞는다. 무남상속녀
가 아니라면, 그녀가 원하는 사람이 그녀의 보호자가 된다.

19. 법에 따라 누가 여인의 보호자가 되는지에 대해 여러분이 들으셨
습니다. 제 어머니에게는 보호자가 아무도 없었다는 사실을 제 소송 상대
측 사람들도 스스로 증언한 바 있습니다. 만일 누구라도 있었다면, 이
들이 소개했을 겁니다. 아니면, 거짓 증인들과 없는 유언도 만들어 내는
판에, 돈으로 할 수만 있었다면, 형제, 부친, 조부도 만들어내지 않았
으리라고 여러분은 보십니까? 이렇듯, 해당 범위의 친족이 아무도 생존
하지 않으므로, 제 어머니는 부득이 무남상속녀가 되는 겁니다. 법 규
정에 따라 누가 무남상속녀의 보호자가 되는지 여러분 들어 보십시오.
20. 법조문을 읽어 주십시오.

법

무남상속녀의 아들로 태어난 이는, 성년12의 나이에 달하고 그 2년 후
에, 재산권을 행사하고, 모친의 부양을 위한 양식을 지급해야 한다.

---

10 *engyesei* (*engyao*).

11 *epikleros.*

12 성년의 나이는 18세이며, 자격검증(*dokimasia*)을 거쳐 성년으로 인정받는다. 참
    조, Demosthenes, 27. 5; Aristoteles, *Athenaion Politeia*, 42. 1~2.

그러니, 법에 따라, 성년이 된 아들은 자기 모친의 보호자가 되어, 모친의 부양을 위한 양식을 지급해야 합니다. 그러나 이 사람이 제 어머니와 혼인할 때, 저는 군역을 지고 여러분을 위해 삼단노선주로 복무한 사실이 증명됩니다. 21. 제가 삼단노선주로 해외에 있었고, 이 사람이 제 어머니와 혼인할 때는 이미 제 아버지가 이미 죽고 난 다음이었던 사실을 밝히기 위해, 제가 이 사람의 하녀들을 내놓으라고 하고, 이들을 심문에 부치도록 요구한 바 있습니다. 제 진술이 사실인지, 또 제가 제안한 사실 등을 증명하기 위해서, 저를 위해 증언을 읽어 주십시오.

증언

증인들은 다음의 사실을 증언합니다. 본인들은 아폴로도로스가 포르미온에게 제안할 때, 다시 말하면, 포르미온이 다음 사실을 인정하지 않으면 그 진위를 확인하기 위해 하녀들을 심문에 부치도록 내놓으라고 아폴로도로스가 포르미온에게 요구할 때, 임석했습니다. 파시온이 자의로 자신의 아내를 자신과 혼인하도록 주선했다고 포르미온이 주장하는 날짜 이전에 이 사람이 아폴로도로스의 모친을 유혹했느냐는 것이었습니다. 아폴로도로스의 제안에 대해 포르미온은 하녀를 내놓지 않았습니다.

22. 그 외에 이런 법도 읽어 주십시오. 이 법은 이방인13과 도시여인14을 가리지 않고 모든 무남독녀는 재판을 거치도록 규정하고 있어

---

13   *xenai* (*xene*).

요. 시민들에 대해서는 장관15이, 거류외인에 대해서는 국방장관16이 법정에 회부하고 관할합니다. 법정 판결이 없으면, 유산17도 무남상 속녀도 차지할 수 없습니다.

법

장관이, 스키로포리온달18만 빼고 매달 유산과 무남상속녀 관련의 모든 사안을 다룬다. 재판을 거치지 않고는 누구도 유산을 물려받을 수 없다.

23. 만일 이 사람이 합법적으로 처신하려 했다면, 유언이나 친척 을 빙자하여 무남상속녀에 대한 권리를 주장해야만 했던 것이죠. 상 대가 도시여인이라면 (수석) 장관 앞으로, 이방여인이라면 국방장관 앞으로 출석해야 하는 것이에요. 그래서, 그때 만일 이 사람이 정당 한 주장을 개진했더라면, 법과 재판관의 판결에 따라서 제 어머니를 차지할 수도 있었겠죠. 자신이 만든 법에 따라 자기 멋대로 하는 것이 아니라, 재판관들을 설득함으로써 말이에요.

24. 다음과 같은 법도 있어요. 이 법에 따르면, 합법적 자식의 부 친이 유언장을 작성하고, 그 아들들이 성년이 되기 전에 죽는 경우, 그 유언은 유효합니다.

---

14 *astai* (*aste*).
15 수석장관(명칭장관, 아르콘).
16 *polematchos*. 9명 장관 중 한 명.
17 *kleros*.
18 6월 중순~7월 중순. 이때 한 해의 행정부 임기가 끝나고 새 행정부로 넘어간다.

법

합법적 자식의 부친이 유언하고, 그 아들들이 성년의 나이에 달한 다음 2년 이내에 죽는 경우, 그 유언은 유효하다.

25. 그런데, 아들들이 살아 있으니, 이들이 제 아버지가 남긴 것이라고 주장하는 유언은 무효입니다. 그리고 이 스테파노스는 이 문서가 파시온의 남긴 유언의 사본이라고 주장한 점에서, 모든 법을 무시하고 위증한 것입니다. 당신(스테파노스)은 어떻게 그것이 그의 유언이라는 사실을 아는 것이오? 내 아버지가 유언을 작성할 때 당신은 어디에 있었던 거요? 법정을 술수로 우롱하면서, 한편으로 기꺼이 위증하며, 다른 한편으로 진실한 증언을 가리고, 재판관들을 속이고, 공정을 저해하는 이여, 그 같은 행위에 대해서 법이 공소[19]를 제기하도록 하고 있소.

26. 저를 위해 법 규정을 읽어 주십시오.

법

누구라도 공모하거나, 혹은 부패한 목적으로 돈을 주고받으면서, 아테나이의 헬리아이아,[20] 혹은 아테나이의 어떤 법정,[21] 혹은 의회[22]를 온통 매수하려 하거나, 민주정체를 전복하기 위해 정당을 만들거나, 혹은

---

19 *graphe*.
20 Heliaia.
21 *dikasteria*.
22 *boule*.

사적 혹은 공적 재판에서 뇌물을 받고 변호하는 이가 있으면, 서면으로 법무장관23 앞으로 고소한다.

27. 저로서는 기꺼이 여러분께 묻고 싶은 것이, 이 모든 사안과 관련하여, 어떤 법으로 판결하시렵니까? 도시의 법입니까? 아니면 포르미온이 스스로 만들어낸 법입니까? 저로서는 물론 도시의 법을 여러분 앞에 소개하고, 이들 둘이 다 이 법들을 위반한 사실을 여러분에게 증명합니다. 포르미온은 처음부터 저희에게 피해를 끼쳤고, 아버지가 저희에게 남겼고 이 사람에게 경영을 맡겼던 은행과 광산 등 재산을 갈취했고, 또 이 스테파노스는 위증하고 법을 어겼습니다.

28. 이제, 재판관 여러분, 다음과 같은 점을 기억하시는 것이 좋을 것 같습니다. 아무도 그 유언의 사본을 만든 이가 없다는 사실입니다. 사본은 계약 시에만, 계약 당사자들이 조건을 알고 위반하지 않기 위해서, 만드는 것이지, 유언에서는 그런 것을 안 만듭니다. 유언 작성자들은 유언 내용을 아무도 알지 못하도록 유언을 남기는 것이니까요. 그런데, 문서에 적힌 내용이 파시온의 유언 사본이라는 사실을 도대체 여러분이 어떻게 아신단 말입니까?

제가 모든 분께 청컨대, 재판관 여러분, 그리고 호소하건대, 저를 도와주시고, 여차하면 위증할 만반의 준비를 갖추고 있는 이들을 벌하십시오. 그것이 여러분 자신, 저, 그리고 공정과 법을 위하는 것입니다.

---

23 *thesmothetai*.

47

에우에르고스와 므네시불로스의 위증을 비난하여

해제

하르포크라티온은 〈에우에르고스와 므네시불로스의 위증을 비난하여〉가 데모스테네스의 작품이라는 사실에 의문을 표한다. 그 내용은 기원전 357년의 사건 관련으로 355년, 혹은 354년에 발표된 것으로 추정된다.

당시 아테나이는 경제적으로 대단히 궁핍했고, 긴급하게 전함(戰艦)을 재정비하고 증가시켜야 할 필요성에 봉착했다. 우선 보이오티아인의 동맹국인 에우보이아섬 여러 도시들이 소요 상태에 있었다. 일부는 기존 테바이를 중심으로 한 보이오티아와의 동맹을 지속하려 하고, 다른 일부는 아테나이 쪽으로 붙으려 했다. 양편이 서로 엎치락뒤치락 자웅(雌雄)을 겨룬 끝에, 마침내 에우보이아 도시들은 아테나이 동맹국으로 편입되었다.

아테나이 동맹은 강한 반(反)아테나이 기류에 편승하여 이미 기원전 364년에 허물어지기 시작했다. 특히 카리아의 마우솔로스가 에게해 동부 섬들 사이에 반아테나이 정서를 강화했다. 한편, 아테나이가 케르소네소스 사태에 매달려 있는 가운데, 필리포스는 암피폴리스[1] 공격을 준비했고, 로도스, 키오스, 코스 등으로 하여금 아테나이 동맹으로부터 탈퇴하도록 종용했으며, 아테나이에 적대적인 비잔티온과 동맹 관계를 수립했다.

필리포스가 암피폴리스를 함락한 후, 아테나이인은 동맹국들로부터 기금을 모집하려 했으나, 키오스와 로도스가 거부했다. 쇠퇴 일로에서 난국을 타개하는 방법은 부득이 바깥으로 전쟁을 유발함으로써 어떤 식으로든 전함 군비를 강화하는 것과, 안으로 삼단노선주의 부담을 제도적으로 개선하는 것이었다.

삼단노선주 제도는 아테나이가 예외적으로 부과하는 부담이었다. 전시에 장군은 부유한 시민들 각자에게 한 척의 삼단노선을 배당하고, 무장, 인원을 배치하고, 관리하도록 했다. 보충을 요하는 선원은 도시가 공급했다. 삼단노선주는 1년간 의무적으로 봉직하는 것이 제도였다. 원정 도중에 임기가 끝나도, 부득이한 경우 그대로 임직[2]해야 하며, 그 손해는 후임 삼단노선주가 보상[3]하게 되어 있었다.[4]

기원전 358/357년 폴리아라토스의 아들 페리안드로스가 제안한 법에 의해, 공동삼단노선주[5] 제도를 신설하고, 납세분담조합[6]이 공동으로 삼단노전선 운영을 책임지도록 하며, 배의 장비는 도시가 부담하도록 했다.

그런데 후임 삼단노선주가 전임 삼단노선주로부터 배를 양도받을 때, 배의 관할 상태와 관련한 문제로 제소하는 경우가 빈번하게 발생했다. 본 사건의 경우, 원고는 이미 재판에 승소하여, 전임 삼단노선주 테오페모스가 장비를 갖춘 배를 양도해야 한다는 판결문을 가지고 있었다. 또 의회의 조령에서도, 후임 삼단노선주는 전임 삼단노선주가 양도하기를 거부하는 장비들을 어떤 방법으

---

1   에게해 서북쪽 마케도니아 지역, 오늘날 테살로니키 해변에 연한 도시로 고대 아테나이 식민시였다.

2   *epitrierarchia.*

3   *epitrierarchema.*

4   참조, Demostenes, 50 〈삼단노선주 부담 관련하여 폴리클레스에 반대하여〉.

5   *syntrierarchia.*

6   *symmoria.*

로든지 받아 내도록 권리를 부여하고 있다.

테오페모스가 의무를 유기하는 경우, 부득이한 방법은 재판 판결 내용을 이행할 때까지 동산을 담보로 잡아 놓는 것이다. 그래서 원고가 테오페모스의 집으로 갔는데, 거기서 몸싸움이 벌어져 쌍방상해로 이어졌다. 이런 상황에 대해 '탄핵'[7] 절차로 의회의 처분을 구하는 동시에, 부족과 친족의 중재로, 이 같은 상황의 발생 책임을 물어 우선 25드라크메를 그에게 부과하기로 하고, 상해[8] 관련해서는 따로 중재에 부치기로 했다. 원고가 삼단노선주 임무를 완수하고 돌아온 다음, 테오페모스를 상대로 상해의 소(訴)를 제기했고, 테오페모스는 이에 대항하여 맞고소했다. 테오페모스는 앞선 재판에서 에우에르고스와 므네시불로스의 증언을 주요 근거로 하여 승소했다. 이 두 증인들은, 테오페모스가 자신의 하녀를 심문에 부치겠다고 제안[9]했으나, 이 사건 원고가 그 제안을 거부했다고 증언했다. 이 사건 원고는 앞선 그 재판에서 패소하여, 1,100드라크메에다, 6분의 1의 벌금[10]으로 83드라크메 2오볼로스, 그리고 재판 비용으로 행정부 앞으로 30드라크메를 내놓아야 했다.

본 사건에서 원고는 에우에르고스와 므네시불로스에 대해 위증(무고)의 소[11]를 제기했다. 이 변론은 당시 소송 절차에 대한 귀중한 정보를 포함하고 있지만 그 서술이 매끄럽지 못하므로, 많은 이들이 데모스테네스의 작품이 아닌 것으로 추정한다.

---

7 *eisangelia*.

8 *aikeia*(*aikia*).

9 *proklesis*.

10 *epobelia*(6분의 1). 1드라크메당 1오볼로스의 벌금을 뜻한다. 1드라크메가 6오볼로스이므로 에포벨리아는 6분의 1이란 뜻이다. 이것은 맞고소로 위법소송(*paragraphe*)을 제기한 데 대한 벌금이다.

11 *episkepsis pseudomartyrion*.

1. 제 소견에, 재판관 여러분, 재판에 임한 이들에게 위증 관련 절차를 둠으로써 별도의 구제 기회를 제공하는 법 규정은 훌륭합니다. 어떤 이가 거짓으로 증언하거나, 사실무근의 제안을 하거나, 불법의 증언을 제공하여 재판관을 속인 이는 그로 인해 이득을 보는 일이 없도록 해야 하기 때문입니다. 또 그로 인해 피해를 본 이가 증언에 이의를 제기하고 여러분의 법정에 출석하여, 증인들이 관련 사안에서 위증했음을 증명하고, 그들을 처벌하도록 요구하고, 또 그들을 증인으로 내세운 이를 위계(僞計) 혐의로 재판소에 넘겨야 하니까요. 2. 그래서, 이런 경우 고소인이 패소하는 경우 상대적으로 소액의 벌금을 물도록 정했습니다. 벌금액이 크면 피해를 본 이가 위증죄로 고소하기를 꺼리게 될 것이니까요. 그러나 이때 피고가 여러분에 의해 위증의 죄가 있는 것으로 판단되면, 크게 처벌받습니다. 3. 당연하죠, 재판관 여러분. 여러분은 증인에 의지하고 그 증언에 근거하여 판결하니까요. 여러분이 속지 않고, 여러분 법정에 사건을 제기하는 이들이 불이익을 당하지 않도록, 입법자는 피고들 관련하여 이렇게 조치했던 것이죠. 그러니 제가 여러분에게 호소하건대, 사건의 자초지종 전모에 호의를 가지고 제 말을 들어 주십시오. 이들에 의해 저는 피해를 보았고, 재판관들은 속았으며, 이들은 위증한 사실 등을 여러분이 이해하실 수 있도록 말이지요.

4. 정작 저는 이렇듯 소송까지 내고 싶지 않았습니다. 그러나, 불가피한 상황에서, 여러분도 모르지 않는 이들을 소송상대로 두고 있다는 사실은 그나마 다행한 일이죠. 아무튼 우선 저는 이들이 위증한 사실보다 그들 성품에 대해 제 발언의 상당 부분을 할애하려 합니다.

그들이 위증했다는 저의 고소 취지는, 제 소견에, 그들 자신의 소행에 의해 증명되는 것이고, 그들 자신 이외 다른 증거를 제가 제시할 필요도 없을 것 같습니다. 5. 증언의 진실 여부를 증명함으로써, 이들은 질곡을 벗어나고, 여러분의 법정으로 소환되는 위험부담을 피할 수 있었음에도, 하녀를 심문에 부치지 않으려 했습니다. 그 하녀는, 그들 증언에 따르면, 테오페모스가 중재인인 케다이 출신 피토도로스 앞으로 출석시킬 용의가 있다고 했고, 저도 심문에 부치도록 요구했던 사람입니다. 이 사실은 지난번 재판에서 증인들이 밝힌 것이고, 오늘도 그같이 증언할 것 같습니다. 테오페모스는 그 증언들이 사실이라고 보았으므로, 증인들을 고소하지 않았고, 위증죄로 그들을 법정으로 소환하지도 않았어요.

6. 더구나, 제가 하녀를 요구했고, 테오페모스가 심문을 연기하자고 했고, 제가 그 제안을 거절했다는 사실은 제 소송 상대측이 자체 증언에서 거의 인정하는 사실입니다. 그런데 제가 내놓도록 요구하고 테오페모스가 응할 의향이 있는 것같이 비쳤던 이 하녀는, 그들의 증언에도 나타나듯이, 심문에 부쳐지지도 않았고, 중재인 앞에도, 나중에 법정에서도, 다른 어디서도 아무도 본 적이 없어요. 증인들의 증언에 따르면, 테오페모스는 하녀를 그냥 내놓기만 하려 한 것이 아니라, 자기 쪽에서 제안 절차를 통해 그렇게 하려 했다고 합니다. 7. 그래서 재판관들은 이런 증언이 사실이고, 또 폭행죄12와 관련하여 쌍방 간에 누가 먼저 공연히13 구타를 시작했느냐는 점을 밝히는

---

12 *aikeia.*

과정에서, 오히려 제가 하녀의 심문을 회피한 것으로 간주했어요. 먼저 시작한 쪽이 상해죄에 걸리는 것이거든요. 그런데 테오페모스의 제안이 있었다고 하고, 증인들은 그런 사실을 증언하는 것이라고 하면서, 지금까지도 그녀를 내놓지 않으려는 것을 보면, 부득이 이 증인들이 위증한 사실이 드러나는 것 아닙니까? 증언이 사실인 것으로 실제로 증명되고 증인들이 처벌을 피하려면, 8. 하녀를 내놓고 심문에 부쳐 폭행의 상황을 확인해야 하는 것 아니겠습니까? 지금 제가 테오페모스를 제소한 것이 그때 그가 하녀를 내놓지 않았기 때문이며, 이 모든 사실에 대한 증거가 당시 테오페모스가 재판관들을 속이려고 한 진술 자체에서 나오는 것 아니겠습니까? 폭행 혐의 관련 재판에서 그가 말하기를, 비록 사건 현장에 있었고 법에 따라 서면으로 사건을 진술한 증인들은 위증했고 제게 매수당한 이들이지만, 현장에 있던 하녀는 진실을 말할 것이라고 했어요. 서면 증언이 아니라 심문에 의한 것이므로, 어느 쪽이 공연히 폭행을 시작했는지에 대한 가장 확실한 증거가 될 것이라고 한 겁니다.

9. 이것이 그때 그가 한 말입니다. 힘주어 말하고 이들 증인을 대동함으로써 재판관들을 속일 수 있었던 거예요. 그런데 지금 이 모든 것들이 거짓으로 드러나는 것이지요. 증인들이 그가 기꺼이 넘길 것이라고 호언했던 그 하녀를 그는 넘길 생각이 없고, 대신 자기 형제와 처남14을 위증 혐의 재판에 세우려 한답니다. 가능한 한 변명과 호

---

13 *adikon.* 여기서 '공연히(부당하게)'란 '어떤 위해(危害)를 먼저 받지 않은 상태'라는 뜻이다.

70

소로써 여러분을 속이고 빠져나가려는 것이죠. 바로 당사자인 하녀를 (심문에) 넘김으로써 당당히 혐의를 벗으려 하지 않는 것이에요.

10. 지난번 재판에서도 또 그 후에도 제가 수차례 제의하여 하녀를 내놓고 심문에 부치는 데 동의하도록 요청했어요. 제가 이들에게 벌금을 지불할 때, 제가 폭행 혐의[15]로 테오페모스를 고소한 재판에서, 위증 여부 (예비) 심리[16]에 임했을 때 등이었지요. 그러나 이들은 응하지 않았고, 위증만 할 뿐, 실제로 하녀를 넘겨주지 않았어요. 만일 하녀가 심문에 부쳐지면, 이들이 가해자이고 피해자가 아니라는 사실이 드러난다는 점을 잘 알고 있었던 것이죠.

제가 드린 말씀이 진실이라는 사실을 증명하기 위해, 관련 증언들을 여러분에게 들려드리겠습니다.

증언들

11. 제가 수차례 제안하고 하녀를 내놓으라고 요구했으나 아무도 응하는 이가 없었던 사실이 여러분에게 밝혀졌습니다. 그런데 이들이 위증한 사실도 증거를 통해 여러분이 아실 수 있도록 밝히겠습니다. 만일 이들의 말이 사실이라면, 다시 말해, 테오폼포스가 제안하여 하녀를 내놓았더라면, 아마도 이들이 자기 말이 참이라는 사실에

---

14 *kedestes.*

15 *dike aeikeias.*

16 *anakrisis*(심판). 재판에 부치기 전에 장관 앞에서 예비 심사 받는 절차이다.

대한 증인으로 형제와 처남, 이 2명만 아니라 많은 다른 사람들을 세웠을 것 같습니다. 12. 중재가 헬리아이아 법정에서 있었는데, 거기에 오이네이스와 에레크테이스 부족을 위한 중재인들이 앉아 있었죠. 그 같은 제안이 있자, 한 편이 하인을 데려와서 넘겼고, 사람들이 둘러서서 그의 말을 들었어요. 증언에 다소간의 진실이라도 있었다면, 이들이 증인을 못 구해서 곤란에 처하는 일은 없었을 겁니다.

13. 그런데, 재판관 여러분, 같은 증언에서, 테오페모스가 하녀를 넘겨주기 위해 연기하자고 제안했는데, 제가 그 제안을 거부했다고 한 거예요. 이것이 사실이 아님을 제가 여러분에게 증명하겠습니다. 만일 이들이 증언한 바의 제안을 제가 테오페모스에게 해서 하녀를 내놓도록 요구했다면, 14. 그는 그에 응하고 차기 회의로 중재를 미루어, 그때 하녀를 데려와서 제게 넘기는 것이 도리였을 겁니다. 그러나 지금, 테오페모스 씨, 이들의 증언에 의하면, 당신은 하녀를 넘기려 했는데, 내가 넘겨받지 않으려 했다네요. 그런 경우라면, 하녀의 주인인 당신이, 이들이 증언한 바, 제안까지 하려는 마당에, 내가 당신을, 그것도 먼저, 공연히 폭행하기 시작했다는 당신의 주장을 입증하는 이가 아무도 없는 형편에서, 15. 진위를 가리기 위해 하녀를 동원할 수 있었잖소. 그러나 하녀의 주인인 당신은 중재인 앞에 하녀를 데리고 나와서 넘겨주지 않았어요. 그냥 제안했다고 주장할 뿐, 아무도 하녀를 본 이가 없어요. 그녀를 넘겨주려 했다고 그냥 위증함으로써, 재판관을 속였던 것이죠.

16. 그 당시에는 하녀가 당신 옆에 없었지만, 그녀가 나타나기 전에 (제안 관련) 서류함들[17]이 이미 봉인된 상태에서, 혹시 당신이 그 후 언

젠가 그녀를 시장이나 법정으로 데리고 왔던 거요? 당시 그녀가 당신과 함께 있지 않았다면, 나중에라도 당신이 그녀를 내놓아야 하고, 당신이 이의(異議) 신청에서 주장하듯이, 그녀를 심문에 부치도록 하려 했다는 사실에 대해 증인을 댈 수 있어야 하는 거요. 당신이 한 제안을 넣은 서류함이 봉인된 상태에서 당신이 그녀를 넘기려 했다는 증언들 말이요. 재판 개시에 즈음하여 당신이 하녀를 법정으로 데려온 것을 누구라도 목격한 이가 있소? 17. 더구나, 이들이 주장하듯이, 실제로 이 사람이 제안한 적이 있다면, 재판관이 추첨으로 뽑힐 때 하녀를 데리고 와서, 전령을 통해, 하녀를 심문할 의향이 있는지 제게 타진해야 하는 것이잖소. 그랬다면, 이 사람이 하녀를 내놓을 뜻이 있었던 사실과 관련하여 해당 법정에 들어가는 재판관들이 증인이 되었을 거요. 그러나, 지금 그는 거짓말로 여러분을 속이고 위증을 사주했으므로, 감히 하녀를 내놓지 못하고 있습니다. 수차례 제가 제안하고 그녀를 넘겨주도록 요구했음에도 말이지요. 이는 임석한 증인들이 여러분께 증언한 바와 같습니다. 저를 위해 증언들을 다시 읽어 주십시오.

증언들

18. 저로서는 지금, 재판관 여러분, 테오페모스와의 문제가 어떻게 시작되었는지 말씀드리려 합니다. 재판관들을 속여서 저를 부당하게 유죄 선고를 했을 뿐 아니라, 동시에 같은 판결에 의해 500인 의

---

17 *echinoi* (단수형 *echinos*).

회18를 유죄 선고하고, 여러분의 법정은 물론 조령과 법을 무력화하고, 공직자 및 게시판(기둥)19의 방(榜) 등을 믿을 수 없는 것으로 만들었어요. 어떻게 그가 이렇게 만들었는지를 제가 조목조목 말씀드리겠습니다. 19. 지금까지 저는 테오페모스와 사업상 이해관계는 물론 잔치, 치정 관계, 술자리 등으로 인해 그의 집으로 가서 무슨 욕심 때문에 다투거나 감정적으로 충돌한 적이 한 번도 없었어요. 다만, 여러분의 민회20와 의회21에서 통과된 조령과 법에 따라, 저는 이 사람이 도시에 제공해야 하는 삼단노전선의 장비를 갖추도록 요구한 적이 있을 뿐이에요. 20. 그간 사정을 제가 여러분께 말씀드리겠습니다. 가능한 한 신속하게 원군(援軍)을 파견하기 위해 삼단노전선이 출범하게 되었는데요, 계선장(繫船場)에 있는 배의 장비가 부족했어요. 장착 의무를 진 이들이 장비를 내놓지 않았기 때문이었지요. 게다가 페이라이에우스22에는 삼단노전선에 장착하는 데 쓸 범포(帆布), 견인용 굵은 밧줄, 가는 밧줄 등이 없었어요. 그래서 카리데모스가 배에 채울 장비들을 마련하고 도시의 안전을 구하기 위해 다음 조령을 제안했습니다.

자, 저를 위해 조령을 읽어 주십시오.

---

18 boule.
19 stylai.
20 demos.
21 boule.
22 아테나이의 외항.

조령

21. 이 조령이 통과되자, 도시를 위해 배 장비를 부담해야 할 이들을 추첨으로 뽑아서 지명하고, 계선장 관리인들이 항해해 나갈 삼단노선주들과 납세분담조합[23] 관리인들에게 그 명단을 넘겼습니다. 페리안드로스 법은 도시를 위해 배의 장비를 마련해야 하는 이들을 세우도록 강요하고 명하는데, 이 법에 따라 납세분담조합이 구성됩니다. 이외에도 민중[24]의 다른 조령이 부득이 우리로 하여금 의무를 진 이들로부터 각각의 몫을 거두어들이도록 했어요. 22. 당시 저는 삼단노선주이며 제가 속한 납세분담조합의 책임자였고요. 파이아니아[25] 출신 데모카레스도 납세분담조합에 속했는데, 이 테노페모스와 같이 한 조가 되어 도시를 위해 배의 장비를 마련해야 했습니다. 그래서 둘 다 도시를 위해 배의 장비를 마련할 의무를 가진 사람으로서 공지판 기둥[26]에 기명되었고, 전임 관리로부터 그 명단을 전달받은 관리들은 법과 조령에 따라 그것을 우리에게 넘겨주었지요.

23. 그래서 불가피하게 제가 장비들을 수합해야 했던 거예요. 그때까지 제가 여러분을 위해 삼단노선주로 여러 번 봉사했으나, 한 번도 계선장에서 장비를 인계받은 적이 없었어요. 필요하면 자비로 장비를 채웠고, 가능한 한 도시에 부담을 줄이려고 했던 거예요. 그러나 그때

---

23 *symmoria* (단수형 *symmoria*).

24 *demos*.

25 아티카 판디오니스 부족에 속하는 데모스(행정구역 촌락)이다.

26 *stele*.

만은 조령과 법에 따라 장비를 수합해야 했던 겁니다. 24. 제 말이 사실임을 증명하기 위해 조령과 법, 그다음 제게 지시를 내리고 사안을 법정으로 넘긴 관리, 마지막으로 제가 책임자 겸 삼단노선주로 있던 납세분담조합의 성원들을 소개합니다. 자, 저를 위해 읽어 주십시오.

법, 조령, 증언들

25. 그러니 도시에 의무를 진 이들의 명단을 제가 손에 넣는 것이 절대적으로 불가결했던 사실을 여러분이 법과 조령을 통해 들으셨습니다. 제가 관리로부터 명단을 인계받은 사실을 명단을 제게 넘겨준 이가 증언을 했습니다. 그러니, 먼저 여러분이 검토해야 하는 문제는, 재판관 여러분, 잘못을 범한 이가 누구인가 하는 것입니다. 테오폼포스가 의무로 내놓아야 하는 것을 수합해야 하는 저입니까, 아니면 도시를 위해 내놓아야 할 장비를 오래 지체하여 내놓지 않은 테오폼포스입니까? 26. 각각의 사안을 살펴보신다면, 테오폼포스가 전적으로 잘못했다는 사실을 여러분이 깨닫게 될 거예요. 이런 사실은 저뿐 아니라, 의회와 법정의 결정으로 판정 난 겁니다. 관리로부터 그의 이름을 받은 다음 제가 그를 찾아가서 장비를 요구했던 겁니다. 그런데 제가 말해도 그가 내놓지 않았어요. 나중에 소문(小門)27 옆 헤르메스상 근처에서 그를 만났을 때, 제가 계선장의 점검위원들28과

---

27 아테나이 도시로 들어오는 문으로 아테나이와 페이라이에우스를 연결하는 성벽 북쪽에 있었다. 그곳 헤르메스상은 기원전 493/492년 9명의 아르콘이 세운 것으로 전한다.

책임자들 앞으로 그를 소환[29]했어요. 당시 이들이 이 장비 관련 분
쟁[30]을 법정으로 넘겼거든요,

27. 제가 드리는 말씀이 사실임을 증명하기 위해, 소환 통보자들
을 증인[31]으로 소개합니다.

증인들

저의 제안에 따라, 소환 통보자들이 저를 위해 증언했습니다. 사건
이 법정으로 넘겨졌다는 사실과 관련하여, 점검위원들과 관리의 증
언을 저를 위해 읽어 주십시오.

증언

28. 제게 골칫덩어리 같았던 파이아니아 출신 데모카레스는 송사에
엮여 법정에 서기 전에는 망나니 같았어요. 그러나 법정에서 재판받

---

28 *apostoleis*(점검위원들). 책임자(*epimeletai*)는 상근으로 삼단노전선의 수급 등을
살피는 직책이나, 점검위원들은 한시적으로 임명되어 배의 장비 등의 상황을 점
검한다.

29 *prosekalesamen*(*prosklesis*). 소환장에는 쌍방 소송인 성명, 혐의 내용, 담당 관리
성명, 피고 출석 희망 일자 등을 적고, 두 증인(*kleteroi, kleetoroi*)을 대동한 가운
데 전달한다.

30 *diadikasia*. 이 용어는 광범한 의미에서 법적 절차를 뜻하지만, 분쟁 쌍방이 반드시
원고와 피고의 형식을 갖추는 것이 아닌 사안에도 쓰인다. 예를 들면 재산교환, 상속
권 분쟁 같은 것이 그러하다. 이런 경우 분쟁 쌍방은 동등한 자격에서 다툰다.

31 *kleteusantes*. 소환장 전달에 증인(*kleteroi, kleetoroi*)으로 동행한 이들을 뜻한다.

고 유죄 선고를 받은 다음에는 자기가 부담해야 할 배의 장비를 내놓았지요. 그런데 제가 보기에 도시의 장비를 축낼 정도로 그렇게 비열한 것 같지 않았던 사람이 이렇듯 여러 번 재판과 물의를 일으켰던 거예요. 재판이 시작되어 그가 법정에 출석하자, 아무런 반론도 하지 않았고, 또 장비 마련 의무가 자기가 아니라 다른 이에게 속하는 것이라 주장할 요량으로 법정에서 공식적으로 그 다른 이의 이름을 명시한 것도 아니었고, 자신에게 유죄 선고를 내리도록 마냥 내버려두었어요. 29. 그러다가 재판소를 나서자 아무것도 내놓지 않았어요. 그 대신 당분간 이 사람이 현장에서 사라진 가운데, 제가 배를 가지고 떠나고 시간이 지날 때까지 조용히 있으면, 자기 부담을 부득이 제가 이곳에 돌아왔을 때, 도시에 대해, 아니면 저 다음으로 배를 이어받게 될 납세분담조합 성원에게 제가 물게 될 것이라 잔머리를 굴렸던 것 같아요. 제가 배의 장비를 마련할 의무가 있다는 조령과 법을 이 사람이 제안한다면, 제가 이 사람에게 뭐라고 반박할 수 있겠습니까? 30. 세월이 흐른 다음 제가 돌아와서 그 같은 것을 요구했다면, 테오페모스는 이미 내놓았다고 우기고, 그 상황 증거로서 시간적 맥락, 긴급성, 또 제가 바보도 아니고, 또 제가 그렇게 기다려 줄 정도로 그와 절친한 사이도 아니라는 점 등을 들 것 같습니다. 제가 도시를 위해 삼단노선주로 봉직하고 납세분담조합 책임자로 있었을 때, 또 그 같은 내용의 조령과 법이 유효할 즈음에, 도대체 무슨 목적으로 그에게서 배 장비를 받지 못했겠습니까?

31. 테오페모스가 그 같은 꿍꿍이속으로 배 장비를 마련하지 않았고 종적을 감추고는 나중에 저를 등칠 수 있다고 생각했던 거예요.

그 외에도 맹세를 이용하여 일말의 가책 없이 위증할 수도 있었던 것인데, 이런 짓거리는 다른 이들에게도 그가 썼던 수법입니다. 이해가 걸린 사안에서 이렇듯 그 욕심이 대단해서, 제가 그 실례를 여러분에게 들겠습니다. 도시에 장비 마련의 의무를 지고 있는 테오페모스가 말로는 그 부담이 아파레우스32에게 속한 것이라고 하고, 실제로는 그 이름을 재판 과정에서 밝히지 않았어요. 법정에서 그 이름을 밝혔다가는, 자기가 거짓말한 것이 들통난다는 사실을 빤히 알고 있었거든요. 32. 테오페모스가 삼단노선주 임무를 계수(繼受) 할 때, 배 장비 비용을 계산하고 청구하여 받아 갔던 사실을 아라페우스가 증언했기 때문입니다. 지금 테오페모스는 그것을 데모카레스에게 넘겼다고 하고, 그가 고인이 되었으므로 그 자식들을 상대로 소송 중에 있어요. 그런데, 데모카레스 생전에, 제가 배 장비 관련하여 테오페모스를 고소했을 때, 테오페모스는 법정에서 공식적으로 데모카레스의 이름을 거론한 적이 없었어요. 다만 테오페모스는 시간이 흘렀다는 핑계로만, 도시에 대한 배 장비 마련의 의무를 회피하려고 했던 겁니다.

제 말이 사실임을 증명하기 위해 증언들을 들려주십시오.

---

32 아파레우스는 아마 이소크라테스의 양자로서 기원전 359년 삼단노선주로 봉직한 이와 동일인으로 추정된다. 그는 테오페모스의 후임자로서, 자신의 부담을 그 전임자였던 테오페모스가 배의 장비를 물려주지 않은 것으로 그 책임을 전가시키려 한다는 뜻이다.

증언들

33. 그래서 이 모든 사실에 유념하고, 이해가 걸린 일 관련하여 테오페모스가 어떤 성격의 사람인가를 그와 거래해 본 이들로부터 듣고, 또 그로부터 배 장비를 받아 내지 못한 가운데, 저는 테오페모스가 법정 판결에 의해 자기 부담으로 돌아간 장비를 제게 제공하지 않았다는 사실을 점검위원들과 의회 앞으로 통지했습니다. 다른 삼단노선주들도 의회에 호소했는데, 이들도 모두 납부 의무자들로부터 장비를 인계받지 못했던 이들이었어요. 그래서 많은 의논을 거친 다음, 의회에서는 우리를 위한 조령을 통과시켰는데, 이것은 가능한 모든 방법을 통원하여 수합할 수 있도록 조치한 것으로서, 여러분에게 조령을 들려드리겠습니다.

조령

34. 의회에서 조령이 통과되고, 아무도 이 조령에 대해 불법으로 공소[33] 제기하는 사람이 없어 효력이 발생했을 때, 제가 테오페모스의 형제인 이 에우에르고스를 찾아갔어요. 테오페모스를 만날 수 없었기 때문이었지요. 조령을 제 손에 들고, 우선 배 장비를 내놓으라고 하고 테오페모스에게 알려 달라고 그에게 부탁했죠. 그랬는데, 며칠이 지난 다음, 테오페모스가 장비를 내놓기는커녕 저를 조롱하기

---

33 *graphomenos paranomon.*

까지 하기에, 제가 증인들이 보는 앞에서, 그 형제와 재산을 분배했는지, 아니면 공동 소유인지를 그에게 물었지요. 35. 에우에르고스가 대답하기를 재산은 분배했고, 테오페모스는 따로 살고, 자신은 그 부친 집에 산다고 했어요. 테오페모스가 어디 사는지를 알고는, 관리로부터 조수를 차출받아 그 집으로 갔지요. 그가 집에 없었기 때문에, 문을 열어 준 하녀에게 어디에 있든지 가서 그를 찾아오라고 했어요. 그 하녀가, 이들의 증언에 따르면, 테오페모스가 심문에 부치도록 내놓을 것처럼 행세했던 본인이고, 또 실로 우리 둘 중에서 누가 공연히 폭행하기 시작했는지 여러분이 확인할 수 있도록 제가 내놓으라고 요구했으나 넘겨받지 못했던 사람이었던 거예요.

36. 하녀가 가서 그를 불러왔는데, 그가 오자 저는 당장에 출범하려고 한다고 말하고, 배 장비의 목록 관련하여 질문하면서, 의회 조령을 보여 주었지요. 이런 제 말에 그는 물건은 내놓지 않고, 대뜸 제게 폭행하고 욕하기 시작했어요. 그래서 제가 조수에게 거리로 나가서 누구든 지나가는 시민이 있으면 좀 데리고 오라고 했죠. 제가 한 말에 대해 증인이 될 수 있도록 말이죠. 그러고는 다시 테오페모스에게 말했죠. 37. 저와 함께 점검위원들과 의회 앞으로 가서 아무것도 져야 할 의무가 없으면, 명단을 저희들에게 넘겨주면서 배 장비를 수납하라고 한 그들에게 소명하든지, 아니면 장비를 내놓든지 하라고요. 그렇지 않으면, 법과 조령에 따라, 재물을 압수하겠다고 했어요. 그러나 그가 납득할 만한 어떤 처사도 하려 하지 않았으므로, 제가 문간에 서 있는 하녀를 빼내 오려고 했지요. 그를 불러 데리고 왔던 그 하녀 말입니다. 38. 그러자 그가 저를 막으면서 그녀를 낚아채 가기

에 제가 그녀를 놓아주고는, 배 장비에 버금가는 담보를 잡으려고 집안으로 들어섰지요. 마침 실내로 들어가는 문은, 막 대문을 들어선 테오페모스가 실내로 들어가려던 상황에서 열려 있었고, 저는 그이가 아직 미혼이라는 사실을 알고 있었으니까요. 제가 집안으로 들어서자, 테오페모스가 주먹으로 제 입을 쳤어요. 그래서 제가, 옆에 있던 증인들이 보는 가운데, 방어한 겁니다.

39. 제 말이 사실이며, 테오페모스가 공연히 공격을 시작했던 사실의 증거는, 제 소견에, 다른 어떤 것이 아니라, 오직, 증인들이 증언하고 있듯이, 테오페모스가 애초에 심문에 넘겨줄 것처럼 했던 그 하녀의 증언만 있으면 되는 거예요. 테오페모스가 먼저 법정에 호소했던 것도 그녀의 증언을 구실로 했던 것이고요. 저로서는 위법의 소(訴)에 대한 항변34을 제기한 적이 없고, 항변의 맹세35도 하지 않았어요. 그전 다른 재판에서 이런 절차로 인해 제가 오히려 손해 본 적이 있었거든요. 이런 상황에서, 그가 재판관들을 속이면서, 제가 제시하는 증인들은 거짓말을 하고 있으나, 하녀를 심문에 부치면 진실을 말하게 될 것이라고 한 겁니다. 40. 그러나 지금 와서 보면, 이들은 그때 말한 것과는 정반대로 수작하는 것으로 드러납니다. 그가 여러분 앞에서 증언했듯이, 제가 수차례 하녀를 내놓으라고 했으나 인계받지 못했어요. 이들이 스스로 하녀를 내놓을 것처럼 해 놓고도 제

---

34 *paragraphe*.
35 *hypomnymenos*. '*hypomosia*(항변의 맹세)'는 법적 혹은 소송 관련 실제에서, 중대 장애에 의해 법적 혹은 소송에서의 의무를 수행할 수 없다는 사실을 맹세로서 증명하는 절차이다. 참조. Demosthenes, 21. 84.

게 넘기지 않은 상태에서, 테오페모스가 먼저 제게 폭행한 사실과 관련한 증인을 여러분에게 소개하겠습니다. 폭행죄란 공연히 먼저 폭력을 행사한 이에게 적용되는 것이거든요. 그때 저는 여러분의 법과 조령에 따라 배 장비를 수납하려 했을 뿐이었습니다. 자, 저를 위해 조령과 증언을 읽어 주십시오.

조령, 증언

41. 테오페모스가 약속을 이행하지도 않고 저를 폭행까지 했으므로, 제가 의회로 가서 상처를 보여 주며, 제가 당한 일을 전하고, 도시를 위해 배 장비를 수납하려 하다가 변을 당했다고 보고했습니다. 의회는 제가 당한 것에 분노하고 제가 처한 상황을 깨닫게 되었지요. 그리고 저 자신이 아니라 조령을 통과시킨 민중, 그리고 배 장비를 수납하도록 위임한 법이 모욕당한 것이라 여기고는, 42. 제게는 탄핵[36] 절차에 돌입하라고 추동하고, 이와 관련하여 당번 행정위원[37]들에게는, 그 사람(테오페모스)을 2일 전 고지 심리[38] 절차에 회부하라고 지시했어요. 법을 위반하고 함대의 출범을 방해했으며, 나아가 배 장비를 제공하지 않고 제가 손에 넣었던 하녀를 낚아채 갔고, 또 제가 물자를 수납하고 도시를 위해 임무를 수행하는 것을 저지했습니다. 급기야, 제가 기소한 탄핵 절차에 따라 의회에서 테오페모스에 대한 심

---

36 *eisangelia*.
37 *prytaneis*.
38 *krisis*.

리가 있었지요. 양측 진술이 끝난 다음 의원들이 비밀로 투표한 결과, 그가 유죄가 되어 잘못한 것으로 판정받았어요. 43. 그런 다음, 본안을 법정으로 넘길 것인지, 아니면 바로 법정 최고액인 500드라크메 벌금을 매길 것인지를 두고 의논이 벌어졌는데, 그동안 이들이 간청하고 읍소하면서, 사람들을 보내어 제안하기를, 장비 목록을 바로 그 의회에 제출하고, 또 폭행 관련하여 아테나이인 중 제가 지정하는 이에게 사안을 위임하기로 하는 조건으로, 테오페모스에게 25드라크메의 벌금을 부과하는 데 제가 동의하기에 이르렀습니다.

44. 제 말이 진실임을 증명하기 위해, 여러분 가운데 아가토클레스 장관39 때 의원으로 봉직했던 모든 분께 청컨대, 옆에 계시는 분들께 사실을 말씀해 주시고, 또 그해 의원으로 봉직했던 분으로 제가 찾을 수 있는 분들을 모두 증인으로 여러분 앞에 소개하겠습니다.

증언들

이렇듯, 여러분이 보시듯이, 제가 이들(피고)에 대해 지성으로 처신했습니다. 그런데 당시 조령에 따르면, 배 장비를 수중에 들고서 도시에 제공하지 않는 사람뿐만 아니라, 가지고 있으면서 팔지 않는 사람도 그 재산이 몰수되도록 했습니다. 그때 도시에 배 장비가 너무나 부족했던 탓이죠. 자, 저를 위해 조령을 읽어 주십시오.

---

39 명칭장관(아르콘)으로 10명 장관 가운데 수석장관으로, 그의 이름을 따서 한 해의 명칭으로 삼는다.

84

45. 그런데 제가 귀항했을 때, 재판관 여러분, 테오페모스는 제게 폭행한 사건을 누구에게 위임 처리하기를 거부했어요. 그래서 제가 그를 상대로 제안하고, 폭행죄로 제소했어요. 그랬더니 그가 저를 상대로 반소(反訴)40를 제기했고, 중재인들이 판정41하게 되었습니다. 중재 판정이 날 즈음, 그(테오페모스)가 위법의 소(訴)에 대한 항변을 제기하고 항변의 맹세를 했고, 저로서는 잘못한 것이 없다는 생각을 가지고 여러분의 재판정에 출석한 겁니다. 46. 테오페모스가 자신이 하녀를 제게 내주려 했다고 증언했는데, 그 증언은 자기 형제와 처남 이외에 다른 사람 아무도 하는 이가 없는 것으로서, 스스로 악의가 없는 것처럼 가장하면서 재판관을 속인 겁니다. 지금 제가 여러분에게 당연하게 당부 말씀드리는 것은, 그 증언의 진실 여부를 가려 주시고, 동시에 사건의 자초지종 전체를 검토해 주십사 하는 겁니다.

47. 저로서는, 누가 먼저 공연히 폭행을 시작했는지를 밝히기 위해, 당시 이 사람이 하겠다고 했던 바로 그 절차, 하녀를 심문함으로써 증거가 확보되어야 한다고 봅니다. 먼저 폭행한 사실이 폭행죄42의 구성 요건이 되기 때문이지요. 그리고 제가 상대방 증인들을 위증으로 고소한 것도 바로 그 때문입니다. 그들 증언에 따르면, 테오페모스가 하녀

---

40 *antiproskalesamenos*.
41 *dikai*.
42 *aikeia*.

를 내놓으려 했다고 하지만, 제가 여러 번 요구했음에도, 당시는 물론 나중에도 중재인 앞으로 그녀를 내놓으려 하지 않았어요. 48. 그러니 이들은 가중 처벌받아야 합니다. 형제와 처남을 동원하여 위증함으로써 재판관들을 속였을 뿐만 아니라, 도시가 맡긴 공무를 열심히 수행하고 또 여러분의 법과 조령을 준수하는 저를 방해했기 때문이지요.

도시에 제공해야 하는 배 장비를 수납하라는 지시와 함께 그의 이름을 관리로부터 받았을 때 제가 관련 직책에 봉직했던 사실뿐만 아니라, 다른 삼단노선주들도 전해 받은 명단에 따라 그들로부터 배 장비를 수납했던 사실을 증명하기 위해, 저 대신 이들의 증언을 읽어 주십시오.

증언들

49. 지금 저는, 재판관 여러분, 제가 그들 손에 당한 봉변을 여러분 앞에 진술하려 합니다. 제가 패소하고, 참고로 지금 제가 소(訴)를 제기한 것은 그때 이들이 위증한 데 대한 것입니다만, 제가 지불해야 할 벌금 납부 시한이 다가왔을 때, 제가 테오페모스에게 가서 시간의 말미를 좀 달라고 했어요. 사실 지불해야 할 돈을 모으긴 했으나, 삼단노선주로 지명되어 50. 당장에 삼단노전선을 출범시켜야 했고, 장군[43] 알키마코스가 제게 지시하여 자신을 위한 배도 준비하라고 했거든요. 그래서 테오페모스에게 주려고 제가 모은 돈이 여기로 들어가 버린 겁니다. 부득이 배를 출범시킬 때까지 납부 기한을 좀 연기해

---

43 *strategos*.

달라고 부탁했어요. 그랬더니 이 사람이 흔쾌히 다른 저의 없이, "문제없어요. 그러나 당신이 배를 출범시키면 내 돈도 주시오"라고 대답했어요, 51. 테오페모스가 이렇게 대답하며 기한을 연장했지요. 더구나 제가 위증으로 탄핵 절차를 진행하고 또 그가 하녀를 내놓으려 하지 않았으므로, 제 짐작에, 그가 저와 관련한 사안에서 폭력적 방법을 동원하지 않을 것 같았어요. 삼단노전선을 출범시키고 며칠 후 제가 돈을 모아 가지고 그에게 가서 그가 판결에 의해 수령하게 된 돈을 받으러 저와 함께 은행으로 가자고 했답니다.

저의 말이 진실임을 증명하기 위해 이와 관련된 증언들을 여러분이 들으시겠습니다.

증언들

52. 그런데 테오페모스는 저를 따라 은행으로 와서 제가 벌금으로 선고받은 돈을 받아 가는 대신, 방목 중인 털이 북슬북슬한 양 50두, 양을 돌보는 목동, 목축에 필요한 온갖 도구들을 제게서 가져갔고, 남에게 빌린 아주 비싼 청동 물항아리를 들고 있는 하인을 데려가 버렸어요. 53. 그것도 모자라서, 제가 전차경주장[44] 부근에 가지고서 어린 시절부터 살고 있는 밭으로 와서는, 거기 하인들을 가로채 가려 했지요.

---

[44] Hippodromos(히포드로모스). 고대 아테나이에 전차경주장이 일리소스강 부근과 페이라이에우스 부근 등 두 곳이 있었다. 여기서는 토지가 있는 곳이므로, 후자일 가능성이 있겠다.

일꾼들이 이들을 피하여 여기저기로 흩어지자, 이들이 제 집으로 가서
는 정원으로 통하는 문을 열어젖혔어요. 그들 중 테오페모스의 형제인
에우에르고스, 그 처남인 므네시불로스는 제게 승소한 당사자가 아니
었으므로 저의 재물에 손을 댈 권리가 없는 이들이었지요. 이들이 제
처자식이 있는 곳으로 들어가서 집 안에 남아 있던 온갖 가재도구를 다
가져가 버렸습니다. 54. 그들은 실제로 가져간 것보다 더 많은 것, 한
때 제가 가지고 있었던 것들이 그대로 있으리라고 기대했던 겁니다.
그러나 제가 공적 부담,**45** 특별세,**46** 또 제 자발적 기여 등으로 이미
어떤 것은 저당 잡히고, 어떤 것은 팔아 치운 상태였어요. 그런데 이
들은 남아 있는 모든 것을 가지고 가 버렸어요.

55. 그뿐 아닙니다, 재판관 여러분, 마침 제 처가 아이들과 같이 정
원에서 식사를 하고 있었고, 거기 경건하고 신심이 깊으며, 제 아버지
에 의해 자유를 얻은 제 유모도 같이 있었거든요. 유모는 자유인이 된
다음 남편을 얻었어요. 그 남편이 죽은 후, 늙은 그녀를 아무도 거두어
주는 이가 없어, 다시 제게로 온 겁니다. 56. 제 유모나 저를 돌보았던
하인 등을 궁핍하게 살도록 제가 방치하는 것은 도리가 아니지요. 동
시에 저는 삼단노전선 선주가 되어 출항해야 했으므로, 제 처가 그 같
은 이와 함께 거주하고 싶어 한 것이죠. 이렇듯 식구가 정원에서 식사
하고 있는데, 이들이 들이닥쳐서 사람들을 붙잡고 가재도구를 빼앗아
간 겁니다. 다른 하녀들은 여느 때와 같이 다락방에 있었는데, 소동이

---

45 *leitourgiai.*
46 *eisphoroi.*

88

이는 소리를 듣고 다락 입구 문을 걸어 잠그는 바람에 이들이 들어갈 수 없었어요. 집안 다른 곳에 있는 가재도구는 다 끌어내 갔답니다.

57. 제 처가 건드리지 말라고 경고하고, 자기 지참금 조로 계상된 자기 재산이라고 천명했는데도 말입니다. 또 제 처가 "당신들은 양 50두, 예속머슴, 목동을 이미 차지해서, 그 액면가가 법정 벌금액을 초과한다"고 말도 했답니다. 한 이웃 사람이 문을 두들기고 들어와서 그녀에게 이런 사실을 말해 주었다고 했어요. 거기다가, 제가 하는 말을 들어 알고 있는 터라, 그들에게 줄 돈이 은행에 있다는 말도 했다네요. "여기서 기다리시든지, 아니면 여러분 중 누가 가서 그이를 찾아, 정액의 돈을 받아서 가도록 하시고, 가재도구와 저의 재물은 건드리지 마십시오. 게다가 여러분은 이미 법정 벌금액 상당의 재물을 차지했으니까요." 58. 제 처가 이렇게까지 말하는데도, 이들은 멈추지 않았을 뿐 아니라, 제 유모가 이들이 집안에 있는 것을 보고는 옆에 두고 물 마시는 잔을 뺏기지 않으려고 가슴에 숨겼는데, 테오페모스와 그 처남인 에우에르고스가 낌새를 채고는 그 잔을 빼앗으려고 너무 난폭하게 처치하여, 59. 잔을 빼내는 과정에서 이들이 팔을 비틀고 몸을 끌어당기고 하는 바람에 그 팔과 손목이 피로 범벅이 되고, 또 그녀의 목을 졸라서 목에 상처를 내고, 가슴에는 멍이 들었답니다. 이렇듯 이들은 그 비열함으로 인해 급기야 잔을 빼앗고 난 다음에도 노파를 계속 목 조르고 패기를 멈추지 않았던 겁니다.

60. 이웃 예속머슴[47]들이 비명을 듣고 또 제 집이 약탈당하는 것을

---

47   *therapontes*.

보고는, 일부는 자기 집 지붕에서 지나가는 행인에게 도움을 청하고, 또 다른 이들은 다른 거리로 나가서 마침 하그노필로스가 지나가는 것을 보고는 그를 데리고 왔어요. 하그노필로스는 제 이웃인 안테미온의 하인에 의해 제 집으로 오게 되었는데, 집안으로 들어서려 하지 않았지요. 주인 없는 집에 들어가면 안 된다는 생각이었던 것이죠. 그런데 안테미온의 밭에 서서 가재도구가 바깥으로 옮겨져 나오고 또 에우에르고스와 테오페모스가 제집에서 나오는 것을 보았던 거예요. 61. 이들이 제 집 가구를 빼낼 뿐만 아니라, 재판관 여러분, 제 아들을 하인인 것처럼 데리고 나온 겁니다. 제 이웃인 헤르모게네스가 그들을 보고는 그 아이가 제 아들이라고 말해 줄 때까지 말이죠.

제 진술이 사실임을 증명하기 위해, 여러분에게 증언들을 들려드리겠습니다.

증언들

62. 당시 페이라이에우스에 있던 저는 이웃들이 전해 주는 소식을 듣고, 제 밭으로 왔으나, 이들은 이미 떠나고 없었어요. 그저 집은 휑하니 비어 있고, 늙은 여인이 처한 상황을 볼 뿐이었고, 제 처가 일어난 일을 전해 주었습니다. 이튿날 새벽같이 일어나 증인들을 데리고 시내로 들어가서 테오페모스를 만났어요. 그러고는 저를 따라 은행으로 가서 법정 벌금을 받아 가고, 그다음 누구든 이들이 원하는 의사를 데리고 와서 상처 난 여인을 돌보라고 했어요. 63. 이런 말을 하면서 제가 이들을 나무랐더니, 이들이 저를 보고 욕을 하는 겁니다.

테오페모스가 마지못해 저를 따라오는 시늉을 하면서 꾸물거리면서, 자기도 증인들을 대동하겠다고 하는 거예요. 이 같은 수작이 시간을 벌겠다는 계략이었던 거예요. 그런데 이 에우에르고스는 곧장 시내에서 그 같은 부류의 사람 몇 명을 데리고 제 밭으로 왔어요. 그 전날 다락에 있어 바깥에 나와 있지 않아 남아 있던 가재들이, 제가 돌아온 다음, 아래로 내려다 놓았는데, 에우에르고스가 문을 따고 들어왔어요. 전날 망가진 터라 세워 놓아도 제대로 달려 있지도 않았던 문이었어요. 그러고는 남은 가재들을 가지고 가 버린 겁니다. 그는 제가 선고받은 법정 벌금과 관계있는 당사자가 아니고, 또 저는 그이와 아무런 거래가 없었어요.

64. 그런 일이 일어나는 동안에 저는 법정 벌금을 많은 증인들 앞에서 테오페모스에게 지급하고 있었던 것이죠. 법정 선고 벌금이 1,100드라크메, 6분의 1 이자[48]로 183드라크메 2오볼로스, 소송비용 30드라크메, 이것이 제가 그에게 벌금으로 지급해야 하는 총액이었어요. 그런 다음 그가 가져간 양, 하인, 가재도구 등을 돌려달라고 했어요. 그랬더니 제가 그를 상대로 제기한 소(訴)는 물론이고 증인들의 위증에 대한 소도 취하하지 않으면, 돌려줄 수 없다는 겁니다. 65. 그가 이런 대답을 했을 때, 저는 한편으로 임석한 이들에게 그 대답에 대한 증인이 되어 줄 것을 청하면서, 다른 한편으로 그에게 법정 벌금을 지불했어요. 기한을 넘겨서는 안 된다고 제 스스로 판단했기 때문입니다. 그런데 그 같은 날 에우에르고스가 다시 저의 집에 쳐들

---

48 *epoblia*. 1드라크메(6오볼로스) 당 1오볼로스 비율로 지급되는 이자.

어갈 것이라고 생각하지는 못했어요. 제가 막 벌금을 지불하고, 테오페모스는 양, 하인, 가재도구를 그대로 유치한 상태에서, 저의 집 부근 비석 제조소에서 일하는 석공이 저를 찾아왔어요. 그러고는 에우에르고스가 제 집에 남은 가재도구를 막 거두어 가지고 다시 가 버렸다고 하는 거예요. 저는 에우에르고스와는 아무런 관계가 없어요.

66. 그 전날 이들이 저의 재물을 담보로 잡아갔고, 그다음 날 저에게서 돈을 받아 간 것이 사실입니다. 만일 제가 돈을 모으지 않고 또 그들에게 미리 연락하지 않았더라면, 어떻게 그들이 돈을 받아 갈 수 있었겠습니까? 그리고 그 같은 날 제가 돈을 지불하고 있을 때, 이들이 다시 제 집으로 쳐들어간 사실 등, 저의 진술이 사실임을 증명하기 위해, 사건 관련 증언을 여러분에게 소개하겠습니다.

증언들

67. 저로서는, 재판관 여러분, 이들이 다치게 한 여인을 치료하고 의사를 보내 달라고 그에게 요구했으나, 이들이 무시했으므로, 제가 오랫동안 알고 지내던 의사를 불렀고, 그이가 아픈 그녀를 돌보았어요. 제가 증인을 대동한 가운데, 그에게 그녀의 상태를 보여 주었어요. 그녀가 회복하기 어렵다는 사실을 의사로부터 들은 저는 다시 다른 증인들을 준비하고, 그녀의 상태를 보여 주면서 낫도록 힘을 써달라고 부탁했지요. 그러나 이들이 저의 집에 쳐들어온 지 6일 후, 제 유모가 죽었어요. 제 진술이 사실임을 증명하는 증언을 여러분께 읽어드리겠습니다.

증언들

68. 유모가 죽자 저는 이런 상황에서 어떻게 해야 하는지를 알아보기 위해, 해석자들[49]에게로 가서 그동안 일어났던 일들을 말해 주었습니다. 이들이 제 집으로 왔고, 제 유모의 성실함, 그래서 제가 그녀를 제 집에 받아들인 사실, 그리고 그녀가 잔을 뺏기지 않으려고 하다가 죽었다는 것 등이었지요. 해석자들이 제 말을 다 듣더니 제게 물었습니다. 법해석만 원하는지, 아니면 조언까지 해 주기를 원하는지 하는 것이었지요.

69. 제가 둘 다 원한다고 했더니, 그들이 말하기를, "그러면 우리가 당신에게 법을 설명하고 또 조언까지 하지요. 먼저, 그녀의 친척이 있으면, 그로 하여금 창을 들고 운구 행렬을 따르도록 하고, 무덤에서 엄숙하게 선서[50]를 하게 하고 사흘간 무덤을 지키도록 하시오. 또 다음 사항도 조언하는 바이오. 그 자리에 당신이 없이 처자식만 있었고, 또 다른 증인들이 없으므로, (출입 금지) 선서할 때는 구체적 이름을 들지 말고 일반적으로 가해자 및 사람 죽인 자들을 대상으로 하도록 하시오. 그리고 왕[51] 앞으로 소(訴)를 제기하지 마시오. 법적

---

49 *exegetai*. 이들은 불분명한 법조문을 자문, 해석하는 일을 돕는다. 참조, Platon, *Euthyphron*, 4c~d.

50 *proagoreuein* (*prorrhesis*). 사람을 죽인 이가 공공장소나 종교적 행사에 출입하지 못하도록 하는 선서로서, 죽은 자의 장례식 날 행한다. 참고, Demosthenes, 43. 57.

51 *basileus* (왕). 9명 장관 중 한 명으로 전통 제식 등을 담당한다. 참조, Aristoteles,

으로 그 절차는 당신에게 허용되지 않소. 70. 당신 자신의 말에 따르면, 그 여인이 당신의 친척도 아니고 하녀도 아니기 때문이오. 소를 제기할 수 있는 법적 범위는 친척이나 주인에게 한정되어 있소. 그러니, 만일 당신이 팔라디온52에서 당신과 당신 처자식을 걸고 맹세하고, 또 당신과 당신 집안을 걸고 저주를 기원한다면, 많은 이들의 호의를 잃게 될 것이오. 또 만일 당신 소송 상대방이 무죄 선고를 받으면 당신은 위증한 것으로 보일 것이고, 만일 상대가 유죄 선고를 받으면 당신이 원망을 사게 될 것이오. 그러니 당신과 당신 집안을 정화하고, 가능한 한 불행을 감수하도록 하고, 원한다면, 다른 방식으로 보복하도록 하시오."

71. 해석자들이 하는 이 같은 조언을 듣고는 제가 공지판 기둥53에 적혀 있는 〈드라콘법〉을 보러 갔고, 친구들과 대책을 의논했는데, 그들도 같은 의견이었어요. 이렇게 해서 제가 제 집안을 위해 해야 하고 또 해석자들이 제게 말한 대로 행했습니다. 법이 제게 허용하지 않는 것을 무리하게 하려 하지 않았던 거예요. 72. 법에 따르면, 재판관 여러분, 근친 범위는 4촌의 자식54까지고, 맹세할 때는 친척 관계

Athenaion Politeia, 57. 2.

52 Palladion. 팔라디온은 팔라스(Pallas) 아테나 여신의 신상이 있는 곳으로, '에페타이' 재판관들이 재판한다. 참조, Demosthenes, 43. 57; Aristoteles, *Athenaion Politeia*, 57. 3.

53 *stele*. 비고의 살인 관련 〈드라콘법〉은 기원전 409/408년 다시 금석문으로 새겨져 왕의 스토아(*Basilelio stoa*)에 보관되었다. 현재 상당 부분 마모된 채 발굴되었고, 그 공백은 데모스테네스에 실린 법조문을 통해 다소간 복원되었다.

54 제종 조카.

가 어떤지를 묻습니다. 하인의 경우에도 그러합니다. 이런 범위에서 소(訴) 제기가 가능합니다. 이 여인(유모)과 저는 친척이 아닙니다. 그저 제 유모이고, 하녀도 아니었어요. 제 아버지가 그녀에게 자유를 주었으므로, 따로 살았고 남편도 있었어요. 73. 제가 감히 여러분께 거짓말하고, 저 자신, 자식, 처에 대한 저주를 감수하면서 맹세로서 거짓말을 보증하려 하지는 않습니다. 이들이 유죄 선고를 받는다는 것을 제가 확신한다고 해도 그러합니다. 제가 제 자신을 사랑하는 것과 같은 정도로 이들을 미워하는 것은 아니거든요. 제 말만 들으실 것이 아니라, 이 법 자체를 여러분에게 소개하겠습니다.

법

74. 제 소견으로는 여러 측면에서, 재판관 여러분, 증언이 거짓이라는 점이 여러분에게 아주 분명하게 드러나지만, 이들의 행동 자체에서도 적잖이 쉽게 알 수 있습니다. 이들 생각에는, 재판관 여러분, 담보로 많은 양의 재물을 제게서 가져가면, 그 재물을 돌려받기 위해 제가 증인들에 대한 위증 소송을 포기하리라고 보는 것 같습니다. 75. 그리고 제가 테오페모스에게 지불 기한 연기를 요청했을 때, 그는 제가 채무불이행하기를 바라면서 기꺼이 수락했고, 가능한 한 많은 재물을 담보로 가져간 것입니다. 이 때문에 저의 요청을 좌고우면(左顧右眄) 하지 않고 즉각 받아들인 겁니다. 저를 안심시키고 그 내심을 간파하지 못하도록 하려는 것이었지요. 증인들을 위증 혐의에서 벗어나도록 하기 위해서는 저를 속이는 것 외에 다른 방법을 찾을

수 없다고 본 것입니다. 저를 채무불이행 상태로 몰아넣고, 가능한 한 많은 재물을 잡아 놓는 방식으로 말이죠. 그는 저에게서 실제로 가져간 것보다 훨씬 더 많은 것을 가져갈 수 있다고 기대했던 거예요.

76. 그리고 그는 제가 돈을 신속하게 구하지 못할 것이라 짐작하고, 재판이 열려 위증하는 날 담보물을 잡아가려고 획책하고는 1년을 기다렸던 거예요. 그래서 법정 벌금을 받아 가라고 제가 그에게 통보했더니, 돈은 받아 가지 않고 와서는 가재도구, 하인, 양들을 제게서 빼앗아 간 겁니다. 제 밭이 전차경주장 부근에 있어서 그가 먼 길 갈 필요도 없었어요. 77. 제 진술이 사실이란 분명한 증거가 여러분 앞에 있습니다. 담보를 잡아간 바로 그다음 날 법정 벌금을 받아 갔으니까요. 만일 제가 돈을 구하지 못했다면, 어떻게 그가 당장에 1,313드라크메 2오볼로스를 받아 갈 수 있었겠습니까? 그래도 담보로 잡아간 재물들을 그는 저에게 돌려주지 않고 여전히 잡고 있습니다. 제가 채무 지급 기한을 못 지킨 것처럼 말이에요. 저를 위해서 법과 증언을 읽어 주십시오. 법에 쌍방 간 동의한 것은 무엇이든 유효하다고 규정되어 있으므로, 제가 실로 그에게 지급 기한을 어긴 것이 아닙니다.

법, 증언

78. 이렇듯, 그가 동의하고 지급 기한을 연기한 사실이 여러분에게 증명되었고, 또 제가 삼단노전선 선주로 봉직했고 장군 알키마코스를 위해 배를 건조한 사실을 제 동료 삼단노전선 선주가 저를 위해 증언했습니다. 이렇게, 그가 저에게 기한을 연기해 주었고, 특히 돈

을 완불한 상태이므로, 저는 체불자가 아닙니다. 그러나 그의 탐욕은, 재판관 여러분, 다소간에 지독합니다. 이들이 하녀를 심문에 넘긴다면, 그 주장이 거짓임이 드러난다는 사실을 이들은 빤히 알고 있어요. 그러나 증인들의 증언에 따르면, 테오페모스가 넘기려고 했던 그 하녀를 이들이 넘기지 않는다면, 스스로 위증죄에 걸릴 겁니다.

79. 제가 여러분에게 청컨대, 재판관 여러분, 여러분 가운데 혹여 지난번 재판에서 배심원으로 봉직한 이가 있다면, 그때와 같은 원칙을 지켜 주십시오. 그리고 만일 그때 이들의 증언이 신빙성 있고, 제가 하녀를 심문에 붙여 사실을 확인하는 방법을 회피한 것으로 보였다면, 지금 이들이 위증하고 하녀를 내놓지 않은 것으로 드러났으니, 저를 도와주십시오. 또 제가 담보로 잡아간 재물을 되찾기 위해 테오페모스의 집으로 간 사실을 두고 만일 여러분이 제게 분노한다면, 이들이 제 집으로 왔으므로 이들에 대해서도 지금 여러분이 분노해야 합니다. 80. 저는, 법과 조령에 근거하여 조치할 수 있는 경우에도, 테오페모스의 부모가 있는 곳으로 들어가거나 그의 형제 소유인 어떤 것을 집어 나오지 않으려고 삼갔어요. 제가 테오페모스가 거주하는 곳으로 갔으나 그를 찾지 못했다고 해서, 그의 재물 중 어떤 것도 그냥 빼앗아 나온 것이 없어요. 그를 불러오도록 하고, 그가 출타한 때가 아니라 임석한 가운데 담보물을 취했던 것일 뿐이고, 또 이들이 내 손에서 그 담보물을 탈취하기에 그냥 두고 나왔습니다. 그러고는 이런 사안을 관할하는 의회로 가서, 탄핵의 절차로 그를 기소했고, 그가 의회에서 유죄 판정을 받게 되었지요. 그래서 저는 그저 배 장비를 수납하고, 폭행 건은 중재에 맡기고, 벌금을 지불하는 것으로서 족하다고 여겼습니다.

81. 저는 이들에 대해 그 정도로 양해했습니다. 그런데 이들은 너무 탐욕스럽고 염치가 없어, 제 처자식이 있는 곳으로 쳐들어왔어요. 법정 벌금보다 더 많은 액면가의 양, 하인들을 이미 챙겨 갔고, 또 이들이 제게 기한을 연기해 준 사실이 있고, 증언에 의해 드러났듯이, 법정 벌금을 받아 가라고 제가 이들에게 통지한 바 있는데도 말입니다. 이들이 제 집으로 와서 가재도구만 빼내 간 것이 아니라, 잔을 뺏으려고 제 유모인 늙은 여인에게 폭행까지 했어요. 제가 법정 벌금으로 1,313드라크메 2오볼로스를 지불했는데도 그랬어요. 82. 누구라도 잘 몰라서 지난번 재판에서 이들이 순수하고 악의 없는 사람들이라고 생각한 이가 있을 것 같아서, 이들로부터 피해 입은 이들이 제게 제공해 온 증언들을 여러분에게 소개하겠습니다. 물시계에 남은 물이 자초지종의 결과를 진술하기에는 부족할 것 같기 때문입니다. 여러분은 진술과 증언 등 모든 상황을 감안하셔서 사건을 검토하시고, 여러분 자신을 위하여 공정하고 타당하게 표결해 주십시오.

48

재산 손해를 야기한
올림피오도로스를 비난하여

해제

이 변론은 재산상 손해와 관련한 손해소송[1]이다. 화자(話者)인 원고 칼리스트라토스는 피고인 그의 매제 올림피오도로스로부터 할라이 출신 코몬 재산의 반을 돌려받기 위해 제소했다.

칼리스트라토스는 자식 없이 죽은 친척 할라이 출신 코몬의 최근친으로, 그 유산의 상속권을 주장했다. 그런데 그 매제인 올림피오도로스가 자기도 상속권이 있다고 나서므로, 칼리스트라토스는 양보하여 그 요구를 수용하고, 아테나이의 법에 따라, 모든 유산을 반반씩 나누어 갖는 데 동의하고는 그 협약서를 제 3자에게 위탁했다. 일찍이 코몬이 자신의 충실한 하인이었던 모스키온에게 1천 드라크메를 맡겼는데, 그중 600드라크메를 두 사람이 모스키온으로부터 받아 냈다. 그런데 그 후 올림피오도로스가 모스키온을 고문하여 70므나를 더 받아 내어 혼자서 차지했다. 칼리스트라토스는 그 70므나에 대해 올림피오

---

1   *dike blabes.*

도로스와 다투었다.

그런 가운데 원고의 이복형제인 칼리포스 등 새로운 청구권자들이 등장하여 코몬의 재산에 대해 상속권을 주장했고, 칼리스트라토스와 올림피오도로스는 이들에게 공동으로 대응했다. 그런데 재판 진행 중에 올림피오도로스가 병사로 원정에 참가하여 아테나이를 떠나게 되었고, 칼리스트라토스는 재판을 연기하고자 했으나, 급기야 상대소송인에게 유리하게 판결나게 되었다.

올림피오도로스가 돌아온 다음, 두 사람이 다시 공동으로 제소하기로 하고, 올림피오도로스가 원고가 되어 승소했다. 그러나 올림피오도로스가 계약에 따른 반의 몫을 칼리스트라토스에게 지급하지 않으려 하므로, 칼리스트라토스가 그를 상대로 제소했다. 이 변론은 이때 칼리스트라토스가 발표한 것이다.

칼리스트라토스가 제기한 혐의는 '손해소송'이다. 손해소송이란 재산상의 손해와 관련한 것으로서 포괄 범위가 넓고 종류도 다양하다. 화재에 의한 재산손실은 공적 사안으로서 아레오파고스에서 재판받으며 여기서 제외된다. 그 외에 거의 모든 경우의 재산 손해가 여기에 포함되며, 계약 위반에 의한 재산손실도 손해소송에 들어간다. 금전을 둘러싼 분쟁인 금전소송[2]은 손해소송과 차이가 있다. 전자의 경우 패소한 이는 고소인이 청구하는 금액을 지불해야 하나, 손해소송에서는, 비고의(무지, 소홀 등)로 손해가 발생한 경우에 한하여, 재산을 피해 본 만큼 정확한 액면가를 지불한다.

이 변론은 기원전 350년대 말경에 작성된 것으로 추정되고, 위작 여부에 대해서는 견해가 갈린다.

---

2   *dike argyriou.*

1. 불가피하게, 재판관 여러분, 실무 경험이 없고 달변에 능하지 않은 이들도 남에 의해 피해를 본 경우 법정으로 와야 할 것 같습니다. 특히, 지금 제가 당면한 경우와 같이, 아무런 타당한 이유 없이 피해를 볼 때 말이죠. 저로서는, 재판관 여러분, 올림피오도로스를 상대로 제소하고 싶지 않았습니다. 제가 그의 누이와 혼인해서 제 인척이니까요. 그러나 제게 초래한 크나큰 피해로 인해 불가피한 상황에 처하게 되었습니다. 2. 만일, 재판관 여러분, 제가 피해를 보지도 않고 올림피오도로스를 무고한 것이라면, 또 제가 우리들 간 분쟁을 저와 올림피오도로스 양측 모두의 친구들에게 위임하여 해결을 도모하지 않았다든가, 다른 적절한 해결 방법을 원용하지 않으려 했다면, 참으로 부끄러워하고 스스로를 파렴치한 인간으로 여겼을 것이라는 사실을 여러분은 알아주십시오. 그러나 지금 저는 올림피오도로스에 의해 작은 피해를 입은 것이 아니며, 제가 중재인을 거부한 적도 없고, 지고(至高)의 제우스의 이름으로, 제가 원하지 않았고 이이(올림피오도로스)에 의해 전적으로 부득이하게 소(訴)를 제기하여 다투게 되었습니다.

3. 그러니 여러분에게 청컨대, 재판관 여러분, 우리 양측의 발언을 모두 들으시고, 사건을 검토하셔서, 바람직한 해결책을 찾아 돌아가라고 함으로써, 여러분이 우리 양측 모두의 은인이 되었으면 합니다. 실로 그렇게 하지 못하신다면, 여러분에게 남은 길로서, 그 발언이 정당성을 갖는 이에게 찬성표를 더해 주십사 청합니다. 먼저, 이 사건을 법정으로 제기한 책임이 제가 아니라 이 사람에게 있다는 사실에 대한 증언들을 여러분에게 읽어드리겠습니다. 증언을 읽어 주세요.

증언들

4. 그러니, 재판관 여러분, 제가 타당하고 적절한 제안을 올림피오도로스에게 했던 사실이 임석한 증인들에 의해서 증명되었습니다. 그런데 이 사람은 어떤 것이건 공정하게 행하려고 하지 않았으므로, 저로서는 부득이하게 올림피오도로스로 인해 피해 본 사실에 대해 여러분 앞에 고하게 되었습니다. 그 내용을 간단히 말씀드리겠습니다.

5. 할라이 출신 코몬은, 재판관 여러분, 우리 집안사람입니다. 자식이 없었고 아주 잠깐 앓다가 죽었는데, 그때는 이미 오랫동안 살고 난 다음이었으므로, 노인이 되어 있었어요. 그가 회복하지 못할 것이라는 생각이 든 저는 이 올림피오도로스를 오라고 해서 우리와 함께 적절한 조치를 취하는 데 동참하도록 했습니다. 그래서 올림피오도로스가 저와 그의 누이인 제 아내가 있는 데로 와서, 만반의 준비를 하는 데 우리를 도왔어요. 6. 이렇게 일을 하는 중에, 이 올림피오도로스가 불쑥 말하기를, 자기 모친이 죽은 코몬과 같은 집안사람이며, 그래서 자기도 코몬의 유산에서 몫을 가지는 것이 마땅하다는 것이었어요. 저로서는, 재판관 여러분, 이 사람이 거짓말과 뻔뻔한 짓거리를 하려 하며, 또 저 이외에는 코몬의 다른 근친이 없다는 사실을 알고 있으므로, 처음에는 이 사람의 파렴치한 주장에 극도로 분노하고 분통이 터졌어요. 그러나 이내 제가 화를 내고 있을 계제가 아니라고 판단하고, 그에게 대답했지요. 당장은 죽은 자를 묻고, 다른 의식들도 격식에 맞게 치르고, 모든 일을 다 처리한 다음에 서로 이야기하자고 했습니다.

7. 그러자 올림피오도로스도, 재판관 여러분, 동의하면서 제 말이 아주 타당하다고 했어요. 우리가 장례를 끝내고 전통에 따른 모든 의식을 치른 다음, 여유가 생기자 집안사람들을 불러 모으고, 이 사람이 제기한 요구 관련하여 서로 의논하게 되었습니다. 지금, 재판관 여러분, 우리 사이에 재삼 벌어졌던 갖가지 언쟁을 제가 언급함으로써 여러분이나 제 자신을 피곤하게 만들 필요가 무엇이 있겠습니까? 8. 그러나 우리가 낸 결론에 대해서는 여러분이 들으실 필요가 있겠습니다. 제가 이 사람의 요구에 대해, 그리고 이 사람이 저에 대해 낸 결론은, 코몬이 남긴 유산을 절반씩 각기 나누어 갖자는 것이었고, 그 이상 언짢은 일은 우리 사이에 없었습니다. 저로서는, 재판관 여러분, 한집안 사람인 이 사람과 법정으로 와서 재판에 호소하고, 또 제 처의 형제이자 제 자식의 숙부인 이와 언쟁하면서 불쾌한 말을 듣기보다는, 기꺼이 이 사람과 유산을 나누어 갖는 편을 택했던 거예요. 9. 이 모든 상황을 고려하여 저는 그에게 양보하게 되었습니다.

그런 다음 우리는 모든 사안과 관련하여 계약서를 작성하고, 서로 엄숙하게 맹세했어요. 정직하고 공정하게 모든 가시(可視)[3] 재산을 있는 대로 다 분배했으며, 코몬의 재산과 관련하여 우리 가운데 어느 편도 어떤 경우에도 상대의 것을 탐하지 않는다는 것, 우리는 다른 이들을 공동으로 탐색하고, 또 그때그때 필요한 대책은 무엇이든 공동으로 추진한다는 것 등이었지요. 10. 우리가 염려한 것은, 재판관 여러분, 우리 외에 다른 이들이 와서 코몬의 재산을 탐하지 않을까 하는

---

3 *phanera onta.*

것이었거든요. 말하자면, 제 모계 아닌 부계로 해외에 나가 있는 제 형제가 있었거든요. 또 다른 어떤 이가 상속권을 주장한다면, 그것을 막을 방법이 우리에게는 없었어요. 법에 따르면, 누구라도 원하는 이는 상속 청구권을 행사할 수 있으니까요. 이 모든 경우의 수를 고려하여, 우리는 계약서를 작성하고, 맹세한 겁니다. 우리 양편 중 아무도, 원하든 원하지 않든 무관하게, 무엇이든 독자적으로 처리하는 권한을 갖지 않고, 모든 것을 상호 협의하에 처리한다는 것이었어요. 11. 이 계약서의 증인으로서, 먼저 우리가 그 권위를 빌려 맹세를 교환한 신들, 그리고 우리 집안사람들, 그 외에 우리 계약서를 보관하게끔 위임한 아카르나이 출신 안드로클레이데스를 두었습니다.

그래서 저는, 재판관 여러분, 우리가 계약서를 작성하는 데 근거한 법, 그리고 계약서를 보관하고 있는 이의 증언을 소개하려 합니다. 먼저 법조문을 읽어 주십시오.

법

이제 안드로클레이데스의 증언을 읽어 주십시오.

증언

12. 우리가 맹세를 교환하고 계약서가 안드로클레이데스에게 맡겨졌을 때, 저는 유산을 두 개의 몫으로 나누었어요, 재판관 여러분. 첫째 몫은 코몬 자신이 살던 집과 자루 만드는 천을 짜던 예속노동자

들4이었고, 둘째 몫은 다른 가옥과 약을 제조하던 예속노동자들이었습니다. 헤라클레이데스가 경영하던 은행에 코몬이 맡겨 둔 가시(可視) 금전5은 장례, 의식, 기념비 조성 등에 거의 다 들어갔어요. 13. 제가 두 개 몫으로 나눈 다음, 올림피오도로스에게 둘 중 어느 것이라도 원하는 대로 가지라고 했습니다. 이 사람은 약물 제조 예속노동자와 작은 집을 택했어요. 그래서 저는 다른 집과 자루 만드는 천을 짜는 예속노동자를 갖게 되었지요. 이것이 우리가 각각 나누어 가진 것이었어요. 14. 그런데 올림피오도로스가 차지한 몫에 약물 제조공이 있었는데, 코몬은 그가 자못 신실한 사람이라고 여겼고. 그는 모스키온이라는 이름으로 불렸어요. 이 하인6은 코몬과 관련한 모든 사안은 물론, 그 주인이 집안 어디에다 돈을 숨겨 놓는지까지 알고 있었지요. 15. 그런데 이 하인이 이미 늙은 나이에 그를 믿었던 코몬 몰래 돈을 빼냈던 거예요. 처음에는 다른 돈과 분리되어 보관되어 있던 1천 드라크메를 빼냈고, 그다음 70므나를 더 빼냈어요. 그는 코몬의 의심을 사지 않고 이런 짓거리를 했으며, 이 돈을 자기 수중에 가지고 있었던 겁니다.

16. 몫을 분배한 다음 오래가지 않아, 재판관 여러분, 우리가 이하인에 대해 뭔가 의심하고 돈과 관련하여 낌새를 채게 되었어요. 의혹이 일자, 이 올림피오도로스와 저는 하인을 심문하기로 결정했는

---

4   *andrapoda*.
5   *phaneron argyrion*.
6   *oiketes*.

데, 그이가, 재판관 여러분, 심문에 붙여지기 전에 자진하여 자백했습니다. 1천 드라크메를 훔쳤는데, 그 돈을 아직 쓰지 않고 그대로 가지고 있다는 것이었지요. 그때만 해도 더 가져간 돈에 대해서는 털어놓지 않았고, 17. 다만 600드라크메를 우리에게 돌려주었어요. 하인이 돌려준 돈을 우리는, 우리가 한 맹세와 안드로클레이데스에게 맡겨 놓은 계약서에 따라, 정직하고 공정하게 분배했습니다. 제가 반, 올림피오도로스가 반을 취했던 거예요.

18. 돈과 관련하여 이렇게 하인7을 의심한 지 오래지 않아, 이 사람(올림피오도로스)이 그이(하인)을 묶어서 다시 심문에 부쳤는데, 그 혼자서만 하고 저희를 부르지 않았답니다. 모든 것을 저와 함께 조사하고 실행하자고 맹세해 놓고서 말이지요. 그리고는 하인이, 재판관 여러분, 고문을 받게 되자, 코몬을 속이고 70므나를 훔친 사실을 자백했고, 그 돈을 모두 이 올림피오도로스에게 돌려주었던 겁니다. 19. 저로서는, 재판관 여러분, 하인이 고문을 받고, 이 사람(올림피오도로스)이 돈을 돌려받은 사실을 알게 되었을 때, 그 반을 제게 줄 줄 알았어요. 그전에 1천 드라크메에서 남은 돈을 돌려받았을 때 그랬던 것처럼 말이죠. 그래서 당장은 이 사람에게 이의를 제기하지 않았어요. 스스로 알아서, 저와 그 자신 모두의 이익을 위해, 맹세에 따라, 그리고 코몬의 전 유산을 같은 몫으로 나누자고 우리가 서로 맺은 계약에 따라 각자 몫을 갖도록, 사안을 처리할 것이라 믿었던 것이죠. 20. 그런데 이 사람이 지체하면서 아무 기척이 없었으므로, 제가 그

---

7   oiketes.

에게 가서 거론하고 제 몫의 돈을 요구했습니다. 그런데 올림피오도 로스는 계속 무슨 핑계를 대면서 지체했어요. 게다가, 바로 그 무렵에 다른 이들이 나타나 코몬의 유산에 대해 청구권을 주장했고, 또 저의 동부(同父) 형제 칼리포스도 해외에서 돌아와서는, 그 역시 유산의 반을 요구했습니다.

21. 그러자 올림피오도로스는 이런 상황을 또 다른 핑계로 삼아 제게 돈을 주지 않았어요. 유산 상속권자가 많다는 것이었지요. 그러고는 소송 결과가 나올 때까지 저더러 기다려야 한다고 했어요. 그래서 저는 그 말에 부득이 동의했습니다. 22. 그런 다음 이 올림피오도로스와 제가 뜻을 모아, 우리가 맹세한 바에 따라, 최선의 그리고 가장 안전한 방법으로 다른 청구권자들에게 대처하기로 했습니다. 그 결정한 바에 따르면, 재판관 여러분, 이 올림피오도로스는 전 유산에 대한 상속권, 그리고 저는 반을 요구하기로 했던 거예요. 제 형제 칼리포스가 반만 요구했으니까요.

23. 모든 상속 청구권자의 입장이 해당 장관8 앞에서 개진되고, 사건이 법정으로 이첩되었을 때, 이 올림피오도로스와 저로서는 바로 재판에 임하기에는 전적으로 대비가 안 된 상태였어요. 갑자기 상속 청구권을 주장하며 나타난 이들이 많았으니까요. 이 같은 상황에 직면하여, 우리가 같이 안을 낸 것이 재판을 어떻게든 연기하여, 여유를 가지고 소송에 대비하자는 것이었지요. 24. 그런데 모종의 우연과 신령9에 의해, 여러분이 연사들에 의해 설득되어 아카르나니아로 군

---

8   *archon.*

대를 파견하기로 했어요. 이 올림피오도로스도 차출되어, 다른 병사들과 함께 떠났습니다. 우리는 이런 상황이 재판을 연기할 수 있는 최선의 기회라고 여겼어요. 올림피오도로스가 공무로 병사가 되어 아테나이를 떠나게 되었으니까요. 25. 장관이, 법에 따라, 상속권 청구한 이들을 모두 소환했을 때, 저희는 올림피오도로스가 공무로 군역을 지고 부재한 사실을 맹세로서 고하고, 재판 연기를 요구했습니다. 그러나 저의 맹세에 의한 진술에 대해, 상대소송인들도 맹세를 하고는 이 올림피오도로스를 비난했고, 우리보다 더 나중에 최후 발언을 하면서, 재판관들을 설득하여, 올림피오도로스가 공무가 아니라 재판을 회피하려고 부재하는 것이라는 취지의 결정을 내리도록 했어요.

26. 재판관들이 이런 결정을 내리자, 장관인 피토도토스가 법 규정에 따라 이 사람(올림피오도로스)의 유산 상속 청구권을 말소했지요. 이 사람의 청구권이 말소되면서, 저도 부득이 그 반의 몫에 대한 청구권을 포기하게 되었고요. 상황이 이렇게 전개되면서 장관은 코몬의 유산을 우리 소송상대에게로 주어 버렸어요. 법에 따라 그렇게 해야 했던 것이죠. 27. 그들은 승소하자 곧 페이라이에우스로 내려가 우리들에게 귀속되어 있던 유산을 인계받아 갔어요. 저는 이곳에 있었으므로, 바로 제가 가졌던 것을 넘겨주었어요. 법대로 해야 했으니까요. 그런데 올림피오도로스는 여기 없었지만, 그가 가졌던 나머지 유산을 다 접수해 갔고, 다만 하인을 고문해 받아 낸 돈은 제외되었던 거예요. 그 돈은 받아 갈 방법이 없었던 것이죠.

---

9 *daimon*.

28. 이와 같은 일들이 올림피오도로스가 부재할 때 일어났고, 제가 이 사람과 엮여서 얻은 것이라면 이런 정도였어요. 그런데 이 사람이 다른 병사들과 함께 돌아왔을 때, 벌어진 상황을 접하고는 분통을 터뜨리고, 모욕당한 것이라 여겼습니다. 그의 분노가 극에 달한 상태에서, 저와 올림피오도로스는 다시 사태를 검토하고, 유산을 다시 되찾을 수 있는 방법을 공동으로 모색하게 되었어요. 29. 논의 결과, 승소하여 유산을 가져간 이들에 대해 합법적 형식으로 제소하여 이들을 법정으로 소환하기로 했습니다. 그러고는 당면 상황에서, 우리가 상대 청구권자들에 대해 공동으로 대응하여 위험을 감내하는 것보다, 각기 따로 하는 것이 안전을 도모하는 최선의 길이라 여겼어요. 올림피오도로스는 그전처럼 유산 전체에 대해 청구의 소를 제기하여 소를 스스로 감당하고, 저는 유산의 반을 청구하는 것이었죠. 제 형제 칼리포스가 반만 청구했으니까요. 30. 그래서, 만일 올림피오도로스가 승소하면, 우리가 동의하고 맹세한 바에 따라, 제가 그 반의 몫을 이 사람에게서 받아 낸다는 것이었어요. 만일 이 사람이 실패하여 재판관이 패소 판결을 내리면, 이 사람은, 우리가 서로 맹세하고 동의한 바에 따라, 저로부터 정직하고 공정하게 몫을 받아 가기로 했습니다. 이렇게 결론짓고, 이렇게 하는 것이 저와 올림피오도로스 두 사람 모두에게 가장 안전한 방법이라 했을 때, 코몬의 유산을 차지한 이들이 법 규정에 따라 소환되었습니다.

소환이 이루어진 법 규정을 저를 위해 읽어 주십시오.

법

31. 이 법 규정에 따라, 재판관 여러분, 소환이 이루어졌고, 올림피오도로스가 기획한 대로 우리 측은 반론을 통해 청구권을 요구했습니다. 장관은 모든 상속 청구권자들의 입장을 예비 검토[10]하고, 그 예비 검토한 사안을 법정에 회부했습니다. 이 올림피오도로스가 먼저 발언하여, 원하는 대로 말하고 또 적절하다고 여기는 증거를 제시하는 동안, 저는, 재판관 여러분, (2개 중) 다른 연단 옆에 조용히 앉아 있었지요. 이런 식으로 기획 진행된 재판에서 올림피오도로스는 쉽게 승소했어요. 32. 이 사람이 승소하여 우리가 원한 모든 것이 법정에서 이뤄지고, 그전에 승소하여 우리에게서 가져갔던 모든 것을 회복한 겁니다. 그런데 이 사람은, 이 모든 것은 물론 하인을 고문해 받아 낸 돈까지 수중에 들고 있으면서, 제가 가져야 할 정당한 몫을 아무것도 내주지 않고, 모두 혼자서 차지하려 했어요. 똑같이 나눠 가지기로 맹세하고 계약을 맺어 놓고 말입니다. 그 계약서는 지금도 여전히 안드로클레이데스에게 맡겨져 있으며, 그가 직접 여러분 앞에서 증언한 바 있습니다.

33. 저는 제가 한 다른 진술 관련해서도, 여러분 앞에 증언을 소개하고 싶지만, 무엇보다 먼저 증명해야 할 것은, 애초에 저와 이 사람이 타협하여, 코몬이 남긴 가시재산을 똑같은 몫으로 반분하자고 한 사실입니다. 먼저 이와 관련한 증언을 들고 읽어 주시고, 그다음에 다른 증언들을 소개해 주십시오.

---

10   *anakrisis* (*anekrine*) .

증언

34. 이제, 하인을 고문해 받아 낸 돈과 관련하여 제가 그(올림피오도로스)에게 제안한 제안서11를 들고 저를 위해 읽어 주십시오.

소환장

이제 다른 증언도 읽어 주십시오. 우리 소송상대가 승소했을 때, 올림피오도로스가 하인을 고문하여 받아 낸 돈 이외의 모든 것을 우리에게서 가져갔던 사실 관련한 것입니다.

증언

35. 어떤 방법으로, 재판관 여러분, 저와 올림피오도로스가 애초에 코몬의 가시재산을 분배하게 되었는지, 여러분은 저의 진술을 청취하셨고, 증언을 통해 여러분에게 증명되었습니다. 또 여러분은, 이 사람이 하인으로부터 돈을 받아 낸 사실, 그전에 승소했던 이들이 우리가 가졌던 모든 것을 가져가서 보유하다가, 올림피오도로스가 다시 법정에서 승소하여 되찾은 사실 등을 아시게 되었습니다.

36. 이제, 제게 줄 것을 주지 않고, 어떤 것도 공정하게 처리하지 않으려 하면서 이 사람이 둘러대는 이유, 그 이유에 대해, 재판관 여

---

11   *prosklesis.*

러분, 정작 주의를 기울이셔야 합니다. 저를 상대하기 위해 이 사람이 동원한 연사들이 이 자리에서 여러분을 속이는 데 넘어가지 않도록 말이죠. 이 사람은 절대로 일관성 있는 말을 하지 않고, 아무렇게나 둘러대고, 허황한 변명을 늘어놓고, 거짓된 의혹과 비난을 조작해 내며, 모든 사안에서 올바르지 못한 사람입니다. 37. 그 자신이 자신의 하인에게서 돈을 받아 낸 적이 없다고 말하는 것을 아주 많은 이들이 들었고요. 그러다 그 말이 거짓으로 들통나자, 하인에게서 돈을 받긴 했는데, 그 돈이나 코몬의 나머지 유산에서 제 몫을 넘겨주지는 않을 것이라고 한답니다.

38. 이 사람과 저희에게 다 같이 친구 되는 어떤 이가 왜 저에게 아무것도 안 주느냐고 그에게 물어봤다고 해요. 모든 것을 반반씩 나누어 가지기로 맹세하고 계약서가 여전히 보관되어 있는데도 말이죠. 그랬더니, 이 사람 대답이, 제가 계약을 어긴 것이라고 하고, 저 때문에 이 사람이 피해를 보았고, 또 제가 이 사람의 이익을 해치는 일을 계속 행하고 또 말한다고 하더랍니다. 이런 변명을 이 사람이 하는 거예요. 39. 이 사람이 하는 말은 모두, 재판관 여러분, 이 사람이 제게 주어야 할 것을 주지 않으려고 조작한 것, 근거 없는 핑계, 잔꾀입니다. 그러나 이 사람이 거짓부렁을 하고 있음을 증명하기 위해 제가 여러분에게 드리는 진술은 단순한 혐의에 그치는 것이 아니라, 그 반대로, 그의 파렴치함을 명확히 증명하는 것이에요. 진실하고 세상 모든 사람에게 알려진 증거를 제시하며, 모든 사안과 관련하여 증인들을 소개하겠습니다.

40. 무엇보다 먼저 이 사람은, 재판관 여러분, 이 사람과 우리들에

게 다 같이 집안사람이고 친구들인 이들에게 해결을 위임하려 하지 않았어요. 이들은 처음부터 이 사건을 보아 와서 세부 사정을 정확하게 알고 있거든요. 이 때문에, 만일 이 사람 자신이 거짓말하면, 당장에 이들에 의해 들통날 것이라는 사실을 잘 알고 있었던 거예요. 그러나 지금은 여러분 앞에서 거짓말을 해도 탄로 나지 않을 것이라고 보는 겁니다. 41. 다시 말씀드리건대, 이게 도무지 앞뒤가 안 맞는 거예요, 올림피오도로스 씨, 한편에 내가 당신의 이익에 반하여 행동했다고 하고, 그러면서 다른 한편으로는, 당신이 필요할 때는 내가 당신과 함께 비용을 감수했을 뿐만 아니라, 당신이 부재했고 또 그 이유가 공무가 아니라 재판을 기피하려는 것으로 간주되어 당신의 상속권 청구가 말소되었을 때, 나도 자진하여 내 권리를 포기한 사실이 있으니 말이오. 내게 유산의 반에 대한 상속권을 행사할 수 있는 권리가 있었는데도 그랬소. 더구나 내 상속권을 반대하는 이는 아무도 없었고, 내 소송상대조차 내 권리를 인정하는 상황에서도 그랬던 것이오.

42. 그런데, 내가 만일 상속권을 요구했더라면, 나는 바로 맹세를 깨뜨린 자가 되었을 거예요. 당신과 맺은 협약에서 모든 것을 함께 추진하자고 했고, 나와 당신이 더 낫다고 판단하는 쪽으로 모든 것을 처리하자고 했던 것이니까요. 이런 나를 두고, 나의 정당한 요구를 하나도 수용하지 않으려는 입장을 피력하기 위해서, 당신이 둘러대는 핑계와 변명은 참으로 황당한 것이오. 43. 더구나, 올림피오도로스 씨, 상속권 분쟁의 마지막 재판에서, 내가 당신과 같은 편에서 소송에 임하지 않았더라면, 지난번에 소개했던 증인을 당신이 소개하려고 할 때 내가 당신에게 그렇게 하도록 허락했겠소?

44. 이 사람은, 재판관 여러분, 법정에서 모든 것을 아무렇게나 마음대로 말했고, 심지어 재판관님들께 터무니없이 말한 것이, 제 몫으로 받은 집을 두고 제가 이 사람에게서 임차받은 것이라고 하고, 또 1천 드라크메 중 일부 회수한 돈에서 반을 제가 나누어 받은 것을 두고는 이제 제게 대부한 돈이라고 주장하고 있어요. 그냥 말만 한 것이 아니라, 그런 사실을 증명하기 위해 증언까지 동원했답니다. 저로서는 반론을 제기하지 않았고, 그가 소송을 진행할 때 누구도 작건 크건 제 목소리를 들은 이가 없어요. 오히려 저는 이 사람이 말하려 한 모든 것을 진실인 것으로 인정했어요. 나와 당신이 동의한 바에 따라, 내가 당신과 함께 공동으로 제소한 것이었으니까요. 45. 더구나, 내가 한 말이 진실이 아니라면, 왜 내가 이 사건 관련하여 증언한 증인들을 고소하지 않고 그냥 가만히 있었겠소? 왜 당신은, 올림피오도로스 씨, 집세를 받아 내려고 나를 제소하지 않았던 거요? 당신 집이라고 하고 나한테 세를 준 거라고 하면서 말이오. 왜 나한테 빌려준 돈이라고 당신이 재판관들에게 말한 그 돈을 내게서 받아 가려 하지도 않았던 거요? 당신은 이런 시도를 아무것도 한 적이 없어요. 누가 거짓말하고, 서로 상충하는 진술을 하고, 근거 없는 사실을 지어내고 있다는 사실과 관련하여 이보다 더 확실한 증거가 있을 수 있나요?

46. 그런데, 모든 것 가운데서, 재판관 여러분, 이 사람이 부당하고 욕심 많다는 사실을 여러분이 깨달을 수 있는 가장 확실한 증거가 있어요. 이 사람이 하는 말 중에서 뭐라도 참말이 있다면, 상호 반론이 이루어지고 재판관들이 어떻게 판결했는지를 알기 전에, 그 점부터 먼저 해명하고 증명해야 하는 거예요. 또 많은 증인들을 제시하고

또 안드로클레이데스에게 우리 계약서를 말소하도록 요구해야 하는 것이죠. 제가 계약을 파기하고, 또 이 사람의 이익에 반하여 행동하므로, 계약이 더는 유효하지 않기 때문이니까요. 자신은 더 이상 계약과 무관하다는 사실을, 우리 계약서를 보관하는 안드로클레이데스에게 통보해야만 하는 겁니다. 47. 이 사람의 말에 무슨 진실이 있다면, 재판관 여러분, 이 사람이 직접 안드로클레이데스에게 가서 이의를 제기해야 하고, 또 이런 사실을 많은 이들이 알도록, 많은 증인들을 제시해야 합니다. 그러나 이 사람이 이 같은 절차를 밟은 적이 없다는 사실을 증명하기 위해, 계약서를 보관하고 있는 안드로클레이데스의 증언을 여러분께 읽어드리겠습니다. 증언을 읽어 주세요.

증언

48. 이 사람의 또 다른 소행도, 재판관 여러분, 생각해 보십시오. 제가 이 사람을 소환하여 저랑 같이 계약서를 보관하고 있는 안드로클레이데스에게 가자고 했어요. 거기서 같이 계약서 사본을 만들고 다시 원본을 봉인하고는 보관함에다 넣어 두자고 했거든요. 그랬다면 어떤 의혹도 일지 않았을 거예요. 그리고 여러분은 우리에 대한 모든 사실을 확실하고 공정하게 들으시고, 가장 바람직하다고 여기는 쪽으로 결론을 도출했을 것이니까요. 49. 그런데 저의 제안에도 불구하고, 이 사람은 이 중에 아무것도 하려 하지 않았어요. 이렇듯 교묘하게 일을 획책하여, 공동으로 만든 계약서 내용에 대해 여러분이 들으실 수 없도록 했습니다. 제가 이 사람에게 이런 제안한 사실을 증명

하기 위해, 제가 제안할 때 임석했던 이들의 증언을 여러분께 읽어드리겠습니다. 증언을 읽어 주십시오.

증언

50. 그러니, 이 사람이 저에게 공정하게 대하지 않으려는 점, 구실을 대고 탓하면서 제가 받아야 할 몫을 떼먹으려는 심보를 가진 점, 제가 위반했다고 이 사람이 주장하는 계약서에 관해 여러분이 살펴볼 수 없도록 한 점 등을 어떻게 이보다 더 분명하게 드러나게 할 수 있습니까? 저는 임석한 증인들 앞에서 제안했고, 또 여러분 재판관 앞에서 다시 제안하는 바, 이 사람과 저의 공동 동의하에 이곳 법정에서 계약서를 개봉하여, 여러분에게 들려드린 다음, 다시 여러분 앞에서 다시 봉인할 것을 요구합니다. 51. 안드로클레이데스가 여기 임석해 있어요. 계약서를 가지고 이곳으로 오도록 제가 청했기 때문이지요. 저로서는, 이 사람이 발언하는 동안 계약서를 개봉했으면 합니다. 그의 첫 번째 발언, 두 번째 발언 중 그 어느 때이거나 저는 상관없습니다. 다만 여러분이 계약서, 그리고 저와 이 올림피오도로스가 서로에게 한 맹세의 내용을 들어 주셨으면 합니다. 이 사람이 동의하면, 그렇게 하고, 이 사람이 원하는 때에 여러분이 계약서 내용을 들으시겠습니다. 만일 이 사람이 동의하지 않는다면, 더 이상의 증거가 필요 없이, 그 자체로서 분명하게 드러나는 것이, 재판관 여러분, 이 사람이 세상 사람들 가운데 가장 파렴치하고, 그래서 이 사람이 무슨 말을 하든 여러분은 정당하게 진실로서 받아들이지 않을 수 있다는 사실입니다.

52. 그런데 이런 것에 매달리는 이유가 뭘까요? 이 사람 스스로도 저에 대해서는 물론, 그 이름으로 맹세한 신들에 대해서 잘못을 범하고 있으며, 자신이 맹세를 깨뜨렸다는 사실을 모르지 않기 때문입니다. 그러나 이 사람은 부패하고, 재판관 여러분, 심성이 비뚤어져 있습니다. 제가 여러분에게 말씀드리는 것조차 안쓰럽고 부끄럽지만, 그래도 부득이 말씀드려야 하는 입장에 있습니다. 모든 사실을 들으시고, 판결 권한을 가진 여러분이 우리 문제에 대해 최선이라 여기시는 결론을 내릴 수 있도록 말이에요.

53. 이 사람은 제가 여러분에게 말씀드리려는 사태를 야기한 장본인입니다. 저와의 분쟁을 친척들에게 맡겨서 해결하려 하지 않고, 뻔뻔하게 오리발을 내밀고 있었으니까요. 이 올림피오도로스는, 재판관 여러분, 한 번도 여러분의 법에 따라 도시여인[12]과 혼인한 적이 없고, 자식도 본 적이 없어요. 이 사람이 한 정부(情婦)를 해방시켜 자기 집에 데리고 있었는데, 이 여인이 우리 모두를 파멸로 몰아넣고, 이 사람을 더욱더 이상한 사람으로 만들었던 거예요. 54. 이 사람과 제가 전적으로 상호 동의하고 또 서로 맹세를 교환함으로써 성사된 계약상의 어떤 것도 실천하지 않으려는데 어떻게 이상한 이가 아닙니까? 더구나 저 혼자가 아니라 이 사람 자신의 동부동모 누이로서 제가 혼인[13]한 여인, 그리고 이 사람의 질녀 되는 제 딸을 위해 이렇게 노

---

12 *aste*(도시여인). 이 변론이 아테나이에서 발화된 것이므로, 여기서는 아테나이 도시여인을 뜻한다. 참조, 최자영, 《고대 그리스 법제사》, 부록 2, pp. 702~707; 같은 책(전자책), 부록 Ⅱ.

13 *synoikei*(동거하다).

력하고 있는데도 말입니다. 이들이 저 못지않게, 아니 저보다 더 큰 피해를 겪고 있습니다. 55. 이 사람의 정부(情婦)가 보기 좋은 정도 이상의 많은 보석과 사치스런 의상을 걸치고 다니고, 돈을 펑펑 쓰고 다니며, 우리 돈을 가지고서 기고만장한 데 반해, 자신(화자의 아내와 딸)들은 그런 것을 누리기에는 너무 가난하다는 사실을 알게 될 때, 어떻게 이들이 상처받지 않으며, 자괴감이 들지 않겠습니까? 어떻게 이들이 저보다 더 크게 상처받지 않겠습니까? 이런 짓거리를 자행하는 이 사람은 명백하게 미쳤거나 넋이 나간 것 아닌가요?

이제, 재판관 여러분, 소송에 임하여 제가 이 사람을 음해하기 위해 이 같은 발언하는 것이라고 이 사람이 주장하지 못하도록, 이 사람과 저, 둘 모두와 같은 집안사람인 이들의 증언을 여러분께 읽어드리도록 하겠습니다.

증언

56. 이 올림피오도로스는 이 같은 부류의 사람입니다. 공정하지 못할 뿐만 아니라, 그가 선호하는 삶의 방식으로 볼 때, 모든 집안사람과 친구들이 보기에, 정신불안증에 걸려 있어요. 입법자 솔론의 말을 빌리자면, 전대에 그런 예가 없을 정도로 넋 나간 상태에 있는 것입니다. 매춘부 여인에게 홀려 있으니까요. 솔론이 제정한 법에 의하면, 여인, 특히 이런 부류의 여인의 말에 넘어가서 한 행위는 모두 무효입니다. 57. 이런 점에서 입법자는 적절하게 조치한 것이었어요. 청컨대, 저뿐만 아니라 올림피오도로스의 누이인 제 아내, 그리고 그

의 조카인 제 딸을 포함하여 우리 모두가 청컨대, 이 여인들이 이 자리, 여러분 앞에 있는 것처럼 여러분이 배려해 주시기를 앙망하며, 58. 가능한 한, 이 올림피오도로스가 우리를 억울한 지경에 몰아넣지 않도록 그를 설득해 주십시오. 만일 이 사람이 거부하고, 여러분이 이 사람을 설득하지 못한다면, 여러분은 지금까지 말씀드린 모든 사안을 기억하시고, 최선이자 가장 공정한 것이라 여기시는 쪽에 찬성표를 던져 주십시오. 그렇게 하신다면, 여러분은 공정하고 우리 모두에게, 뿐만 아니라 올림피오도로스 자신에게도 우리 못지않게, 이득이 되는 결정을 내리게 될 것입니다.

49

채무 관련하여 티모테오스에 반대하여

해제

〈채무 관련하여 티모테오스에 반대하여〉의 고소인은 아폴로도로스이다. 그는 고명한 은행업자 파시온의 아들로서, 이 변론 외에도 두 편의 〈스테파노스의 위증을 비난하여 1, 2〉, 〈대부 관련하여 포르미온에 반대하여〉,[1] 〈삼단노선주 부담 관련하여 폴리클레스에 반대하여〉,[2] 〈칼리포스에 반대하여〉,[3] 〈아레투시 오스에 속한 예속인 목록 관련하여 니코스트라토스에 반대하여〉,[4] 〈테옴네스 토스와 아폴로도로스가 네아이라를 비난하여〉[5] 등이 있다.

애초에 은행업자 안티스테네스와 아르케스트라토스의 예속인이었던 파시온 은 주인에 의해 해방되었으며, 그 주인들이 은행업을 구매 혹은 임대로 파시온 에게 넘겨주었다. 파시온은 은행업자로서 유능하고 정직한 이로 명성을 얻었으

---

1   Demosthenes, 34.
2   Demosthenes, 50.
3   Demosthenes, 52.
4   Demosthenes, 53.
5   Demosthenes, 59.

며, 후에 다른 사업으로도 발을 넓혔다. 아테나이 도시에 대한 기여와 공덕으로 기원전 376년 시민권을 얻었고, 그 후 토지 등 부동산을 매입했다. 기원전 371/370년 사업을 접고, 은행에서 자기 돈을 회수했으며, 은행은 자신의 예속인이었던 포르미온에게 1만 드라크메에 양도했고, 그 조금 전에 포르미온을 해방시켰다. 아폴로도로스는 은행업과 무관하게 파시온의 상속인이었다.

이 변론에서 원고는 코논의 아들로 고명한 아테나이인 장군 티모테오스였는데, 그는 기원전 375년 아테나이 함대 사령관으로 그리스 본토 서부 이오니아해로 원정했다. 거기서 케팔레니아의 프로노이인, 아카르나니아인, 몰로소이의 왕 알케타스, 케르키라 등과 동맹을 성사시켰다. 여러 공덕과 함께 기원전 375년 평화조약 체결의 공을 기려서 그 부친 코논의 조각상 옆에 조각상을 세웠다.

그는 기원전 373년 다시 함대 사령관이 되어 동맹국을 보호하기 위해 이오니아로 파견되었다. 그러다 군자금과 사공의 부족으로 동맹국으로부터 특별세를 모금하기 위해 에게해로 진출했고, 또 삼단노선주로부터 선금을 지불하도록 요구했으며, 자기 사재(私財)를 담보로 잡히고 은행업자들로부터 차금했다.

그런 가운데 함대는 칼라우레이아⁶에 정박해 있는 동안 티모크라테스는 궁지에 몰렸고, 그의 정적이었던 칼리스트라토스, 이피크라테스 등의 사주에 의해 민회는 티모크라테스를 사령관직에서 해임하고 소(訴)를 제기했다(§9). 이때 티모크라테스를 변호하기 위해 페라이 참주 이아손과 몰로소이(에페이로스) 왕 알케타스가 아테나이를 방문했다(§22). 법정은 피고 티모크라테스가 질곡에 처했고 특히 경제적으로 궁핍하여 함대를 가동할 수 없었고, 사재까지 털어 넣은 점을 감안하여 그를 무죄 방면했으나, 그의 재무관이었던 안티마코스는 처형했다(§10). 무죄석방되었으나 사령관직을 박탈당한 티모테오스는 이듬해 경제적 곤궁을 면하려

---

6   아테나이 남쪽, 펠레폰네소스 북동 연안의 작은 섬. 오늘날의 포로스.

고, 당시 아이깁토스인과 전쟁 중이던 페르시아 왕에게 가서 고용되었으나, 곧 아테나이 함대 사령관으로 복직되어 승전을 일구어 냈다.

이 변론에서 원고의 주장에 따르면, 자신의 부친은 티모테오스를 위해 여러 가지 편의를 도모했다. 그가 사령관에 임명된 기원전 374년에는 1,351드라크메 2오볼로스를 대부해 주었고, 칼라우레이아에서 보이오티아의 배 승무원들에게 지급하기 위해 대부받은 돈을 변제할 수 있도록 10므나를 융통해 주었다. 또 페라이의 야손과 몰로소이의 알케타스가 방문했을 때 1므나 257드라크메와 은접시 2개를 빌려주었고, 마케도니아 왕 아민타스가 선물로 티모테오스에게 목재를 보냈을 때, 티모테오스의 부탁으로, 파시온은 그 수송비 1,750드라크메를 지불했다.

이 변론과 다음에 바로 이어지는 〈삼단노선주 부담 관련하여 폴리클레스에 반대하여〉[7]에서는 아테나이 함대 운영의 열악한 실태가 드러난다. 장군이 배 승무원에게 지급할 보수를 융통하고 자금을 마련하거나, 아니면 돈을 구하기 위해 외국 군대의 용병으로 고용되기도 했다. 이런 상황 때문에 원활한 군사작전을 수행하기가 어려웠다. 장군들 간 경쟁심에 의한 알력과 삼단노선주들의 소극적 태만함도 부정적 요인으로 작용했다. 게다가 일부 삼단노선주는 자신을 대체할 사람을 고용하여 대신 봉직하도록 하는 사례도 적지 않았다.[8]

이 변론은 기원전 362년경에 발표된 것으로 추정된다. 플루타르코스[9]가 전하는 바에 따르면, 이 재판에서는 아폴로도로스가 승소했고, 그 변론은 데모스테네스가 작성한 것이라고 한다. 그러나 다수 근대 학자들은 데모스테네스의 작품이 아니라고 본다.

---

7   Demosthenes, 50.
8   참조, Demosthenes, 51.
9   Plutarchos, *Demosthenes*, 15.

1. 여러분 가운데 누구도, 재판관 여러분, 티모테오스가 제 아버지에게 진 빚 때문에 제가 그에 대해 소(訴)를 제기한 사실을 의외라고 생각하지 말아 주십시오. 오히려, 계약이 이루어지게 된 계기, 당시 이 사람이 연루된 상황, 궁핍한 경제적 여건 등을 제가 여러분에게 말씀드린다면, 제 아버지가 티모테오스에게 최선으로 호의를 베풀었으나, 이 사람은 배은망덕할 뿐 아니라, 2. 세상 사람들 가운데서 가장 부당한 사람이라는 사실을 아시게 되겠습니다. 그의 형편이 아주 열악하여 생활 자체가 큰 난관에 봉착하면서 제 아버지에게 청한 액수만큼의 돈을 은행에서 다 가져갔는데, 감사하기는커녕 가져간 돈까지 제게서 떼먹게 된 것입니다. 그(티모테오스)가 곤경에 처하면, 제 아버지 돈은 그냥 못 받게 되는 거예요. 그가 담보나 증인을 세우지 않았거든요. 그렇지 않고 일이 잘 풀려서 여윳돈이 있어도 언제 돌려줄 것인가는 그의 마음에 달렸답니다.

3. 그러나 그 모든 것을 감수하고, 재판관 여러분, 제 아버지는 재물보다 티모테오스가 곤경에 처하여 필요로 하던 것을 내주는 것을 더 중하게 여겼던 것이에요. 제 아버지 생각에, 재판관 여러분, 티모테오스가 위기를 면하고 페르시아 왕 밑에서 하던 일10을 그만두고 고향으로 돌아오기만 하면, 그때 당시보다는 더 형편이 좋아져서, 빌려준 돈을 돌려받고, 그뿐만 아니라 그 이상으로 자기가 원하는 것을 티모테오스로부터 얻어낼 수 있을 것 같았던 거예요. 4. 그러나 상황은

---

10 티모테오스는 기원전 373년 아테나이 사령관직에서 쫓겨난 후 페르시아 왕 휘하로 들어갔다.

제 아버지 기대와는 달리, 티모테오스가 궁할 때 제 아버지에게 청하여 감사하게도 은행에서 가져간 돈은 적대적인 소송과 분명한 채무 관련 증거에 의해서만 돌려받게 될 전망입니다. 만일 그가 거짓말로 빚진 것이 없다고 여러분을 설득하여 우리 돈을 횡령하게 될까 하여, 부득이 제가 빌린 돈의 액수, 돈을 빌릴 때마다 쓰려고 한 그 목적, 채무 발생 일자 등 사정의 자초지종을 여러분에게 말씀드려야 하겠습니다. 5. 제가 이런 사실들을 어떻게 다 기억하는지에 대해 여러분 중 아무도 의아해하지 마십시오. 은행업자는 대부 금액과 그 용도를 적고, 또 예금한 사실 등을 장부에 적어서, 대부해서 나간 돈, 예금으로 들어온 돈을 적음으로써 확인할 수 있도록 하거든요.

6. 소크라티다스가 장관으로 있던 해, 무니키온달11에 티모테오스가 두 번째로 해외에 나가게 되었는데요. 페이라이에우스에서 출항 직전에 돈이 필요했던 그는 항구에서 제 아버지를 만나서 필요한 만큼 1,351드라크메 2오볼로스를 빌려달라고 하고, 그 돈을 당시 그의 일을 줄곧 돌보던 자기 출납원 안티마코스에게 주도록 했어요. 7. 그런데 제 아버지에게서 돈을 빌리고 그 돈을 자신의 출납원 안티마코스에게 건네주도록 한 것은 티모테오스였지만, 은행 직원 포르미온에서 돈을 받아 간 이는 안티마코스의 상근 조수였던 아우토노모스였거든요. 8. 돈이 나갈 때 채무자로 기재된 것은 티모테오스였으나, 은행에서 직접 돈을 건네받도록 안티마코스가 지시한 아우토노모스의 이름이 1,351드라크메 2오볼로스의 금액과 함께 기재되었던 거예

---

11 4월 중순~5월 중순.

요. 이것이 그(티모테오스)가 낸 첫 번째 빚으로서, 장군이 되어 두 번째로 출항할 때였습니다.

9. 그런데 그가 펠로폰네소스로 출항하지 않아서 여러분이 그를 장군직에서 해임했고, 중죄 혐의를 지고 민회의 심판을 받게 되었어요. 그때 행동과 언변 두 측면에서 모두 영향력이 있던 칼리스트라토스와 이피크라테스에 의해 기소되었을 때, 그(티모테오스)에 대한 그들 및 그들 추종자들의 비난에 여러분은 크게 마음이 동해서, 10. 그의 출납원이었고 그에게 아주 충실했던 안티마코스를 사형에 처하고 그 재산을 몰수했지요. 티모테오스 자신은 친구와 친척들을 온통 동원하고, 또 여러분과 동맹관계에 있던 알케타스12와 야손13까지 끌어대는 바람에, 여러분이 마지못해 그를 방면했으나, 장군직에서 그를 면직했던 거예요. 11. 그 같은 질곡에서 그는 극도의 빈곤에 내몰리게 되었어요. 그래서 재산은 있는 대로 다 담보로 잡히고, 거기 저당석이 세워져 타인이 관리했거든요. 평야에 있는 밭은 에우멜리다스의 아들들에 의해서 담보로 잡혔고, 나머지 재산은 60명 삼단노선주 각각 7므나씩에 저당 잡혀 있었어요. 이들은 그와 함께 출항했는데, 장군이었던 그(티모테오스)가 그들로 하여금 생계비로 승무원들에게 나누어 주도록 지시했던 겁니다.

12. 그런데 그가 장군직에서 면직되었을 때 낸 군비 관련 회계보고에서, 자신이 군자금에서 각 함선에 7므나씩 나누어 주었다고 진술

---

12 그리스 서북쪽 에페이로스에 있는 몰로소스인(몰로소이)의 왕.
13 테살리아에 있는 도시 페라이의 참주.

했습니다. 그러나 삼단노선주들이 그에 반대되는 증언을 하여 자신이 거짓말한 것으로 드러날까 봐 염려하여 그들 앞앞이 사적으로 7므나씩 빌린 것으로 치고, 자기 재산을 담보로 잡혔지요. 그래 놓고는 지금 와서 그들에게 돈을 안 주려고 저당석을 다 뽑아 버린 겁니다.

13. 또 그는 사방으로 곤경에 처하고, 도시에 닥친 크나큰 질곡의 원흉으로 간주되어 자칫 처형될 수도 있는 막중한 소송에 연루되어 있어요. 칼라우리아의 군대는 보수를 받지 못하여 해체되었고, 라케다이몬인은 펠로폰네소스에서 우리 동맹국들을 포위하고 있었으며, 이피크라테스와 칼리스트라토스는 당면한 재앙이 그이 때문이라고 비난했고, 게다가 아테나이로 귀환한 병사들은 자신들이 곤경과 궁핍에 처해 있었다고 민회에서 고발했으며, 서신을 통해 사적으로 각자가 친척과 친구들로부터 참상에 대한 전언을 듣게 되었습니다. 이 모든 사실을 당시 여러분이 민회에서 들은 바 있고, 여러분 각각이 그에 대해 어떤 생각을 갖게 되었는지를 기억하실 겁니다. 그때 있었던 발언을 여러분은 잊어버리지 않으셨겠지요.

14. 그(티모테오스)가 재판을 받으러 귀국할 당시 칼라우리아에 있었는데, 거기서 선박 주인이었던 필리포스의 금고관리인[14]으로 필리포스와 함께 항해 길에 동행하던 람프트라이출신 안티파네스에게서 1천 드라크메를 빌려서 보이오티아 삼단노선주들에게 나누어 주었어요. 자신의 재판이 끝날 때까지 그들이 거기 그대로 머물러 있도록 하기 위한 것이었죠. 그전에 보이오티아 삼단노선 전함들이 해체되고

_____

14 *tamias.*

병사들이 뿔뿔이 흩어져 고향으로 돌아오게 되면, 여러분이 그런 상황 때문에 자신에게 더 분노할까 염려했던 겁니다. 15. 당시 우리 시민들은 곤경을 무릅쓰고 머물러 있었는데, 보이오티아인들이 날마다 식량을 대주지 않으면 남아 있을 수 없다고 한 거예요. 그래서 하는 수 없이 그는 선주인 필리포스의 회계관으로 그와 함께 항해하던 안티파네스에게서 1천 드라크메를 빌려서 보이오티아 함장에게 건네주었던 거예요. 16. 그런데 그가 아테나이로 돌아왔을 때, 필리포스와 안티파네스 둘이 다 나서서 그가 칼라우리아에서 빌린 1천 드라크메를 상환하라고 요구하고, 당장에 내놓지 않는다고 화를 냈습니다. 그러자 티모테오스는 자신의 적들이 1천 드라크메 빌린 사실을 알까 봐 겁이 났어요. 실제로는 필리포스에게서 빌려서 아직 못 갚고 있는 판인데, 자신이 보고하기는 보이오티아 함대에 지불할 돈이 없어 군자금에서 뺀 것이라고 했으니까요.

17. 동시에 자신이 재판받을 때 필리포스가 와서 불리하게 증언할까 봐 걱정한 그가 제 아버지를 찾아와 필리포스에게 갚을 수 있도록 1천 드라크메를 빌려달라고 했어요. 제 아버지는 티모테오스에게 당면한 재판이 심각하고, 그 처지가 얼마나 위태한가 하는 사실을 알았어요. 이에 연민한 제 아버지가 은행으로 가서 지배인 포르미온에게 지시하여, 1천 드라크메를 필리포스에게 보내고 티모테오스를 채무자로 기재하도록 했지요. 18. 제 진술이 사실임을 증명하기 위해, 돈을 내준 포르미온을 소개하겠습니다만, 그전에 또 다른 대부가 이루어졌음을 먼저 말씀드리겠습니다. 그 같은 증언에 의해 전체 빚에 대해 들으시고 제 진술이 사실임을 이해하실 수 있을 것이기 때문입니

다. 칼라우리아에서 1천 드라크메를 그(티모테오스)에게 내주었고, 또 필리포스가 제 아버지에게서 돈을 받아 갈 때도 임석했던 안티파네스도 소개하겠습니다.

19. 안티파네스는, 판정이 날 때 저를 위해 증언할 것이라고 줄곧 말해왔으나, 제가 중재인 앞으로 이런 증언을 대지 못하도록 방해했어요. 중재인 앞에서 청문 절차가 진행될 때, 집으로 소환 통보했으나, 그는 티모테오스에게 넘어가서 나타나지 않았답니다. 증인이 결석15했으므로, 제가 법에 따라 공탁금 1드라크메를 걸었는데도, 중재인은 저의 상대소송인(티모테오스)에게, 유죄가 아니라, 무죄로 결정하고는, 곧 날이 어두워져서 떠나 버렸어요. 20. 그래서 바로 제가 안티파네스에 대해서 손해배상 청구의 사적 소송을 제기했어요. 저를 위해 증언도 하지 않았고 또 법에 따라, 결석에 대한 정당한 이유를 맹세로서 제시하지도 않았으니까요. 그래서 제가 요청하건대, 그이(안티파네스)가 연단으로 올라와서 여러분 앞에 맹세한 다음, 첫째, 칼라우리아에서 티모테오스에게 1천 드라크메를 꾸어 주었는지, 둘째, 필리포스가 여기(아테나이)서 제 아버지로부터 돈을 받아 갔는지를 밝히도록 하십시오. 21. 실로 제 아버지가 필리포스에게 1천 드라크메를 주었다는 사실을 티모테오스 자신이 중재인 앞에서 인정한 바 있으며, 다만 그 돈이 자신이 아니라 보이오티아 해군 제독에게 청동을 담보로 잡고 대부한 것이라고 주장했습니다. 그러나 이런 그의 말은 거짓이며, 그 자신이 빌린 돈을 제게 갚지 않으려고 한다는 점

---

15   *lipomartyrios.* 증인으로 소환되었으나 출석하지 않은 이.

을, 그가 진 다른 빚에 대해 상술함으로써, 제가 여러분에게 증명하겠습니다.

22. 아스테이오스가 아르콘으로 있던 해 마이막테리온달, **16** 알케타스와 야손이 재판을 받게 된 티모테오스를 찾아와서 그에게 힘을 실어 주려고, 저녁 무렵에 페이라이에우스의 히포다메이아에 있는 그의 집으로 왔어요. 어떻게 그들을 맞아야 할지 당황한 그가 그의 몸종 아이스크리온을 제 아버지에게 보내서 침구, 망토, 은사발 2개와 은 1므나를 빌려달라고 했습니다. 23. 제 아버지는 그의 몸종 아이스크리온이 찾아와서는 손님들이 와서 부탁하는 물건들이 필요하다고 하는 말을 듣고, 그가 구하러 온 물건들을 내주고 1므나도 빌려주었어요. 그가 재판에서 무죄방면 된 후에도, 사채와 국가에 대한 부담을 다 지기에는 너무 궁핍한 지경이었으므로, 제 아버지는 당장에 돈을 상환하라고 요구할 수 없었던 것이고요. 24. 형편이 좋아지면 몰염치한 짓을 하지 않을 것이고, 또 당장에 돈이 없는데 어떻게 돈을 마련하겠냐고 생각했던 것 같아요. 알케타스와 야손이 떠나가자, 몸종 아이스크리온이 침대와 옷가지만 반환하고, 같이 가져갔던 은사발 두 개와 1므나를 돌려주지 않았습니다.

25. 그러다가, 그가 (페르시아) 왕을 위해 그 휘하 장군이 되어 아이깁토스와 싸우려고 떠나게 되었을 때, 이곳 (아테나이)에서 수행한 장군직에 대한 회계와 수행보고를 면하려고, 사람을 보내어 제 아버지를 파랄리온**17**으로 나오라고 해서는 일전에 도와준 것에 대해 감사하고,

---

16   11월 중순~12월 중순.

26. 필론다스를 소개했어요, 그이는 메가라 태생이었으나 아테나이에서 이방인으로 거주하고 있었는데, 당시 티모테오스에게 성실을 다하여 봉사하고 있었답니다. 그(티모테오스)가 그이(필론다스)를 소개하면서 하는 말이, 아민타스[18]가 자기에게 넘긴 목재가 있는데, 필론다스가 마케도니아에서 목재를 싣고 돌아오면, 그에게 수송비를 건네주고 목재는 자기 것이니까 페이라이에우스에 있는 자택으로 옮겨 달라고 부탁했어요. 27. 그런 부탁과 함께 그는 지금 하는 짓거리와는 동떨어진 말을 했어요. 제 아버지가 그의 청을 들어주지 않는다 해도, 다른 사람 같으면 원하는 것을 구하지 못하면 서운해하겠지만, 자기는 그렇지 않다고 하고, 오히려 형편만 되면 제 아버지가 이미 그의 부탁을 들어 베풀어 준 은혜에 보답하겠다고 말한 거예요. 제 아버지가 그 말을 듣고 흐뭇해하며, 베풀어 준 은혜를 기억하고 있는 것을 칭찬하면서 다시 그의 부탁을 들어주겠다고 약속했습니다.

28. 이렇게 해서 이 사람(티모테오스)이 (페르시아) 왕의 장군으로 봉사하기 위해 떠나가고, 또 이 사람이 나중에 수송비를 지급해 주도록 제 아버지에게 부탁한 필론다스는 마케도니아로 가게 되었어요. 이 일은 아스테이오스가 장관[19]으로 있던 해 타르겔리온달[20]에 일어

---

17 아티카의 영웅 파랄로스를 기리는 기념물로 페이라이에우스에 있다.

18 마케도니아 왕 아민타스 3세(385~370 B. C.)로 추정된다. 기원전 375년 아테나이와 단명한 동맹을 체결하여, 마케도니아에서 목재와 송진을 실어오기로 한 적이 있다.

19 수석장관(아르콘).

20 5월 중순~6월 중순.

난 겁니다. 29. 이듬해 필론다스가 마케도니아에서 목재를 싣고 돌아왔는데, 그때 티모테오스는 (페르시아) 왕에게 가 있어 여기 없었어요. 그(필론다스)가 제 아버지에게 선장에게 갚아야 하니 목재 수송비를 달라고 했어요. 티모테오스가 떠나면서 필론다스를 소개할 때 한 부탁에 따른 것이었죠, 제 아버지가 그를 은행으로 데려가서는, 포르미온에게 목재 수송비 1,750드라크메를 그에게 주도록 지시했고, 포르미온이 돈을 헤아려 건네주었어요. 30. 티모테오스를 채무자로 기록했는데, 그이가 제 아버지에게 그 수송비를 지급하도록 부탁했고 또 그 목재가 자기 것이라고 했으니까요. 그리고 부기로 돈의 용도와 그 돈을 받아 간 이의 이름을 적었던 것이죠. 그 거래는 알키스테네스가 장관으로 있던 해였고, 티모테오스가 왕에게로 떠나간 그 이듬해였습니다.

31. 그 무렵 아이길리아[21] 출신 티모스테네스가 개인 사업으로 간 해외 출장에서 돌아왔어요. 그는 포르미온의 친구이자 사업 동료였는데, 해외로 나갈 때 다른 물건과 함께 리키아 공장(工匠)이 만든 사발 2개를 포르미온에게 맡겨 뒀거든요. 그런데 어쩌다 아이가 이것이 남의 것인 줄도 모르고 이 사람(티모테오스)의 몸종 아이스크리온에게 주어 버렸답니다. 알케타스와 야손이 방문했을 때, 티모테오스 심부름으로 그이(아이스크리온)가 제 아버지에게 와서 침구, 옷가지, 식기, 은 1므나를 빌려갔을 때 말이에요. 티모스테네스가 귀국하여 포르미온에게 사발을 돌려달라고 했을 때, 티모테오스가 왕에게 가

---

21 안티오키스 부족의 한 데모스(區)이다.

있었기 때문에, 제 아버지가 그를 설득하여 돈으로 돌려받도록 했는데, 그 값어치가 237드라크메였어요. 32. 아버지가 티모스테네스에게 그 돈을 지불하고, 장부에 이 사람(티모테오스)을 채무자로 하고, 티모스테네스에게 지불한 돈과 함께 이 사람이 제 아버지에게 진 나머지 빚진 것들을 기재해 두었지요.

33. 이 모든 제 진술이 진실임을 증명하기 위해, 그와 관련된 증언을 들려드리겠습니다. 첫째, 당시 은행 서기로 일하면서, 티모테오스가 지명한 이들에게 돈을 지불한 이들, 그다음 사발값을 받아 간 이의 증언입니다.

증언들

방금 읽어드린 증언을 통해 제 진술이 거짓이 아님을 여러분은 아셨습니다. 필론다스가 들여온 목재가 페이라이에우스에 있는 그의 집으로 옮겨졌다는 사실을 그(티모테오스)가 스스로 인정했고, 그런 사실에 대한 증언을 여러분에게 들려드리겠습니다.

증언

34. 필론다스가 들여온 목재가 그의 소유물이라는 사실을 증명하는 그 자신의 증언을 저는 가지고 있습니다. 중재인 앞에서 그는 그 목재가 자기 집으로 옮겨졌다는 사실을 인정했고, 그 증언을 들은 사람들도 있어요. 그 외에도 제 진술이 진실임을 제가 정황증거로 증명

하겠습니다. 35. 여러분이 보시기에, 재판관 여러분, 목재가 티모테오스의 것이 아니라면, 또 그가 왕 휘하 장군이 되어 떠나면서 필론다스를 제 아버지에게 소개하고서 수송비를 지급해 주도록 제 아버지에게 부탁한 일이 없었다면, 필론다스가 항구에서 그 목재를 다른 데로 옮겨가도록 제 아버지가 내버려두었겠습니까? 수송비를 지불한 대가로 자신이 담보로 잡고 있는 물건을 말이지요. 만일 목재가 필론다스의 것이고 상거래 목적으로 들어온 것이라면, 제 아버지가 그 수송비를 회수할 때까지 하인들을 부려서 감시하고 목재가 팔려 나가면 돈을 회수하려 하지 않았을까요? 36. 그 밖에도 티모테오스가 아민타스에게서 공여받은 목재의 수송비를 내주도록 부탁하지 않았다면, 제 아버지가 필론다스를 믿고 그(티모테오스)의 집으로 목재를 옮겨가도록 놔둔다는 것이 누가 보더라도 가능한 일입니까? 아니면, 이 사람(티모테오스)이 주장하듯이, 필론다스가 상업 목적으로 목재를 들여왔다면, 이 사람 자신이 이곳으로 돌아온 다음 그 목재를 자기 집 짓는 데 이용한다는 게 말이 됩니까?

37. 또 이런 점도 생각해 보십시오. 많은 덕성스런 시민들이 그의 친척이고, 그가 (페르시아) 왕을 위해 해외로 나간 사이에 그들이 그를 위해 일을 돌보아 주었는데, 그런데도 그들 중 아무도 필론다스가 목재 수송비를 은행에서 받지 않았다거나, 아니면 받았는데 상환했다거나, 아니면 필론다스가 들여왔고 아민타스에 의해 그(티모테오스)에게 공여된 목재 수송비를 이들 중 누가 대납했다는 사실을 증언하려는 이가 없습니다. 위증해서 티모테오스에게 환심을 사려 하기보다는 훌륭한22 사람으로 남는 것이 더 낫다고 생각하는 것이죠.

38. 그러면서도 다른 한편으로는 이들이 그의 친척이므로, 그에게 불리한 사실을 증언하려 하지 않는 겁니다. 그러니 그가 왕에게 가 있을 때 그의 재산을 관리하던 그 친지들 가운데 아무도 필론다스가 은행에서 목재 수송비를 받지 않았다든가, 아니면 이들 중 누가 그것을 지불했다든가 하는 사실을 증언하려 하지 않는다면, 여러분은 제 진술이 사실이라고 보는 것이 타당하지 않겠습니까?

39. 더구나, 필론다스가 들여온 목재 수송비를 제 아버지가 지불하지 않았다고 아무도 감히 주장하지 못할 겁니다. 만일 그런 주장을 하는 이가 있다면, 소송 비용을 지불한 이의 증언을 여러분에게 대라고 하십시오. 그가 (페르시아) 왕에게 가 있어 여기 없었고, 그가 돌아왔을 때는 목재를 가져오라고 보내면서 제 아버지에게 소개한 필론다스는 이미 죽었답니다. 40. 그러니 부득이, 당신이 해외에 가 있는 동안 당신의 뒤를 돌보도록 부탁한 당신(티모테오스)의 친척이나 친구 중에서 누군가가 어디서 필론다스가 목재 수송비를 취했는지 알고 있을 것이 분명한 것이죠. 당신이 내 아버지를 필론다스에게 소개했다거나 필론다스가 목재 수송비를 내 아버지에게서 받은 사실을 부인한다면 말입니다. 41. 그러나 당신이 해외에 가 있는 동안 목재 수송비가 은행에서 지불되었다는 사실의 증언을 당신은 당신 친척들에게서 얻어낼 수가 없어요. 그 이유는 둘 중 하나인 겁니다. 당신이 친척들과 소통하지 않고 그들 중 아무도 믿지 않았거나, 아니면 당신이 내 아버지에게 소개한 필론다스가 당신이 여기 없을 때 그(아버지)에게서 수송

---

22 *kaloi kagathoi*.

비를 받았다는 사실을 당신은 꿰고 있고, 무슨 수를 써서라도 그 돈을 횡령하여 잇속을 챙기려 하는 것이에요. 42. 저로서는, 재판관 여러분, 이미 제가 여러분 앞에 소개한 바, 티모테오스가 지정한 이들에게 돈을 건네주었던, 당시 은행에서 근무했던 이들 증언 외에도, 제가 티모테오스를 두고 한 맹세를 여러분에게 들려드리겠습니다.

맹세

또, 재판관 여러분, 제 아버지는 사망 시 그(티모테오스)가 진 채무를 서면으로만 남긴 것이 아닙니다. 병들어 누워 있는 동안 채무액, 채무자, 그리고 어떤 목적으로 대부가 이루어졌는지를 저와 제 형제에게 들려주곤 했어요. 제 진술이 진실임을 증명하기 위해, 청컨대 제 형제의 증언을 읽어 주십시오.

43. 방금, 티모테오스가, 제 형제와 돈을 내준 포르미온의 증언에 따르면, 제 아버지에게서 돈을 빌려갔으므로 제게 채무가 있고, 그 때문에 제가 이 송사를 벌이고 있으며, 저 자신도 이 같은 사실을 맹세로서 증명하려 합니다. 특히, 티모테오스가 저에게 중재인 앞에 서도록 제안[23]했을 때, 저더러 장부를 가져오라고 하고 사본을 만들도록 했으며, 프라시에리데스를 은행으로 보내와서는 제가 책을 가지고 나오고 프라시에리데스가 그것을 검토하여 티모테오스가 진 모든 빚의 목록을 필사하도록 했습니다.

---

23 *proklesis.*

그(티모테오스) 자신이 사본을 접수했다는 사실을 증명하기 위해, 청컨대 저를 위해 증언을 들려주십시오.

증언

44. 그래서 제가 문서를 중재인에게 건넸습니다. 티모테오스가 지정한 이들에게 돈을 건네준 포르미온과 에우프라이오스가 임석했고, 각각의 거래가 이루어진 날짜, 돈을 받아 간 사람, 돈을 쓰려고 하는 목적을 진술함으로써 그(티메테오스)의 거짓을 입증했습니다. 소크라티다스가 아르콘으로 있던 해 무니키온달, 그가 출항에 즈음하여, 1,351드라크메 2오볼로스를 1차 차금하면서, 자신의 출납원이었던 안티마코스에게 돈을 넘겨주도록 했는데도, 그 돈이 제 아버지가 안티마코스에게 개인적으로 빌려준 것이지, 그(티마르코스) 자신이 받은 것이 아니라고 말했어요. 45. 그 진술을 증명하기 위해 그는 증인을 대지도 못하면서, 우리를 속이는 것처럼 보이지 않으려고, 안티마코스가 빌린 것이지 자신이 받은 것이 아니라는 주장을 강변하고 있습니다.

그렇지만, 재판관 여러분, 제 아버지가 안티마코스가 아니라, 출항에 즈음하여 티모테오스에게 대부한 사실에 대해 확실한 증거를 제가 여러분에게 제시하겠습니다. 다음 둘 중 어느 것이 제 아버지에게 더 쉬운 해법이었겠습니까? 안티마코스에게 대부한 것이라 여기고, (안티마코스의) 재산이 몰수될 때 자신이 받을 돈만큼 청구권을 행사하는 것일까요? 46. 아니면 당시 그(티모테오스)가 무죄 방면될 것이라는 전망이 거의 없다고 여기면서도 그의 상황이 더 좋아져서 돈을 받아 낼 수 있을 때까지 기다리는 것이었겠습니까? 만일 바로 청구권을 행사했더라면, 어렵사리 보증금을 공탁할 돈을 구하지 못하는 일도 없었을 것이고, 여러분의 의혹을 사는 일도 없었을 테지요. 제 아버지가 공금을 부당하게 차지하려 한 일이 없었고, 오히려 여러분이 어떤 요구를 하든, 적극 자기 재물로 충당해온 사실을 여러분 모두 알고 있으니까요. 47. 게다가, 안티마코스의 재산을 경매에 붙인 칼리스트라토스가 아버지의 친구였으므로, 아무런 어려움도 없었을 거예요. 그렇다면, 무엇 때문에 아버지가 채무도 없는 티모테오스를 채무자로 기재하여 우리에게 남기고, 몰수된 안티마코스의 재물에서 채무를 변제받으려고 청구권을 행사하지 않았을까요?

48. 한편, 그(티모테오스)가 재판을 받으려고 칼라우레이아에서 귀국할 무렵, 보이오티아 삼단노선주들에게 나누어 주려고 그곳 안티파네스(필리포스의 회계원)로부터 빌렸다가, 이곳 제 아버지에게서 빌려서 선주 필리포스에게 건네준 1천 드라크메 관련하여, 그는 그 돈이 (자신이 아닌) 보이오티아 해군장수가 청동을 담보로 맡기고 빌린 것이라고 주장하고 있어요. 이 같은 그의 주장이 사실이 아니라는 점에 대해 제가 확실한 증거를 여러분에게 제시하겠습니다. 49. 첫째, 보이오티아 해군장수가 아니라 그(티모테오스)가 칼라우레이아에서 1천 드라크메를 빌린 것이고, 둘째, 이곳에서 필리포스가 보이오티아 해군장수가 아니라 티모테오스에게 1천 드라크메의 상환을 요구했으며, 또 보이오티아 해군장수가 아니라 티모테오스가 지불한 사실이 그것입니다. 당연히 보이오티아 해군장수는 해군 식량을 이 사

람(티모테오스)으로부터 받아야 하는 것이었어요. 군대 유지는 동맹국의 공동기금으로 이루어지는 것이니까요. 그런데 당신(티모테오스)은 동맹국들로부터 돈을 거두었으면, 그와 관련하여 회계보고를 해야 했던 거요.

50. 그리고 보이오티아 함대가 해체되고 군인들이 해산했더라면, 어떤 위해도 아테나이인들로부터 보이오티아 해군장수에게 가해지지 않았을 것이고, 또 그와 관련하여 이 같은 재판도 벌어지지 않았겠지요. 그런데 위기에 처한 당신은 재판이 진행되는 동안 보이오티아 함대가 그대로 머물러 준다면, 당신 재판에 도움이 될 것이라 보았던 거예요. 그런 상황에서, 누구의 친분을 믿고 내 아버지가 생전 알지도 못하는 보이오티아 해군장수에게 1천 드라크메를 내준단 말이오? 그런데도 그(티모테오스)는 보이오티아 해군장수가 청동을 담보로 잡혔다고 해요. 그것이 얼마만큼 하는 것이며 어디서 온 것이랍니까? 51. 보이오티아 해군장수는 그것을 어디서 구했답니까? 무역해서 구했습니까, 아니면 전리품입니까? 또 누가 그 청동을 제 아버지에게 가져왔답니까? 고용된 일꾼[24]인가요 아니면 하인[25]인가요? 우리 하인 중에서 누가 그것을 받았답니까? 52. 하인이 가져왔다면, 그들을 심문에 부치도록 내놓아야 할 것이고, 고용된 일꾼이 가져왔다면, 그것을 받아서 무게를 측정한 우리 측 하인을 심문하라고 그가 요구해야 하는 것이죠. 담보로 청동을 받은 이도 무게를 달지 않고 그것을

---

24 *misthotoi.*
25 *oiketoi.*

받지 않았을 것이고, 또 저당을 잡힌 이도 무게를 달지 않고 그것을 넘기지 않았을 것이고, 또 제 아버지도 청동을 받아서 직접 무게를 달았을 리가 없잖아요. 하인들이 있으니, 그들이 대부 관련한 담보를 양도받았을 것이니까요.

53. 더욱 이상한 것은, 보이오티아 해군장수가 1천 드라크메 채무를 필리포스에게 지고 있었다면, 왜 그가 제 아버지에게 청동을 담보로 맡겼느냐는 것이에요. 필리포스가 안전하게 담보를 잡고 돈을 꿔준 것이라면, 스스로 이자를 받아 챙기는 것이 더 좋지 않았을까요? 아니면 혹여 필리포스가 (빌려줄) 돈이 없었던 것일까요? 무슨 이유로 보이오티아 해군장수가 제 아버지에게 돈을 빌려서 필리포스에게 주려 했을까요? 청동의 담보를 바로 필리포스에게 줄 수도 있었을 텐데 말이죠. 54. 그러나 청동 같은 것은 담보로 제공된 적이 없고, 재판관 여러분, 보이오티아 해군장수가 제 아버지에게서 1천 드라크메를 빌려간 적도 없었어요. 극도로 궁지에 몰린 티모테오스가 빌려간 것입니다. 제가 여러분에게 말씀드렸듯이, 그 같은 긴급 상황에서 돈이 필요했던 것이에요. 그에게 주었던 신뢰와 제 아버지가 선처한 대부에 대한 감사는 고사하고, 그는, 가능한 한, 원금조차 우리를 속여 떼먹으려 하고 있는 것이라고요.

55. 다른 한편, 그가 밤중에 몸종 아이스크리온을 보내어 제 아버지에게서 빌려간 사발과 은 1므나 관련하여, 제가 중재인에게 아이스크리온이 아직 예속인[26]으로 있는지를 묻고, 그를 심문에 부치자고

---

26 *doulos.*

요구했어요. 그가 자유인이라고 중재인이 제게 대답하기에, 저는 제 제안을 거두어들이고, 아이스크리온의 서면 증언을 받도록 하자고 요구했어요. 그가 자유인이라고 하니까요. 56. 그러나 그(티모테오스)는 자유인으로서의 아이스크리온의 증언을 내놓은 일도 없고, 몸 종으로서 아이스크리온을 심문에 붙여 증언을 얻도록 내놓으려 하지도 않아요. 자유인으로서 그 증언을 내놓으면, 위증으로 제가 고소하여 아이스크리온의 증언이 거짓말임을 증명하고, 법에 따라 교활한 방법을 쓴 데 대해 그(티모테오스) 자신을 공격하게 될까 봐 염려하는 것이고, 또 그(티모테오스)가 (예속인으로서) 그(아이스크리온)를 심문에 부치면, 혹여 그(아이스크리온)가 자신(티모테오스)에게 불리하게 사실대로 불어 버릴까 봐 걱정하는 것이죠.

57. 더구나, 다른 차금 건들에 대한 증인을 세우지 못할 판이라면, 그(티모테오스)의 입장에서는 아이스크리온의 증언을 이용하여, 사발과 은 1므나를 빌린 적이 없고 또 아이스크리온이 제 아버지에게 온 적이 없다는 사실을 증명할 수 있는 좋은 기회가 될 수 있겠지요. 제가 그(티모테오스)의 하인이 사발과 은 1므나를 가져갔다고 주장하고 있는 판에, 만일 그를 심문하여 그런 것들을 가져가지 않았다는 사실을 밝혀내기만 하면, 그 결과로서 제가 그에게 하는 다른 모든 비난도 거짓말이라고 여러분을 설득하는 증거로 이용할 수 있을 테니까요. 58. 그(티모테오스)가 보내서 온 아이스크리온이 제 아버지에게서 사발과 은 1므나를 가져갔다고 제가 주장하는바, 그 아이스크리온을 심문받도록 내놓겠다고 그가 제안하고, 그리고 그런 제안이 그가 여러분 앞에서 자신의 주장을 옹호하는 강력한 증거가 된다면, 저로서는

그 역으로, 제 주장이 사실임을 그(티모테오스)가 잘 알고 있으므로 아이스크리온을 감히 심문에 부치려 하지 않을 것이라는 사실을, 제게 유리한 증거로서 여러분 앞에서 이용할 수 있게 되는 겁니다.

59. 다른 한편, 제 아버지가 목재 수송비와 함께, 이 사람(티모테오스) 대신 티모스테네스에게 건네준 사발값에 대한 채무자로 그의 이름(티모테오스)을 은행 장부에 기재한 것이 알키스테네스가 장관(수석 아르콘)이던 해였으나, 그 당시 자신(티모테오스)은 이곳에 없었고 페르시아 왕에게 가 있었다고, 이 사람이 둘러댈 것 같습니다. 이런 사정과 관련하여, 은행 장부가 어떻게 관리되는지를 여러분이 분명히 이해하시도록 제가 그간의 과정을 상세하게 고하겠습니다.

60. 아스테이오스가 장관으로 있던 해 타르겔리온달, 그가 왕에게 봉사하기 위해 떠나갈 즈음, 필론다스를 제 아버지에게 소개했어요. 그 이듬해 알키스테네스가 장관으로 있던 해, 필론다스가 마케도니아에서 목재를 싣고 돌아와서 제 아버지로부터 수송비를 받아 갔는데, 그때 티모테오스는 왕에게 가 있어 없었고요. 그러니 그(티모테오스)를 채무자로 기록한 것은 돈을 지불할 때였고, 그 이전 그(티모테오스)가 이곳에서 제 아버지에게 필론다스를 소개하던 때가 아니었습니다. 61. 그이(티모테오스)가 그(필론다스)를 소개할 때 목재는 아직 도착하지 않았고, 필론다스가 그것을 가지러 출발하려 하고 있었거든요. 그가 목재를 가지고 돌아왔을 때 티모테오스는 해외에 있었지만, 그의 청에 따라 필론다스는 목재 수송비를 받아 갔고 또 목재는 페이라이에우스에 있는 그(티모테오스)의 집으로 옮겨 놓은 겁니다. 그가 여기서 출항할 즈음 재물이 별로 없었다는 사실은 여러분 가운데 그의 재산을

담보로 잡고 있다가 지금 그에 의해 사기당할 판에 몰린 이들은 모두가 알고 있는 사실이지요.

이제 그가 상당한 가치의 담보물을 가지고 있지 않아서 일부 시민으로부터 담보 없이 차금한 사실을 증명하기 위해, 저를 위해 증언을 읽어 주십시오.

증언

62. 아스테이오스가 장관(수석 아르콘)으로 있던 해, 마이막테리온달, 그(티모테오스)가 여기서 알케타스와 야손을 손님으로 맞아들였을 때, 그 몸종인 아이스크리온이 가져간 사발과 그 값어치만큼의 채무가 알키스테네스가 장관으로 있던 해에 그의 이름으로 기재된 사실에 대해 말씀드리겠습니다. 제 아버지는 조만간에 그가 빌려 간 사발을 돌려줄 것이라고 생각했어요. 그런데 그가 그것을 돌려주지 않고 떠나 버렸고, 따라서 티모스테네스의 사발이 포르미온 수중에 있지 않았으므로, 그것을 맡긴 이(티모스테네스)가 와서 돌려달라고 하므로, 제 아버지가 티모스테네스에게 사발값을 지불하고, 채무자를 티모테오스로 하여, 그 값에다 다른 채무를 더하여 기재했습니다. 63. 그러니, 만일 그가 사발값의 채무자가 될 때 자기는 아테나이에 없었다고 변론한다면, 여러분은 이렇게 대답해 주십시오. "당신이 여기 있을 때 빌린 것이잖소. 그런데 그것들을 돌려주지 않고 떠났으므로, 맡긴 이가 찾으러 왔는데 물건이 없으니, 사발 대신 주인에게 지불한 대가만큼의 채무자로 당신 이름이 기재된 것이오."

64. 그런데도, 제우스의 이름으로, 그는 제 아버지가 그에게 그 사발을 돌려달라고 요구해야만 했다고 주장할 가능성이 있어요. 그러나 그(아버지)는 당신(티모테오스)의 궁핍한 형편을 보고 양해하고 있었던 거라오. 나머지 빚과 관련해서도 그는 당신을 믿었고, 당신이 돌아와서 형편이 나아질 즈음이면 돈을 돌려받을 수 있으리라고 기대했던 것이지요. 그런데 그가 사발과 관련하여 당신을 불신했겠소? 당신이 (페르시아) 왕에게 봉사하러 떠날 때, 그(화자의 아버지)가 당신의 청에 따라 목재 수송비를 대납하겠다고 약속했어요. 그런데 사발 때문에 당신을 불신했겠소? 당신이 가진 것이 없는 것을 보고 나머지 빚을 갚으라고 당신에게 요구하지 않았던 거요. 그런데 그가 사발값을 달라고 요구하려 했겠소?

65. 이제 제가 그(티모테오스)에게 했고, 그가 제게 했던 맹세의 제안에 대해 말씀드리겠습니다. 제가 증거물 상자에 저의 맹세를 넣고 난 후, 그도 그 같은 맹세를 통해 모든 혐의로부터 벗어나려 했어요. 그가 도시와 개인 양측 모두에 대한 많은 엄숙한 맹세를 두고 노골적으로 거짓 맹세하려 한다는 사실을 제가 알지 못했더라면, 그가 맹세하는 데 제가 동의할 뻔했어요. 그러나, 그가 지정한 이들이 실제로 은행에서 돈을 받아 갔다는 사실을 증명하는 증인들과 명백한 증거들을 가지고 있으므로, 저는 그가 (거짓) 맹세하도록 내버려두는 것은 당치않은 처사라 여기게 되었습니다. 이 사람(티모테오스)은 스스로 맹세한 것도 지키지 않을 뿐만 아니라, 탐욕으로 신전을 범하는 것도 두려워하지 않기 때문이에요.

66. 그가 식은 죽 먹듯이 위증한 사례를 소개하자면 끝이 없겠으

나, 여러분들이 모두 잘 알고 있는 사례 가운데서 가장 악명 높은 것만 거론하겠습니다. 그가 민회에서 그 자신에 대한 저주와 함께 그 재산을 신성기금으로 헌납할 것이라는 것을 맹세하면서, 시민권을 참칭한 혐의로 이피크라테스를 고소했어요. 이렇듯, 민회에서 이런 맹세하고 약속까지 해 놓고는, 얼마 후 이득을 좇아서 이피크라테스의 아들에게 딸을 주었어요. 67. 누가 약속으로 사람을 기만하면 탄핵[27]된다고 하는 법이 있는데도, 맹세해 놓고 여러분을 기만하는 데 아무런 부끄러움이 없고, 자신에 대한 파멸을 걸고 맹세하고 저주한 후 신들의 이름을 걸고 위증하는 데 아무런 두려움을 갖지 않는 판에, 제가 그런 이에게 맹세하지 못하도록 하는 것이 어떻게 당연한 것이 아니겠습니까? 불과 얼마 전, 참으로 많은 재산을 가지고 이렇듯 끝없이 야비한 탐욕의 성격을 가진 그가 자신의 노년을 위한 충분한 재물이 없다는 사실을 민회에서 다시 맹세로 천명했어요.

68. 제가 기꺼이 여러분에게 묻고 싶은 것은, 파산한 은행업자[28]에게 분노하느냐는 겁니다. 그들이 여러분에게 손해를 끼쳤기 때문에 그들에게 분노하는 것이라면, 여러분에게 아무런 해를 끼치지 않은 이들은 지지해야 마땅한 것 아닙니까? 은행은 티모테오스 같은 이들 때문에 파산하는 거예요. 이들은 필요할 때 돈을 빌리면서, 자신의

---

27 *eisangelia.*
28 은행업자는 자금을 모아 무역에 투자하며, 파산하면 투자한 이들에게 손해를 끼친다. 은행업자의 개인적 파산은 크게 두 번의 은행업 위기를 통해 알려진 것이다. 첫째, 기원전 377/6년 스파르타 함대가 아테나이 식량 수입선을 나포하고 무역로를 차단했을 때, 둘째, 기원전 371년 레욱트라에서 테바이가 승리했을 때이다.

명성으로 대부를 받을 수 있는 것이라 생각하니까요. 그러고는 돈이 생겨도 갚지 않고 채권자를 기만하려 합니다.

69. 재판관 여러분, 제가 증거로 제시할 수 있는 모든 사안이 증인들에 의해 여러분에게 증명되었습니다. 나아가, 정황증거를 통해서도 저는 티모테오스가 제 아버지에게 채무를 진 사실을 여러분에게 증명했습니다. 그러니, 여러분께서는 제 아버지가 저에게 남긴 재물을 제 아버지의 채무자로부터 찾을 수 있도록 저를 도와주십사 간청드립니다.

50

삼단노선주 부담 관련하여 폴리클레스에 반대하여

해제

〈삼단노선주 부담 관련하여 폴리클레스에 반대하여〉는 부유한 아테나이인으로서 아폴로도로스가 기원전 362/361년에 맡게 된 삼단노선주 부담에 대한 것이다. 이때는 아직 페리안드로스 법이 도입되기 전이었다. 플루타르코스의 아들인 페리안드로스가 제안한 이 법은 기원전 358/357년에 통과되었는데, 이 법에 의해 삼단노선에 드는 비용을 공동으로 부담하는 삼단노선주 공동체[1]로서 납세분담조합[2]이 구성되었다. 이것은 60명의 부유한 납세자로 이루어졌다.

삼단노선주직은 돈이 많이 드는 직역(職域)으로, 시민 1인당 적어도 6만 6천 드라크메 상당의 재산, 혹은 8천 드라크메 상당의 소득을 보유해야만 했다. 데모스테네스 자신이 삼단노선주직의 부담을 떠맡았을 때, 15탈란톤의 재산에다 9천 드라크메의 소득을 보유했으며, 아폴로도로스는 재산이 20탈란톤에

---

1   *syntrierarchia*.
2   *symmoria*.

1만 2천 드라크메의 소득을 가지고 있었다.

삼단노선주는 부득이 스스로 배의 장비를 갖추어야 했고, 또 장군이 지급해 주지 않을 경우 자신이 승무원의 식량과 보수를 지급해야 했다. 후에 페리안드로스 법에 의해서 배의 장비를 도시에서 책임지고 갖추도록 규정이 바뀌게 되었다.

삼단노선주 직책의 임기는 1년이었다. 그런데 후임자가 제때에 인수받지 않을 경우 후임이 올 때까지 전임자가 자리를 지켜야 하며, 그간 발생하는 추가 비용[3]은 후임자가 지불하게 했다.

이 변론에서 아폴로도로스는 후임자인 폴리클레스에게 소(訴)를 제기했다. 폴리클레스가 제때 배를 인수받지 않았는데, 그 이유는 동료 삼단노선주가 도착하지 않았다는 것이었다. 이 소송은 사적인 것이다. 삼단노선주 관련 재판[4]으로, 이것은 1개월[5] 안에 처리해야 하는 사안에 속한다.

기원전 362년, 만티네이아 전투 이후, 그때까지 싸웠던 헬라스 도시들과 페르시아 왕이 공동 평화조약을 맺은 다음, 모든 전쟁 당사국이 무기를 내려 놓았다. 그러나 페라이의 참주 알렉산드로스는 아테나이 및 그 동맹국들에 대한 적대행위를 멈추지 않았고, 화물 선박을 공격하였다. 기원전 362년 8월, 그의 함대가 아테나이 동맹국인 테노스에 상륙하여 주민을 예속시켰다(§4). 그 외에도 아테나이는 트라케 오드리사이인의 왕 코티스와 불화하여, 코티스는 무력으로 아테나이로부터 세스토스를 빼앗아 가려 했다. 기원전 362년 여름에는 비잔티온, 칼케돈, 키지코스가 보스포로스와 프로폰티스[6]를 지나는

---

3   *epitrierarchema.*
4   *dike trierarchike.* 참조, Demosthenes, 47, 해제 참조.
5   *emmenes dikai.* 참조, Aristoteles, *Athenaion Politeia*, 52. 2.
6   현재 마르마라해.

아테나이 곡물 수송선을 나포하기 시작했고, 키지코스인은 프로콘네소스[7]인
에게 아테나이 동맹을 탈퇴할 것을 종용했다.

아테나이는 세스토스를 지키고 프로콘네소스인을 돕기 위해, 또 코티스에
반기를 든 트라케 군주 밀토키테스를 지지하기 위해, 부득이 아우토클레스를
장군으로 하여 헬레스폰토스해협으로 해군을 파견했다(§5). 그러나 이 같은 작
전을 감당하기에는 자금이 태부족이었다. 제때 보수를 받지 못한 사공과 선원
들이 배를 떠나 더 좋은 고용 조건을 제시하는 타소스와 마로네이아로 빠져나
갔다. 장군 아우토클레스는 8개월 만에 메논으로 교체되었고, 메논은 2개월
만에 티모마코스로 교체되었다(§17). 티모마코스는 기원전 361/360년 겨울을
타소스에서 나면서, 마로네이아인에게 저항하는 타소스인을 도왔다(§22). 급기
야 티모마코스는 인척으로 추방된 칼리스트라토스를 케토네에서 타소스로 수
송하기 위해 삼단노선을 제공했다가, 면직되고 재판에서 유죄 선고를 받았다.

---

7   현재 마르마라섬.

1. 이 같은 소송 사건에서는, 재판관 여러분, 결정을 내려야 하는 이들도 세심한 주의를 기울여 주셔야 합니다. 이 소송은 사적으로 저와 폴리클레스뿐만 아니라 전 도시와 관련된 것이니까요. 소송 쌍방이 개인이지만 발생하는 피해가 도시 전체에 미치는 사건에서, 여러분이 저의 발언을 듣고 올바른 결정을 내리는 것이 타당한 것 아닙니까? 폴리클레스를 여러분 법정으로 소환한 것이 다른 모종의 거래 때문이라면, 그 분쟁은 폴리클레스와 저하고만 연관되는 것이겠습니다. 그러나 지금 문제가 배의 승계, 5개월 6일간의 삼단노선 운영 추가비용에 관한 것이고, 법이 유효한지 무효인지 하는 점과도 연관됩니다.

2. 그래서 모든 사실의 자초지종을 여러분에게 설명드릴 필요가 있는 것으로 저는 봅니다. 신들의 이름으로, 재판관 여러분, 여러분에게 청컨대, 제가 다소간 상세하게 사용한 경비와 저의 행적에 대해 말씀드린다 해도 쓸데없는 소리로 치부하지 말아 주십시오. 그것은 제가 한 노력 하나하나가 시의적절하고 또 도시에 유용한 것이었음을 증명하기 위한 것이니까요. 누구라도 제가 거짓말한다는 것을 증명할 수 있다면, 물시계가 저를 위해 흐르는 동안이라도 일어서서, 자신이 보기에 어떤 점에서 제가 여러분에게 진실 아닌 말을 하는지 지적하도록 하십시오. 그러나, 제 진술이 사실이고, 이 사람(피고 폴리클레스)을 제외하고는 누구도 저를 반박하는 이가 없다면, 제가 여러분 모두에게 정당한 청을 드릴까 합니다. 3. 여러분 가운데 병사로서 현장에 있었던 분은 모두 기억하실 것이니, 옆에 있는 분들에게 제가 얼마나 열성적이었는지, 도시가 어떤 지경에 봉착했는지, 우리 형편이 얼마나 궁핍했는지를 옆에 앉은 분들께 좀 말씀해 주십시오. 여러분이

제게 내린 지시에 대해 제가 어떻게 부응했는지를 여러분이 아실 수 있도록 말이지요. 이곳에 남아 있었던 이들도 조용히 경청해 주십시오. 제가 여러분에게 모든 사실을 말씀드리고, 또 저는 제 진술 각각을 뒷받침하기 위해 의회와 민회 양측의 법과 조령 및 증인들의 증언을 제시하겠습니다.

4. 물론 이(수석) 장관으로 있었던 해 메타게이트니온달 24일, 민회가 열리고 여러 막중한 사안들이 여러분 앞에 제출되었을 때, 삼단노선주들이 출범하도록 하는 결정을 내렸는데, 저도 그 선주 중에 속했습니다. 당시 도시에 닥친 위기에 대해서는 제가 상술할 필요가 없겠습니다. 여러분 스스로 알고 있는 사실로서, 테노스가 알렉산드로스에 의해 점령되어 그 주민이 예속되었고, 5. 밀토키테스가 코티스에서 반란을 일으키고는 동맹을 맺으려고 사신을 파견하고, 원군을 보내 달라고 여러분에게 청하면서 케르소네소스를 돌려주겠다고 제안했어요. 또 여러분의 동맹인 프로콘네소스인도 여러분 민회8에 원조를 요청하면서, 키지코스9인이 육해 양면으로 도전하며 괴롭히고 있으니 자신들이 파멸하도록 그냥 방치하지 말라고 호소하였지요. 6. 당시 여러분은 민회에서 연사와 그들을 지지한 이들 양측 모두로부터 이 모든 상황을 듣게 되었어요. 나아가 상인과 선주들이 폰토스(흑해)로부터 빠져나오려 했으나, 비잔티온인, 칼케돈인, 키지코스인은 자신의 땅에 식량이 귀했으므로 그들 배를 자신의 항구로 몰아

---

8   *en toi demoi.*
9   Kyzikos. 프로폰티스(오늘날 마르마라해) 남쪽 해안의 도시.

넣으려고 했고, 또 페이라이에우스에서는 곡물가격이 오르고 있고 사들일 수 있는 양도 많지 않다는 사실을 알고는, 여러분은 삼단노선 주들이 배를 띄워 부두로 집합하도록 하는 한편, 의회 의원들과 구청장(데모카레스) 들은 구민(區民)10 명부와 활동 가능한 선원 현황을 보고하도록 했으며, 당장에 장비를 실어서 여러 지역으로 보내어 원조하기로 했던 거예요. 아리스토폰11의 제안으로 통과된 이 조령의 내용은 다음과 같습니다.

조령

7. 여러분은 조령을 들으셨습니다, 재판관 여러분. 저로서는 구민들이 작성한 목록에 오른 선원들이 소수만 제외하고 나타나지 않았고, 또 모인 이들조차 무능한 것을 보고는, 이들을 파해 버렸어요. 그러고는 저의 재산을 담보로 하여 돈을 빌려서, 제일 먼저 배에 인력을 배치하고, 가능한 한 최고의 선원들을 고용하여 거액의 특별 수당과 보수를 지급했습니다. 그뿐만 아니라 공금을 받지 않고 전적으로 제가 가진 돈으로 배의 장비를 마련했고, 가능한 한 모든 것을 가장 훌륭하고 탁월하게 갖추어서, 다른 삼단노선주들을 능가했습니

---

10 *demotai.*
11 아리스토폰은 기원전 403년 30인 참주정부를 무너뜨리는 데 동참했다. 기원전 361년 그는 민회에 원군 파병을 위한 조령을 발의했다. 포테이다이아 주민의 요청에 편승하여, 그곳에 식민한 아테나이인을 지원하고, 페파레토스를 아군으로 끌어들이려는 목적을 가진 것이었다.

다. 게다가, 능력이 닿는 한, 최고 수준의 인력12을 고용했습니다.

8. 당시에, 재판관 여러분, 저는 거액의 삼단노선 비용을 감당했을 뿐 아니라, 그전에도 원정을 위해 여러분이 할당한 특별세로 결코 적 잖은 비용을 여러분에게 선납했습니다. 구민들을 위해 각 구마다, 구민 명부에 올라 있거나 구에 재산을 가진 이들 중 특별세를 선불한 이들의 명부를 의회 의원들이 작성하도록 여러분이 결정했을 때, 가 시(可視) 재산13이 있는 세 개 구에 제 이름이 올랐어요. 9. 저는 삼단 노선주 부담을 안고 있어서 두 가지 공적 부담을 동시에 감당할 수 없 다거나, 법적으로 그런 일은 있을 수 없다는 등 어떤 변명도 하지 않 고, 제일 먼저 선불했습니다. 게다가 저는 그 선불금을 돌려받지도 못했어요. 도시를 위해 삼단노선주로 복무하느라 해외에 있었는데, 나중에 돌아와 보니 이미 다른 이들이 다 가져가 버렸고, 제가 거두 어 갈 수 있도록 남아 있는 것이 딱히 없었거든요.

10. 제가 드린 말씀이 사실임을 증명하기 위해, 이 사안과 관련하 여 증언들을 여러분에게 읽어 드리겠습니다. 당시 군자금을 거둔 이 들과 파병 담당자들의 증언, 1년 5개월 동안 두 달치를 제외하고는 장군들로부터는 식비만 받으며 매달 인력과 해병들14에게 제가 지급 한 보수 내역, 고용된 선원15 명단과 그들이 받은 보수뿐만 아니라,

---

12 *hyperesia.*

13 *phanera ousia.* 토지 및 그에 부속되는 농구 등 확인 가능한 재산을 말한다. 참조, 최자영, 《고대 그리스 법제사》, 아카넷, 2007, p. 463, p. 471; 같은 책(전자책), 아카넷, 2023, 제7장, 1. 1) (2) 가시적인 재산: 4) 공동소유권.

14 *epibatai.*

이런 증거들로부터 여러분은 제가 얼마나 관대하게 아량을 베풀었는지, 또 저의 삼단노선주 임기가 끝났을 때 이 사람(폴리클레스)이 왜 저에게서 배를 인계받지 않으려 했는지를 아시게 되겠습니다.

증언들

11. 제가 여러분에게 거짓 진술하지 않은 사실과 관련하여, 재판관 여러분, 여러분은 증언들을 들으셨습니다. 그뿐 아니라, 제가 말씀드리려고 하는 것도 진실이라는 점에 여러분 모두가 동의하게 될 것 같습니다. 일반적으로 삼단노선이 작동하지 않는 경우는, 첫째, 보수가 지급되지 않을 때, 둘째, 중간에 페이라이에우스로 귀항할 때예요. 그런 경우 다수가 제자리를 떠나 버리고, 남아 있는 이들은 가계를 돌볼 수 있도록 보수를 추가 지급하지 않으면, 다시 복귀하려 하지 않으니까요. 저로서는, 재판관 여러분, 이 두 가지 난제에 다 봉착하여, 삼단노선주 임무 수행에 더 많은 비용이 들었어요. 12. 8개월간 장군에게서 전혀 받은 것이 없었고, 또 제 배의 속도가 가장 빨랐으므로 사신들을 싣고 페이라이에우스로 귀항했으며, 여기서 다시 장군 메논을 태워 헬레스폰토스로 가서 면직 처분을 받은 아우토클레스와 교대하도록 민회의 명을 받고는, 서둘러 출항했으니까요. 떠나 버린 선원들 대신에 다른 이들을 고용하여 거금의 보수와 선불금을 지급하고, 또 기존 선원들로 떠나지 않고 남아 있는 이들에게는 가계를 위해

---

15 *nautai.*

돈을 남기고 떠날 수 있도록 그전에 받던 보수에 다소간 추가로 지급했던 거예요. 당시 빈곤한 상황에서, 13. 각기 얼마나 궁핍한지를 제가 알고 있었거든요. 저도 얼마나 형편이 열악했는지, 제우스와 아폴론의 이름으로, 실로 제 옆에서 상황을 지켜보지 않은 이는 아무도 깨닫지 못했을 겁니다. 제 재산은 트라실로코스와 아르케네오스[16]에게 저당 잡히고, 30므나를 마련하여 선원들에게 나누어 준 다음 출항했거든요. 민회가 저에게 부과한 임무에 조금도 소홀함이 없도록 하려고 말이죠. 민회가 저의 노력을 전해 듣고 저에게 감사하며 프리타네이온의 만찬에 저를 초대했습니다. 제 진술이 진실이라는 사실과 관련한 증언 및 민회의 조령을 여러분에게 소개하겠습니다.

증언, 조령

14. 우리가 헬레스폰토스에 닿았을 때, 제 삼단노선주 임기가 끝났고, 두 달치를 예외로 하고는, 병사들에게 보수가 지급되지 않은 상태였어요. 다른 장군 티모마코스가 장군이 되어 왔으나 배를 인계받을 이들을 데려오지 않았습니다. 그런 가운데 제 휘하의 많은 승선 인력[17]들이 부득이 배를 버리고 떠났어요. 일부는 육군으로, 다른 일부는 타소스[18]인과 마로네이아[19]인의 배로 갔던 거예요. 많은 보수에

---

16 Archeneos.
17 *pleroma.*
18 에게해 북부의 섬.
19 에게해 북쪽 트라케 연안 도시.

팔려 가고 또 은전으로 선금도 받았거든요. 15. 또 제게 돈이 없고, 도시는 관심이 없으며, 동맹국들이 난관에 처했고, 장군들을 믿을 수도 없는 상황이었으며, 삼단노선주로서의 제 임기가 끝났고, 배가 귀국할 기미도 아니었으며 그렇다고 다소간 기대를 걸 만한 새 삼단노선주가 오는 것도 아니었고요. 유능한 사공을 저의 배에 배치하려고 노력하면 할수록, 다른 삼단노선주들에 비해 그만큼 더 손해가 나는 것이었어요. 16. 다른 삼단노선에서는, 다른 이유가 아니라면, 적어도 공식 명단에서 차출된 이들은 장군이 그들을 파하면 안전하게 고국으로 돌아오려고, 배에 머물러 있었던 겁니다. 그러나 제 배의 선원들은 유능한 사공이라는 긍지를 가졌으므로, 기회만 있으면 더 많은 보수를 받는 곳으로 떠나가 버렸어요. 제게 붙들려 있으면서 부딪치게 될 위험보다 눈앞의 이익이 더 중했던 것이죠.

17. 이렇게 제 형편이 그 같은 지경에 이른 즈음에, 장군인 니모마코스가 제게 히에론20으로 곡식을 수송하라고 명을 내렸어요. 대가도 없이 말이죠. 비잔티온인과 칼케돈인들이 왕래하는 배들을 자기네 항구로 끌어넣고 곡물을 내려놓도록 강제한다는 소식이 전해졌거든요. 그래서 제가 이자를 주고 15므나를 아나플리스토스 출신 아르키데모스에게서 차금하고, 어쩌다 세스토스에 와 있던 선주 니키포스에게서 선박 저당 계약을 통해 8분의 1 이자로 800드라크메를 빌렸습니다. 배가 안전하게 귀항하게 되면 아테나이에서 이자와 함께 그 돈을 갚기로 했던 겁니다. 18. 그리고 50노선(櫓船)[21] 선장 에욱테몬

---

20 보스포로스에 있다.

에게 돈과 서신을 들려서 제 아버지의 이방인 친구들에게 파견하면서, 가능한 한 최고 수준의 선원들을 고용하여 보내줄 것을 청했습니다. 저는 세스토스에 머물면서, 제 임기가 끝났을 때, 배에 남아 있던 기존 선원들에게 제가 가용할 수 있는 것을 건네주었으며, 온전하게 보수를 주고 새 선원들도 구했습니다. 장군이 히에론으로 떠날 차비를 하고 있었거든요. 19. 에욱테몬이 고용된 선원들을 데리고 람프사코스에서 돌아오고, 장군이 우리에게 출항 명령을 내렸을 즈음, 에욱테몬이 갑자기 앓아누웠는데, 그 병세가 심상찮았어요. 그래서 제가 보수와 노잣돈을 들려서 귀국하도록 조치했습니다. 그리고 다른 50노선 선장을 고용한 다음 곡물 수송 임무를 수행하러 갔던 거예요. 거기서 배가 출발할 때까지 45일간 머물렀고, 북극성이 떠오른22 다음 폰토스에서 출발했습니다.

20. 세스토스에 닿았을 때, 제 임기가 끝났으므로 귀국하려 했으나, 정해진 임기보다 두 달이 더 가도록 삼단노선주직을 맡고 있었는데도, 제 배를 인수할 차기 삼단노선주가 오지 않았던 거예요. 그런데 마로네이아에서 보낸 사신단이 와서 곡물 수송선을 도와달라고 부탁하자, 티모마코스 장군이 우리 삼단노선주들에게 명을 내려 밧줄로 수송선을 마로네이아로 견인하도록 했고, 21. 너른 바다를 지나긴 여정의 항해가 이어졌어요. 이 모든 사실을 처음부터 여러분에게 고하는 것은 제가 얼마나 비용을 썼나, 제가 지출한 공적 부담이 얼마

---

21 *pentekontoros.*
22 9월 말경.

나 컸던가, 제 삼단노선주 임기가 끝난 다음에도 이 사람(폴리클레스) 이 배를 인수하러 나타나지 않았기 때문에 이 사람 대신에 얼마를 썼 나, 열악한 조건은 물론 적으로부터 얼마나 큰 위험에 부딪혔던가를 여러분이 이해하도록 하려는 것입니다. 제가 마로네이아까지 배를 호송한 다음, 타소스에 닿았는데, 티모마코스가 다시 와서, 우리가 타소스인과 함께 곡물과 투창병을 스트리메23로 가도록 했지요. 그곳 을 스스로 장악하려는 의도로 말이죠.

22. 그러나 마로네이아인이 그곳을 방어하려고 배를 동원하여 우 리에게 대적하여 해전의 태세에 들어갔어요. 한편, 우리는 타소스에 서 스트리메로 가는 긴 여정과 배 견인 작업에 지쳐 있었습니다. 게다 가 폭풍이 몰아치고, 피할 항구도 없었으며, 해안으로 접근하여 식사 를 할 수도 없었어요. 그 땅에 적이 있었고 성벽 둘레로 이방인 용병 과 이웃에서 온 이민족이 진을 치고 있었으니까요. 그래서 우리는 근 해에 닻을 내리고는, 혹여 마로네이아인의 삼단노선이 밤에 우리를 공격하지나 않을까 하여, 먹지 못하고 자지도 못한 채, 밤을 새울 수 밖에 없었어요. 23. 설상가상 계절 탓으로, 그 밤에 비, 천둥, 강한 바람이 몰아쳤답니다. 플레이아데스24 성군(星群)이 질 무렵이었으 니까요. 이런 사실들을 통해, 재판관 여러분, 병사들의 사기가 바닥 에 떨어진 사실을 여러분이 짐작하지 못하시겠습니까? 그 후로 다시

---

23 에게해 북쪽 트라케 남쪽 연안 도시.
24 플레이아데스는 황소자리 내 조그만 성군(星群·별무리)으로, 11월 중순에 지므 로 겨울의 시작을 상징한다.

제가 얼마나 많은 기존 선원들을 상실했는지, 그들이 고생은 많고 얻는 것은 보잘것없었으니까요. 그 보잘것없는 것도 실은 그전에 그들에게 준 보수에 더하여 제힘이 닿는 대로 차금을 통해 충당한 것이었습니다. 장군은 일용할 양식도 그들에게 지급하지 않은 상황이었으니까요. 제 삼단노선주 임기가 끝난 지 세 달이 훌쩍 지나도, 이 사람(폴리클레스)이 배를 인수하러 오지 않아서, 저는 떠나간 이들 대신 새 선원들을 고용하느라, 또 돈을 빌렸습니다.

24. 삼단노선주 인수자들 가운데서 이 사람만은 배를 인수하러 제때에 나타나지 않은 데 대해 더 변명할 수 없어요. 50노선 선장으로 아픈 바람에 헬레스폰토스에서 귀국하게 된 에욱테몬은 귀국하자, 이 사람(폴리클레스)이 제 후임으로 지명되었던 사실을 알게 되었던 거예요. 제 임기가 끝났으나 여전히 보임하고 있다는 사실을 알았던 그는 제 사돈 데이니아스와 함께 페이라이에우스의 상가로 가서 그를 만나, 가능한 한 속히 배를 인수하러 떠나라고 요구했답니다. 장군이 제공하는 식비 외에 매일 비용이 많이 들어가기 때문이었지요. 25. 이들이 그(폴리클레스)에게 사정을 상세하게 전했다고 합니다. 매달 고용 인력25과 해군들, 또 람프사코스에서 그(에욱테몬)가 직접 고용한 선원들과 나중에 떠난 이들을 대신하여 모집한 선원들 모두에 대해, 게다가 저의 삼단노선주 임기가 끝난 후에도 기존 선원들의 요구에 따라 그들 앞앞이 지급된 돈, 그 외에도 매일 배에 들어가는 부가 비용 관련해서 말이죠. 이 모든 형편을 에욱테몬이 꿰고 있었거든

---

25 *oi te hyperesia.*

요. 50노선주였던 그를 통해서 이 모든 자금의 수입과 지출이 이루어졌으니까요. 26. 또 전적으로 제 소유로서 공금과 전혀 무관한 배의 장비에 대해서도 일러 주면서, "그러니 그(화자)와 타협하거나 당신 자신의 장비를 여기서 가지고 떠나든지 하라"고 했답니다. 그러고는, 제 생각에는, "그(화자)가 당신(폴리클레스)과 타협하기를 원할 것 같소이다. 거기에 갚아야 할 빚이 있으니, 장비를 팔아서 갚으려 할 것이니까요"라는 말을 그(에욱테몬)가 덧붙였을 것 같습니다. 이 사람(폴리클레스)이 에욱테몬과 제 사돈인 데이니아스에게서 이런 말을 듣고는, 그들이 말한 사안 관련해서는 아무런 언급도 하지 않고, 이들이 전하는 말에 따르면, 갑자기 웃음을 터뜨리면서, "드디어 쥐가 덫에 걸렸네. 26 아테나이인이 되려고 하다가"27라고 하더랍니다.

27. 이렇듯, 그가 에욱테몬과 데이니아스가 한 말에 전혀 반응을 보이지 않자, 나중에 제 친구인 아카르나이 출신 피토도로스와 레우코노에28 출신 아폴로도로스가 다시 그에게 가서, 제 후임으로 지명되었으니 가서 배를 인수하러 가라고 했답니다. 그들도 장비가 전적으로 제 것이며 공금으로 조성된 것이 아니라는 말을 그에게 하면서, 28. "그러니 당신이 그것을 인계받으려면, 거기에 드는 돈을 이곳에 맡기고, 위험하게 해외로 가져가지 않도록 하라"고 조언했답니다. 이들은 저를 위해 아르케네오스29와 트라실로코스에게 30므나를 반

---

26 스스로 난관을 자처한다는 뜻. Theocritos, 14. 51.
27 참조. 파시온이 아테나이 시민이 되려 한 데 대해, 아폴로도로스가 마침내 값을 지불한다.
28 레온티스 부족의 구(區·데모스).

환하고 제 농장을 저당에서 풀어놓으려 했던 것이죠. 장비의 감가상
각에 대해서는 그와 함께 서면 합의를 하고, 다른 모든 삼단노선주들
이 그 후임에게 넘겨줄 때 하는 관행에 따라 처리되도록 저를 대신하
여 보증을 서려 했던 거예요. 제 모든 진술이 사실임을 증명하기 위
해 그 관련 증언을 여러분에게 읽어드리게 되겠습니다.

증언들

29. 저는 여러분에게 사실을 밝힐 많은 증거를 가지고 있다고 자부
합니다. 폴리클레스는 스스로도 저에게서 배를 인수할 생각이 없었
고, 또 여러분이 조령을 통과시켜 배를 인수하도록 강제했을 때도,
기꺼운 마음으로 제게서 삼단노선주 직무를 인수한 것이 아니었지
요. 이 사람이 타소스에 닿았을 때, 삼단노선주 임무 추가 수행으로
이미 네 달을 보낸 제가, 해병, 인력 등 가능한 한 많은 시민들을 증
인으로 대동하여 그를 만나러 타소스 광장으로 갔습니다. 그리고 이
사람이 제 후임이므로 제게서 배를 인수받고, 또 제가 삼단노선주 직
무를 대체 수행하면서 쓴 비용만큼을 제게 달라고 요구했습니다.
30. 저는 그에게 상세 회계보고를 할 준비가 되어 있었어요. 그가 이
의를 제기하면 바로 반박할 수 있도록 제가 선원, 해병30과 보조인
력31 등 지출 관련 증인을 함께 대동했거든요. 상세 내역을 기록해 두

---

29 Archeneos.
30 *epibatai*(승선 인력).
31 *hyperesia*.

있는데, 지출액뿐만 아니라, 어디다 어떻게 돈을 썼는지, 가격이 얼마인지, 어떤 화폐로 거래되었는지, 환율이 어떠했는지 등을 다 적어둔 겁니다. 그래서 제 후임자가, 혹여 회계보고서에 다소간 거짓이 있다고 의심하면, 정확히 확인할 수 있습니다. 31. 더구나 지출보고서가 정확하다는 사실을 저는 또한 맹세로서 증명할 의향도 있었어요. 그러나 이 같은 취지의 저의 제안에도 불구하고, 그는 제 말에 아무런 관심이 없다고 대답했습니다.

그 무렵 하인이 와서 제가 출항하도록 하라는 장군의 지시를 전했어요. 그 명령은 직을 인계받을 이 사람이 아니라 제게 내린 것이었어요. 그 이유는 제가 곧 말씀드리겠습니다. 당시에는 부득이 제가 닻을 올리고 그(장군)가 명하는 곳으로 가는 것이 최선일 것 같았어요. 32. 그래서 선원, 해병, 인력 등을 배에 그대로 머물도록 지시한 후, 장군의 지시에 따라 스트리메에 배들을 견인한 후 타소스로 다시 들어왔을 때, 저는 장군 티모테오스가 머무는 숙소로 갔어요. 그이가 보는 데서 제가 승무원이 가득한 배를 폴리클레스에게 양도하고 싶어서 말이죠. 33. 이 사람(폴리클레스)과 다른 삼단노선주들, 그 후임자들, 그리고 다른 일부 시민들이 그곳에 있었어요. 제가 들어서면서 장군 앞에서 바로 이 사람(폴리클레스)에게 말을 건네면서, 제게서 배를 인수해 가라고 하고, 제 임기가 끝난 이후 들어간 비용을 제게 지불하라고 했지요. 또 배의 장비 관련하여 그것을 인수할 것인지, 아니면 스스로 마련해올 것인지도 물었어요.

34. 제가 그에게 이렇게 제안32하자, 그는 왜 삼단노선주들 가운데서 유일하게 저만이 스스로 마련한 장비를 갖추고 있는지, 그리고 일

162

부 사람들이 자신의 배에 장비를 마련할 수 있어, 도시가 공급해 줄 필요가 없다는 사실을 도시가 알지 못하는 것인지 여부를 제게 물었습니다. 이어서 "아니면 당신이 다른 이들보다 돈이 훨씬 더 많아서 삼단노선주들 가운데서 당신만이 유독 자신의 장비를 갖추고, 또 금장식까지 한 것이오?"라고 하고, 35. 또 "누가 당신의 광기와 사치를 감당할 수 있겠소? 한편으로 승무원들33은 부패하고 거액의 선금을 받는 데 이력이 났으며, 배에서 흔히 하는 노역을 팽개치고 욕실에서 목욕하고, 다른 한편으로 병사들과 인력은 거액의 온전한 보수를 지급하니까요. 당신은 병사들에게 고약한 버릇을 기른 교사이며, 병사들이 은연중에 다른 삼단노선주들에게도 기대를 갖고서 당신이 한 그 같은 특권을 요구하도록 하는 일말의 원인을 제공한 것이오. 당신은 다른 삼단노선주들이 하는 대로 해야 했던 거요."

36. 이런 그의 말에 제가 대답했지요. 장비를 (공적) 계선장에서 받지 않은 이유는, "당신이 그것을 못 쓰게 망가뜨려 놓았기 때문이오.34 당신이 원하면 내 것을 인수받고, 아니면 당신 것을 스스로 마련하도록 하시구려. 선원들, 병사들, 인력과 관련하여 내가 그들을 고약한 버릇을 들였다고 당신이 주장한다면, 새 선원, 병사, 인력을 구해서 아무 보수도 받지 않고 따르도록 하면 될 것이오. 어쨌든 삼단노선을 인계받도록 하시오. 나는 더 이상 삼단노선주가 아니오. 임기

---

32 *mou prokaloumenu.*

33 *pleroma.*

34 아마 폴리클레스가 앞서 삼단노선주 직무를 맡았던 것이고, 그때 장비를 훼손했던 것으로 보인다. 삼단노선주는 격년으로 임직할 수 있다.

가 끝났고, 거기다 네 달이나 더 보임한 터이오."37. 제 말에 그가 대답하기를, 배를 인수할 동료 삼단노선주가 아직 오지 않았다고 하고, "나 혼자서는 삼단노선을 인계받을 수 없습니다"라고 했어요. 제가 여러분에게 사실대로 진술했음을 증명하는 증언을 소개하도록 하겠습니다. 앞서 제가 말씀드렸듯이, (타소스의) 광장에서 그는 제가 한 말에 아무런 관심이 없다고 했고, 또 (장군) 티모마코스가 거하던 거처에서는 자기 혼자서는 배를 인계받을 수 없다고 했습니다.

증언들

38. 그런데 그 후에도, 재판관 여러분, 배를 인계받으려 하지 않았고, 제 임기를 초과한 기간에 지출한 비용을 내려고 하지도 않는 가운데, 장군이 다시 저에게 출항하도록 명령을 내렸을 때, 제가 타소스 항구에서 장군 면전에서 그를 만났어요. 배에 인원이 다 배치된 상황에서, 제가 이렇게 제안했습니다. 불공평하고 그에게 유리한 것이었지만, 어쩔 수 없는 상황에서 말이죠. 39. "폴리클레스 씨, 당신이 동료 삼단노선주가 아직 오지 않았다고 하니, 가능한 한, 네 달 동안 내가 초과 근무한 비용을 그에게서 받도록 하겠소. 그러나 당신은 배를 인수하고, 먼저 여섯 달 동안 직무에 임하도록 하시죠. 그동안 당신 동료가 오면, 당신 임기를 다했으므로 배를 양도하면 될 테니까요. 만일 그가 오지 않는다고 해도 당신이 두 달35 넘게 봉직한다고 해서

---

35 이미 화자(원고)가 4개월을 초과 복무한 상태이므로, 1년 임기에서 6개월과 4개월을 빼면 2개월이 남는다.

망하는 것도 아닐 것이오. 40. 나는 나 자신뿐만 아니라 내 동료 삼단노선주직까지 대행했고 또 당신들 때문에 네 달을 초과 봉직했어요. 그런데 당신은 아무런 비용을 부담하지 않은 채, 당신에게 주어진 임기 동안에도 배를 인계받아 직무를 수행하려 하지도 않고 또 내가 쓴 비용을 내놓으려고도 하지 않는 거요?" 이런 제 말에 그는 제가 소설을 쓰는 것이라고 대답했어요. 이런 마당에 장군은 저에게 그와 함께 배를 타고 떠나라고 지시했어요. 그가 이렇게 대답한 사실을 증명하는 증언을 저를 위해 읽어 주십시오.

증언

41. 제가 분명히 억울한 상황에 있었음을 여러분이 알 수 있도록, 여러분 앞에 증거를 제시하겠습니다. 당시 페리토이다이 출신 므네실로코스와 아나플리스토스 출신 프라시에리데스가 하그니아스와 프락시클레스의 후임자로 임명되었어요. 프라시에리데스는 아직 배를 인수하러 오지 않았지만, 므네실로코스는 타소스로 와서 42. 하그니아스로부터 삼단노선을 인수하고, 또 그들을 위해 초과 봉직하면서 하그니아스가 쓴 비용도 요구하는 대로 추가로 지급했고, 또 배의 장비도 하그니아스로부터 대여받고는 삼단노선주 직무를 수행했습니다. 나중에 프라시에리데스의 대리인들이 와서 므네실로코스가 쓴 비용을 그에게 돌려주었고, 그때부터 공동으로 배의 비용을 부담했어요. 저를 위해 이들의 증언을 읽어 주십시오.

증언

43. 혹여, 재판관 여러분, 도대체 왜 장군이 그에게 배를 인수하도록 강제하지 않았는지 여러분이 듣고 싶어 하실 것 같습니다. 제 후임으로 그곳에 왔고 또 아주 엄한 법이 있는데도 말이지요. 그 이유를 제가 여러분에게 분명히 말씀드리겠습니다. (장군) 티모마코스는, 재판관 여러분, 무엇보다 배가 완전히 장착되어 어떤 상황에서도 즉각 대처할 수 있기를 바랐던 것입니다. 44. 이 사람(폴리클레스)이 배를 인수받게 되면, 삼단노선주 임무를 원활하게 수행하지 못할 것이라는 사실을 알고 있었던 것이죠. 장비도, 병력도, 다른 인력도 제대로 이용할 수 없게 되는 거예요. 또 그(폴리클레스)의 지휘하에 아무도 남아 있으려 하지 않으니까요. 더구나 비용을 주지 않고 이 사람(폴리클레스)에게 출항하라고 명을 내린다면, 저처럼 공손하게 출발하는 것이 아니라, 난리를 쳤을 테니까요. 게다가 그(티모마코스)가 이 사람(폴리클레스)에게서 30므나를 빌린 상태에 있었어요. 이 사람이 배를 인수하도록 강제하지 않는다는 조건으로 말입니다.

45. 이 사람이 왜 유독 저에게 분노하고 심술을 부리는지, 사안을 불문하고 제가 하는 말은 절대로 들으려 하지 않는지에 대해 제가 여러분에게 분명히 말씀드리겠습니다. 당시에 저는 저 자신의 편익이나 장군의 권세보다는 아테나이 민중과 법을 우선했으므로, 억울하게 당하고 욕 얻어먹는 지경에서 견뎌야 했는데, 그것이 비용 지출보다 훨씬 더 저를 암울하게 했습니다.

46. 배가 타소스에 체류하는 동안, 칼리스트라토스가 티모마코스

에게 보내는 서신을 든 사람을 태운 연락선36이 마케도니아의 메토네에서 타소스로 왔어요. 나중에 제가 알게 된 것인데, 그 서신에는 칼리스트라토스가 티모마코스를 만나러 올 수 있도록 티모마코스가 자기에게 쾌속선을 보내달라는 부탁이 들어 있었답니다. 이튿날 날이 밝자마자, 하인이 와서 선원들을 배로 소집하라는 명을 내렸어요. 47. 배에 인력 배치가 완료되자, 악시오네 출신으로, 필론의 아들인 칼리포스가 승선하여, 마케도니아로 향하는 여정에 자신이 동행하겠다고 선장에게 말했어요. 반대편 육지 한 지점, 타소스인의 상업기지에 닿아서 하선하여 식사할 때, 트리아 출신 에피트레페스의 아들로 칼리클레스라고 하는 사람이 나를 찾아와서, 저에 관한 일로 말할 것이 좀 있다고 했지요. 말해 보라고 했더니, 자기가 궁할 때 제가 베푼 것에 대해 힘닿는 대로 보답하고 싶다고 했어요. 48. 그러고는 제게 "어떤 목적으로 어디로 항해하는지 알고 있소?"라고 물었어요. 그래서 제가 모른다고 했더니, 이렇게 말하는 겁니다. "저의 말을 듣고 올바르게 결정하십시오. 아테나이인이 두 번이나 사형 언도 내린 한 추방인, 칼리스트라토스37를 메토네에서 그 처형인 티모마코스가 있는 타소스로 수송하게 될 겁니다. 이 사실은 칼리포스의 하인에게서 알아낸 거예요. 당신이 판단력이 있다면, 아무라도 추방된 이를 승선시

---

36 *hyperetikon*. 소형 배로 흔히 우편물 등 가벼운 것들을 실어 나른다.
37 칼리스트라토스는 기원전 361년 배반죄로 유죄 선고를 받고 추방되었다. 그 후 델포이 신탁을 믿고, 억울한 처지를 바루려고, 아테나이로 돌아왔다가, 12신전에 탄원자로 몸을 피했으나, 체포되어 독약을 받았다. 삼단노선으로 칼리스트라토스의 도주르 도운 죄로, 티모마코스도 후에 궐석으로 사형선고를 받았다.

켜서는 안 될 것이고, 법도 그런 것을 금지하고 있어요."

49. 칼리클레스의 말을 듣고 제가 칼리포스에게 가서 어디로 누구에게로 가는지를 물었지요. 그랬더니 그가 나를 속이려 하고 협박했어요. 여러분도 그를 겪어 보셔서 모르시지 않을 그 같은 방식으로 말이죠. 그래서 제가 대답했어요. "나는 아무라도 추방된 이를 수송하지 않을 것이고, 만나러 가지도 않을 것이오. 법에 따라 추방인을 받아들이면 안 되고, 받아들이는 이는 추방인과 같은 벌을 받게 되어 있어요. 그러니 다시 타소스에 있는 장군에게로 돌아갈 거요"라고요. 50. 선원들이 승선하는 것을 보고, 제가 선장에게 타소스로 돌아가자고 했습니다. 칼리포스는 반대하며, 장군이 명한 것같이, 마케도니아로 가도록 지시를 내렸어요. 그때 선장 포세이디포스가 나서서, 제가 삼단노선주로서 배의 주인이므로, 또 자신은 내게서 보수를 받는다고 하면서, 제가 지시하는 대로 장군이 있는 타소스로 가겠다고 했습니다. 51. 이튿날 타소스에 닿았는데, 성 밖에 머물던 티모마코스가 부하를 보내어 저를 불렀어요. 칼리포스의 무고(誣告)에 의해 혹 체포되지나 않을까 염려하여 저는 호출에 응하지 않고, 그 부하를 통해 말을 전했습니다. 혹 그가 제게 할 말이 있으면, 제가 광장에 가 있겠다고 했어요. 그러고는 제 하인을 그 부하에게 딸려 보냈지요. 장군이 지시할 사항이 있으면, 듣고서 제게 전하도록 말이죠.

52. 여러분에게 고한 이런 연고로, 재판관 여러분, 티모마코스가 이 사람(폴리클레스)에게 배를 인수하도록 강요하지 않은 것이고, 그밖에도 가장 성능이 좋은 배를 사용하고 싶어 했던 것입니다. 그는 아나기로스 출신 트라실로코스의 삼단노선에 승선하여, 그 삼단노선주

직무를 칼리포스에게 위임하도록 설득했어요. 칼리포스가 배 관할의 전권을 가지고서 칼리스트라토스를 수송해오도록 하려는 것이었어요. 그리고 장군 본인은 제 배에 승선하여 여러 곳을 경유하여 마침내 헬레스폰토스에 닿았던 겁니다.

53. 삼단노선이 더는 필요하지 않게 되자, 그(티모마코스)는 팔레네 출신 리키노스를 제 배의 지휘자로 앉히고, 매일 선원들에게 보수를 지급하도록 하고, 저에게는 아테나이로 항해해가도록 지시했습니다. 돌아오는 길에 우리가 테네도스에 닿자, 리키노스가 선원들에게 식비 지급을 중단했어요. 티모마코스의 지시에 따른 것이라고 하는데요, 그가 돈이 없어 미틸레네에서 주선해 올 것이라고 하는 거예요. 당시 병사[38]들은 먹을 것이 없어 배가 고파서 노[39]도 저을 수 없었습니다. 제가 다시 시민 증인들을 소개하겠습니다.

54. 그래서 저는 다시 몇 명의 시민을 증인으로 대동하여 테네도스에 있는 폴리클레스를 만나러 갔지요. 그러고는 후임자로서 배를 인수하고, 또 그 대신에 임기를 초과하여 복무하느라 제가 밀어 넣은 비용을 달라고 했어요. 그래야 제가, 쾌속선을 타고 아테나이로 돌아오고, 또 여러분 앞에 제가 얼마나 많은 돈을 들였는지를 자랑하고 싶어서 그에게 배를 넘기기 않았던 것이라고, 혹여 그가 여러분 앞에서 변명하게 될 빌미를 제공하는 일이 없을 테니까요. 55. 그가 배를 인수하지 않으려 하고, 또 선원들이 생필품을 사려고 돈[40]을 요구했으므

---

38 *stratiotal.*
39 *elauein.*

로, 제가 다시 증인들을 대동하고 그에게 가서, 배를 제게서 인수하기 위해 올 때 돈을 가져온 것인지 여부를 타진했어요. 그가 돈을 가지고 왔다고 대답하기에, 배의 장비를 담보로 잡고 제게 그 돈 일부를 빌려달라고 촉구했지요. 선원들에게 나누어 주고, 또 그가 제 후임인데도 배를 인수하지 않으려 했으므로, 배는 고국으로 가져올 수 있도록 말이죠. 56. 이런 제 요구에 대해 그는 한 푼도 꾸어 줄 수 없다고 했어요. 그래서 저는 제 아버지 친구들로 테네도스에 있는 클레아낙스와 에페라토스에게서 돈을 빌려서 선원들에게 식비를 지급했습니다. 주지하시듯이, 저는 온 헬라스에 호의와 신임을 가진 많은 친구들을 둔 파시온의 아들이므로, 어디서든 돈을 빌리는 데 어려움이 없었어요. 저의 진술이 사실임을 여러분에게 증명하기 위해, 이들의 증언을 여러분에게 소개하겠습니다.

증언들

57. 제가 구할 수 있는 한 모든 증거와 여기에 임석한 이들을 통해, 제가 수차례 폴리클레스에게 배를 넘기려 했으나 이 사람이 인수를 거부했다는 사실을, 여러분에게 제시했습니다. 더구나 무슨 이유로 그가 배 인수를 거부했는지도 제가 충분한 정황증거를 통해 여러분에게 밝혔습니다. 이제 저는 여러분에게 삼단노선주 임무 승계 관련 법을 소개하겠습니다. 정해진 기간에 배를 인수하지 않은 이에 대

---

40 *argyrion* (은).

해 어마어마한 처벌 규정이 있음에도, 이 사람은 저뿐만 아니라 여러분과 법을 경멸했습니다. 58. 이 사람은 도시는 물론 동맹국을 위해 아무것도 기여한 바가 없어요. 법 규정에 따라 배 있는 곳에 나타나지도 않았고, 현장으로 와 놓고도 인수하지 않았던 겁니다. 그러나 저는 저와 동료 삼단노선주에게 주어진 임기 동안 임무를 완수한 다음, 제 임기가 끝났을 때도 장군의 명에 따라 히에론으로 가서 민중을 위해 실어오던 곡물을 수송하여, 59. 사람들이 충분하게 구매할 수 있도록 하고, 저로 인하여 부족함이 발생하는 일이 없도록 했습니다. 또 저 자신이나 저의 삼단노선과 관련하여 장군이 원하는 바, 다른 측면에서도 모든 임무를 수행했어요. 비용뿐만 아니라, 직접 항해하면서 생명의 위험을 무릅쓰고 말이에요. 당시 저의 개인 형편이 여러분이 들으면 저를 동정할 정도로 아주 열악한 상황이었음에도 그랬습니다.

60. 제가 나가 있는 동안, 제 어머니가 앓아누워 사경을 헤맸으므로, 가졌던 재물을 다 써 버리고 남은 것도 변변찮아 어려웠던 저를 도와줄 형편이 거의 아니었어요. 제가 귀국한 다음, 저를 보고 반가워하시고는 엿새 만에 돌아가셨어요. 그래서 어머니가 가졌던 재산에 대한 처분권을 행사할 수 없어져 버려서, 자신이 원한 만큼 저에게 재산을 줄 수도 없게 되어 버렸어요. 그전에 여러 번 제게 사람을 보내어 연락을 하고, 배를 가지고 오지 못하면, 단신으로라도 돌아오라고 부탁하곤 했거든요. 61. 세상에서 그 무엇에도 비길 수 없이 제가 사랑하는 아내도 제가 없는 동안 오래전부터 병이 들었고요. 제 자식들은 아직 어리고, 제 재산은 저당 잡혔으며, 땅은 그동안 과실을 내

지 않았을 뿐만 아니라, 여러분 모두 주지하시듯이, 그때 샘에서 물이 말랐으며 정원에 식물이 자라지 않는다고 했어요. 한 해가 다 가면, 채권자들이 계약에 따라서 체불된 이자를 받으러 온다고 해요. 62. 이런 형편을 오가는 인편이나 친척들의 서신을 통해 전해 듣고는, 제가 처한 형편을 생각하고, 또 살아서 만나리라는 기약도 희미한 아이들, 아내, 어머니를 보고 싶어 하는 저의 심정이 얼마나 참담했으며, 얼마나 눈물을 흘렸는지 여러분 상상이 가십니까? 이들을 잃는다면, 이들보다 더 사랑스러운 것이 사람에게 무엇이 있을 것이며, 누구라도 무엇을 위해 살아갈 의욕이 나겠습니까?

63. 이런 상황에서도 저는 여러분의 이익을 위하는 만큼 제 사적 이익을 돌보지는 않았으며, 제 돈을 쓰고, 제 가족, 제 병든 아내, 제 병든 어머니를 소홀히 하면서도, 저의 직무를 유기하지 않고 삼단노선이 도시에 무용지물이 되지 않도록 하는 것이 더 올바른 것이라 여겼어요. 64. 이 모든 것에 대한 보답으로, 여러분께 청컨대, 제가 여러분에게 신의를 지켜 기여한 것같이, 지금 여러분이 억울한 처지에 몰린 저를 보살펴 주십시오. 제가 말씀드린 모든 것, 여러분에게 제시한 증언과 조령들에 유념하셔서 저를 도와주시고, 여러분 자신을 위해 보복하시고 이 사람을 위해 쓴 비용을 거두어들이십시오. 그렇지 않고, 봉사하고 직분을 완수한 이를 배려하지 않고, 교활하고 지시에 따르지 않은 이를 여러분이 벌하지 않는다면, 누가 열성으로 여러분을 위해 봉사하려 하겠습니까?

65. 법조문, 그리고 제가 이 사람(폴리클레스) 대신에 제 임기를 초과하여 봉직하면서 쓴 돈의 상세 회계보고서, 다수 도망자가 배에서

달아날 때 가지고 갔던 돈 액수와 함께 그들이 어디로 갔는지 등과 관련한 것들을 여러분에게 읽어드리겠습니다. 지금은 물론 그전에도 제가 여러분에게 허위 진술을 하지 않았다는 사실을 여러분이 이해하실 수 있도록 말이죠. 법에 규정된 기간 동안 흠 없이 여러분에게 봉사하는 것, 또 여러분과 법을 무시하고 준법하지 않는 이들에 대해서는 여러분 법정에서 유죄 선고하고 처벌하는 것이 저의 직분이라 여겼습니다. 66. 여러분이 폴리클레스를 처벌하는 것은 저의 이익은 물론 여러분 자신의 이익이 되며, 과거에 삼단노선주로 복무한 이들뿐만 아니라, 앞으로 복무하게 될 이들에 대한 배려가 되는 거예요. 그래야 공적 임무를 수행하는 이들이 의기소침하지 않고, 또 후임자로 임명된 이들은 법을 무시하지 않고 배정받은 배로 향하게 될 겁니다. 이런 점에 유념하셔서 현안의 모든 세목 관련하여 타당하고 공정한 판결을 내려 주십시오.

67. 제가 기꺼이 여러분께 묻건대, 재판관 여러분, 여러분은 저를 어떻게 보셨을 것 같습니까? 제 임기가 끝나고 그이(폴리클레스)가 아직 배를 인수하지 않은 상황에서 제가 장군의 지시를 더는 받들지 않고 출항해 버렸다면 말이에요. 여러분이 분노하여 제가 여러분을 해쳤다고 생각하지 않았을까요? 제가 임기를 초과하여 복무하지 않은 데 대해 여러분이 분노한다면, 그이(폴리클레스)가 배를 인수하지 않은 것을 알면서, 제가 그이 대신에 쓴 비용을 여러분이 그이로부터 환수해야 하는 것 아닙니까?

68. 그이가 배를 인수하지 않은 것은 저의 경우뿐만 아니라 그전에도 있었습니다. 에우리피데스와 동료 삼단노선주가 되었을 때, 각기

6개월씩 나누어 하자고 그들 사이에 서로 약속을 했답니다. 그러나 에우리피데스가 6개월 동안 선상 복무하고 임기가 끝났을 때, 이 사람(폴리클레스)이 배를 인수하러 나타나지 않았다고 합니다. 이 사실을 증명하기 위해서 증언을 읽어드리겠습니다.

증언

51

삼단노선주직의 화관에 대하여

해제

〈삼단노선주직의 화관에 대하여〉에는 임무를 성공적으로 마친 삼단노선주에 대한 명예의 화관(華冠) 수여와 관련한 언급이 나온다. 화관 수여는 의회의 제안과 민회의 투표로 결정된다. 화관 수여는 의회와 민회에서 이루어지고, 그밖에 아테나이 도시 디오니소스 제전 때 디오니소스 극장에서 새 비극이 상연될 때 수여하자는 제안도 있었다.[1]

이 변론의 화자(話者)는 삼단노선주인데, 그는 누구보다 먼저 배의 장비를 갖추었으므로 화관을 수여받았다. 그런데 그가 두 번째 화관을 받을 권리를 주장하는데, 그 이유는 다른 이들보다 더 우수하게 장비를 마련했다는 것이었다. 이것은 쌍방 간 소송이 아닌 권리의 주장이고, 또한 그 권리 주장자가 다수가 아니므로 평가(*diadikasia*) 절차에 속하며, 500인 의회에서 심리한다.

---

1   Demosthenes, 18(〈화관 관련하여 크테시폰을 위하여〉).

고대 주석2에서는 이 변론의 화자가 아폴로도로스로 추정되지만 그 근거는 불확실하다. 근대에 들어와서는 이 변론이 데모스테네스의 작품이라고 본다.3 변론 발표 시기는 기원전 361년으로 추정된다.4

---

2   리바니오스(Libanios). 앞의 Demosthenes 50(삼단노선주 부담 관련하여 폴리
     클레스에 반대하여)와 피상적으로 닮은 점이 있다고 보기 때문인데, 확실한 근거
     는 없다.

3   Friedrich Blass, *Die Attische Beredsamkeit*, Ⅲ, Ⅰ, *Demosthenes*, Leipzig,
     1893, p. 242ff.

4   당시 페라이 참주 알렉산드로스가 키클라데스를 공격하고 페파레토스(현재의 스
     코펠로스로 추정)를 위협하고 있는 상황에 있었다. 납세분담조합(*symmoria*) 제
     도는 그 직후인 기원전 357년에 도입되었다(Demosthenes, 47(에우에르고스와
     므네시불로스의 위증을 비난하여), 해제 참조).

1. 다수의 지지를 받는 이에게, 의원 여러분, 화관이 수여된다고 법이 규정하고 있다면, 제가 그것을 받고자 하는 것이 몰지각한 소치가 될 것 같습니다. 케피소도토스 혼자서 제 편을 들 뿐, 절대 다수가 제 상대소송인 측을 역성들고 있기 때문이지요. 그러나 민중의 지시에 따르면, 회계관5이 삼단노선 출항 준비를 처음으로 마친 이에게 화관을 주도록 했습니다. 그런데 제가 그걸 해냈어요. 그러니 화관을 받아야 할 사람이 바로 저라고 저는 주장합니다. 2. 또 제가 적에게 놀라워하는 것은 이들(소송상대)이 삼단노선은 내팽개치고 자기편 연사들을 다 독인다는 것, 제가 보기에는 이들이 사안의 전모를 잘못 파악하고 있다는 것, 그리고 주어진 일을 하는 이가 아니라 그렇게 했다고 말로 떠드는 이에게 여러분이 감사하는 줄로 알고 있다는 겁니다. 이들이 여러분을 보는 시각은 제가 보고 있는 것과 달라요. 이런 점 하나만으로도 여러분은 제게 더 큰 호의를 베푸셔야 할 것 같습니다. 이들보다 제가 여러분을 더 좋은 사람들이라 간주하는 것이 분명하니까요. 3. 실로 당연하고 공정한 것은, 아테나이인 여러분, 여러분에게서 화관을 받을 권리가 있다고 여기는 이는 그에 상응한 자격 있음을 증명해야 하는 것이지, 저를 매도한다고 되는 것이 아니죠. 그런데 이들이 전자를 놔두고 후자를 행하므로, 자신들을 칭찬하는 것과 저희를 욕하는 것, 둘 다 거짓이라는 점을 양측이 각기 행한 행적에 의해 증명하겠습니다.

4. 여러분이 제안하여 통과시킨 조령6에 따르면, 각 달 마지막 날

---

5   *tamias.*
6   *psephisma.*

이전으로 선창에 배를 대지 않은 이는 투옥되고 법정에 회부된다고 하므로, 제가 배를 부두에 대놓고, 여러분에게서 화관을 받았지요. 그때 이들은 배를 바다에 띄우지도 못했으므로, 유죄로 투옥될 처지에 놓여 있었어요. 중대 처벌을 자초하여 받게 된 이들에게 여러분이 화관을 수여한 것으로 드러난다면, 어떻게 여러분이 참으로 어이없는 짓거리를 한 것이 아니 되겠습니까? 5. 더구나 배의 장비 관련하여, 도시가 삼단노선주에게 지급하는 모든 장비를 제가 제 돈으로 구입하고, 공적 자금에서 아무것도 취한 것이 없습니다. 그러나 이들은 여러분이 지급하는 것을 취하고 자기 돈은 이런 데 전혀 쓰지 않았어요. 또 이들이 저보다 먼저 배의 시운전 준비를 갖추었다고 말할 수도 없어요. 이들이 배를 처음 선창에 내놓기도 전에 제 배에는 인력이 다 배치되어, 시운전에 들어간 것을 여러분 모두가 목격했던 겁니다. 6. 게다가, 저는 가장 높은 임금을 지급하면서 최고 수준의 인력을 고용했어요. 이들이 저보다 못한 인력을 두었다고 해서, 곤혹스러워할 일은 아니겠습니다. 그러나 이들이 더 많은 수를 거론하지만, 지금까지 아예 어떤 부류의 인력도 고용한 적이 없었어요. 그런데, 나중에 선원을 보충 배치하는 형편에, 어떻게 맨 먼저 배를 준비한 것처럼, 지금 화관을 받는 것이 공정한 것입니까?

7. 그러니, 제가 이런저런 말 하지 않아도, 제게 화관을 수여하는 것이 가장 공정하다는 사실을 여러분이 알고 계시리라고 저는 봅니다. 그럼에도, 세상 사람들 가운데 이들만은 화관을 요구할 수 없다는 점을 제가 여러분에게 증명하고자 합니다. 그러면 이 점이 어떻게 아주 분명히 드러나는 것일까요? 이들 자신이 한 소행으로부터입니

다. 이들은 삼단노선주직을 최소 비용으로 대신하려는 이에게 그 공적 부담7을 하도급 주었습니다. 그런데, 한편으로 비용 지출을 피하고, 다른 한편으로 그 비용 지출로 인해 돌아오는 명예를 차지하려는 것, 또 한편으로 적시에 배를 선창에 대지 못했다고 하도급 받은 이를 나무라고, 다른 한편으로 짐짓 훌륭하게 기여한 바에 대해 여러분이 자신들에게 감사해 주기를 바라는 것이 어떻게 불공정하지 않습니까? 8. 그러니 여러분이 공정의 잣대로 삼을 것은, 아테나이인 여러분, 이런 사실들뿐만 아니라, 이들이 한 것과 같은 방식으로 짓거리한 다른 이들에게 지금까지 여러분 자신이 행한 조치를 원용하는 것입니다. 알렉산드로스와의 해전에서 패배한 다음, 여러분은 패전의 원인이 공적 부담을 하도급 준 삼단노선주들에게 있다고 보고, 배를 남에게 양도하고 제자리를 지키지 않은 데 대해 유죄 선고하여 이들을 투옥시켰지요.

9. 이때 아리스토폰8이 고소했고, 여러분이 판결했는데, 여러분의 분노가 그들의 파렴치함보다 더 약하지 않았더라면, 처형당하는 것 외에 다른 방도가 없었을 거예요. 이들(소송상대)은 그들과 같은 부당행위를 한 것을 알면서도, 당연히 받아야 할 처벌과 관련하여 여러분 앞에서 겁먹지 않고, 오히려 다른 이를 비난하고 자신은 화관을 받으려 하는 겁니다. 같은 행위를 두고 누구에게는 유죄를 선고하고, 누구에게는 공공연히 화관을 수여한다면, 도대체 세상 사람들이 여러분이

---

7   *leitourgia.*
8   참조, Demosthenes, 50. 6.

결정하는 방식에 대해서 어떤 눈으로 볼 것인지를 생각해 보십시오.

10. 여러분이 이들에게 화관을 수여할 뿐만 아니라, 이 같은 짓거리를 한 이들이 여러분의 재량 아래 놓여 있는데도, 이들을 벌하지 못한다면, 여러분이 잘못한 것으로 간주될 거예요. 여러분이 분노해야 할 때는, 여러분의 것 중 어떤 것이 사라져 버리도록 방치했을 때가 아니라, 그것이 그대로 있는데도 비열한 탐욕으로 인해 그것을 안전하게 지키기 위한 적절한 조치를 취하지 못하는 이들의 손에 맡겨져 있을 때입니다. 여러분 가운데 누구라도 혹여 가혹하게 들릴 수도 있는 제 말을 탓하지 마시고, 그런 가혹한 말을 제가 하게끔 행동한 이들을 탓하십시오.

11. 제가 곤혹스러워하는 것은, 겨우 30드라크메를 받은 선원들 가운데 배를 방기한 이들을 포박하여 처벌했는데, 여러분은 출항하기로 하고 30므나씩 받고도 배를 띄우지 않은 이들을 그같이 처벌하지 않는다는 겁니다. 가난한 이가 그 가난 때문에 잘못을 범하면 극도의 벌을 받는데, 부유한 이가 탐욕 때문에 잘못을 범하면 용서받게 되나요? 이런 식으로 상벌을 가리게 되면, 어떻게 만인이 평등[9]하고 민주적인 것으로 보이겠습니까? 12. 그 밖에도 제가 보기에 말이 안 되는 것이, 누가 위법적 제안을 해도 유죄가 되면 3분의 1의 권리를 상실하는데,[10] 그냥 불법 발언이 아니라 행동을 한 이는 아무런 처벌을

9   *ison*.

10 여기서 '*to triton*'(3번째 혹은 3분의 1)을 두고 쉼표를 그 앞, 혹은 뒤 어디에 찍는가에 따라 해석이 달라진다. Loeb 판본의 해석은 그 앞에 찍어서 뒤 문장에 연결하고 3분의 1로 해석하여, 위와 같은 뜻으로 풀이된다. 반면, Kaktos 판본에서는

안 받는다는 거예요. 실로, 아테나이인 여러분, 그 같은 사안을 무르게 처리하는 것은 다른 이들의 불법을 조장하는 것이라는 점에 여러 모든 분이 동의할 것 같습니다.

13. 저로서는, 발언에 나선 차제에, 이런 사안과 관련하여 초래되는 결과에 대해 여러분에게 말씀드릴까 합니다. 삼단노선주직을 하도급 준 어떤 이가 출항하여 세상 사람들을 약탈하여 그 소득을 사적으로 향유하는 한편, 처벌은 여러분 중 누가 당하는 거예요. 그리고 이들이 볼모를 잡고 땅을 유린하기 때문에, 여러분만은 전령의 지팡이11이 없이는 아무 데도 다닐 수가 없게 될 것이고요. 14. 그래서 누가 솔직하게 사태를 관망한다면, 이 같은 삼단노선을 출항시키는 것은 여러분을 위한 것이 아니라 해치는 것이라는 사실을 깨닫게 될 거예요. 도시를 위해 삼단노선주로 봉직하는 이는 공금에서 부를 얻으려 해서는 안 되며, 여러분에게 무언가 필요가 생겨서 부르면, 사비(私費)를 들여 도시를 보전해야 합니다. 그러나 이들은 각기 그 반대의 복심을 가지고 출항하며, 자신의 잘못으로 초래된 손실을 여러분에게 부담을 지워 메우려 하거든요. 15. 이런 현상은 전혀 이상한 것이 아니죠. 여러분이 부당행위를 하려는 이에게 빌미를 준 것이니까요. 속이면 득을 보는 것이고, 들키면 용서받으면 되는 거잖아요. 명예에 구애받지 않는 이들은 마음대로 하는 면허를 얻게 되는 꼴이에

쉼표를 'to triton' 뒤에 찍어, 이것을 앞 문장에 연결하고 '3번째'로 해석하여, "3번째 유죄 선고받으면, 시민권 일부를 상실한다"로 해석한다.

11 *kerykeion* (전령의 지팡이). 헤르메스 신의 상징이자 평화와 면책의 상징으로, 적의 땅에 들어갈 때 쓰인다.

요. 우리는 사생활에서 실제로 당해 봐야 배우는 이를 통찰력이 없는 사람이라 부릅니다. 그렇다면, 자꾸만 당하고도 자신을 지키지 못하는 여러분은 누가 무엇이라 불러야 하겠습니까?

16. 그들(소송상대)의 변호인으로서 발언한 이들에 대해 제가 몇 마디 해야 하겠습니다. 어떤 이들은 여러분 앞에서 원하는 대로 행하고 발언하는 권리를 가졌다고 여깁니다. 그래서 그중 아리스토폰이 고소할 때 함께하여 삼단노선주직을 하도급 준 이들에 대해 적대적이었던 이들이 지금 이들(소송상대)에게 화관을 수여하자고 여러분에게 요구하고 있어요. 그러니 이들은 다음 둘 중 한 가지 점에서는 잘못을 범한 겁니다. 그때 이들을 부당하게 비난했거나, 지금 매수되어 이들(소송상대)을 변호하는 것이죠. 17. 그들(소송상대 변호인)은 여러분이 이들(소송상대)에게 선처하도록 요구하고 있습니다. 마치 문제가 포상(褒賞)이 아니라 무상(無償)으로 주어지는 선물과 관련한 것같이, 혹은 마치 여러분도 그 같은 이들로서, 여러분의 이익을 저버리는 이들의 호의를 사려하는 것처럼, 혹은 여러분이 품위 있는 이들로서, 당위로서 봉사하는 이들에게 호의를 베푸는 것이 여러분의 본분이 아닌 것으로 생각하는 것처럼 본단 말이에요. 또 그들(소송상대 변론인)은 체면 같은 것은 뒷전이고, 득이 되는 다른 자질구레한 것들을 너무나 중시하여, 이전에 한 말도 공개적으로 부정할 뿐만 아니라, 지금은 그들 스스로 모순된 발언을 하고 있어요. 한편으로, 화관을 수여받은 삼단노선은 합당한 선원들을 보유하고 있어야 한다고 하면서도, 다른 한편으로는 삼단노선주직을 다른 이에게 하도급 주어 넘긴 이들에게 화관을 수여하도록 여러분에게 종용하고 있으니까요.

18. 또 그들(소송상대 변호인)은 한편으로, 아무도 이들(소송상대인) 보다 먼저 배를 준비한 이는 없었다고 하면서, 다른 한편으로는 그 화관을 저희와 함께 공동으로 수여받자고 주장하고 있으니, 그 같은 것은 조령에 어긋나는 겁니다. 저로서는, 삼단노선주직 하도급에 발 담그지 않았듯이, 그 같은 제안을 받아들일 수 없어요. 그 같은 제안은 제가 용납할 수 없는 것이고, 하도급은 제가 준 적이 없어요. 그들은 공정의 대의(大義)를 빙자하여 호소하는 척하지만, 대가 없이 여러분이 하곤 하는 것보다 더 열심히 나서는 거예요. 이들의 목적이 의견을 제시하는 것이 아니라 보수를 받으려 하는 것같이 말이에요. 19. 게다가, 공공의 체제12에 소속한 이는 그로써 누구나 원하는 대로 발언할 수 있는 것인데도, 이들은 그런 이들과 달리, 자신만이 신성의 특권을 가진 것처럼, 누가 여러분 앞에서 자신의 권리를 변호하면, 그들은 아주 낭패한 기색으로, 그를 보고 건방지다고 말하는 거예요. 이들의 몰지각이 이런 정도로 지나쳐서, 만일 한 번밖에 발언한 적이 없는 이도 건방진 것으로 규정한다면, 그들 자신은 죽을 때까지 훌륭한 이13가 되는 것처럼 보일 것이라 생각하기에 이른 겁니다.

20. 그러니, 한편으로 이들이 하는 공적 발언 때문에 상황은 자꾸만 악화일로에 있으나, 다른 한편으로 정당하게 반론을 제기해야만 한다고 믿은 이들 때문에 그래도 모든 것이 엉망이 되지는 않는 거예요. 이들(소송상대)이 자신을 위해 구한 변호인들이 이와 같았어요.

---

12 *politeia koine.*
13 *kaloi kagathoi.*

이들(변호인)은, 스스로 숙지하고 있는바, 자신을 비난하려 하는 이들에 대해 기꺼이 공격할 태세를 갖추고 있었거든요. 그럼에도 그 같은 이들이 현안 소송의 변론에 적합하다고 (소송상대들이) 본 것이고, 자신만 질곡에서 벗어날 수 있다면, 다른 이들에 대해 무모하게 험담을 퍼부어온 겁니다.

21. 그런데, 그들의 부당행위와 뻔뻔함과 관련하여 여러분 자신보다 더 큰 책임을 져야 할 이는 없습니다. 여러분은 연사들이 매수되어 움직인다는 사실을 알면서도, 각 인물에 대한 하마평을 그들이 하는 말에 의지하려고 할 뿐, 여러분 스스로 알아내려고 하지 않으니까요. 연사들 자체는 시민들 가운데서 가장 비열한 사람이라고 여기면서도, 그들이 추천하는 이들은 품위 있는 사람으로 여기는 것이 어떻게 황당하지 않습니까? 22. 그들이 모든 것을 휘젓고, 전령14의 입만 빌지 않을 뿐, 공공재산을 팔아먹고, 자신들이 원하는 이에게 화관을 수여하라거나 말라거나 간여하면서, 여러분의 결정보다 더 큰 권한을 스스로에게 부여하고 있습니다. 그러나 제가 여러분에게 조언드리고 싶은 것은, 아테나이인 여러분, 돈을 쓰고 싶어 하는 이들의 자긍심을 연사들의 탐욕의 제물로 만들지 마십시오. 그렇지 않으면, 모든 이가, 한편으로 여러분으로부터 주어지는 공적 부담은 최소 비용으로 처리하고, 다른 한편으로 이들을 위해 여러분 앞에서 뻔뻔한 거짓말을 해대는 이들을 최대한 고용하게 될 것입니다.

---

14 *keryx.*

52

칼리포스에 반대하여

해제

〈칼리포스에 반대하여〉는 은행업자 파시온의 아들 아폴로도로스가 발표한 변론 가운데 하나이다. 그런데 〈채무 관련하여 티모테오스에 반대하여〉[1]와 달리, 여기서 아폴로도로스는 부친의 유산 관련 금전소송[2]에서 원고가 아니라 피고이다.

원고 칼리포스는 헤라클레이아 출신의 특별대우영사[3]로서, 1,640드라크메를 청구하고 나섰다. 그 돈은 파시온이 불법으로 거류외인 케피시아데스에게 넘겨준 것이었다.

헤라클레이아 출신 리콘은 리비아로 떠나기 조금 전에 파시온의 은행에 돈을 예치하면서, 자기에게 무슨 변고가 생기면, 그 돈을 케피시아데스에게 주라고 지시했다. 당시 케피시아데스는 아테나이에 없었다. 리콘이 배로 항해하는 중

---

1   Demosthenes, 49.
2   *dike argyriou.*
3   *proxenoi* (*proxenos*)

에 아르골리코스만4에서 해적을 만나서, 죽을 지경이 된 채로, 그 화물과 함께 아르고스로 옮겨졌다. 거기서 그는 헤라클레이아인을 위한 특별대우영사로 있던 아르고스 출신 스트람메노스에게 자기 재물을 다 양도하고는 죽었다.

칼리포스는 아테나이에서 헤라클레이아인을 위한 특별대우영사로 있었는데, 파시온의 은행으로 와서, 죽은 리콘이 예치한 돈이 있는지를 물었다. 그가 장부를 보고, 예금이 죽은 자의 지시에 따라 케피시아데스에게로 귀속된다는 사실을 알았고, 또 케피시아데스가 아테나이로 돌아온 다음 실제로 그 돈을 가져갔다.

그 후 칼리포스는 파시온에게 와서, 케피시아데스가 가져간 돈을 반환하도록 하라고 요구했다. 케피시아데스가 불법으로 돈을 가져간 것이며, 헤라클레이아인을 위한 특별대우영사인 자신과 충돌하는 일이 없도록 하자는 것이었다. 이 문제가 미결로 남아 있다가, 3년이 지난 다음, 칼리포스가 파시온을 상대로 소를 제기하므로, 사건은 양편이 동의하는 중재인 리시테이데스에게 위임되었다.

그 가운데 파시온이 죽고, 중재 결정이 나오기 전에 칼리포스는 파시온의 상속자인 아폴로도로스를 상대로 다시 제소했다. 아폴로도로스는 같은 중재인 리시테이데스에게 사건을 그대로 위임하는 데 동의했으나, 칼리포스는 리시테이데스를 사주하여, 먼저 맹세도 하지 않고 절차를 생략한 채, 아폴로도로스에게 패소 결정을 내리도록 했다.

아폴로도로스는 맹세를 하지도 않고 결정 내린 사실을 근거로 법정에 제소했다. 그 취지는 돈은 아폴로도로스 자신이 아니라 케피시아데스의 수중에 있으므로, 리시테이데스의 결정은 부당하다는 것이다.

---

4   펠로폰네소스 반도 동북부 연안.

1. 재판관 여러분, 명성과 달변을 소유한 이가 감히 거짓말하면서 증인까지 잘 갖춘 것보다 더 곤혹스러운 일은 없을 거예요, 그런 경우 피고는 부득이 당해 사건뿐만 아니라 화자(원고)의 인물에 관해서도 소개하고, 그 명성으로 인해 신뢰를 받아서는 안 된다는 점을 개진할 필요가 있어요. 2. 가장 힘없는 이들보다, 달변의 연사와 명성을 가진 이들에게 더 신뢰를 주는 원칙을 여러분이 도입하려 한다면, 그 원칙은 그것을 도입하는 여러분 자신에게 누가 되어 돌아올 거예요. 그러니, 여러분에게 청컨대, 지금까지 고소인이나 피고소인에 대한 편견 없이 공정을 준거로 삼고, 현안의 본질에 입각하여 여러분이 판결해 온 것이라면, 지금도 그와 같이 판결해 주십시오. 그러면, 사건의 자초지종을 제가 여러분에게 말씀드리겠습니다.

3. 헤라클레이아5 출신 리콘은, 재판관 여러분, 이 사람(원고) 자신이 거론하는 인물로, 제 아버지 은행의 고객이었고, 데켈레이아 출신 아리스토누스,6 람프트라이 출신 아르케비아데스의 이방인 친구였고, 조신한 인품을 가졌어요. 이 사람(리콘)이 리비아로 출항하려 할 때, 아르케비아데스와 프라시아스 임석하에 제 아버지와 잔고 정리를 하면서, 자신이 맡긴 돈을 케피시아데스에게 지불하라고 제 아버지에게 부탁했습니다. 16므나 40드라크메였는데, 그 액수는 제가 명백하게 여러분에게 증명해 보이겠습니다. 이 사람(리콘) 말에 따르

---

5   헤라클레이아는 흑해 남부 연안 비티니아 지역에 있으며, 메가라인과 보이오티아 인의 식민도시이다.

6   Aristonous.

면, 케피시아데스가 자기 친구인데 스키로스[7]에 살고 있으나 그 당시 일로 여행 중이라고 했어요. 4. 또 아르케비아데스와 프라시아스에게도 지시하여, 그 사람(케피시아데스)이 여행에서 돌아오면, 데리고 와서 제 아버지에게 소개해 주라고 했습니다. 통상, 어떤 이가 예금하면서 다른 이에게 돈을 지급해 달라고 부탁하면, 모든 은행업자가 먼저 예금주 이름과 금액을 적고, 그다음 여백에 "누구에게 지급함"이라고 적어요. 돈을 수령하게 될 사람의 얼굴을 알고 있으면, 이런 식으로 돈이 누구 앞으로 지급될 것인지를 적어요. 그런데 그렇지 못한 경우에는 여백에다 수령인을 데려와서 소개할 사람 이름을 같이 적습니다. 5. 그런데 운명이 리콘을 덮쳐서, 그가 출항하자 곧바로 아르골리코스만에서 해적선을 만났는데, 가지고 가던 재물은 아르고스로 옮겨졌고, 화살에 맞은 그이는 결국 죽었어요. 그러자, 이 칼리포스가 은행으로 와서, 헤라클레이아 출신 리콘을 아느냐고 바로 물었어요. 이 자리에 있는 포르미온이 안다고 대답했지요.

"그러면, 그이가 당신네 고객이었소?"
"그래요. 그런데 그건 왜 묻는 거요?"
포르미온이 말했지요.
"왜냐고요? 말해 주리다. 그이가 죽었어요. 내가 헤라클레이아인의 특별대우영사 일을 보는데, 내게 장부를 보여 주시구려. 그이가 돈을 맡겨 둔 것이 있는지를 내가 알아야 할 것 같소. 당연히 모든 헤

---

7   Skiros 혹은 Skyros. 에우보이아 동쪽의 섬.

라클레이아인의 일을 내가 보살펴야 하니 말이오.”

6. 이 말을 들은 포르미온이, 재판관 여러분, 당장에 그에게 장부를 보여 주었어요. 그러자 다름 아닌 칼리포스 자신이 그것을 읽으면서, 여백에 “헤라클레이아 출신 리콘, 1,640드라크메, 케피시아데스에게 지급, 람프트라이 출신 아르케비아데스가 케피시아데스를 소개할 예정”이라고 쓰인 것을 보고는 아무 말 없이 나갔습니다. 그리고 다섯 달 이상 아무 기별이 없었어요. 7. 그 후 케피시아데스가 아테나이로 돌아와서 은행으로 나와 돈을 요구했어요. 그래서, 재판관 여러분, 그이(케피시아데스)가 돌아오면 제 아버지에게 그를 데리고 와 달라고 리콘이 부탁하면서 제 아버지에게 소개한 아르케비아데스와 프라시아스, 그리고 다른 몇 명과 함께 임석했고, 또 여기에 임석한 포르미온이 돈을 헤아려서 그에게 16므나 40드라크메를 내주었어요. 제 진술이 사실임을 증명하기 위해, 이 모든 사실과 관련한 증언을 여러분에게 읽어 드리겠습니다.

증언들

8. 여러분에게 드린 모든 진술이 진실임을, 재판관 여러분, 증언을 통해 들으셨습니다. 그런데 그 후 오랜 시간이 흐른 다음, 칼리포스가 도시[8]에 있는 제 아버지를 찾아와서, 케피시아데스가 아테나이

---

8 *asty*. 아테나이 도심을 말한다.

로 돌아왔는지를 물었어요. 헤라클레이아 출신 리콘의 요청으로 자신이 예치한 돈의 지급 대상으로 장부에 기재되어 있던 그 사람 말이에요. 제 아버지가 그렇게 알고 있다고 하고, 만일 페이라이에우스로 갈 의향이 있으면, 자세한 것을 알 수 있을 것이라고 대답했어요. 그러자 이 사람이 "이보게, 파시온 씨, 내가 왜 이렇게 묻는지 아시오?"라는 거예요. 9. 제우스, 아폴론, 데메테르의 이름으로, 제가 여러분께 거짓말하는 것이 아니에요. 재판관 여러분, 제 아버지에게서 들은 대로 여러분에게 말씀드리겠습니다. 그가 말하기를,

"당신이 나를 도울 수가 있을 것 같소. 당신 자신이 피해를 보지 않고서 말이오. 나는 헤라클레이아의 특별대우영사로 있단 말이오. 그러니, 내 생각에, 스키로스에 사는 하찮은 거류외인9이 아니라, 내가 돈을 가져가는 것이 당신에게도 낫지 않겠소. 상황이 어떤지 생각해 보시오. 내가 얻은 정보에 의하면, 리콘은 자식이 없고 집안에 상속자가 아무도 없어요. 10. 더구나, 상처를 입고 아르고스로 옮겨졌을 때, 가지고 있던 재물을 몽땅 헤라클레이아의 특별대우영사인 아르고스 출신 스트람메노스에게 양도했다고 하오. 그 같은 자격으로 나도 그가 여기에 가지고 있던 재산을 취하려는 것이오. 나는 그럴 권리를 가지고 있다고 생각하오. 아직 그(케피시아데스)가 돈을 받아 가지 않았다면, 그가 오는 대로 내가 그 돈을 청구하더라고 전하시오. 이미 돈을 받아 갔다면, 그에게 이렇게 말하시오. 내가 증인들을 데리

---

9   *metoikos.*

고 와서, 그 돈을 내놓든지, 아니면 돈 가져간 사람을 대라고 하더라. 그리고, 만일 내 것을 편취(騙取)하려 한다면, 특별대우영사인 이의 것을 편취하는 것이라고 말이오."

11. 그(칼리포스)가 이렇게 말하자, 제 아버지가 이렇게 대답했어요.

"나로서는, 칼리포스 씨, 당신을 돕고 싶지요. 그렇지 않다면, 내가 미친놈이 될 테니까. 다만, 내 체면을 차리고 돈을 손해 안 보는 방식에 한하여 그런 거요. 당신의 말을 아르케비아데스, 아리스토누스, 그리고 케피시아데스 자신에게 전하는 것도 나는 괘념치 않소. 그러나 내가 말해도 이들이 따라 하지 않으려 하면, 당신이 직접 이들에게 말해 보시구려."
"염려 마시오, 파시온 씨. 당신이 원한다면, 그렇게 하도록 그들을 강요하면 되잖소."

12. 이런 말을, 재판관 여러분, 이 사람(원고인 칼리포스)이 제 아버지에게 했고, 제 아버지는 그의 요청에 따라, 또 그에게 호의를 베풀어, 그 말을 아르케비아데스, 케피시아데스에게 전했어요. 이것이 화근이 되어 조금씩 나아가 이 재판으로까지 이어지게 된 것이에요. 이 점과 관련하여 저는 가장 엄숙한 맹세로 보증하려 하는바, 실로 저는 이런 이야기를 제 아버지에게서 들은 겁니다. 13. 그런데, 진실을 말하는 것이니 자신을 믿어 달라고 여러분에게 요구하는 이 사람(원고)은 당시 3년이 지나도록 기척이 없었어요. 그러니, 제 아버지가 아

르케비아데스와 또 다른 케피시아데스의 친구들과 처음 현안 관련하여 말을 전하고, 이들은 칼리포스와 그의 요구에 전혀 관심이 없다는 뜻을 밝힌 후로 말이죠.

14. 그런데, 제 아버지가 편찮아서 도시로 나다니기가 불편하고 또 실명의 위기에 처한 사실을 이 사람이 알게 되자, 아버지를 고소했어요. 제우스의 이름으로, 지금처럼 금전 문제가 아니라, 손해죄10라는 것이었어요. 헤라클레이아 출신 리콘이 예치한 돈을 자기의 동의 없이 내주면 안 되는데, 케피시아데스에게 줌으로써 자기에게 손해를 입혔다는 것이었어요. 고소한 후, 이 사람이 중재인으로부터 고소장을 회수하고는, 리시테이데스에게 중재를 재회부하자고 제 아버지에게 제안했어요. 그(리시테이데스)는 자기 자신과 이소크라테스, 아파레우스11의 친구였으며, 또 제 아버지의 지인이었어요. 15. 그래서 제 아버지가 그 제안을 받아들였지요. 아버지가 살아계시는 동안, 리시테이데스12는, 이 사람(칼리포스)의 친구였지만, 감히 우리에게 누가 되는 행위를 하지 못했어요. 칼리포스의 몇몇 친구들은 아주 몰염치하게도, 칼리포스가 제 아버지에게 맹세했으나, 제 아버지가 리시테이데스 앞에서 맹세하기를 거부했다고 증언했습니다. 칼리포스의 친구로서 이 사건 중재를 맡게 된 리시테이데스가 제 아버지에게 불

---

10 *blabe.* 손해죄는 단순한 부주의나 실수가 아니라, 의도적 행위로 손해를 야기한 것으로서, 벌금은 실손액의 두 배에 달한다.
11 아파레우스는 이소크라테스에게 입양되었다.
12 리시테이데스는 기원전 355년 아르케비아데스와 함께 삼단노선주직에 복무했다(참조, Demosthenes, 24. 11). 칼리포스와 함께 이소크라테스의 제자로 전해진다.

리한 결정을 바로 내리지 않으려 했으며, 아버지에 대한 재판관이 되기를 스스로 원치 않았던 것이라는 주장으로 여러분을 설득할 수 있다고 이들은 믿었던 거예요.

16. 저의 진술이 사실이고, 이들이 거짓말하고 있음은, 첫째, 다음 사실로서 여러분에게 증명이 되는바, 리시테이데스가 제 아버지에 대해 유죄 판정한 것이라면, 제가 지금 금전소송이 아니라 명도소송[13]의 피고가 되어 있어야 한다는 것이죠. 그 밖에도 저는 리시테이데스 면전에서 제가 이 사람(칼리포스)을 여러 번 만날 때, 임석했던 증인들을 여러분 앞에 제시할 수 있습니다.

증인들

17. 당시 이 사람이 제 아버지에게 제안한 사실도 없으면서, 아버지 사후 지금 그를 매도(罵倒)하고 있고, 또 자기 친구들을 동원하여 황당한 위증으로 저를 매도하고 있다는 사실을 여러분은 정황증거와 증언들을 통해 쉽게 이해하실 것입니다. 법 규정에 따라 상속인이 죽은 자를 상대로 한 고소 건에 연루되어 법정에 소환될 때 하는 보증의 맹세를, 저는 제 아버지를 위해서 얼마든지 할 준비가 되어 있어요. 18. 다시 말하면, 제가 믿어 의심치 않는바, 제 아버지는 리콘이 예치한 돈을 이 사람(칼리포스)에게 지급하겠다고 약속한 적이 없으며, 리콘에 의해 이 사람이 제 아버지에게 소개된 적도 없습니다. 포르미

---

13 *dike exoules*. 이전 판결을 실행하도록 하는 취지의 소송.

온도 다음 사실을 맹세로서 보증하는바, 아르케비아데스 면전에서 금액을 헤아려 확인했고, 그 돈을 케피시아데스에게 지급하도록 지시를 받았으며, 아르케비아데스가 그(아버지)에게 케피시아데스를 지목해 준 사실이 있습니다. 19. 또 칼리포스가 처음 은행에 나타나 리콘이 죽은 사실을 알리고, 이방인이 돈을 예치한 사실이 있는지를 알기 위해 장부를 보자고 했을 때, 그(아버지)가 바로 장부를 보여 주었고, 칼리포스는 돈이 케피시아데스에게 지급된다고 적힌 것을 보고는 아무 말 없이 가 버렸을 뿐, 아무런 요구가 없었고, 돈 문제와 관련하여 아무런 이의도 제기하지 않았습니다. 이 사실과 관련하여 두 개의 증언과 법이 여러분에게 소개되겠습니다.

증언들, 법

20. 이제 제가 여러분에게, 재판관 여러분, 리콘이 칼리포스와 아무런 거래도 한 적이 없다는 사실을 증명하겠습니다. 이것은 리콘이 자기에게 돈을 공여했다는 이 사람의 주장이 사기라는 사실을 여러분이 깨닫는 데 다소간 도움이 될 것으로 저는 봅니다. 한번은 리콘이 엘레우시스 출신 메가클레이데스와 그 형제 트라실로스에게 아케[14]로 가는 항해의 해상무역에 부쳐 40므나를 대부했어요. 그런데 이들이 변심하여 그곳으로 가지 않고 위험을 감수하려 하지 않자, 리콘이 메가클레이데스에 대해 이자와 관련하여 불만을 표출하면서 기만당

---

14 아케는 페니키아 지역의 해안 도시.

했다고 생각했어요. 그래서 그와 불화하고, 대부금을 회수하기 위해 제소하게 되었지요. 21. 거금이 걸려 있었으므로 재판이 오래 걸렸으나, 리콘은 한 번도 칼리포스를 불러 상의한 적이 없습니다. 그(리콘)는 아르케비아데스와 아르케비아데스의 친구에게 도움을 청했고, 이들 간 분쟁에서 조정을 이끌어 낸 것은 아르케비아데스였어요.

제 진술이 사실임을 증명하기 위해, 이런 사실들에 대한 증인으로서 메가클레스 본인을 여러분에게 소개하겠습니다.

증언

22. 보십시오, 재판관 여러분, 리콘이 도대체 칼리포스와 친교가 있었는지를 말이죠. 그(리콘)는 그(칼리포스)를 불러 자기 일을 의논한 적이 없을뿐더러, 자기 집에 부른 적도 없어요. 이 사실, 다시 말하면, 그가 한 번이라도 리콘의 집에 머물렀다는 그 같은 사실은 이 사람의 친구들도 감히 증언하려고 엄두를 내지 못하는 겁니다. 만일 그들이 그런 거짓말을 하면, 하인들을 고문에 부치게 될 경우 바로 사실이 드러나서 곧장 유죄 선고를 받게 될 것이라는 사실을 빤히 알고 있기 때문이지요. 23. 여기서 저는 여러분에게 일련의 정황증거를 여러분에게 말씀드리려 하는데요. 그것은, 제 소견에, 이 사람이 여러분에게 하는 말이 온통 거짓에 불과하다는 점을 여러분에게 분명하게 깨달으실 수 있을 것 같습니다. 리콘이, 재판관 여러분, 이 사람(칼리포스)을 좋아했고, 또 이 사람이 주장하는 것처럼, 이 사람과 친해서, 자신의 유고 시 이 돈을 이이에게 공여하고 싶어 했던 것이라면,

24. 이 돈을 바로 그에게 맡기는 게 더 낫지 않았을까요? 자신이 무사히 돌아오게 되면, 자신의 친구이며 특별대우 이방인인 이 사람으로부터 그 돈을 당연히 당당하게 회수할 수 있을 테고, 만일 무슨 변고가 생기면, 자신이 원하는 대로 돈이 이 사람에게로 가는 것이 될 테니까요. 그런 편이 은행에 예치하는 것보다 더 나은 것 아닙니까? 제소견에는, 그런 것이 더 합리적이고 주효한 처사가 될 것 같습니다. 그러나 그(리콘)는 그렇게 하려는 마음이 없었던 것 같으므로, 이런 사실이 여러분에게 정황증거가 되겠습니다. 오히려 그는 케피시아데스 앞으로 돈이 지급되도록 서면 문서를 갖추어 지시했으니까요.

25. 더욱이 유념하셔야 하는 것은, 재판관 여러분, 칼리포스는 여러분과 동향의 시민이며, 기여할 수도 해를 끼칠 수도 있는 입장에 있지만, 케피시아데스는 거류외인으로 어떤 식으로든 영향을 미칠 수 없어요. 그러니, 제 아버지가 이 사람과 정당하게 거래하는 것보다 케피시아데스에게 불법적으로 호의를 베풀 까닭이 전혀 없는 거예요. 26. 제우스의 이름으로, 혹여 제 아버지가 금전으로 이득을 보려고, 이 사람보다 그에게 더 호의적이었다고 이 사람이 말할 수도 있겠지요. 그렇다면 말이오, 첫째, 얻을 이익보다 2배의 손해를 당할 수도 있는 사람을 건드려 피해를 주었다는 말이 되는 거예요. 둘째, 만일 그렇다면, 제 아버지는 파렴치한 이윤추구자가 되어 버릴 것이나, 도시를 위한 특별세, 공적 부담, 기부 등의 행적을 보면 그가 그런 사람은 아니었잖습니까? 이방인도 아무도 해친 적이 없는 이(아버지)가 칼리포스를 해쳤다고요? 27. 또 이 사람이 주장하는바, 마치 제 아버지가 품위 있고 어떤 거짓말도 하지 않는 사람인 양, 자신이 그에게

맹세했다고 해 놓고는, 지금 와서는 비열하게 예금 기록을 삭제해 버리는 사람이라고 매도하는 겁니까? 이 사람이 주장하는 것처럼, 만일 제 아버지가 맹세하거나 지급하기를 거부했다면, 어떻게 그때 당장 고소당하지 않고 피해 갈 수 있었을까요? 이런 사람의 말을, 재판관 여러분, 어떻게 믿으라는 것인가요? 제 소견으로는, 아무도 믿지 않을 것 같습니다.

28. 아르케비아데스 또한, 같은 구(區) 사람이며 정치적으로도 활동하고 사인(私人)도 아닌 공직자 칼리포스에 대해 불리하게 증언하여, 저희 말이 진실이고 칼리포스가 거짓말하는 것이라고 위증할 만큼, 그렇게 비열한 것이겠습니까? 더구나 이 사람(칼리포스)이 그를 위증죄로 고소하고, 바로 다른 것도 아닌 맹세를 하도록 강요하는 경우, 소송상대로서 이 사람이 요구하는 대로 부득이 어떤 맹세라도 해야 하는 입장에 처한다는 사실을 알고 있으면서 말이지요. 29. 게다가, 거류외인인 케피시아데스가 돈을 차지하도록, 혹은 이 사람(칼리포스)이 예금 기록을 삭제했다고 비난하는 포르미온을 위해서, 아르케비아데스가 위증했을 것이라고, 여러분은 믿으시겠습니까? 그런 것은 가능한 일이 아니에요, 재판관 여러분. 아르케비아데스나 제 아버지가 악의적이라고 낙인찍는 것은 이치에 닿지 않아요. 여러분이 주지하시듯이, 제 아버지는 명예를 중히 여기는 사람이라, 비열하고 수치스런 행위에 발을 담그지 않고, 칼리포스와의 관계에서도 그를 비하하여 피해 주거나 하지 않았습니다. 30. 제가 보기에도, 실로 칼리포스는 무시당할 정도로 그렇게 미미한 인물이 아니었고, 오히려 상당히 영향력이 있어서, 작년에 이 사람이 저에 대해 이 소(訴)를 제

기하고, 리시테이데스를 중재인으로 하여 이 사건을 위임하자고 제안15했어요. 저는 무시당하면서도, 이 사안과 관련하여 주효하게 조언을 받아, 합법적 절차에 의거하여 결국 관리 앞으로 급기야 사건을 제출할 수 있었던 거예요. 그런데 이 사람은, 당시 합법적으로 지명된 중재인을 꾀어서, 맹세 없이 판정을 내리도록 했어요. 중재인이 합법적으로 맹세한 다음 중재해야 한다고 제가 항의했는데도 말이죠. 이 사람이 노린 것은, 훌륭한16 리시테이데스가 현안과 관련하여 이미 결정을 내린 바 있다는 사실에 빗대어 여러분 앞에서 자신을 정당화하려는 것이었어요.

31. 리시테이데스는, 재판관 여러분, 제 아버지 살아생전에는, 맹세를 하건 안 하건, 그에게 누를 끼치지 않으려 했던 것 같아요. 그러나 저에 대해서는 유보가 없었고, 맹세도 하지 않았거든요. 그이(리시테이데스)가 맹세했더라면, 스스로의 입장도 고려하여, 제게 피해를 주지 않으려고 삼갔을 수도 있겠죠. 그런 연유로 그는 맹세도 없이 판정했던 거예요. 제 진술이 사실임을 증명하기 위해, 현안과 관련하여, 여기에 참석한 증인들을 소개하겠습니다.

---

15 *prokalesamenos.*
16 *kalos kagathos.*

증인들

32. 칼리포스가 법과 공정을 저버리는 짓거리를 할 수 있다는 사실을, 재판관 여러분, 증언을 통해 들으셨습니다. 저로서는 저 자신과 제 아버지를 위해 여러분에게 청컨대, 제가 진술한 모든 사실을 증명하기 위해, 증인, 증거, 법, 보증의 맹세 등을 여러분에게 제시한 바 있으며, 또 이 사람(칼리포스)에 대해서 제가 증명한바, 실제로 이 사람이 돈에 대한 청구권을 가지고 있었다면, 그(케피시아데스) 자신이 돈을 수령해 가서 수중에 보유하고 있음을 인정했고, 이런 사실에 대해 우리가 보증의 맹세를 했으며, 그래서 저희에게는 돈이 없음을 알면서도, 이 사람은 케피시아데스를 찾아 간 사실이 없다는 점 등을 여러분이 기억하시고, 청컨대 저를 방면해 주십시오. 33. 그렇게 하신다면, 첫째, 여러분은 공정과 법에 따라 판결한 것이 되고, 둘째, 여러분 자신에게도 상응하고, 제 아버지에게 상응한 처사가 될 것입니다. 저로서는, 악의의 제물이 되어 무엇이라도 부당하게 지불하는 것보다, 저의 모든 것을 여러분이 취하는 쪽이 차라리 더 낫겠습니다.

53

아레투시오스에 속한 예속인 목록 관련하여
니코스트라토스에 반대하여

해제

은행업자 파시온의 아들 아폴로도로스는 허위소환[1]죄로 소(訴) 제기하여 아레투시오스로 하여금 1탈란톤의 벌금을 도시에 물도록 했다. 아레투시오스가 벌금을 물 능력이 없었으므로, 그가 가진 재산의 목록을 작성하여 공적으로 경매에 붙이게 되었다. 그 목록에 2인의 예속인이 포함되었는데, 이들에 대해 아레투시오스의 형제인 니코스트라토스가 자기 소유라고 주장하고 나섰다.

'목록(고지·告知)'[2]이란 법률상 용어로 다중의 의미를 갖는다. ① 공적 혹은 사적 재산을 공공 목록으로 공개 혹은 등록하는 것, ② 공공재산을 횡령한 데 대한 소(訴) 제기, ③ 사적 재산을 공적 재산으로 몰수하거나 기부하는 것 등이다. 적정한 매매 과정 없이 공적 재산을 점유하거나, 사적 재산이 법정 판결에 의한 채무 등으로 몰수될 때 '목록(고지·告知)'이 작성된다.

이런 경우 제소된 상태에서 피고가 된 이가 항변[3]하지 않으면 공매가 진행

---

1   *dike pseudokleteias.*
2   *apographe.*

되고, 공매의 4분의 3이 고소인에게 귀속된다. 피고 측이 항변을 제기하려면, 청구액의 5분의 1에 해당하는 공탁금을 걸어야 한다. 그러면 목록(고지 · 告知)에 대한 심리가 이루어지는데, 피고는 자기 재산의 연원을 밝히고 공적 채무가 없다는 사실을 증명해야 한다. 항변이 받아들여지면, 원고가 공적 채무자로 등재된다.

아폴로도로스는 아레투시오스의 재산에 대해 목록(고지 · 告知)을 요구했다. 아레투시오스는 도시에 1탈란톤의 공적 채무를 지고 있었으나, 변제할 능력이 없었기 때문이다. 이때 니코스트라토스가 아레토시오스의 재산목록(고지 · 告知)에 이의를 제기하고 나서면서, 예속인 2인이 아레투시오스가 아니라 자신에게 귀속되는 것이라고 주장했다.

아폴로도로스와 니코스트라토스는 한때 서로 친구로서 상부상조했다. 아폴로도로스는 삼단노선주가 되어 펠로폰네소스로 떠났고 다시 시켈리아로 갔을 때, 자기 재산 관리를 니코스트라토스에게 위임했다. 그런데 아폴로도로스가 부재한 사이, 3명의 예속인이 달아났는데, 2명은 아폴로도로스, 1명은 니코스트라토스의 예속인이었다. 니코스트라토스가 이들을 잡으러 가다가 해적의 삼단노선에 붙들려서 아이기나로 송치되어 거기서 예속인으로 팔렸다. 급기야 보석금을 주고 풀려났는데, 그 보석금은 이방인들이 대부해 준 것이었다.

돈을 갚아야 할 때가 되자 니코스트라토스는 재산을 담보로 잡혀도 감당할 수가 없었다. 원고의 주장에 따르면, 니코스트라토스는 아폴로도로스의 도움에 감사하기는커녕 제소하여 그를 곤혹스럽게 했다. 이 재판에서 니코스트라토스와 그 형제 아레투시오스의 작당으로 아폴로도로스가 패소하여 610드라크메의 벌금을 물었다. 패소한 이유는 아폴로도로스가 법정으로 소환된 사실이 없기

---

3   *enstasis*.

때문이다. 아폴로도로스가 아레투시오스를 '허위소환'으로 공소 제기하여 승소했고, 패소한 아레투시오스는 1탈란톤의 벌금형을 받았다. 벌금 미납으로 목록 (고지)을 위한 소 제기가 있었고, 이 변론은 이때 발표된 것이다.

'허위소환'이란 피고가 합법적으로 적시에 법정으로 소환되었다는 사실을 증언함으로써, 피고가 궐석한 가운데 원고에게 유리한 판결을 내리게 한 증인4에 대해 제기하는 소(訴)이다. 허위소환 공소5에서 유죄가 되면, 자격박탈, 혹은 처형된다.

아폴로도로스는 다른 재판의 변론에서도 원고로 등장하며, 그 변론은 데모스테네스가 작성한 것으로 간주된다.6 아폴로도로스는 아테나이의 주요 인사로서, 기원전 349/348년에는 의회 의원으로 재직했고, 당시에 관극기금을 군자금으로 전용하자는 조령을 제안했다.

이 변론은 기원전 365년경 전후로 추정된다. 이것은 아폴로도로스가 그 부친이 죽고 친족을 상대로 제소한 지 2년 후 삼단노선주로 봉직한 사실에 근거한 것이다. 이 소송은 심리7 절차에 따른 것이다. 아폴로도로스는 스스로 상대소송인이 하인을 고문에 처하기를 거부한다. 이 재판이 공소이고, 그 하인이 공적 재산에 속하기 때문이라는 것이다. 이 변론도 아폴로도로스가 원고인 다른 변론과 마찬가지로 위작 여부가 문제가 된다.

---

4   *kleteres, kletores.*
5   *graphe pseudokleteias.*
6   Demosthenes, 36(포르미온을 위한 '위법의 소(訴)'에 대한 항변), 45, 46(스테파노스의 위증을 비난하여 1, 2) 등이 있다.
7   *diadikasia.*

1. 저로서는 남을 험담하려는 것이 아니라, 제 자신이 이들에 의해 피해를 보고 모욕당했으므로, 이들이 처벌받아야 한다는 생각에서 이 재산목록을 작성했습니다. 이것은, 재판관 여러분, 그 목록의 규모에 있어서, 그리고 제가 직접 작성했다는 점에서 가장 강력한 증거가 될 것입니다. 제가 악의로 소(訴)를 제기한 것이라면, 청구인 자신이 산정한 가격 그대로 2. 5므나 상당의 예속인8을 재산목록에 포함하지도 않았을 것이고, 1천 드라크메 벌금을 물게 될 수도 있고, 또 저 자신을 변호할 수 있는 소 제기 권한을 영원히 상실할 수도 있는 그런 위험을 감수하려 하지도 않았을 거예요. 9 더구나 제가 그렇게 빈곤하거나 친구가 별로 없어서, 저 대신 재산목록 관련하여 소를 제기해 줄 다른 이를 구하지 못하는 것도 아닙니다.

2. 다만, 제 생각에, 세상에서 가장 비열한 것은, 피해는 자신이 당했는데 다른 이의 이름을 빌려 제가 당한 것을 구제받으려 하는 것이에요. 만일 제가 그렇게 했다면, 제가 여러분에게 분쟁 현안에 대해 언급할 때마다, 그런 사실 자체가 제가 거짓말하는 증거가 된다고 이들(소송상대)이 주장했을 거예요. 제가 피해를 당한 것이라면, 저 아닌 다른 이가 나서서 소 제기를 위한 재산목록을 작성하지는 않았을 것이라고 말했을 것 같습니다. 이 때문에 제가 스스로 목록을 작성한 것입니다. 재산목록과 관련해 제소하면서, 목록에 적혀 있는 대로, 예속

---

8 *andrapoda.*

9 재산목록과 관련하여 고소하여, 법정에서 5분의 1 지지표도 얻지 못하면 1천 드라크메의 벌금을 문다. 또 경우에 따라 자격박탈형(*atimia*)에 처해져 이 같은 소 제기 권한을 상실하기도 한다.

인들이 실제로 아레투시오스10에게 속한다는 점을 제가 증명한다면, 법에 따라, 그 액면가 4분의 3이 재산목록과 관련해 제소한 사람에게로 귀속됩니다만, 저는 그것을 도시로 귀속시키고, 저로서는 이들을 처벌하는 것으로 만족하려 합니다. 3. 만일, 물시계의 물이 충분하여, 제가 이들에게 베푼 은덕과 이들이 제게 끼친 해악이 얼마큼이었던가를 처음부터 여러분에게 고할 수만 있다면, 여러분은 이들에 대한 저의 분노에 훨씬 더 잘 공감하시고, 그들을 세상 사람들 가운데서 가장 흉측한 이들로 간주할 것 같습니다. 그러나 지금 물시계 물이 두 배가 주어진다 해도 충분치 않을 거예요. 그래서 가장 중요하고 명백한 부당행위, 그리고 왜 이 같은 재산목록 관련 소가 제기된 것인지 말씀드리고, 많은 다른 것들은 생략하겠습니다.

4. 여기 있는 이 니코스트라토스는, 재판관 여러분, 시골의 제 농지 이웃이고, 친구입니다. 사귄지 오래되었으며, 제 아버지가 죽은 이후에는 제가 시골 농지에 가서 머물게 되었고 지금도 여전히 그러하므로, 이웃으로서 또 동년배 친구로서 서로 더 자주 왕래해 왔죠. 세월이 가면서 우리는 더 친해져서, 저는 이 사람이 제 사람같이 느껴졌고, 이 사람이 무슨 부탁을 해서 제가 안 들어 준 것이 없을 정도가 되었어요. 이 사람도 제 재산을 관리하고 경영하는 데 일조했습니다. 삼단노선주로 공직에 복무하거나, 다른 어떤 개인 일 등으로 제가 부재중일 때, 저는 이 사람이 농지의 모든 일을 관장하도록 일임했어요.

10　화자(話者)의 소송상대인 니코스트라토스의 형제.

5. 그러다가 한번은 제가 삼단노선주로 펠로폰네소스로 가게 되었고, 거기서 부득이 민중이 뽑은 사신들을 시켈리아로 이송하는 임무를 맡게 되었습니다. 11 그것도 가능한 한 급히 출항해야 했던 거예요. 그래서 사신들의 이송을 지체할 수 없어 제가 바로 출발했고, 집에 들를 시간이 없다고 이 사람에게 전갈을 보냈습니다. 그전처럼 저는 이 사람에게 제 재산을 관리하고 경영하는 책임을 맡겼던 것입니다. 6. 제가 떠나 있는 동안, 이 사람의 농장에서 하인12 3명이 달아났어요. 그중 2명은 제가 이 사람에게 주었고, 1명은 이 사람이 얻었지요. 이 사람이 이들을 찾으려 다니다가, 해적의 삼단노선에 나포되어 아이기나로 붙들려 갔고, 거기서 팔리는 몸이 되었답니다. 저는 삼단노선주로 복무하고 있었는데, 이 사람의 형제 데이논이 제게 와서 그에게 닥친 이 같은 불행을 전했어요. 그러면서 하는 말이, 이 사람이 자기에게 서신을 보냈지만, 아직 그에게 가 보지는 않았다고 했어요. 가는 데 필요한 노잣돈이 없고, 또 자신이 소문으로 듣기로, 이 사람이 참담한 상태에 있다는 거예요. 7. 제가 이 말을 듣고 그가 당한 불행에 심히 마음이 아파서, 당장에 이 사람의 형제 데이논으로 하여금 이 사람에게 가도록 조치하고, 노잣돈으로 300드라크메를 주었습니다.

그런데 이 사람(니코스트라토스)이 돌아오자마자 먼저 제게로 와서 감사하고, 자기 형제에게 노잣돈을 준 것을 치하하며 자신이 당한 불

---

11 기원전 369년 아테나이와 스파르타 간 동맹이 체결된 이후 아테나이가 벌인 외교적 행보의 일환으로, 기원전 368년경 아폴로도로스가 삼단노선주직에 봉직했을 것으로 추정된다.

12 *oiketai*.

행을 한탄하고, 자기 집안사람들을 비난하면서 제게 자기를 도와 달라고 부탁했어요. 지난날 제가 자기에게 진실한 친구였기 때문이라고 했어요. 그러고는 온통 울어대면서 제게 말하기를, 26므나에 풀려났는데 얼마간이라도 보태 달라고 했지요. 8. 제가 그 말을 듣고 불쌍하게 여겼어요. 동시에 이 사람이 참담한 상태에 있음을 깨닫고, 또 종아리 묶여 있던 곳에 난 상처를 내보여 주어 목도하게 되었어요. 그 상흔이 아직 있을 것이나, 여러분이 보여 달라고 하면, 안 보여 줄 것 같아요. 그때 제가 이 사람에게 말했죠. 과거에 제가 이 사람에게 진실한 친구였으므로 그런 곤경에 처한 그를 돕고 싶다고 하고, 그의 동생이 그에게 가도록 앞서 제가 준 300드라크메를 없는 것으로 하고, 보석금으로 1천 드라크메를 보태 주려 한다고요. 9. 제가 이런 약속을 그냥 말로만 하고 실행은 안 하려는 게 아니었어요. 그런데 당시 제게는 가용할 돈이 없었어요. 포르미온과 분쟁 중에 있었고, 제 아버지가 제게 남긴 재산을 그가 빼앗아 가 버렸거든요. 그래서 당시 은행업자였던 테오클레스에게 가서, 조상 전래의 유품으로 집에 가지고 있던 몇 개의 잔과 금으로 된 화관 1개를 맡기고는, 이이에게 1천 드라크메를 내주도록 부탁했습니다. 그 돈은 그에게 공여한 것이었고, 그 공여 사실을 제가 인정합니다.

10. 그리고 며칠 후 이 사람이 울면서 제게 와서는 말하기를, 자기에게 보석금을 빌려준 이방인이 돈을 갚으라고 하며 30일 안에 변제하지 않으면 2배로 갚아야 한다고 한 데다가, 제 땅 옆에 붙은 이 사람의 농장을 아무도 사거나 저당 잡으려 하지 않는다는 겁니다. 이 사람의 형제 아레투시오스는, 현재 재산목록에 언급된 예속인의 소유주인데,

그 땅이 이미 자기에게 채무로 잡힌 것이라고 하면서, 누구라도 그 농지를 사거나 저당 잡도록 내버려두지 않으려 한다는 거예요. 11. 그때 그가 말했어요. "그러니 30일이 지나기 전에 모자라는 돈을 당신이 좀 마련해 주시구려. 내가 이미 지불한 1천 드라크메가 무용지물이 되고 또 내가 붙들려가는 일이 없도록 말이요. 내가 이방인들의 채무에서 벗어난 다음, 계로 돈을 구해서 당신이 빌려준 돈을 갚겠소. 당신도 알고 있듯이, 법이 규정하는바, 포로에서 해방되는 이가 보석금을 빌려준 이에게 그 돈을 갚지 않으면 그에게 예속된다고 하지 않소."

12. 이 말을 들은 저는 이 사람이 거짓말하는 것은 아니라고 여기고, 이렇게 대답했어요. 친한 친구이며 기만당하리라고는 전혀 예상하지 못한 젊은이처럼 말이지요. "니코스트라토스 씨, 지난날 나는 당신에게 진실한 친구였고, 지금 당신이 역경에 처하여 내가 힘닿는 대로 당신을 도왔소. 그런데, 당신이 필요한 돈 전액을 구할 형편이 못 되고, 나도 그만한 돈을 융통하거나 내 수중에 가지고 있는 것이 아니요. 그러나 당신이 빚을 갚을 수 있도록, 내 재산 중 당신이 선택하는 것은 무엇이든 빌려줄 테니, 당신이 그것을 저당 잡혀서 연간 이자 없이 쓰고 그것으로 이방인에 대한 채무를 변제하도록 하시구려. 그리고 계로 돈을 구하면, 당신 자신이 말한 대로, 저당 잡힌 물건을 찾아주도록 하시구려." 13. 이 사람이 제 말을 듣고는 감사하고, 가능한 한 속히 처리하여, 기한이 지나기 전에 보석금을 상환할 수 있도록 해 달라고 제게 부탁했어요. 그래서 저는 이 사람(니코스트라토스) 자신이 제게 소개한 팜보타다이13 출신 아르케사스에게 가옥을 16므나에 저당 잡히고, 매달 1므나당 8오볼로스14 이자를 지급하게 되었습니다.

그런데, 이 사람이 돈을 손에 넣자, 저의 호의에 감사하기는커녕, 바로 저를 음해하면서 저의 돈을 갈취하고 저를 적대하기 시작했어요. 이 사람은, 제가 나이가 어리고 이 같은 송사에 경험이 없으므로 궁지에 몰려, 제 집 잡혀 마련하여 이 사람에게 빌려준 돈을 갚으라고 독촉하지도 못하고 급기야 자기 채무를 면제해 주기를 노렸던 겁니다. 14. 처음부터 이 사람은 제 소송상대인들[15] 중 일부와 공모했고, 그들을 지지하기로 맹세했던 거예요. 제가 그들에 대한 소송에 돌입하자, 이 사람은 저에 대해 알고 있는 정보를 그들에게 누설했고, 담당 관리 앞으로[16] (해명을 위한) 소환 절차도 없이 가시재산과 관련하여 저를 61드라크메 공금 채무자로 고발하고, 제분업자 리키다스를 내세워 제소하게 했습니다. 그러고는 이 사람의 형제이며 (압류) 재산목록에 예속인 소유주로 올라 있는 아레투시오스와 또 다른 이를 증인으로 세워

---

13 팜보타다이는 에레크테이스 부족에 속하는 구(區 · demos)이다.

14 1드라크메는 6오볼로스이다.

15 화자(話者)인 아폴로도로스의 소송상대인으로는 자신의 집안사람들과 포르미온이 언급되며, 이 소송에서 아폴로도로스는 승소하지 못했다. 포르미온을 상대로 한 소송은 Demosthenes, 36(포르미온을 위한 '위법의 소(訴)'에 대한 항변), 그리고 Demosthenes, 45, 46(스테파노스의 위증을 비난하여 1, 2)가 있다.

16 'ex empanon katastaseos'. 이 표현은 직역하면, '가시(可視) 상태로부터'가 되는데, 흔히 쓰이는 용례가 아니며, 그 뜻이 분명치 않다. 여기서는 '가시(可視) 재산 관련하여'로 번역했음을 밝힌다. Kaktos 그리스 번역판(v. 14, p. 71)에서는 '불가시(不可視) 재산의 신고 관련하여'로 번역하면서, 그 각주(v. 14, p. 319)에서는 'ex empanon katastaseos'를 재판의 혐의와 관련한 것으로 보고, 이런 재판과 관련한 정보는 전하지 않는다고 토를 달았다. Loeb 영역판 시리즈에서는 이 부분을 "소환도 없이, 재산을 묵혀 둔 데 대한(ex emhanon katastaseos)"으로 번역했다.

저를 성토했어요. 그들의 계획에 따르면, 제게 피해를 끼친 친지들을 상대로 제가 제소한17 재판들에서 예비심리18에 임하면, 이들이 저를 공금 채무자로 정보 고지(告知)19하고 저를 투옥하려는 것이었어요.

15. 그 외에도, 이 사람은 저에 대한 소환 절차도 없이, 610드라크메가 걸린 재판에서 유죄 선고를 받게 하고, 위증의 소환자를 내세우고는, 강제로 제 집에 침입하여 20므나 이상 상당액의 모든 물건을 들어냈고, 아무것도 남기지 않고 싹쓸이해 갔어요. 저로서는 복수해야 한다는 일념으로, 벌금을 국고에 납입한 후, 이들의 꼼수를 간파하게 된 차제에, 스스로 저에 대한 소환 절차를 거쳤다고 주장하는 아레투시오스를 법에 따라 위증죄로 제소하려 했습니다. 그런데 밤중에 그가 제 농장으로 와서 그곳에 있던 우량한 과수 접지와 포도나무를 잘라 버리고, 주변으로 열 지어 있던 올리브 묘상(苗床)을 망가뜨려 버렸어요. 적군이라 해도 이렇듯 심하게 하지는 않았을 거예요.

16. 그 밖에도, 우리가 이웃하여 농지가 붙어 있는데, (아테나이인) 도시 아이20를 낮에 여기로 보내서 막 새잎이 돋는 장미를 꺾으라고 한 거예요. 제가 그 아이를 잡아서 예속인 같이 묶어서 두들겨 패기를 노린 것이죠. 그러면 저를 폭행으로 고발하려고 말이죠. 그러나 이들의 노림수는 성공하지 못했죠. 제가 증인들을 불러 제가 당한 피

---

17 포르미온과 스테파노스를 상대로 화자가 소송을 제기한 것을 말한다. 이에 대해서는 Demosthenes, 36, 45, 46 등 참조.

18 *anakrinoimen*.

19 *endeiknynai (endeixis)*.

20 *pedarion aston* (도시 아이). *astos* (도시) 는 아테나이 도심을 뜻한다.

해를 증언하도록 했을 뿐, 저 자신은 이들에게 어떤 가해도 하지 않았거든요.

그랬더니 이들이 극도의 비열한 꼼수를 생각해 냈습니다. 17. 제가 소환 절차 관련하여 그(아레투시오스)의 위증에 대해 제기한 소송이 예비심리를 거치고 막 법정으로 넘어가려던 무렵이었어요. 제가 늦은 시간에 페이라이에우스에서 돌아오는 길에서, 그[21]가 채석장 근처에서 저를 기다리고 있다가, 주먹으로 저를 치고 허리춤을 잡고서 채석장 안으로 막 던져 넣으려고 했던 겁니다. 몇몇 사람들이 제 비명소리를 듣고 와서 도와주지 않았더라면, 그대로 변을 당할 뻔했어요.

며칠 뒤, 정해진 기일[22]에 법정이 열렸고, 제가 출석해서, 소환 절차 관련하여 그가 위증한 사실, 그리고 다른 온갖 부당행위 관련하여 제가 고발한 사실에 대해 증명함으로써, 급기야 승소하였습니다. 18. 처벌을 논하는 자리에서 재판관들이 이 사람을 처형하고자 했으나, 제가 만류하면서 저를 생각해서라도 그렇게 하지 말라고 하고, 1탈란톤의 벌금에 처하는 데 동의했어요. 그 금액은 제 소송 상대방이 제게 제시한 것과 같은 것이었지요. 이들이 제게 한 짓거리를 생각하면 사형에 처해도 마땅하겠지만, 저는 파시온의 아들이며, 여러분의 표결로 아테나이 시민이 된 사람이 단 한 명이라 하더라도 저 때

---

21 '그'가 Kaktos 현대 그리스어 판에서 아레투시오스로, Loeb 영역판에서는 니코스 트라토스로 달리 번역했다. 문맥상에서 위증한 이를 일컫고 있고, 또 바로 아래 §18애 아레투시오스가 언급되므로, 여기서는 아레투시오스로 번역한다.

22 *hemera diamemetremene*(정해진 기일). 이 표현은 Aristoteles, *Athenaion Politeia*, 67. 3~4 참조.

문에 처형되는 것을 원하지 않았으니까요. 제 진술이 사실임을 증명하기 위해 이 모든 사실에 대한 증인들을 여러분께 소개하겠습니다.

증인들

19. 이들이 저에게 자행했고, 재판관 여러분, 또 그 때문에 제가 재산목록을 작성하기에 이르게 된 그 부당행위 관련하여, 제가 여러분에게 명백하게 밝혔습니다. 이제 제가 여러분에게 증명하려는 것은 이들 예속인이 아레투시오스에게 속하며, 그 때문에 제가 이들을 그의 재산의 일부인 것으로 목록에 올린 사실입니다. 그(아레투시오스)가 케르돈을 어릴 때부터 키웠으며, 그(케르돈)가 아레투시오스에게 소속된다는 사실을 알고 있는 증인들을 여러분에게 소개합니다.

증인들

20. 때로 케르돈이 일을 해 준 이들로부터 아레투시오스가 자기 몫의 보수를 받아 챙겼으며, 그(케르돈)가 유고에 연루되면, 그(아레투시오스)가 그의 주인으로서 벌금23을 받기도 하고 주기도 했던 사실과 관련하여, 증인들을 여러분에게 소개합니다.

---

23 *dikai.*

증인들

마네스에 대한 것으로서, 그(아레투시오스)는 페이라이에우스의 아르케폴리스에게 약간의 돈을 빌려주었어요. 그런데 아르케폴리스가 이자는 물론 원금 전액을 다 갚을 수 없게 되자, 마네스를 그(아레투시오스)에게 담보24로 넘겨준 거예요. 제 진술이 사실임을 증명하기 위해 증인들을 여러분에게 소개하겠습니다.

증인들

21. 더구나, 이들이 아레투시오스에게 소속된 사실을, 재판관 여러분, 여러분은 다음의 사실에서도 알 수 있습니다. 이들이 과일을 사들이거나, 수확물을 거두는 데 노역하거나, 또 다른 농장 일로 노동할 때, 구매자와 노동력 임대인은 아레투시오스였다는 사실입니다. 제 진술이 사실임을 증명하기 위해, 이런 사실에 대한 증인을 여러분에게 소개합니다.

증인들

22. 예속인들이 아레투시오스에게 소속된다는 사실을 증명하기 위해 제가 가지고 있는 모든 증거를 여러분에게 제시했습니다. 다만,

---

24 *enapotimesen* (*enapotimao, apotimao*).

이들이 저에게 제시한 제안25에 대해서도 말씀드려야 할 것 같습니다. 제1차 심리가 있었을 때 이들이 제게 한 제안은, 이들은 스스로 예속인을 내놓을 의향이 있다는 것, 제가 직접 예속인들을 고문에 부쳐도 좋다는 것, 이 같은 제안이 이들 측의 증거 중 하나로 쓰이기를 바란다는 것 등이었지요. 23. 그러나 제가 증인들 앞에서 이들에게 한 대답은, 제가 이들과 함께 의회로 가려 한다는 것, 의회 혹은 11인과 함께 연대하에 예속인들을 인계받으려 한다는 것, 또 이들에 대한 저의 소 제기가 사적인 것이었다면, 이들(상대소송인)이 그들(예속인)을 내놓는다면, 제가 그들을 받아서 고문에 부쳤어야 하겠지만, 실로 예속인과 압류재산 목록이 모두 도시에 속하는 것이므로, 고문도 관리에 의해 행해져야 한다는 것이었습니다.

24. 사인으로서 공적 관련인26을 고문하는 것이 적절하지 않다고 제가 여겼던 겁니다. 제가 고문할 직권을 가진 것도 아니고, 이들이 하는 증언의 진위를 제가 판단하는 것도 적절치 않다고 보았기 때문이에요. 제 소견에, 11인이나 의회에 의해 뽑힌 분들이 모든 것을 기록하고, 그다음 고문에 의해 얻은 증거를 봉인한 후에, 법정으로 넘겨야 하며, 이어서 여러분들이 이들의 증언을 듣고, 판단에 따라 판결해야 할 테니까요. 25. 이들이 사적으로 저에 의해 고문을 받았더라면, 제 소송상대인이 모든 점에서 이의를 제기했을 것이지만, 공적으로 이루어진다면, 우리가 승복할 것이고, 또 관리 혹은 의회에서

---

25 *proklesis*.
26 *demosioi*.

뽑힌 이들은 스스로 적절하다고 여기는 데까지 고문하게 될 것이니까요. 제가 이 같은 취지로 제안하자, 이들은 예속인을 관리에게 넘기지 않았다고 하고, 저와 함께 의회로 가려고도 하지 않았어요.

제 진술이 사실임을 증명하기 위해, 이런 사실들에 대한 증인들을 저를 위해 불러 주십시오.

증인들

26. 여러분의 것을 자기 것이라 주장하는 이들의 뻔뻔함은 제게는 여러 측면에서 명백한 것으로 보입니다만, 그에 못지않게 여러분의 법에 견주어, 제가 이들의 정체를 여러분에게 밝히겠습니다. 재판관들이 아레투시오스에게 사형을 선고하려 했을 때, 이들은 그 대신 벌금형으로 선고하도록 재판관들에게 간청하고, 제게도 선처해 주도록 부탁했습니다. 그러고는 이들이 벌금 납부에 연대보증을 선다는 데 동의했어요. 27. 그러나 그 보증한 바에 따라 벌금을 납부하는 것은 고사하고, 오히려 여러분의 것을 자기네 것이라 우기고 있는 거예요. 법에 따르면, 도시에 무엇을 보증 선 이가 그 보증 선 빚을 갚지 않으면, 그의 재산은 몰수됩니다. 그래서, 이들에게 속하는 예속인이 있으면, 법이 유효한 한에서, 그들은 공공의 것으로 귀속되어야 하는 거예요. 28. 아레투시오스가 공금 채무자가 되기 전, 스스로 그 형제들 가운데 가장 부유했다는 사실을 인정했어요. 그러나 법 규정에 따라 그의 재산이 여러분의 것으로 귀속되므로, 현재로서 아레투시오스는 가난뱅이 행색을 연출하고 있고, 그 모친이 그의 재산 일부를, 또 다른 일부

는 그의 형제들이 자기네 것이라 요구하고 있습니다. 그러나 이들이 여러분 앞에서 당당하게 처신하려 한다면, 무엇보다 먼저 아레투시오스의 전 재산을 공개하고, 그 목록 가운데 자기네 재산이 들어 있다면, 청구권을 요구하면 되는 겁니다.

29. 여러분의 것을 자기네 것이라 청구하는 이들의 수는 부족할 때가 없다는 사실을 여러분이 상기하신다면 말이에요, 말하자면, 고아, 무남상속녀27를 내세워 여러분의 연민을 구하거나, 노령, 궁핍, 모친 부양 등을 구실로 짐짓 한탄하며 여러분을 기만하려 하는 이들은, 도시에 진 빚을 속여서 갚지 않으려 하는 것이므로, 만일 여러분이 이 모든 꼼수들을 무시하고 유죄 선고를 내리신다면, 올바르게 판결하시는 것이 되겠습니다.

---

27 *epikleros*.

54

코논의 학대 행위를 비난하여

해제

이 변론의 원고인 아리스톤은 얌전한 아테나이인 젊은이로서, 불량배들의 행패에 걸려들었다. 불량배 중에는 코논의 아들들도 있었는데, 이들은 그 부친과 함께 술꾼에다 행패를 일삼는 패거리에 속했다. 어느 날 오후 아리스톤이 친구와 광장을 거닐다가 이들 불량배로부터 공격을 받아 심하게 구타당한 후에 상처가 심하여 초주검에 이르렀다. 이에 아리스톤은 이 사건의 주범인 코논에 대해 학대(虐待)의 소(訴)[1]를 제기했다.

학대의 소란 몸을 해침으로써(kakosis) 학대하는 경우에 해당한다. 이 경우 처벌은 원고가 제안하고 재판관이 사정(査定)하는데, 경우에 따라 처형도 가능하다. 이 재판은 한 달[2] 이내 처리해야 하는 사안이다. 기소는 피해자가 하며, 피해자가 죽는 경우 최근친이 한다. 육체 학대의 희생자가 예속인인 경우, 그 주인이 가해자에 대해 손해의 소[3]를 제기하는데, 이것은 공소로서 엄중한 처벌

---

1   *dike aikeias*.
2   *emmenes dikai*. 참조, Aristoteles, *Athenaion Politeia*, 52. 2.

을 수반한다.4 쌍방 폭행의 경우 먼저 폭행을 시작한 쪽만 처벌한다.

이 변론의 시기는 정확하게 알려져 있지 않다. 다만 재판이 있기 2년 전 아리스톤이 보이오티아 쪽 변경 파낙톤으로 수비에 임했다는 내용이 변론 가운데 나온다. 기원전 357~347년 사이에 신성전쟁이 있었는데, 이에 대한 언급은 없으므로, 아리스톤의 수비대 근무는 기원전 357년 전이었던 것으로 추정된다. 또 기원전 343년 이후 시기도 가능하므로, 일부는 이 변론의 연대를 기원전 341년경으로 보기도 한다.

이 변론은 소송 절차에 대한 정보를 담고 있다는 점에서 중요하고, 문체도 상당히 유려한 것으로 이미 고대부터 정평이 나 있다. 그러나 데모스테네스의 작품인지의 여부에 대해서는 이견이 있다. 군역복무의 성실함과 함께 아테나이 젊은이들의 품행에 대한 부정적 평가도 있다.

---

3 *agoge blabes*.
4 참조, Demosthenes, 37(판타이네토스에 반대한 '위법의 소(訴)'에 대한 항변), 22; Demosthenes, 55(재산 손해 관련하여 테이시아스의 아들이 칼리클레스에 반대하여), 31.

1. 이 코논에 의해, 재판관 여러분, 제가 이렇듯 수모를 겪고 폭행당하여, 아주 오랫동안 제 집안사람도, 의사들도, 제가 살아나리라는 기대를 하지 않았어요. 그런데 뜻밖에도 회복하고 기운을 차려서 그 폭행에 대해 제소하게 되었습니다. 제가 어떻게 할지 의향을 떠본 저의 모든 친구와 집안사람이 말하기를, 이 사람이 자행한 행위는 강도 구인5과 무례에 대한 공소(公訴)6 절차에 붙일 수 있다고 했어요. 다만, 제게 조언하고 충고하기를 제 능력으로 감당할 수 없는 상황으로 일을 키우지 말고, 또 제가 피해를 보았다고 해서 제 나이에 버거운 혹독한 법적 절차에 호소하는 오기를 버리라고 했습니다. 그래서 제가 그렇게 하기로 하고, 그들 의견을 존중하여, 코논에 대해 사소(私訴)를 제기하게 된 겁니다. 마음 같았으면, 아테나이인 여러분, 그를 사형에 처하고 싶은 심정이지만 말이에요. 2. 이런 점 관련하여 저는 여러분 모두가 저에 대해 양해해 주실 것이라고 믿어 의심치 않습니다. 제가 어떻게 당했는지를 들으신다면 말이죠. 당시에 제가 당한 폭력도 끔찍한 것이지만, 그 후 그에 의해 당한 수모도 덜한 것이 아니었어요. 그래서 제가 여러분 모두에게 똑같이, 저의 권리로서 요구하고 또 부탁드리건대, 먼저 제가 당한 일에 대한 진술을 호의를 가

---

5   *apagoge*(*ton lopodyton*).
6   *graphai*(*graphe*) *hybreos*. 고대 아테나이에서 공소(公訴)란 오늘날 공소 개념과 달리 검사가 하는 것이 아니라, 사소(私訴)와 마찬가지로 개인이 제기한다. 다만 공탁금을 걸어야 하고, 재판관 5분의 1의 지지표를 얻지 못하는 경우 공탁금(1,000드라크메)을 몰수당하는 위험부담이 따른다. 참조, 최자영, 《고대 그리스 법제사》, pp. 578~580; 같은 책(전자책), 제9장, 2. 2) (5) 에이산겔리아와 그라페.

지고 청취하시고, 그다음, 만일 제가 억울하게 당하고 불법의 희생물이라고 판단되시면, 저의 권리를 찾도록 도와주십시오. 어떻게 일이 발생하게 되었는지, 가능한 한 줄여서, 자초지종을 여러분께 말씀드리겠습니다.

3. 2년 전 수비의 임무를 맡고 파낙톤으로 갔습니다. 이 코논의 아들들이 우리 가까이에서 막사를 쳤어요. 그러지 않았더라면 하는 것이 저의 생각입니다. 우리들 간 적의(敵意)와 충돌이 거기에서 시작되었으니까요. 그간 사정 이야기를 여러분이 들으시겠습니다. 점심 식사 후 바로 시작하여 온종일 계속해서 술을 마시는데, 그곳 수비 임무를 맡은 기간 내내 그랬던 거예요. 우리로서는, 이곳 시내에서 늘 해왔던 것처럼, 그곳 야영에서도 그같이 한 겁니다. 4. 그런데, 이들은, 다른 이들이 식사를 할라치면, 이미 술에 취해 주정을 부렸어요. 처음에는 우리를 수발[7]하는 하인[8]들을 집적거리더니, 마침내 우리에게 직접 시비를 거는 겁니다. 이들이 시비를 건 것은, 하인들이 음식을 만들면서 사방을 연기로 채운다든가, 말을 건방지게 한다든가 하는 것이었어요. 이렇게, 기회가 있을 때마다 이들을 때리고, 여기저기 물 단지를 집어던지고, 우리 옆에다 소변을 보는 등, 어떤 불미하고 모욕적인 행위도 빠뜨리는 것이 없었답니다. 저희는 이 같은 그들 행위를 보면서 마음이 상했어요. 처음에는 이들을 내쫓았으나, 저희들을 조롱하면서 멈추지 않기에, 장군[9]에게 가서 상황을 고했습니다.

7　*akolouhtoi.*

8　*paida.*

모든 식사공동체10 동아리들이 함께 갔고, 저도 빠지지 않고 다른 이
들과 함께했죠. 5. 장군이 그들에게 엄중하게 경고하고, 우리에게 저
지른 비열한 짓거리뿐만 아니라 진영 내에서의 전반적인 복무 태도에
관해서 꾸짖었어요. 그런데도 이들은 전혀 삼감이 없었고, 하던 짓거
리를 멈추지 않았던 거예요. 오히려 바로 그날 밤, 날이 어두워지기
가 무섭게, 우리 막사로 쳐들어와, 처음에는 저보고 욕을 하더니, 마
침내 저를 구타하는 데까지 이르게 되었습니다. 막사를 둘러싸고 이
렇듯 고함소리가 나고 소동이 일자, 장군과 연대장,11 그 외 일부 병
사들이 와서는 우리를 말렸어요. 이들이 우리에게 돌이킬 수 없는 해
를 끼치지 못하도록, 또 이들이 술에 취해서 우리에게 한 폭력적 행위
에 대해 우리도 그들에게 가해하는 일이 없도록 말이죠.

6. 상황이 이런 지경에 이르렀으므로, 이곳12으로 돌아오자, 당연
한 귀결로 적의와 분노가 우리 사이를 갈랐습니다. 그래도 저로서는,
신들의 이름으로 맹세코, 이들을 상대로 제소하겠다는 생각은 없었
고, 사건을 아예 거론조차 하지 않았어요. 그저 다음부터 조심하고,
이 같은 부류의 사람들과는 접촉을 피해야 하겠다고 마음먹었지요.
먼저 제 진술이 사실임을 밝히는 증언들을 여러분에게 소개하겠습니
다. 그다음, 이 사람(코논)에 의해서 제가 어떤 피해를 보았는지 말
씀드리겠습니다. 그래야, 이 사람이 첫 번째 자행한 짓거리에 대해

---

9   *strategos*.
10 *syssitoi*.
11 *taxiarchos*.
12 아테나이.

자성해야 하는데도, 그보다 훨씬 더 끔찍한 행위를 스스로 자행한 사실에 대해 여러분이 알게 될 것이니까요.

증언들

7. 사건의 전말은 이러했고, 이에 대해 저는 더 이상 문제 삼을 필요가 없다고 보았습니다. 그러다가 얼마 후 저녁 무렵, 늘 하던 대로, 제 동년배 친구, 케피시아13 출신 파노스트라토스와 함께 시장거리를 걸어가고 있었어요. 그런데 이 사람의 아들 크테시아스가 술 취한 상태에서, 피토도로스 집 근처 레오코리온14 맞은편에서 제 옆을 지나갔어요. 그가 우리를 보더니 소리를 지르면서, 술 취한 이가 그렇듯이 알아들을 수 없는 혼잣말을 하더니, 멜리테15를 향해 올라갔어요. 나중에 알게 된 것이지만, 그곳 축융업자 팜필로스의 집에 모여서 술자리를 벌였는데, 이 코논, 테오티모스라는 이, 아르케비아데스, 에우불로스의 아들 스핀타로스, 안드로메네스의 아들 테오게네스, 그 외에도 많은 이들이 함께했다고 합니다. 그런 다음 크테시아스가 이

---

13 에레크테이스 부족에 속하는 구(區·demos)
14 레오코리온은 레오스의 세 딸을 기리는 기념비로 그 위치는 미상이다. 레오스는 나라의 안전을 위해서 세 딸을 재물로 희생시켰다.
15 멜리테는 아테나이 서부 언덕 지역으로, 아레오파고스(아크로폴리스 북서쪽으로 바로 연접해 있다) 언덕 끝부분과 콜로노스 아고라이오스('아고라 옆의 언덕'으로 헤파이스토스 신전 바로 남쪽에 연한 언덕) 사이에 있는 저지대를 통해, 아고라(시장 및 광장) 쪽에서 올라갈 수 있다.

들을 일어나라고 해서 데리고 시장으로 내려왔답니다.

8. 그때 저희는 페레파티온(페르세포네 신전)[16]에서 돌아오는 길이었는데, 레오코리온 맞은편에서 다시 이들을 만난 거예요. 우리가 그들 가까이 다가갔을 때, 그들 중 한 명이, 누구인지는 제가 잘 모르는데, 파노스트라토스에게 달려들어 제압하는 한편, 이 코논은 자기 아들과 안드로메네스의 아들과 함께 저를 향해 돌진해 왔습니다. 이들이 먼저 내 옷을 벗기더니, 다음에는 저를 걸고 넘어뜨려 진흙으로 밀어넣고는, 제 위로 덮쳐 마구 두들겨 팼어요. 그래서 제 입술이 터지고, 눈은 뜰 수 없었어요. 이렇게 참담한 지경이 된 저를 내버려두고 이들이 가 버린 다음, 저는 일어날 수도 한마디 소리를 낼 수도 없었지요.

9. 제가 그렇게 늘어져 있는 가운데서도, 이들이 많은 욕지거리를 해댔는데, 어떤 것은 너무나 야비해서, 제가 여러분 앞에서 언급하기조차 민망한 것들입니다. 그러나 코논의 오만의 상징, 그리고 이 모든 사건이 이 사람에게서 비롯되었다는 사실을 증명하는 것을 여러분에게 말씀드리자면, 그는 닭싸움에서 이긴 수탉같이 의기양양했고, 주변에 있는 이들은 양팔을 날개처럼 흔들라고 그를 부추겼어요. 급기야 지나가던 행인이 저를 일으켜 세워서, 알몸인 저를 제 집으로 데려다주었던 거예요. 그들이 제 옷가지까지 들고 가 버렸으니까요. 문간에 도착하자, 제 어머니와 하인들이 소리 지르며 울기 시작했고, 어렵사리 저를 목욕탕으로 옮기고, 몸을 씻기고는 의사를 불렀지요. 제 진술이 사실임을 증명하기 위해, 증인들을 소개하겠습니다.

---

16 Pherrhephattion. 페르세포네 신전의 위치는 정확히 알려져 있지 않다.

증인들

10. 재판관 여러분, 저의 일가로서 콜레이다이[17] 출신인 이 에욱시테오스, 그리고 그와 함께 메이디아스가 어딘가에서 저녁을 먹고 돌아오는 길에 저에게 왔어요. 제가 집 가까이 왔을 때, 그들이 저를 만났고, 제가 목욕탕으로 이동할 때도 따라왔고 의사를 부를 때도 옆에 있었습니다. 제 상황이 너무 열악했으므로, 목욕탕에서 제법 거리가 있는 제 집으로 다시 옮기는 것이 무리이고, 그날 밤은 가까운 메이디아스의 집으로 저를 옮겨가는 것이 좋겠다고 그 자리에 있던 이들이 판단하여, 그렇게 했습니다. 이들의 증언을 들고 읽어 주십시오. 많은 이들이 제가 이들의 손에 당한 폭력을 목격했음을 여러분이 아실 수 있도록 말이죠.

증언들

이제, 의사의 증언을 들고 읽어 주십시오.

증언

11. 그런데 당시 제가 입은 상처와 모욕의 직접적 결과로서, 이 같은 상태에 이르렀으며, 이 사실은 저 자신은 물론 당시 저를 목격하고

---

17 레온티스 부족에 속하는 구(區 · *demos*).

증언한 모든 증인들에 의해 증명됩니다. 그 후, 제 얼굴의 부기와 상처는, 의사의 말에 따르면, 크게 염려되는 것이 아니지만, 계속 열이 나고 전신에, 특히 옆구리와 배에, 심한 통증이 있어 음식을 아무것도 먹을 수 없었어요. 12. 그리고 의사의 말에 따르면, 고통이 극도에 달하고 주변 사람들도 뾰족한 대책이 없는 가운데서, 만일 아주 많은 출혈이 자체적으로 일어나지 않았더라면, 속에 고름이 고여서 제가 죽었을 것이라고 합니다. 그런데 출혈이 저를 살렸다는 거예요. 구타로 인해 중태에 이르렀고 거의 사경에 이르렀음을 증명하기 위해 의사와 저를 방문한 사람들의 증언을 읽어 주십시오.

증언들

13. 이들의 폭력과 안하무인의 무모함에 의해 제가 입은 상처가 경미하고 사소한 것이 아니라 자칫 죽음을 초래할 수 있었음에도, 저는 마땅히 밟아야 하는 것보다 훨씬 더 경미한 절차로 소(訴)를 제기했다는 사실이, 여러 증언들에 의해 여러분에게 밝혀진 것으로 봅니다. 그런데도, 여러분 중에는 이런 점들에 대해 코논이 도대체 어떤 변명으로 대응할까 의아해하시는 분도 있을 것 같습니다. 그래서, 제가 얻은 정보에 따라, 이 사람이 둘러댈 것으로 예상되는 변명에 관해 제가 여러분에게 미리 귀띔하도록 하겠습니다. 그는 폭력과 실제 상황들의 의미를 축소하고, 이 사안이 단순한 웃음거리, 소극(笑劇)에 불과하다고 할 것 같습니다. 14. 도시에 많은 이들, 고명하고 훌륭한 이들18의 자식들이 있는데, 젊은이들이 흔히 그렇듯이, 놀이하면서

자신들에게 별명을 붙이곤 한다는 것이죠. 어떤 이는 '이티팔로이(남성의 성기 모형을 들고 축제 행진에 참가하는 이들)', **19** 또 어떤 이는 '아우톨레키토이(기름이 든 단지를 스스로 옮기는 이들)'**20** 등으로 불리고, 그중에는 사랑하는 소녀도 있으며, 번번이 소녀 때문에 서로 맞기도 하고 때리기도 한다는 거예요. 이런 일은 모든 젊은이들에게 일어나는 일이며, 자기(코논) 아들도 그런 이들 중 하나에 불과한 것이라고 이 사람(코논)이 주장할 것 같습니다. 이로써 이 사람은 저와 제 모든 형제까지 술주정뱅이, 오만방자한 이, 몰상식한 이, 고약한 이로 만들어 버리려 하는 거예요.

15. 그러나 저로서는, 재판관 여러분, 이미 입은 피해로 인해 분통이 터진 상태에서, 그에 못지않게 분노하고, 이런 표현을 쓰는 것에 양해를 구하면서, 또 다른 폭력의 희생물이 되는 것으로 여기게 될 것 같습니다. 만일 코논이 저희에 대해 하는 말이 여러분에 의해 진실인 것으로 판정받게 되고, 이 사람이 자신에 대해 인정하거나 혹은 다른

---

18 *kaloi kagathoi*. '훌륭한 이들'이라고 번역할 수도 있지만, 여기서는 맥락에 따라 '고명하고 훌륭한 이들'로 옮겼다.

19 *ithyphalloi*(단수형 *ithyphallos*). '*phallos*'는 남성의 성기이다. '*ithyphalloi*'는 남성의 성기 모형으로 흔히 붉은 가죽을 두른 것으로서, 대(大) 디오니시아 제전에서 성기 모형을 몸에 걸치고 벌이는 행진에 참여할 때 쓴다. 다산을 기원하는 것으로서, 목에 걸거나 길게 끈을 늘어뜨려 발목까지 닿게 하기도 한다. 또 혼인 적령기의 여인들이 막대기에 달고 행진하기도 한다.

20 *autolekythoi*(단수형 *autolecythos*). '*lekythos*'는 기름 넣은 단지(항아리)를 말하고, '*auto*'는 '스스로'라는 뜻이다. '*autolekythoi*'는 사람을 부리지 않고 스스로 기름 단지를 옮기는 사람들이라는 뜻으로 풀이될 수 있다.

누가 이 사람을 그런 것으로 규정하는 그 같은 성격을 다른 이마저 가진 것으로 여러분이 잘못 생각하시고, 또 점잖은 이들이 그 일상생활과 삼감의 행동을 통해 아무런 혜택을 누릴 수 없게 된다면 말이에요. 16. 세상에서 아무도 우리를 술주정뱅이나 폭력배로 보는 이가 없고, 또 저로서는, 제가 입은 피해 관련하여 법에 따라 구제받으려고 하는 것일 뿐, 어떤 몰상식한 행위를 하는 것이 아니라 봅니다. 이 사람(코논)의 아들들이 '이티팔로이'와 '아우톨레키토이'가 되는 권리에 대해 저는 양해하지만, 다만, 신에게 기원하는바, 그 같은 행위의 결과는 모두 코논과 그 아들들에게 돌아가야 하는 것이겠습니다.

17. 서로 모여 '이티팔로스'를 연출하고, 또 점잖은 이들은, 그런 행위를 하는 것은 고사하고, 얼굴을 붉히지 않고는 입에 올리기조차 거북한 행위를 자행한 것이 이들이기 때문입니다. 그런데, 이 모든 것이 저와 무슨 관계가 있냐고요? 남을 공격하고 구타한 것으로 드러난 이가 벌을 모면하기 위해 여러분 앞에 어떤 구실이나 변명을 찾아 둘러댈 것인지, 적어도 저로서는 오리무중이기 때문입니다. 특히 법조문은 정반대로 규정하여, 변명은 불가피한 것 이상으로 확대하지 못하도록 하고 있거든요. 제가 부득이 이 같은 상황을 검토하고, 그래서 알게 된 것인바, 예를 들면, 비방죄21 소송이 있어요. 18. 이것은 소송 쌍방이 서로 욕만 주고받았을 뿐, 서로 직접 행동에 나서지 않은 것과 관련된다고 해요. 그리고 폭행22 소송이 있습니다. 이것이, 제가

---

21   *dikai kakegorias.*
22   *aikeia.* 참조, 이 변론의 해제.

듣기로, 현안과 관련된 소송으로, 약한 측에서 돌이나 그 같은 것을 가지고 방어하지 않고 법적 구제절차에 의거하는 것이고요. 그다음 상해 공소[23]가 있는데, 이것은 두들겨 맞았으나 살해까지는 이르지 않은 경우입니다. 19. 이 중 가장 경미한 모욕죄는, 제 소견에, 제일 마지막, 가장 중대한 것, 살인이 일어나지 않도록 예방하는 역할을 하는 것, 사람들이 단계적으로 비방에서 폭력, 폭행에서 상해, 상해에서 살인으로 나아가지 않도록 하려는 것이겠습니다. 다만, 법에 따르면, 이들 각각의 사안에 대한 소송이 분리되어 있고, 판결은 이해당사자의 감정이나 의도에 좌우되어서는 안 되는 거예요.

20. 법 규정에 따르면, 이러합니다. 그런데 코논이 "우리는 '이티팔로이', 모여서 즐기고, 치고, 좋아하는 이의 목을 끌어안습니다"라고 여러분에게 말하면, 여러분이 이 사람을 무죄 방면할 겁니까? 저는 그건 아니라고 봅니다. 여러분 가운데 누구도 한바탕 웃어넘길 일이 아닌 거예요. 이 사람이 저를 낚아채서, 옷을 벗기고, 욕하고, 건강하게 나선 제가 들것에 실려 집으로 돌아오고, 제 어머니가 놀라 달려 나오고, 집안에 누가 죽은 것처럼, 제 아내가 울고불고해서, 이웃들이 웬일인가 하고 사람을 보내 묻는 현장에 있었다면 말이죠.

21. 한마디로, 재판관 여러분, 폭력을 행사해 놓고도 여러분 앞에서 처벌을 면할 수 있는 구실이나 특권은 누구도 가져서는 안 된다고 저는 봅니다. 이러한 권리를 주장할 수 있는 사람이 있다면 그것은 다름 아니라 연소한 이가 그런 행위를 했을 때이며, 그것도 처벌을 면

---

23 *graphai traumatos.*

하는 것이 아니라, 정상보다 더 완화된 벌을 받는 것이 되어야 합니다. 22. 그런데 나이 쉰 살이 넘어 젊은이들, 그것도 자기 아들 사이에 끼어서, 이들을 저지하거나 막거나 하지도 않고, 오히려 앞장서서 시범을 연출하고, 비열한 행위에서 타의 추종을 불허하는 이는 그 행위에 대해 어떤 벌을 받아야 마땅하겠습니까? 제 소견에, 사형도 충분하지 않은 것 같습니다. 더구나, 이 사람(코논)이 한 것으로 드러난 행위이지만, 만일 그 자신이 직접 하지 않았고, 그 아들 크테시아스가 그런 행위를 할 때 그냥 가만히 서 있었던 것이라 해도, 여러분은 당연히 이 사람을 추단해야 합니다. 23. 이렇듯 두려워하지도 않고 부끄러워하지도 않으며, 사형을 당하는 어떤 몹쓸 행위를 그 아비 눈 앞에서 하도록 자식을 키우는 사람에게, 여러분은 어떤 벌이 마땅하다고 여기십니까? 제 소견에, 이러한 사실들은 이 사람 스스로 그 부친조차 존중하지 않는다는 증거입니다. 만일 그가 자신의 부친을 존중하고 두려워했다면, 자신의 아들에게도 같은 것을 가르쳤을 것이니까요.

24. 이제, 폭력과 (옷을 훔쳐간) 강도 행각과 관련한 법을 들어 주십시오. 이들이 이 두 가지 법을 어긴 사실을 여러분이 보시겠습니다. 읽어 주세요.

법조문들

이 사람(코논)24 자신이 한 행위는 이 두 개 법을 어긴 것이에요. 폭행을 가했고 또 옷을 훔쳐갔기 때문이지요. 저희가 이 두 가지 법을 위반한 사유로 재판에 넘기기를 원치 않았다고 한다면, 우리들은 당연히 조용하고 온건한 이들로 증명되는 것이지만, 이 사람은 여전히 비열한 인간일 뿐입니다. 25. 제게 유고가 생겼다면, 이 사람은 살인 혐의에다 더 열악한 형벌의 혐의자가 되었을 거예요. 브라우론25 여사제의 부친은 죽은 자에게 손을 대지 않았다고 주장했으나, 가격하는 이에게 때리라고 부추긴 죄로, 아레오파고스 의회26가 그를 추방했어요. 공정한 것이죠. 술이나 분노, 혹은 어떤 다른 원인 때문에 불법행위를 하는 이들을 두고 옆에 있는 이들이 저지하지 않고 방관하며 부추기기까지 한다면, 불량배의 손에 걸린 이들은 생존 가능성이 없고, 두들겨 맞아 초주검에 이를 수도 있어요. 제 경우가 바로 그랬으니까요.

26. 이제, 이들의 불량함에 대해 여러분이 이해하시도록, 중재 기간에 일어난 일을 고하겠습니다. 이들은 한밤중 지나서까지 중재를 연장하면서, 증언을 읽으려 하지 않았고, 또 사본을 교부하려 하지도 않았어요. 그러면서, 우리 측 출석 증인을 하나하나 따로 돌27 있는

---

24 여기서부터 주로 법조문을 다룬다.

25 브라우론은 아티카(아테나이가 있는 반도) 동부 연안에 위치하는데, 그곳의 고대 도시 12개 중 하나다. 브라우론이란 명칭은 동명의 영웅에게서 따왔고, 아르테미스 브라우로니아 신전이 있었다. 브라우로니아로 불리는 디오니소스 축제도 있었다.

26 *he boule ex Areiou pagou* (*the council from Ateopagos*). 참조, 살인과 관련하여 '*graphe epibouleuseos*'는 아레오파고스가 아니라 팔라디온에서 재판했다. '*bouleusis*'에 관해서는 참조, 부록 2.

27 *lithos* (돌). '돌'은 아고라(시장 겸 광장) 곁에 있는 사당으로, 거기서 법무장관들 (*thesmothetai*)과 공적 사안의 중재인들이 맹세한다.

곳으로 데려가서 맹세하도록 하고는, 완전히 현안과 무관한 증언들을 기록했는데, 예를 들면, "크테시아스는 정부에게서 난 코논의 자식으로, 이런저런 일을 겪었다" 같은 것이었지요. 제가 신의 이름으로 맹세컨대, 재판관 여러분, 임석한 이들 가운데 이들을 비난하지 않고 혐오하지 않은 이가 없었고, 급기야 이들 자신도 스스로에게 염증을 내기에 이르렀던 겁니다. 27. 하던 일에 지치고 싫증이 난 이들이, 시간을 벌고 보관함[28]들이 밀봉되지 않도록 하기 위해, 제게 제안을 했어요. 구타와 관련하여, 하인들[29]을 고문에 부치도록 내놓을 의향이 있다고 하고, 명단까지 적어 내놓는 거예요. 제 소견에, 오늘 이들 주장의 상당 부분이 이 대목으로 향할 것이라 봅니다. 그러나, 제 소견에, 여러분 모두가 유념하셔야 할 것이 있습니다. 그것은, 만일 이들의 제안이 고문을 통해 조사가 이루어지고, 이런 방법으로 믿을 만한 증거를 얻을 수 있는 것이었다면, 그런 제안 자체를 하지 않았을 것이라는 점입니다. 중재인의 판정이 곧 발표될 즈음이었고, 그 오밤중에, 더는 어떤 핑곗거리도 이들에게 남아 있지 않았을 때 말이에요.

28. 이 소송이 시작되기 전, 제가 자리에 누워 살아날 가망이 있는지 여부도 불투명했을 때, 저를 보러오는 모든 이들 앞에서 제가 그를 두고 비난했어요. 제일 먼저 저를 두들겨 팼고, 가장 많은 폭력을 가한 이가 코논이라고 말이에요. 그러면 그때 당장에 이 사람이 많은 증

---

28 *echinoi* (보관함). 금속이나 사기로 된 함(혹은 항아리)으로 증인들의 증언, 소송 쌍방이 제출하는 증거 문서를 넣고 밀봉한다.

29 *paida*.

인들을 데리고 제 집으로 와서 하인들을 넘기고 아레오파고스 성원 중 몇 명30을 불러야 했던 겁니다. 제가 죽었더라면, 그곳(아레오파오스)에서 재판이 열렸을 것이니까요. 29. 그런데, 만일 이 사람이 이 같은 상황을 잘 몰랐던 것이라면, 실로 지금 그렇게 변명할 것 같지만, 그래서 이같이 막중한 위험에 대해 사전 대비가 안 되어 있었던 것이라면, 제가 몸져누웠던 자리에서 일어나서 바로 그를 소환했고, 그래서 처음 우리가 만났을 때라도, 그가 하인을 내놓겠다는 의사를 중재인 앞에서 밝혀야 했던 겁니다. 그러나 이 사람은 그 같은 것은 전혀 하지 않았어요. 제 진술이 사실이라는 점, 그리고 시간을 벌기 위해서 이들이 제안한 사실과 관련하여, 이 증언을 읽어 주십시오. 이 증언에서 사실이 명백히 드러날 것입니다.

증언

30. 하인의 고문 관련하여, 여러분은 기억해 두실 것은, 이들이 제안했던 시각, 그 제안의 기만적 목적, 그리고 애초에 이 사람은 이 같은 증명의 절차에 전혀 의지하고 싶은 마음이 없었고, 또 실제로 제게 그가 그 같은 것을 미리 제안31한 적도, 제게 그와 관련한 어떤 요구를 한 적도 없다는 점 등입니다. 이 모든 것들이 당시 중재인 앞에서, 지금처럼 말이죠, 거짓으로 판정되고, 또 모든 혐의에서 유죄로 판명

---

30 *tines ex Areiou pagou.*
31 *prokalesamenos.*

232

되었을 때에 이르러서야, 31. 이 사람이 위증 서류를 만들어서 보관함에다 넣고, 그 서두에 증인의 이름을 넣었는데, 제 생각에, 여러분도 이름을 들어 보시면 모르지 않는 이들입니다. "이카리아32 출신 디오티모스의 아들 디오티모스, 할라이33 출신 데모텔레스의 아들 아르케비아데스, 피토스34 출신 카이리메네스의 아들 카이레티모스는 코논과 식사하고 귀가하는 길에, 아리스톤과 코논의 아들이 시장에서 싸우는 것을 보았습니다"라고 하는 것인데요. 32. 마치 여러분이, 진실에 대한 아무런 검증도 없이, 이들을 대번에 믿어 주기라도 할 것처럼 여기는 것이에요.

무엇보다 먼저 재고해야 할 것은, 리시스트라토스, 파세아스, 니케라토스, 디오도로스가 분명히 증언하기를, 제가 코논에게 구타당하고, 옷이 벗겨지고, 또 다른 온갖 종류의 폭행을 당하는 광경을 보았다고 한 것입니다. 이들은 저와 일면식이 없었고, 우연하게 현장에 있었던 이들로서, 제가 당하는 장면을 보지 않았더라면, 거짓말이 되어 버릴 그런 증언을 실로 누구도 하려 들지 않았을 거예요. 그리고 저 자신으로서도, 이 사람에 의해 피해를 당하지 않았다면, 저를 폭행한 사실을 스스로 인정하는 이들을 벌하지 않고 가만 내버려두는 대신, 저를 건드리지도 않은 엉뚱한 이와 먼저 실랑이 하는 일은 절대

---

32 아이게이스 부족에 속하는 구(區 · *demos*).

33 할라이(Halai) 구(區 · *demos*)는 두 군데가 있다. 아티카 연안 아이게이스 부족에 속하는 것과 사로니코스만 케크로피스 부족에 속하는 것이다. 둘 중 어느 것을 말하는 지는 불명하다. 그 같은 경우는 참조, Demosthenes, 48. 5.

34 케크로피스 부족에 속하는 구(區 · *demos*).

로 없었을 겁니다. 33. 왜 그런 짓을 하겠어요? 다른 이에 앞서 처음으로 저를 구타하고 가장 심하게 저를 학대한 이, 이 사람을 상대로 제가 소(訴)를 제기하고 혐오하고 응징하는 중입니다. 모든 진실은 저의 진술에 있고 또 그런 것으로 밝혀질 거예요. 그러나 이 사람은 이들 (거짓말하는) 증인을 빼놓고는, 제대로 된 근거 하나 제시하지 못하여, 조용하게 있다가 바로 유죄 선고를 받았을 겁니다. 그런데도 이 사람과 술자리를 함께하고 그 같은 부류의 많은 짓거리들을 공유하는 이들은 당연지사 위증하는 거예요. 상황이 이러하고, 몇몇이 뻔뻔하게도 공공연히 거짓말을 해대는 한편, 진실이 아무런 도움이 되지 못한다면, 절망이에요.

34. 그럼에도, 제우스의 이름으로, 이들(코논의 증인들)은 자신은 그런 사람들이 아니라고 우길 것 같아요. 그러나, 제 생각에, 여러분 중 다수가 디오티모스, 아르케비아데스, 그리고 여기 회색 머리카락으로 덮인 카이레티모스를 알고 있지요. 이들은 낮에는 자못 준엄한 모양새를 하고 라코니아식 검소함을 표방하며, 누추한 짧은 망토(트리본)[35]를 걸치고, 단일 밑창을 댄 신발을 신고 다니지만, 한자리에 모였다 하면, 악하고 비열한 행위라고 있는 것은 안 하고 빼놓는 것이 없어요. 35. 그리고 그들이 외치는 화려하고 박력 있는 말은 이런 겁니다. "우리가 어떻게 서로를 위해 증언하지 않을 수 있나? 동료이며 친구는 그렇게 해야 하는 것 아닌가? 그가 자네를 상대로 제소한다고

---

35 트리본은 라코니아(스파르타)의 남루한 복장이다(Plutarchos, *Nikias*, 19 Athenaios, 12. 535e).

해서 자네가 실로 두려워할 게 뭐가 있겠나? 그가 맞는 것을 보았다고 누가 말하는 이가 있는가? 자네는 그를 건드린 적도 없다고 우리가 증언하면 되지. 그의 옷을 벗겼다고 한다고? 그들이 먼저 자네에게 그런 짓을 했다고 우리가 증언하겠네. 그 입술이 터져 꿰맸다고? 그러면 자네 머리 혹은 다른 어떤 부위도 깨졌다고 우리가 말해 주겠네."

36. 그런데, 저로서는 의사들을 증인으로 세울 수 있지만, 이들은, 재판관 여러분, 그렇게 할 수가 없어요. 이들 자신이 하는 증언 말고는, 우리를 반박할 수 있는 다른 증거를 내놓을 수가 없다고요. 제가, 신들의 이름을 걸고, 여러분에게 말씀드릴 수 없는 것은, 그 무엇이라도, 얼마큼 많이 또 어떤 종류의 수작을 이들이 기꺼이 자행할 태세가 되어 있느냐는 겁니다. 이들이 어떤 짓거리를 하면서 돌아다니는지 여러분이 이해하시도록, 이 증언들을 읽어 주시고, 당신은 물시계를 멈추어 주십시오.

증언들

37. 담장을 뚫고 남의 집에 침입하고, 또 만나는 이들을 두들겨 패는 판에, 이들이 다른 이의 이득을 위해 서면 쪽지로 위증하는 것을 주저할 것이라고 여러분은 보십니까? 너무나 크고 또 그 같은 비열한 부류의 경쟁심, 비열함, 뻔뻔함, 폭력성36으로 끼리끼리 통하는 이들이 말이죠. 제 소견에, 이들의 수작은 이 같은 속성들을 내포하고

---

36 *hybris*. 폭력성 혹은 오만함, 혹은 이 두 가지 속성을 모두 이른다.

있습니다. 그런데 이보다 더 비열한 다른 짓거리도 자행했으나, 이들이 저지른 비행을 다 찾아내는 것은 쉬운 일이 아니에요.

38. 이 사람이 지금, 제가 듣기로, 하려고 하는 가장 무모한 수작을 여러분에게 미리 말씀드리는 것이 좋을 것 같습니다. 소문에, 이 사람이 자식들을 데리고 나와 이들을 두고 너무나 끔찍하고 혹독한 저주를 걸고 맹세를 한다고 합니다. 37 어떤 이가 그 말을 듣고 잔뜩 겁을 먹고 저에게 일러 주었어요. 그런데 이런 무모함은, 재판관 여러분, 어떻게 막을 도리가 없어요. 당연히 가장 품위 있는 이들과 거짓말을 제일 할 줄 모르는 이들이 이런 사기꾼들에게 속기 때문이지요. 그러니 우리가 누구를 신임하려면 먼저 생활 태도와 그 성격을 살펴보아야 하겠습니다.

39. 현안에 대한 코논의 맹랑함에 대해 제가 여러분께 설명 드리겠습니다. 제가 부득이하게 알게 된 것들인데요. 제가 들은 바에 따르면, 재판관 여러분, 여러분 법정에서 사형을 선고받은 바키오스라고 하는 어떤 이와 눈이 안 보이는 아리스토크라테스, 그 외 그 같은 부류의 다른 사람들, 그리고 코논이 어릴 때부터 서로 친구였는데, 이들이 자신들에게 '트리발로이(트리발리아인)'38라는 별명을 붙이고, '헤카테의 식사'39를 다 먹어 치우고, 이들은 모일 때마다, 공직에 임

---

37 참조, Demosthenes, 29. 26.
38 *triballoi*. 트라케 산악지역(*tribalia*) 사람들. 오늘날 세르비아, 불가리아 지역 일부에 해당한다. 맹세에 신실하지 못한 사람들이란 뜻으로 쓰인다.
39 헤카테 여신을 위한 '헤카테의 식사'는 식탁의 남은 음식 혹은 부족한 음식, 빈곤한 삶 등을 뜻한다.

할 때 정화를 위해 쓰이는 수퇘지 고환40을 모아 놓고 서로 같이 먹었답니다. 또 무엇이든 쉽게 맹세하고 위증했다고 해요. 40. 그러니 코논의 맹세에 일말의 믿음도 여러분이 가져서는 안 되겠습니다. 절대로 믿어선 안 되는 거예요. 스스로 지키고 싶어 하더라도, 맹세해서는 안 된다고 여러분이 생각하는 것은 맹세하려 하지 않고, 실로 자식에 대한 저주를 걸고 맹세하려 하지 않으며, 그보다는 차라리 다른 무엇을 당하는 쪽을 택하며, 불가피한 경우에만 자기의 친족과 가족에 대한 저주를 걸고 합법적 맹세를 하는 사람이, 자식들을 걸고 맹세하며 사당의 불길에 손을 넣는41 사람보다 훨씬 더 여러분의 신임을 받을 자격이 있습니다. 그러니 나로서는, 코논 씨, 온갖 측면에서 당신보다 훨씬 더 신실한 나는 맹세를 할라치면, 당신같이 잘못한 행위에 대해 온갖 수작으로 처벌을 면하려는 것이 아니라, 진실을 밝히고, 단 한 번이라도, 위증함으로써, 나 자신을 수치스럽게 만들려고 하지는 않소이다. 제안을 읽어 주세요.

제안

41. 당시 제가 맹세하고 싶었던 것, 재판관 여러분, 그것을, 여러분과 임석한 분들의 자비를 구하기 위해, 모든 남녀 신들의 이름으로 지금 제가 맹세합니다. 이 코논에 의해 제가 실로 변을 당했으며, 그

---

40 공직에 임할 때 혹은 민회를 열기 전 정화의식을 거행할 때 쓰인 것으로 추정된다.
41 제물의 살이 불타는 순간에 하는 맹세는 더 효력이 강한 것으로 간주된다.

때문에 지금 법정에 호소하는 거예요. 제가 구타당하고 입술이 찢어져서 꿰맸고, 모욕을 당한 바 있어 제소한 것이고요. 제 맹세가 진실하다면, 제게 좋은 일이 많이 생기고, 다시는 그같이 변을 당하는 일이 없기를. 제 맹세가 거짓이라면, 저 자신, 또 제가 가진 것은 물론 앞으로 생길 것 등 모든 것이 완전한 파멸에 이르기를. 그러나 저는 위증하지 않습니다. 코논이 열불을 낸다 해도 말이지요.

42. 그러니 여러분은, 재판관 여러분, 제가 제시해야 하는 모든 공정한 주장을 여러분에게 밝혔고, 맹세까지 했으므로, 여러분은 제게 편승하여, 여러분이 직접 변을 당했다면, 그런 짓거리를 한 이에게 가졌을 그런 분노를 코논에 대해 가지셔야 합니다. 그들이 하는 이런 짓거리를 어떤 다른 개인이 당하는 사적 사안으로 간주하셔서는 안 됩니다. 누구에게 이런 일이 생기든, 그를 도우시고, 마땅하게 정당한 몫을 찾도록 하십시오. 또 그 같은 짓거리할 때는 당돌하고 무모하고, 재판에 임해서는 뻔뻔하고 비열해서, 처벌만 피할 수 있다면 명예고 체면이고 또 다른 아무것도 개의치 않는 그런 이들을 혐오하십시오.

43. 당연지사 코논은 여러분에게 간청하고 징징 우는 소리를 할 거예요. 그러나 유념하실 것은, 양측 가운데 어느 쪽이 더 동정을 살 자격이 있느냐는 겁니다. 이 사람에 의해 피해를 보고, 만일 패소하면 더한 모욕을 당할 처지에 있는 저같이 피해당한 쪽입니까? 아니면 코논이 벌받아야 하겠습니까? 어느 것이 여러분 각자에게 득이 되겠습니까? 구타와 모욕을 허용하는 것입니까? 금지하는 것입니까? 제 소견으로는 금지하는 것입니다. 그런데 만일 여러분이 그를 무죄 방면한다면 그 같은 이들이 많아질 것이고, 벌한다면 적어질 것입니다.

44. 우리가 여러분을 위해 한 봉사와 관련하여, 재판관 여러분, 제가 말씀드릴 것이 많습니다. 저는 물론 살아생전에 제 아버지는 삼단노선주와 군역, 또 저희에게 돌아오는 부담은 모두 완수했습니다. 그런데, 이 사람과 이 사람의 아들들은 아무런 봉사도 제공한 적이 없음을 제가 여러분에게 증명할 수 있어요. 그러나 물시계의 남은 시간이 충분하지 않고, 또 현안은 이런 문제를 다루는 것이 아니지요. 더구나, 여론에서 저희가 이들보다 더 쓸모없고 비열한 이들로 평가받는 상태에 있다고 해도, 이들에 의해 구타당하고 학대받아서는 안 되는 것이에요.

제가 이 이상으로 더 많은 말씀을 드려야 할 이유는 없을 것 같습니다. 제 진술 중 어떤 것도 여러분이 놓치는 일이 없으리라고 저는 믿습니다.

55

재산 손해와 관련하여 테이시아스의 아들이
칼리클레스에 반대하여

해제

이 변론 화자(話者)[1]의 부친 테이시아스, 그리고 칼리클레스의 부친 칼리피데스는 서로 그 토지가 인접한 이웃이다. 홍수가 나서 한 사람의 땅이 침수하게 되면서, 두 사람 사이에 토지를 둘러싸고 분쟁이 일어났다. 칼리클레스는 테이시아스의 아들을 침수 원인의 제공자로 보고 손해소송[2]을 제기했다. 테이시아스가 밭에 설치한 시설물 때문에 자기 밭으로 물이 밀려들었다고 보았기 때문이다.

손해소송은 남에게 재산상의 피해를 끼쳤을 때 발생하는 분쟁이다. 재산이 아니라 인격에 누를 끼치는 경우도 포함된다. 손해소송은 법률상[3]의 것과 법률외적[4]인 것으로 나뉜다. 전자는 협약서에 근거하여, 협약조건을 어길 때 상응

---

1   그의 이름은 알려져 있지 않다.
2   *dike blabes.*
3   *enthesmos.*
4   *athesmos.*

하는 벌칙을 명시한 것과 관련하여 발생하는 재산상의 손해이다. 반면 후자는 고의 혹은 비고의에 의해 발생하는 손해로, 고의인 경우는 손해액의 두 배, 비고의의 경우 손해액과 같은 금액을 변상한다.

이 변론은 정액 벌칙[5] 소송으로, 벌칙이 법률상 일정하게 규정되어 있으며, 원고가 임의[6]로 정하는 것이 아니다. 변론의 작성 연대는 분명하지 않지만, 다수의 학자들이 데모스테네스의 초기 작품으로 간주한다.

---

5   *atimetos* (*agon*).
6   *timetos* (*agon*).

1. 바로 지금 제가 처해 있는 바와 같이, 아테나이인 여러분, 실로 비열하고 탐욕스런 이웃을 둔 것보다 더 곤혹스러운 것은 없습니다. 칼리클레스가 제 토지에 흑심을 품고, 이렇듯 저를 음해하고 있으니까요. 애초에 그 사촌을 내세워 제 토지를 자기네 것이라 우기더니, 2. 이들 거짓말이 탄로 나고 그 음모에서도 제가 벗어나자, 다시 두 가지 중재 판정에서 제가 궐석한 상태에서 패소 판정을 내리게 만들었습니다. 첫 번째는 1천 드라크메 관련, 그리고 두 번째는 그 형제인 칼리크라테스를 동원했어요. 청컨대, 여러분 모두 제 발언을 경청해 주십시오. 제가 발언할 수 있게 해 달라기보다, 명백하게 음해당하고 있는 사실을 여러분이 이해하실 수 있도록 말입니다.

3. 딱 한 가지 반론으로, 아테나이인 여러분, 그들의 온갖 주장을 설파(說破)할 수 있습니다. 제가 태어나기 조금 전에 제 아버지가 이 밭 주변으로 담을 쳤어요. 당시 여기 이들(소송상대)의 부친 칼리피데스가 이웃에 살아 있었어요. 이런 사실은 물론 이들보다 그(아버지)가 더 정확히 알고 있는 것이에요. 칼리클레스는 이미 성인이 되어 아테나이에 거주했으니까요. 4. 그 후로도 제 아버지는 15년 넘게 더 살았고, 이들의 부친도 그에 못지않은 기간 동안 생존했어요. 그 오랜 세월 동안에 아무도 이의나 불평을 제기한 적이 없었고, 지금같이 비가 내렸을 때도 물론 그러했습니다. 밭에 담을 쳐서 누구에게 피해를 야기했다면 누구라도 항의했을 법한데도, 애초에 어떤 항의를 하거나, 담을 치지 말라고 막거나, 불평하는 이가 없었던 거예요. 5. 칼리클레스 씨, 담을 쳐서 도랑 만드는 것을 당신이 보았을 때, 당신네는 바로 내 아버지에게 가서 화를 내며, "테이시아스 씨, 당신

지금 뭘 하고 있는 거요? 도랑에 담을 치는 거요? 그러면 물이 우리 땅으로 들어오지 않소"라고 말할 수 있었겠지요. 그래서 공사가 중단되었더라면, 우리 사이에 이 같은 분쟁은 없었을 것이요. 만일 내 아버지가 그런 걸 무시하고 강행했더라면, 당신은 그 자리에 있었던 이들을 증인으로 세울 수 있었을 거요.

6. 더구나, 제우스의 이름으로, 도랑이 있었던 사실을 세상 사람들에게 증명해야 하는 거요. 지금처럼 말로만 떠들 게 아니라, 내 아버지가 피해를 주었다는 실제 증거 말이오. 그러나 이들 가운데 누구도 그같이 하려고 나선 이가 없었어요. 당신이 그렇게 했더라면, 지금처럼 궐석한 나에 대해 유죄 판정을 받아 내는 일도 없었을 것이고, 나를 음해할 것도 없었을 테니까요. 7. 오히려 그때 당신이 증인을 세우고 증언하게 했더라면, 그(아버지)가 자신이 아는 대로 여러 가지 상황들을 조목조목 있었던 대로 정확하게 증언하고, 쉽게 나오는 대로 증언하는 이들을 반박했을 텐데요. 더구나, 제 소견에, 제 연소함과 이 같은 사안에 경험이 부족하므로, 여러분 모두가 저를 무시하고 있는 것 같습니다. 그러나, 아테나이인 여러분, 저는 이들 자신의 행동이 이들 주장을 반박하는 가장 강력한 증거가 된다는 점을 말씀드리겠습니다. 어떻게 이들 가운데 아무도 항의하거나, 불평 한 번 한 적 없고, 비난의 말 한마디도 뱉은 적 없이, 짐짓 이 같은 피해를 보고도 가만히 참고만 있었답니까?

8. 이로써 이들의 후안무치함에 대해 충분히 해명이 되었다고 저는 봅니다. 그러나 또 다른 근거에 의해서도, 아테나이인 여러분, 제 아버지가 밭에 담을 만들어 올린 행위에서 아무 잘못한 일이 없다는 것,

또 이들의 말은 모두 거짓이라는 사실을 여러분이 확인할 수 있도록, 제가 말씀드리겠습니다. 9. 밭이 우리 것이라는 사실은 이들도 인정하고 있어요. 이런 기정 사실 위에서, 아테나이인 여러분, 정작 여러분이 밭을 본 적이 있다면, 제가 음해당하고 있다는 사실을 당장에 깨달으실 것 같습니다. 이 때문에, 저로서는 이 사건에 대해 알면서도 어느 한쪽에 쏠리지 않는 중재인들에게 문제를 위임하고자 했던 겁니다. 그런데 이들은 그렇게 하려 하지 않았어요. 그래 놓고는, 지금 와서 그렇게 하려 했다고 말하는 거예요. 이런 점도 곧 여러분에게 분명히 드러날 것입니다만, 우선은, 아테나이인 여러분, 제우스와 신들의 이름으로, 다음 사실에 주의를 기울여 주십시오.

10. 제 것과 이들 밭 사이에 길이 나 있어요. 밭으로 하기에는 좀 어울리지 않게, 그곳 지대가 언덕바지라, 물이 흘러내리면, 일부는 길로, 또 일부는 밭으로 내려가죠. 그런데 길로 내려갈 때, 막히는 곳이 없으면, 경사진 길을 따라 그대로 내려가는데, 장애물을 만나면, 부득이 밭으로 넘어 들어가게 되는 거예요. 11. 그래서, 재판관 여러분, 폭우가 쏟아진 다음, 밭이 물에 잠겨 버렸어요. 당시에는 그 밭이 제 아버지 것이 아니었고, 그곳 전원을 아주 싫어하고 도시에 거주하는 것을 좋아하는 이[7]의 것이었는데, 방기된 상태에 있던 밭에 두세 번 물이 넘어오는 바람에, 밭 한 부분이 망가지면서 거기에 아예 물길이 나 버렸던 겁니다. 그래서, 상황을 목격한 이들에게서 제가 들은 바, 이웃들이 이곳을 침범하고 넘나드는 것을 보고는, 제 아버

---

7 *astikos*(도시에 거주하는 이). 이때 도시는 아테나이 도심을 뜻한다.

지가 밭 주변으로 이 담을 올리게 되었다고 해요.

12. 제 진술이 사실임을 증명하기 위해, 증인들 가운데서도 훨씬 더 강력한 증거를 가진 증인으로서 사실을 알고 있는 이들을 여러분에게 소개하겠습니다. 칼리클레스의 주장에 따르면, 제가 도랑 위로 담을 쌓으면서 자신에게 피해를 끼쳤다고 해요. 그러나 저는 이것이 밭일 뿐, 13. 도랑이 아니라는 사실을 증명하겠습니다. 이 밭이 우리 것이라는 사실을 이 사람이 인정하지 않는다면, 공공 부지에다 건축했으므로 우리가 부당행위를 한 것이 되겠으나, 지금 이들도 이곳이 우리 것이라는 사실에 이의를 달지 않고, 또 거기에 포도, 무화과 등 나무가 심어져 있어요. (그게 도랑이라면) 도랑에 누가 그런 걸 심는답니까? 아무도 그러지 않아요. 또 누가 그런 곳(도랑)에다 조상 묘를 쓴답니까? 그런 이도 없다고 저는 봅니다. 14. 그런데 이 두 가지가, 재판관 여러분, 다 있어요. 과수는 제 아버지가 담쌓기 전부터 심어져 있던 것이고, 묘도 우리가 이 밭을 사기 전부터 있었던 거예요. 상황이 이러한데, 아테나이인 여러분, 어느 쪽 주장이 더 타당한 것이겠습니까? 사실 자체가 분명히 드러나는 것이죠.

이제 저를 위해 모든 증언들을 듣고 읽어 주십시오.

증언들

15. 여러분이 증언들을, 아테나이인 여러분, 들으셨습니다. 이곳에 과수가 가득하고, 그 안에 묘, 그 밖에 밭에서 볼 수 있는 다른 물건들이 있으며, 급기야 제 아버지 살아생전에 이곳에다 담을 지어 울

렸으며, 이들은 물론 다른 이웃들도 아무런 이의를 달지 않았다는 사실 등이 명백히 밝혀졌다고 여러분은 생각하지 않습니까?

16. 나아가, 재판관 여러분, 칼리클레스가 한 다른 말들도 들어 두시면 좋겠습니다. 먼저, 유념하실 것은, 여러분 가운데 누구라도 길섶에 개천이 나 있다는 말을 들어 보신 적이 있습니까? 제가 알기로, 온 나라를 통틀어 그런 것은 하나도 없습니다. 공공 부지로 물길을 낼 수 있다면, 무슨 이유로 누가 자기 땅 안에 물 흐르는 도랑을 파서 만드는 이가 있겠습니까? 17. 여러분 중 누가, 제우스의 이름으로, 시골에 살든 도시에 살든, 길에서 흐르는 물이 자기 밭이나 집으로 들어오는 것을 원하는 이가 있습니까? 정반대로, 물이 안으로 밀려들어오면, 모든 이가 그것을 막으려고 담을 쌓는 것 아닌가요? 그런데 이 사람의 말대로라면, 제가 그 물을 길에서 제 밭으로 들어오게 하고, 또 그 물이 이 사람의 밭을 흘러 지나가면, 다시 그것을 길로 나가도록 했다는 겁니다. 그런 경우, 분명한 것은 바로 그 옆에 있는 다른 이웃들도 모두 저에 대해 그같이 불평했겠죠. 18. 그런데, 제가 만일 물을 길로 빼지 않고 미적거리면, 그 물이 옆집 밭으로 흘러 들어가게 되어, 실로 제가 몰염치한 사람이 될 뻔했어요. 물이 길에서 이 사람의 밭으로 흘러들어 갔다고 해서 제가 이렇듯 정액 벌금 재판에 회부된바, 제우스의 이름으로, 제 밭에서 흘러나가는 물 때문에 피해 본 이들에 의해서는 제가 어떤 변을 당하겠습니까? 제 밭에 들어온 물을 제가 길로도 못 내보내고, 남의 밭으로도 가도록 하지도 못 한다면, 신들의 이름으로, 재판관 여러분, 달리 어떻게 해야 합니까? 실로 칼리클레스가 저더러 그걸 마시라고 강요하지는 않겠지요.

19. 이들에 의해 이런 일로, 그리고 다른 많은 억울한 변을 당하면서, 제가 제 권리를 찾는 것이 아니라, 벌금형을 받지만 않는다면 감사하게 여겨야 할 지경입니다. 만일, 물을 받아들이는 도랑이 그전부터 있었다면, 제가 정작 물을 제 밭으로 받아들이지 않은 점에서 잘못한 것이 되겠지요. 다른 밭에도 짐짓 도랑이라는 게 있어서, 가옥에 난 배수구같이, 첫 번째 밭 주인이 물을 흘려보내면, 그 같은 방식으로 다른 이가 그것을 받아들이는 것같이 말이죠. 그러나 그곳에는 아무도 저에게 물을 흘려보내거나, 받아 가는 이가 없어요. 20. 그런데 어떻게 도랑이라는 게 있을 수가 있나요? 이미 여러 차례 물의 범람이 미처 대비하지 못한 많은 이들에게 피해를 야기했고, 이번에 이 사람을 덮친 것도 그런 것이라고 저는 봅니다. 그리고 모든 것 가운데서 가장 파렴치한 것은 말이에요, 칼리클레스 자신도, 물이 자기 밭으로 넘어 들어오자, 그 물길을 막으려고 큰 돌을 옮겨와서 담을 만들어 놓고는, 그와 같은 상황이 발생했을 때 제 아버지가 밭에 담을 둘러친 사실을 두고, 제 아버지가 잘못한 것처럼 저를 상대로 손해배상 소송을 낸 것이랍니다. 더구나, 이 지대에 물이 범람하여 피해 본 모든 이들이 저를 상대로 소를 제기한다면, 제 재산은, 그 몇 배가 된다 해도, 감당이 안 될 거예요.

21. 그러나 이들은 다른 이들과 달라도 너무 달라서, 제가 곧 여러분에게 분명히 증명할 것입니다만, 자신들은 아무런 피해를 본 것이 없고, 오히려 많은 다른 이들이 여러 가지로 심하게 피해를 보았는데도, 정작 이들만 저를 제소한 것입니다. 소를 제기한다면, 이들이 아니라 누구라도 다른 이가 하는 것이 더 타당한 것이에요. 혹여 이들이

피해 본 것이 있다면 그것은 스스로의 잘못에 의한 것임에도, 저를 음해하고 있습니다. 반면, 다른 이들은, 다른 이유가 아니라면, 이런 일로 제소하지는 않아요.

모든 것을 한꺼번에 다루어서 번거로워지는 일이 없도록, 저를 위해 이웃들의 증언을 듣고서 읽어 주십시오.

증언들

22. 황당한 일 아닙니까? 재판관 여러분. 크게 피해 본 이들(이웃)뿐 아니라 달리 불행을 당한 이들 가운데 누구도 저를 고소하지 않고 운으로 여기고 승복하는데, 이 사람이 제소한다는 것이 말이죠. 증언들로부터 당장에 여러분이 이 사람이 잘못을 스스로 범한 사실을 더 분명하게 깨닫게 되셨습니다. 그것은 첫째, 길에 심겨진 과수를 자기 땅으로 편입하기 위해 담을 더 바깥으로 나오게 만들면서, 길을 좁혀 놓은 것, 둘째, 더 좁아진 길에다가 자갈을 깔아서 더 높게 만들어 놓았던 거예요. 23. 그에 더하여 제가 여러분에게 말씀드리려는 것은, 이 사람이 이렇다 할 손실이나 손해를 본 것도 없이, 저에 대해 이 같은 손해배상의 소를 제기한 사실입니다. 이들이 저에 대해 악의적으로 제소하려 하기 전에는, 제 어머니가 이들의 모친과 친하게 지냈고 서로 내왕했어요. 둘 다 시골에서 이웃에 살고, 또 그 남편들이 살아생전에 서로 친구로 지냈으니 당연지사 그런 것이었지요. 24. 그러다 제 어머니가 이들 모친을 찾아가서 발생한 상황과 관련하여 불평하고, 피해 상황을 그녀에게 알려 주었어요. 이렇게 재판관 여러분, 모든 사

실을 우리가 알게 된 것입니다. 정확하게 제가 제 어머니에게서 들은 것을 여러분에게 말씀드리려 하는바, 제가 사실대로 고한다면 제게 다복이 깃들 것이고, 거짓말한다면, 그 반대가 될 것입니다. 제 어머니 말이, 당신 눈으로 보았을 뿐 아니라 이들(소송상대)의 모친으로부터 듣기도 한 것인데, 말리려고 늘어놓은 3메딤노스[8]에 못 미치는 밀, 그리고 2분의 1 메딤노스의 밀가루가 물에 젖었다는 거예요. 거기다 올리브기름 한 단지가 기울었는데, 정작 피해는 없었다고 했어요.

25. 이들이 본 피해라는 것이, 재판관 여러분, 이런 정도에 그친 것인데도, 저는 1천 드라크메의 정액 손해배상 소송에 피고가 되어 있는 겁니다. 이 사람이 낡은 담을 보강한 사안과 관련해서도, 제가 책임져야 할 일이 없죠. 그게 넘어진 것도 아니고 다른 어떤 손상이 발생한 것도 아니니까요. 제가 발생한 모든 것에 대해 책임져야 한다는 점을 양해한다 해도, 그것은 물에 젖은 것에 한정되어야 합니다. 26. 제 아버지가 밭에 담을 칠 때 애초에 잘못을 범한 것이 없고, 이렇게 오랜 세월 흐르는 동안 이들이 이의 제기한 적이 없으며, 여러 가지로 심하게 피해 입은 다른 이들조차 우리에게 어떤 불만을 제기하지 않았고, 또 여러분 모두가 관습적으로 물을 가옥이나 밭에서 길로 쏟아내는 것이지, 제우스의 이름으로, 길에서 안으로 물을 받아들이는 것이 아니므로, 더 무슨 말이 필요하겠습니까? 이런 사실 자체로서, 저에 대한 제소가 이유 없는 악의에 의한 것이라는 사실, 저로

---

8   *medimnos*. 메딤노스는 곡물을 재는 단위로, 1메딤노스가 50리터를 약간 웃도는 양이므로, 3메딤노스는 150리터를 약간 웃도는 양이다.

서는 아무 잘못이 없고, 또 이들은 스스로 주장하는 그런 손해를 본 적이 없다는 사실 등이 분명해지는 것이니까요.

27. 이들이 길에 쓰레기를 배출한 사실, 담을 바깥으로 내다 만들면 서 길을 더 좁혀 놓은 사실, 나아가 제가 이들 모친에게 맹세하고, 또 그 같은 맹세를 이 사람이 제 어머니에게 하도록 제안한 사실 등을 여러 분이 알 수 있도록, 증언들과 제안9을 들고 저를 위해 읽어 주십시오.

증언들, 제안

28. 그러니, 이들보다 더 뻔뻔하고 더 명백한 협잡꾼들이 있을 수 있습니까? 담을 더 바깥으로 내다 쌓고 길바닥을 더 높게 돋워 놓고 는, 다른 이들을 훼손죄로 걸어 제소하다니 말이지요. 그것도 기껏해 야 50드라크메 손실 본 것을 가지고 1천 드라크메 정액 벌금으로 말이 에요. 더구나, 여러분이 유념하실 것은, 재판관 여러분, 엘레우시스 는 물론 또 다른 지역에서도 농지에 물난리가 나서 얼마나 많은 이들 이 피해를 보았느냐는 것입니다. 그런데도 이들은, 천지신명의 이름 으로, 이들 중 아무도 이웃으로부터 피해 구제를 받아야 하겠다고 나 서는 이가 없어요. 29. 저로서도, 이들이 길을 좁히고 바닥을 돋운 것 에 당연히 화를 낼 수도 있지만 침묵하고 있는 마당에, 이들은, 보시 듯이, 참으로 오만이 도를 지나쳐서, 자신들에 의해 피해를 본 이들 에 대해 악의로 제소했습니다. 게다가, 칼리클레스 씨, 당신이 당신

---

9   *proklesis*.

밭에 담을 칠 수 있다면, 우리도 우리 밭에 담을 칠 수 있는 권리가 있는 것이지요. 내 아버지가 담을 쌓으면서 당신에게 피해 준 것이라면, 지금 당신네도 담을 쌓으면서 우리에게 피해를 주었소. 30. 커다란 돌로 쌓은 담이 물길을 돌려 우리 밭으로 들어오게 하고, 나중에 어쩌다가 갑자기 내 담을 무너뜨릴 수도 있단 말이오. 그렇지만, 저는 이들(소송상대)에게 피해를 구제해 달라고 요구하지 않을 것이고, 운명에 순응하고, 제 재물을 지키려 노력할 따름입니다. 칼리클레스가 그 밭에 담을 쌓은 것은 현명함의 소치라 저는 봅니다만, 저에 대해 소를 제기한 것은 극도의 비열한 짓거리이며 병적 징후가 아닌가 합니다.

31. 이상하게 여기지 마십시오, 재판관 여러분, 이 사람의 당돌함도, 또 지금 감히 저를 거짓 고소하는 것에 대해서도 말이죠. 지난날 자기 사촌을 내세워 제 밭을 자기 것이라 우길 때도 협약을 맺은 바 있으나, 전혀 실천한 적이 없으니까요. 지금도 또 다른 분쟁에서 궐석으로 저에 대한 패소 판정을 중재인으로부터 받아 냈습니다. 고소장에는 제 하인 중 한 명인 칼라로스라는 이의 이름을 적었어요. 10 다른 악의적 소행에 더하여, 꼼수를 착상해 낸 것이, 칼라로스를 상대로 하여 같은 취지로 고소한 거예요. 32. 주인의 지시도 없는데, 도대체 어떤 하인이 주인의 밭에 담을 둘러쌓는답니까? 다른 어떤 사안으로 칼라로스를 고소할 수 없으므로, 제 아버지가 죽기 15년 전에 쌓은 담을 구실로 고소한 겁니다. 제가 밭을 이들(소송상대)에게 팔아

---

10 하인이 일을 그르쳐서 법적으로 문제가 될 때는 그 주인이 책임을 진다. 참조, Demosthenes, 53. 20.

넘기거나 다른 땅과 교환하여 포기한다면, 칼라로스는 아무런 죄에
도 연루되지 않을 겁니다. 그러나 제가 밭을 포기하지 않는 한, 이들
은 짐짓 칼라로스에 의해 온갖 몹쓸 방식으로 피해 본 것처럼 행동할
것이고, 또 이 땅을 자기네 것으로 판정해 줄 중재인과 그것을 차지할
수 있는 협상을 구하려 할 거라고요.

33. 그러니, 재판관 여러분, 타인을 음해하고 악의적으로 제소하
는 이를 더 우대한다면, 제가 한 발언이 무용지물이 될 것입니다만,
만일 여러분이 이 같은 이들을 혐오하고 공정하게 판결하신다면, 칼
리클레스가 칼라로스나 제 아버지에 의해 어떤 손실이나 피해를 본
것이 없는 마당에, 제가 더 많은 말씀을 드려야 할 필요가 없을 것 같
습니다.

34. 다만, 그전에 이 사람이 자기 조카를 내세워 제 밭을 차지하려
고 한 것, 저를 협박하기 위해 현재 같은 취지의 이전 재판에서 칼라
로스에 대해 중재인의 패소 판정을 받아냄으로써, 그를 참으로 아끼
는 저에게 타격을 가하고, 급기야 칼라로스를 상대로 또 다른 소를 제
기한 것 등, 이 모든 사실을 여러분이 아시도록, 증언들을 여러분에
게 읽어 드릴 것입니다.

증언들

35. 제우스와 신들의 이름으로, 재판관 여러분, 아무런 부당행위
도 저지르지 않은 저를 이들의 밥이 되도록 버리지 말아 주십시오. 미
미한 재산을 가진 모든 이에게 가혹한 벌금이지만, 제가 연연하는 것

은 그 벌금보다, 이들이 저를 구(區)[11]에서 완전히 추방하고 또 음해하는 것입니다. 제가 아무 잘못이 없음을 증명하기 위해 저는, 사실을 알고 있는 동시에 공정하고 불편부당(不偏不黨)한 이들에게 사건을 위임하고자 했으며, 합법적인 맹세를 할 준비가 되어 있습니다. 제 소견에, 이것이 스스로 맹세한 여러분 앞에 제가 제시할 수 있는 가장 확실한 증거가 될 것 같습니다. 이제 저를 위해 제안과 나머지 증언들을 들고 읽어 주십시오.

제안, 증언들

---

11 *demos.*

56

대부 관련하여 다레이오스가
디오니소도로스를 비난하여

해제

4세기 학자 리바니오스에 따르면, 이 변론의 원고는 다레이오스라 불리며, 팜필로스라고 불리는 이와 친구였다. 두 사람은 모두 거류외인으로 추정되며, 공동으로 사채업에 종사했다. 팜필로스가 디오니소도로스와 파르메니스코스에게 3천 드라크메를 대부(貸付)했다. 후자의 두 사람은 거류외인이 아니라 이방인으로 보인다.[1] 서면계약[2]에서 대부인은 팜필로스의 이름으로 체결되었고, 다레

---

[1] 고전기 아테나이에서 대부(貸付)는 은행업자, 개인 사채업자, 신전 등에서 제공했다. 기원전 4세기에 계속 은행업자들이 증가했으나, 사채업자들의 거래 규모를 따라가지 못했다. 이유는 여러 가지가 있겠으나, 은행 대부의 수수료가 더 비쌌기 때문이다. 주로 무역상이나 부득이 긴급하게 자금이 필요한 이들이 은행 대부를 주로 이용했다. 거류외인 은행업자들은 시민들보다 더 수가 많았는데, 이들은 토지, 가옥 등 부동산을 구매할 권리가 없었고, 부동산을 담보로 잡을 수도 없었다. 그래서 이들은 동산의 전당이나 신용에 의거하여 대부했다.
  급기야 은행업자들은 해상선적을 담보로 대부하기를 꺼리고, 그렇지 않으면 위험부담에 따라 높은 이자를 받았으므로, 은행업자로부터의 대부를 가능한 한 기피하게 되었다. 해상선적 담보 대부, 대부분의 부동산 담보 대부, 덜 급한 대부

이오스는 실제로 대부에 관여했으나 계약서에 직접 이름을 올리지는 않았다. 그런데 소(訴) 제기에서는 다레이오스만 발언하고, 팜필로스는 전혀 말하지 않는다. 다레이오스 주장의 근거는 계약서이다.

내용상 이 변론은 〈라크리토스의 '위법의 소(訴)'에 대한 항변〉[3]이나 〈포르미온을 위한 '위법의 소(訴)'에 대한 항변〉[4]과 유사성이 있다. 이 소송은 손해 소송[5]에 속하고, 동시에 상거래에 관한 사건이다. 이 경우 손해는 실수가 아니라 고의에 의한 것이라는 혐의를 받는다. 그래서 변론의 제목에 '디오니소도로스에 반대하여'[6]가 아니라 '디오니소도로스를 비난하여'[7]라는 표현이 쓰인다.

이 변론은 데모스테네스의 작품으로 보이며, 특히 문체에서 그러하다. 작성

등은 은행업자 아닌 사채업자로부터 제공되었다. 기원전 4세기 아테나이인 은행업자들의 대부는 총 11건이 알려져 있다. 평균 대부 금액은 2,250드라크메이다. 기원전 4세기 아테나이 해상선적 대부는 18건, 평균 대부 금액은 2,600드라크메였다. 반면, 같은 곳, 같은 시기에 개인 사채업자로부터의 담보 대부는 이보다 더 많아서 총 284건이다. 이 중 75건이 법정 변론에서 거론되고, 그 평균 대부 금액은 1,300드라크메이다.

당해 〈대부 관련하여 다레이오스가 디오니소도로스를 비난하여〉도 그중 하나다. 그 외 209건은 금석문에 언급되는데, 평균 대부 금액이 1,500드라크메이다. 은행 대부가 아닌 사채의 경우 이자가 없거나 적었다. 관습적으로 이자는 12~18%이고, 드물게 36%인 경우도 있다. 해상선적 대부 이자는 보통 20~33%이지만, 100%인 경우도 있다. 이 같은 이자의 차이는 상황의 차이, 특히 위험부담의 차이에 따른 것이다.

2 *symbole.*
3 Demosthenes, 35.
4 Demosthenes, 36
5 *dike blabes.*
6 *Pros Dyonydodoron.*
7 *Kata Dyonydodorou.*

시기는 그가 생을 마감하기 직전인 것으로 추정된다. 아이깁토스의 지배자로서 기원전 323년에 처형된 클레오메네스에 대한 언급이 나오기 때문이다. 데모스테네스는 기원전 322년에 죽었다.[8]

이 변론의 특징은 증인이 등장하지 않는다는 것이다. 이 때문에 이 변론이 발표하기 위해 쓰인 것이 아니라고 보는 견해도 있다. 그런 것이 아니라면, 피고가 협약서의 존재를 부인하지 않고, 또 문제가 되는 피고의 배가 페이라이에 우스로 들어와야 한다는 사실에 이견이 있는 것이 아니므로, 원고가 채무 변제를 요구하는 자신의 주장을 옹호하기 위해 다른 증인을 필요로 하지 않았을 가능성도 있다.

---

8 이 변론 맨 끝에 "데모스테네스 씨, 이쪽으로 나와 주십시오"라는 표현이 있는 것 (§50)과 관련하여, F. Blass(*Die attische Beredsamkeit*, III, i, *Demosthenes*, Leipzig, 1893)는 이런 표현이 부적합하다고 보고, '데모스테네스'를 '누구라도 원하시는 분(*ho deina*)'으로 바꾸어야 한다는 의견을 제시했다. 유사한 표현에 대해서는 참조, Demosthenes, 58. 70.

1. 저도 이 대부 건에 돈을 투자했습니다, 재판관 여러분. 해상무역에 재물을 투자하고, 타인에게 우리 돈을 대부하는 저희가 알고 있는 사실은, 대부받는 이들이 우리보다 더 유리하다는 겁니다. 대부받는 이는 계약에 따른 가시적 돈[銀·은]9을 받고는, 구매한 두 개의 구리 서판에 약속을 지킨다는 뜻을 적어서 남기면 되는 것이에요. 2. 그런데 우리 대부업자는 그냥 돈을 주겠다고 말만 하는 것이 아니라, 당장에 대부받는 이에게 돈을 건넵니다. 무슨 신용으로, 또 어떤 것을 확실한 담보로 잡고 우리 돈을 대부합니까? 여러분을 믿는 것이고, 재판관 여러분, 그리고 재량권을 가진 쌍방 간 동의로 성립된 계약이 어떻게 성립하는가를 규정한 법을 믿는 겁니다. 그런데, 제가 보기에, 법도 서면계약도 우리에게 아무 도움이 안 돼요. 대부받은 이가 본성으로 공정하지 않고, 또 여러분을 두려워하거나, 계약서에 함께 서명한 상대방을 존중하지 않는다면 말이죠.

3. 디오니소도로스는 이런 두 가지 자질 중에서 아무것도 갖춘 것이 없고, 뻔뻔하기 짝이 없어요. 배를 담보로 하고 또 그 배10를 아테나이로 다시 가져오겠다는 맹세를 담보로 하여 그가 저희에게서 3천

---

9 *phaneron argyrion*. '가시적 돈[은]'이라는 표현에서 '가시적'이란 뜻은 '동의 (*homologoumenon*)'가 아니라 '돈(*argyrion*)'에 걸린다. 남이 보았을 때 그 가치를 평가할 수 있는 재산으로 이해 가능하다. '가시적 재산(*phaneron ousia*)' 등의 표현은 부동산과 그에 딸린 가재도구, 농구 등을 포함한다. 참조, 최자영, 《고대 그리스 법제사》, p. 463, p. 471; 같은 책(전자책), 제7장, 1. 1) (2) 가시적인 재산: 4) 공동소유권.

10 배를 담보로 한 대부 관련하여 참조, Demosthenes, 32. 14, 33. 6.

드라크메를 빌려 갔던 거예요. 약속대로 하자면, 이미 작년 여름에 우리가 돈을 돌려받아야 하는 것인데, 이 사람이 배를 로도스로 가져 갔고, 거기서 화물을 풀어 판 겁니다. 이런 짓거리가 계약과 여러분 법을 위반한 것이에요. 또 로도스에서 아이깁토스로 배를 돌렸다가 거기서 다시 로도스로 오면서, 우리에게는 대부금을 상환하지도 않고 담보를 내놓지도 않은 겁니다. 4. 이 사람이 자기 편의를 위해 저희 재산을 유용하고, 대부금,[11] 운용 이자,[12] 저희에게 답보 잡힌 배 등 을 유용한 지가 이미 2년째에요. 그런데도 여러분의 법정으로 와서, 저희가 6분의 1 세[13] 공탁금을 물도록 하려 들고, 저희 돈을 빼앗는 것 에 더하여 저희를 감옥으로 보내려 하고 있습니다. 그래서 저희는, 아테나이인 여러분, 모든 분께서 다 같이 저희를 도우셔서, 저희가 피해 본 사실이 있는지에 대해 살펴주십사 청하고 애원합니다. 먼저 대부 계약이 어떻게 이루어졌는지 부득이 여러분에게 말씀드려야겠 습니다. 그래야 여러분도 쉽게 상황을 파악하실 수 있기 때문이지요.

5. 그때가 작년 메타게이트니온달[14]이었는데, 디오니소도로스와 함께, 아테나이인 여러분, 그 동업자인 파르메니스코스가 우리에게 와서 말하기를, 자신들의 배를 담보로 대부받고 싶다고 했습니다. 그 리고 아이깁토스로 갔다가 거기서 로도스로 가거나 아테나이로 돌아

---

11 *daneion*.
12 *ergasia*.
13 *epobelia*(6분의 1). 원고가 법정에 거는 공탁금으로, 5분의 1의 지지표도 얻지 못 하면 몰수당한다.
14 8월 중순~9월 중순.

올 거라고 했어요. 이들 항구가 어딘지에 따라서 각기 다른 비율의 이자를 지불하겠다고 하면서요. 6. 그래서 저희는, 재판관 여러분, 아테나이 이외의 다른 항구로 가는 데는 대부하지 않겠다고 했습니다. 이들은 이곳으로 돌아오는 데 동의했고, 이런 조건으로 저희는 배를 담보로 하고 왕복 항해에 붙여 3천 드라크메를 대부했지요. 서면계약서도 작성했어요. 계약서에는 여기 있는 팜필로스가 대부인으로 기재되었고, 저는 이름을 올리지 않았으나 공동 대부인이었어요.

먼저 이 계약서를 여러분에게 읽어 드리겠습니다.

계약서

7. 계약서에 따르면, 재판관 여러분, 여기 있는 디오니소도로스와 그 동업자 파르메니스코스가 우리 돈을 대부받은 다음, 이곳(아테나이)에서 아이깁토스로 배를 띄웠는데, 파르메니스코스가 배를 탔고, 이 사람은 여기 남아 있었어요. 이들은 말이죠, 재판관 여러분, 여러분이 모르시면 안 되는 것이, 아이깁토스를 통치했던 클레오메네스[15]의 하수인이자 동업자였다는 사실입니다. 클레오메네스는 권좌에 오

---

15 클레오메네스는 아이깁토스 나우크라티스의 헬라스 가문 출신이다. 아이깁토의 언어와 예법에 정통했으므로, 알렉산드로스 3세(대왕)가 기원전 331년 아이깁토스를 정복한 후 그에게 아이깁토스 및 아라비아 지역의 통치와 수세, 알렉산드리아 도시 재건 등의 임무를 위임했다. 그러나 알렉산드로스 사후, 알렉산드로스 휘하 장군이었던 프톨레마이오스가 아이깁토스의 실권자로 들어섰다. 페르디카스가 그를 기병대장으로 임명했으나, 클레오메네스의 재산을 탐한 프톨레마이오스가 공금횡령죄로 걸어서 그를 처형했다.

르고부터 여러분 도시에, 아니 다른 모든 그리스에도, 적지 않은 피해를 끼쳤습니다. 곡물을 전매하기 위해서 사재기하고 가격을 조작하는데, 거기에 이들이 동업했던 거예요. 8. 일부는 아이깁토스에서 물건을 발송하고, 다른 이들은 선적 화물을 감독하면서 항해하고, 또 다른 이들은 이곳에서 들어온 화물을 처리하는 거예요. 이곳에 남은 이들은 떠난 이들에게 서신을 보내 곡물의 현 시세를 통보합니다. 이곳에서 비싸게 팔리면 이곳으로 실어오고, 더 싸게 팔리면 어디든 다른 항구로 가도록 하기 위해서예요. 바로 이런 이유 때문에, 재판관 여러분, 이 같은 공모와 담합을 통해 곡물가가 올랐던 겁니다.[16]

9. 그러니 이들이 여기서 배를 출항시킬 때만 해도, 이곳 곡물가격이 상당이 높았던 것을 보았던 거예요. 그래서 다른 항구 아닌 아테나이로 오겠다는 조건을 계약서에 넣는 데 동의했던 겁니다. 그런데 그 후 시켈리아에서 배가 들어오는 바람에 곡물가가 떨어지게 되었어요. 이들의 배가 아이깁토스에 당도했을 때, 이 사람(디오니소도로스)이 로도스로 사람을 보내어 동업자 파르메니스코스에게 이곳 사정을 알렸던 거예요. 배가 로도스에 근접해 있을 것이라는 사실을 정확히 알고 있었거든요. 10. 이 사람의 동업자 파르메니스코스는 이 사람의 서신을 받고, 이곳 곡물 시가를 알는, 선적한 곡물을 로도스에서 양하(揚荷)하여 판매 처리했습니다. 이것은, 재판관 여러분, 계약 위반이며, 계약된 어떤 사항을 위반할 경우 받게 되는 처벌을 스스로 자초한 것이고, 또 선주와 화물은 계약에 따른 항구로만 갈 수 있고,

---

16 참조, Lysias, 22. 13~14.

그렇지 않으면 최고 형벌에 처한다고 규정한 여러분의 법을 또한 우롱한 것입니다.

11. 저희로서는, 상황의 추이를 알게 되자, 바로 그 같은 짓거리에 참으로 분노하고, 당연지사로, 이 모든 사태의 주동자인 이 사람에게 가서 항의했습니다. 배가 아테나이 이외에 다른 항구로 가서는 안 된다는 조건으로 분명히 계약을 맺었고, 우리 대부가 이런 조건으로 이루어진 것인데도, 이 사람은 저희로 하여금 저희를 비난하고 싶어 할 수도 있는 이들의 의심을 사게 하고, 곡물이 로도스로 수송된 데 대해 마치 저희도 동의한 것처럼 말하는 점, 또 이 사람과 그 동업자가, 계약 조건을 어기고, 배를 여러분의 항구로 가지고 회항하지 않은 점 등에 대한 것이었어요. 12. 그런데 계약과 저희 권리에 대해 아무리 말해 봤자 별수 없는 상황에서, 원래 계약에 따라 대부 원금17과 이자18를 상환하라고 이 사람에게 요구했습니다. 그러나 이 사람은 참으로 오만하게도 계약에 따른 이자를 지급하지 않겠다고 하는 거예요. 그가 말하기를, "이미 완료된 항적(航跡)에 비례하여 계산된 이자를 당신이 받으려 한다면, 내가 당신에게 줄 수 있소. 그게 로도스까지요. 그 이상은 내가 줄 수 없소." 이렇게 이 사람은 멋대로 법을 만들고, 계약 조건의 이행을 거부했어요.

13. 그 같은 것은 받아들일 수 없다고 저희가 말했죠. 그렇게 한다면, 마치 곡물을 로도스로 수송하는 데 우리도 동의한 것 같은 꼴이

---

17 *daneion.*
18 *tokoi (tokos).*

되어 버릴 테니까요. 그랬더니 이 사람이 더욱 완고하게, 많은 수의 증인을 데리고 와서는, 로도스까지의 여정에 붙여 원리금을 상환하겠다고 했어요. 그런 말도 실제로, 재판관 여러분, 돈을 주려고 한 것이 아니라, 그런 행위가 의심을 살 수 있다는 생각에서 우리가 거절할 것이라고 계산했던 것이었어요. 이런 사실이 실제로 증명됩니다.

14. 왜냐하면, 아테나이인 여러분, 여러분 가운데 우연히 그 자리에 임석하게 된 몇 분이 저희에게 조언하기를, 이 사람이 주는 돈을 일단 우리가 받고, 분쟁 사안은 법정으로 호소하는 한편, 판결 날 때까지 로도스까지의 여정으로 이자를 계산하자는 제의에 대해서는 동의하지 않는 것이 좋을 것 같다고 했어요. 그래서 저희가 그 제안에 동의했는데, 그것은, 재판관 여러분, 계약에 의해 우리가 갖는 권리를 몰라서가 아니라, 조금 손해를 보고 양보함으로써 소송꾼으로 보이지 않도록 하려는 것이었지요. 그런데 우리가 이렇게 양보하자, 이 사람이 말하기를, "그러면 계약을 취소하세요"라는 거예요. 15. "우리보고 계약을 취소하라고요? 그렇게는 절대로 못 해요. 다만, 당신이 우리에게 상환하는 액수를 보고, 은행업자 앞에서 계약서를 취소할 수는 있겠지만, 그것도 분쟁 사안 관련 판결이 나기 전에는 전체를 파기하지는 않을 겁니다. 우리 권리를 찾는 근거가 될 계약서를 파기한다면, 법정이나 중재인 앞에 설 때, 그 정당한 근거를 어디서 찾을 것이며, 법정에서 다툴 때 어떤 항변을 구사할 수 있겠습니까?" 16. 이렇게 대답하면서, 재판관 여러분, 이들 자신이 유효한 것으로 인정한 계약을 훼손하거나 파기하지 말고, 이 사람이 우리에게 지고 있다고 스스로도 인정하는 금액을 우리에게 상환하고, 나머지 분쟁

중에 있는 금액은, 그가 원하는 대로, 한 명 혹은 수 명의 중재인들을 이곳 항구의 상인들 가운데서 뽑아서 그 결정에 맡기자고 저희가 이 디오니소도로스에게 제안한 거예요. 그런데 이 사람은 이 같은 제안을 들으려 하지 않았고, 그가 상환하겠다고 한 금액을 우리가 받고 계약 폐기하자는 제안을 우리가 거부한 이래, 2년 동안 우리 돈을 보유한 채 유용하고 있습니다.

17. 그리고 온갖 사안 가운데서 가장 폭력적인 것은, 재판관 여러분, 이 사람이 우리 돈을 가지고 다른 이들로부터 해상대부 이자를 받아챙긴 사실입니다. 이 사람은 그 돈을 아테나이에서 혹은 아테나이로 회항하는 것이 아니라 로도스와 아이깁토스로 가는 여정에 대부하는 한편, 여러분의 항구로 회항하는 데 붙여 자신에게 돈을 대부해 준 저희들에게는 마땅히 해야 할 어떤 것도 할 필요가 없다고 여기고 있어요.

제 진술이 진실임을 증명하기 위해, 현안과 관련하여, 제가 이 사람에게 한 제안19을 여러분에게 읽어 드리겠습니다.

제 안

18. 이런 것들이, 재판관 여러분, 수차례 우리가 이 사람에게 제안한 것이고, 이 제안서는 여러 날에 걸쳐 항구시장에서 공시했습니다. 그런데 이 사람은, 손해 배상금을 물도록 판정 나올 것이 분명한 마당에 자신이 그렇게 계산 없이 중재인 앞에 나설 것이라고 우리가 믿는

---

19 *proklesis*.

다면 완전히 머저리들인 것이라고 하고, 다만 자신이 원하는 액수를 가지고 법정에 출두할 수는 있다는 거예요. 이 사람이 여러분을 속이는 데 성공한다면, 남의 재산을 수중에 넣고는 떠나 버릴 것이고, 그렇지 않으면 돈을 내놓을 거예요. 이 사람이 하는 짓거리는 정당한 근거를 가진 것이 아니라, 여러분의 의중을 떠보려는 것 같거든요.

19. 디오니소도로스가 어떤 짓거리를 했는지 여러분이 들으셨습니다, 재판관 여러분. 제 소견에, 여러분은 들으시면서, 벌써부터 이 사람의 뻔뻔함에 놀라고, 그리고 도대체 무엇을 믿고 이곳 법정까지 온 것인가 의아해하실 것 같습니다. 어떻게 뻔뻔하지 않은 것이겠습니까? 20. 이곳 항구시장에서 돈을 대부받으면서, 우리 항구로 회항하고 그렇지 않으면 2배의 벌금을 물겠다고 분명히 계약에 동의하고는, 페이라이에우스로 회항하지도 않고 대부인에게 돈을 상환하지도 않은 채, 로도스로 곡물을 가져가서 팔고, 또 이런 모든 짓거리에도 불구하고 여러분의 얼굴을 빤히 쳐다보는 데 조금도 주저하지 않는 이가 있다면 말이죠.

21. 이와 관련하여 이 사람이 뭐라고 변명하는지 여러분 들어 보십시오. 배가 아이깁토스를 떠나 돌아오는데, 파선하여 부득이 로도스에 닻을 내리고 그곳에 곡물을 양하하게 되었다는 겁니다. 그 증거로 로도스에서 배들을 세내고, 그 배들에 일부 곡물을 실어 이곳으로 보냈다는 사실을 들 겁니다. 이것이 그의 첫 번째 변명이고요. 그의 두 번째 주장은 이런 겁니다. 22. 다른 몇몇 사람은 로도스까지의 여정에만 이자를 붙여서 받는 데 동의했다는 것, 그런데 저희가 그 같은 양해를 하지 않는 것은 무리라는 것이죠. 또 세 번째 주장은 이렇습니

다. 계약에 따르면, 배가 안전하게 돌아오는 경우 돈을 상환하도록 되어 있는데, 배가 페이라이에우스에 안전하게 들어오지 못했다는 거예요. 이런 주장의 각각에 대해, 재판관 여러분, 저희가 공정하게 제기하는 반론을 들어 보십시오.

23. 먼저 이 사람은 배가 파선했다고 말하는데, 이 사람이 거짓말하고 있음이 여러분 모두에게 분명하게 드러난다고 저는 봅니다. 만일 그 배가 실제로 그런 처지에 놓였다면, 로도스까지 가지도 못했을 것이고, 그 후에도 항해할 수 없었을 테니까요. 그런데 지금 분명한 것은 배가 로도스까지 무사히 갔고, 거기서 다시 아이깁토스로 가고, 또 지금도 아테나이만 빼고 안 가는 데가 없어요. 이상하지 않습니까? 아테나이 항구로 돌아와야 할 때는 파선되었다고 하고, 로도스에 곡물을 양하하러 갈 때는 같은 배가 아무런 문제도 없이 항해한 것으로 보이니까요.

24. 이 사람 말을 빌리면, "도대체 무슨 연고로 내가 다른 배를 세내서 거기다 화물을 싣고 아테나이로 보냈겠냐?"고 합니다. 그 이유는, 아테나이인 여러분, 여기 있는 이 사람은 물론 그 동업자도 모든 선적 화물을 다 소유한 것이 아니었거든요. 제가 보기에, 승선한 다른 상인들이 부득이 자신들의 화물을 다른 배로 수송해야 했던 것이에요. 이들이 목적지로 가지 않고 항해를 중단했으니까요. 그러나 이 사람들이 가진 화물은 전부가 아니라, 그중에 이곳에서 값이 오른다고 들은 것들만 골라서 이곳으로 보낸 거예요. 25. 당신네가 주장하듯이, 다른 배들을 세냈다면, 왜 화물을 전부 다 거기다 실어 보내지 않고 로도스에다 곡물을 내려놓은 거요? 거기서 곡물 파는 것이, 재

266

판관 여러분, 이득이 되니까요. 이곳에서는 곡가(穀價)가 떨어졌다는 소식을 들었던 겁니다. 나머지 화물은 이곳에서 이득을 볼 수 있다고 생각되는 것들만 골라서 보낸 것이에요. 당신은 배를 세냈다고 하지만, 그것은 배가 파선되었다는 증거가 아니라, 오히려 그렇게 하는 것이 당신에게 이득이 된다는 증거를 대고 있는 거요.

26. 그러니 이런 사안 관련하여, 제가 말씀드린 것만으로도 충분한 것 같습니다. 그러나, 이들이 말하는바, 로도스까지의 여정에만 부쳐 이자를 받기로 했다는 채권자들 관련해서는, 그런 사실은 저희와 아무 관련도 없습니다. 누가 자신이 받아야 하는 몫의 일부를 당신에게 감면해 준다면, 그 같은 조치가 양측 모두에게 손해를 야기하지 않아요. 그러나 우리는 당신에게 어떤 것을 감면해 준 적이 없고, 당신이 로도스로 항해해 가는 것을 우리는 동의한 적이 없고, 또 우리 판단에 계약보다 더 강한 구속력을 갖는 것은 없어요. 27. 계약서에 뭐라 되어 있고, 또 어디로 항해하도록 규정하고 있는 거요? 아테나이에서 아이깁토스로, 또 아이깁토스에서 아테나이로 오도록 되어 있고, 그것을 어길 때 당신은 2배의 벌금을 지급해야 하는 것으로 되어 있소. 당신이 계약대로 행했다면, 하자가 없을 뻔했소. 그런데 그렇게 하지 않고, 아테나이로 배를 회항시키지 않았다면, 계약 내용에 따라 당신이 벌금을 무는 것이 당연한 것이지요. 당신에게 부과되는 이 같은 조건은 다른 이가 아니라 당신 자신에 의해 주어진 것이에요. 그렇다면, 다음 두 가지 중에서 어느 것이라도 당신이 여러분 앞에 증명해 보시오. 우리 계약이 무효라거나, 아니면 그 계약에 따라 모든 것을 당신이 행하지 않아도 된다는 것 말이요.

28. 당신이 온갖 수단으로 구슬려서, 일부 사람이 당신에게 감면 조치하고 로도스까지의 여정만 계산하여 이자를 받기로 했다고 해서, 로도스로 배를 가지고 떠난 이후, 당신이 동의하여 계약을 맺은 우리에게, 다소간 피해를 안 준 것이 되는 것이오? 나로서는 그렇다고 보지 않아요. 이 법정은 다른 이들이 당신에게 한 양해가 아니라, 당신이 우리와 맺는 계약 조건에 기초하여 재판하는 곳이오. 특히 이자의 감면이, 이들이 주장하는 것처럼 실제로 있었다면, 대부업자들의 이익을 위한 것이라는 점이 여러분 모두에게 분명한 것이지요. 29. 아이깁토스에서 아테나이로 가는 편도 항해에 붙여 돈을 대부한 이들에게는, 이들이 로도스로 가서 그곳에 정박한다 해도, 제 소견에, 이자를 감면해 주고 로도스에서 대부 원금을 받고는 다시 아이깁토스로 가는 항해에 투자하는 것이, 이곳 아테나이로 회항하는 것보다 훨씬 더 이득이 되니까요. 30. 그곳에서는 언제나 항해가 순조롭고, 또 두 번, 세 번 같은 돈으로 투자할 수 있어요. 그러나 이곳에 오면, 겨울을 나야 하고 순항의 계절을 기다려야 하거든요. 그래서 그곳 대부업자들은 부가적 이득을 보는 한편, 손해 보는 것이 없어요. 그렇지만, 우리는 이자는 고사하고 원금도 받을 수 없게 되었어요.

31. 이들이 여러분을 기만하고, 다른 대부업자들과의 거래를 인용할 때, 여러분은 그 말에 넘어가지 마시고, 서면계약과 거기에 기초한 권리를 지키라고 하십시오. 저로서는, 이 계약에 대해 여러분에게 말씀드릴 것이 남아 있습니다. 이 사람 스스로 계약서를 언급하면서, 그 계약에 따라 배가 무사히 회항하면 대부금을 상환하게 되어 있다고 하기 때문입니다. 우리도 그 점에 동의하는 바입니다. 32. 그런데 감사

하게도, 당신 자신으로부터, 배가 파선했는지 건재한지 여부를 내가 알게 되었소. 만일 배가 파선하여 소실되었다면, 왜 당신이 이자에 대해 걱정하고, 로도스까지의 여정에 상응한 이자를 우리에게 지불하려 하는 것이오? 그런 경우라면, 이자는 물론 원금도 우리가 상환받을 수 없도록 되어 있소. 그러나 배가 건재하고 파선하지 않았다면, 서면으로 동의한 금액을 왜 상환하지 않는 것이오? 33. 어떤 방법으로, 아테나이인 여러분, 배가 무사하다는 사실을 더 정확히 알아낼 수 있겠습니까? 배가 지금 운항 중에 있다는 사실, 그리고 이 사람 자신이 말하는 내용으로부터 알 수 있는 거예요. 이들이 원금과 일부 이자를 돌려받을 것인지를 제게 물었어요. 그것은 배가 무사하며 전체 여정을 아직 끝내지 않았다는 뜻이거든요.

34. 생각해 보십시오, 아테나이인 여러분, 양측 가운데서 계약에 성실한 것이 우리인지 아니면 이들인지 말이죠. 이들은 약속한 항구가 아니라 로도스와 아이깁토스로 입항하고, 배가 온전하고 파선하지 않았는데도, 계약상 근거도 없이 이자를 감축해야 한다고 강변하는 한편, 로도스로 곡물을 수송하여 많은 돈을 수익으로 남기고, 지금 2년째 저희 돈을 가지고 유용하고 있어요. 35. 실로 이들은 전대미문(前代未聞)의 짓거리를 하고 있습니다. 이들이 저희가 이들에게 대부한 원금을 상환하겠다고 제안한 것은 배가 무사하게 항구로 들어왔다는 말인데도, 파선했다는 이유로 이자를 약탈할 권리가 있다고 주장하는 겁니다. 그러나 계약은 이자와 원금 관련하여 따로 규정하지 않으며, 두 가지의 경우에 다 동일한 권리와 동일한 거래방식이 적용되도록 하고 있어요.

36. 저를 위해 계약서를 다시 읽어 주십시오.

계약서

… 아테나이에서 아이깁토스로, 아이깁토스에서 아테나이로.

들으신 바와 같이, 아테나이인 여러분, "아테나이에서 아이깁토스로, 아이깁토스에서 아테나이로"라고 되어 있습니다. 나머지도 읽어주십시오.

계약서

배가 무사하게 페이라이에우스로 들어오고 ….

37. 아테나이인 여러분, 이 소송에서 여러분이 판결에 이르기 위한 방법은 아주 간단하고, 많은 말이 필요 없습니다. 배가 안전하게 항구로 들어왔고, 온전한 상태에 있다는 사실은 이들이 스스로의 발언을 통해 인정한 사실입니다. 그렇지 않다면, 이들은 대부 원금과 이자의 일부를 상환하겠다고 제안하지 않았을 것이기 때문입니다. 다만, 배가 아직 페이라이에우스로 회항하지 않은 상태입니다. 이러한 연고로, 저희 대부인들은 피해를 보았다고 주장하며, 배가 계약서상의 항구로 회항하지 않았기 때문에 소(訴)를 제기하는 겁니다. 38. 그런데 같은 상황을 두고서, 디오니소도로스는 어떤 피해도 준 적이 없다고 주장합니다. 배가 페이라이에우스로 회항하지 않았기 때문에 이자 전부를 줄 의무가 없다는 것이에요. 그러나 계약서상에

는 뭐라고 되어 있는지 볼까요? 제우스의 이름으로, 디오니소도로스 씨, 당신 주장은 맞지 않아요. 계약에 따르면, 대부해 간 원금과 이자를 상환하지 않거나, 담보로 잡힌 물건을 훼손되지 않은 상태로 내놓지 않거나, 계약 내용을 위반하는 다른 어떤 짓거리를 할 때는 2배의 금액으로 변상해야 합니다. 계약상 해당 부분을 저를 위해 읽어주십시오.

계약서

… 담보로 잡힌 물건을 훼손되지 않은 상태로 내놓지 않거나, 계약 내용을 위반하는 다른 어떤 짓거리를 할 때는 2배의 금액으로 변상해야 한다.

39. 당신은 대부받기 위해 담보로 잡힌 배를, 당신 자신이 무사하다는 사실을 인정하면서도, 어딘가에 내놓은 거요? 페이라이에우스로 배를 회항하게 하고 대부인들이 볼 수 있도록 내놓아야 한다고 계약서에 분명히 규정하고 있는데도, 당신은 아테나이 항구20로 배를 들여온 적이 있소? 40. 그리고 이 사람이, 아테나이인 여러분, 얼마나 뻔뻔한지 보십시오. 이 사람의 주장에 따르면, 배가 파선되어 로도스로 갔다고 합니다. 그러나 그 후 수리하여 항해할 수가 있었다고 하네요. 그러면, 무슨 이유로, 여보게 친구, 배를 아이깁토스를 비롯하여 또 다른 항구로 보내면서, 왜 아테나이로, 계약에 따라 당신이 배를 훼손되지 않은 채로 보이도록 내놓을 의무를 지고 있는 우리네

---

20 *emporion*.

대부업자들이 있는 곳으로는 들여오지 않았던 거요? 우리가 수차례 반복하여 당신에게 요구했고 특별히 제안21까지 했는데도 말이오.

41. 그런데도 당신은 그렇게도 대담하여, 아니 오히려 뻔뻔하게도, 계약에 따르면 2배의 벌금을 물어야 하는데도, 당연히 우리에게 갚아야 하는 빚을 진 것이 없다고 하고 있어요. 마치 당신 요구가 서면계약보다 더 큰 권위를 가진 것처럼, 로도스까지의 여정에 상응하는 이자만 우리가 받아야 한다고 당신이 주장하고, 또 배가 무사하게 페이라이에우스로 들어온 것이 아니라고 감히 능청 부리고 있소. 이런 짓거리에 대해 당신은 재판관들에 의해 사형 선고를 받아 마땅할 것 같소. 42. 배가 무사하게 페이라이에우스로 들어오지 못했다면, 재판관 여러분, 이 사람이 아닌 다른 누가 책임져야 합니까? 배가 아이집토스로 갔다가 아테나이로 돌아오도록 분명히 약속받고 이들에게 돈을 대부해 준 우리들입니까? 아니면, 아테나이로 돌아온다는 조건으로 대부받아 놓고는, 로도스로 배를 몰고 간 이 사람과 그 동업자입니까? 이들이 자의적으로 수작한 것이고 부득이한 상황이 아니었음을 드러내는 정황이 많습니다.

43. 실제로 이들의 의지와 무관하게 이런 상황이 발생했고 또 배가 파선한 것이 사실이라면, 배를 수리한 후 다른 항구로 가도록 배를 이용해서는 안 되는 것이에요. 여러분이 있는 곳으로 와서 불시에 닥친 사고로 야기된 손실에 대한 구제 절차를 밟아야 했던 겁니다. 지금은 손실을 구제받기는커녕, 애초의 부당행위에다가 훨씬 더 큰 부당행

---

21 *proklesis*.

위를 더하여, 기만적으로 법정소송을 제기했어요. 만일 여러분이 이들에게 패소 판결을 내린다 해도, 원금과 이자만 지불하면 된다고 이들은 생각한 것이에요. 44. 그러니 이들이, 아테나이인 여러분, 이렇게 처신하도록 용납하지 마시고, 안전하게 2개의 닻을 내리고 정박하도록 허용하지 마십시오. 승소하면 남의 재산을 가로채고, 여러분을 기만하는 데 실패하여 패소한다 해도, 원래 있던 채무만 갚으면 된다고 계산하고 있으니까요. 계약서에 규정된 벌금에 따라 이들을 처벌하십시오. 계약을 위반할 경우 2배의 벌금을 물겠다고 이들 스스로 서면계약에 동의한 마당에, 여러분이 이들에 대해 더한 관용을 베푼다면, 언어도단(言語道斷)의 일이 될 것입니다. 더구나 여러분 자신이 저희보다 더 적게 피해를 본 것도 아닌 상황에서 말이죠.

45. 현안에 관한 저희의 주장은 간략하고 기억하기도 쉽습니다. 저희는 아테나이에서 아이깁토스로, 또 아이깁토스에서 아테나이로 회항하는 여정에 붙여, 이 디오니소도로스와 그 동업자에게 3천 드라크메의 돈을 대부했습니다. 그런데 저희는 원금은 물론 이자를 상환받지 못했고, 이들이 그 돈을 그대로 들고서 지금 2년째 유용하고 있습니다. 게다가 지금도 배를 여러분의 항구로 회항시키지 않았고, 우리가 그것을 볼 수 있도록 내놓지 않았어요. 그런데 서면계약에 따르면, 배를 보이도록 내놓지 않으면, 2배의 돈을 저희에게 상환하고, 그 돈은 이들 둘 중 한 사람에게나 혹은 두 사람 모두에게 요구할 수 있습니다. 46. 이런 권리를 가지고 저희는 여러분의 법정에 출석했습니다. 이 사람들로부터 돈을 받을 수 없어서, 여러분의 도움으로 저희 돈을 돌려받으려는 겁니다. 이것이 저희 입장입니다. 이들은 돈을 대부받은 사

실, 그 돈을 상환하지 않은 사실을 인정합니다. 쟁점은 계약서에 따른 이자 전액이 아니라, 로도스까지의 여정에 상응하는 이자만 지불하려 한다는 거예요. 그러나 이런 식의 계산은 이들이 계약서상 동의한 바가 아니고, 저희도 동의한 적이 없습니다. 47. 아마, 아테나이인 여러분, 저희가 로도스 법정에서 재판에 임한다면, 이들이 우리보다 더 유리한 고지를 점했겠지요. 그들(로도스인)에게 곡물을 수송하고 배를 그들 항구로 가지고 갔으니까요. 그러나 지금 저희는 아테나이인 법정에 출석해 있고, 여러분의 항구로 배가 들어오도록 계약서를 작성했으므로, 저희는 물론 여러분에게도 피해를 끼친 이들보다 저희가 더 홀대받는 일은 없어야 한다는 점을 밝힙니다.

48. 그 외에도, 아테나이인 여러분, 유념하실 것은, 지금 여러분은 구체적 사안을 다루지만, 실제로는 무역 현안 전반에 걸친 입법에 임하고 있다는 점입니다. 청중 가운데는 해상무역에 종사하는 이들 중 다수가 출석하여, 여러분이 현안에 대해 어떤 판결에 이르는지를 지켜보고 있습니다. 여러분이 상호 간 계약과 동의가 강한 구속력을 갖는 것이라 보고, 또 그런 것을 위반하는 이들에게 관용을 베풀지 않는다면, 대부인들은 더욱 적극적으로 돈을 대부해 주게 될 것이고, 그렇게 여러분의 무역은 진흥하게 될 것입니다. 49. 그러나 선주들이 아테나이로 회항하겠다고 계약해 놓고는 다른 항구로 가 버린 다음, 이 디오니소도로스처럼 파선했다거나 다른 변명을 둘러대면서, 계약서의 규정에 따르지 않고, 실제로 배가 항해했다고 주장하는 바의 여정에 따라 이자를 깎을 수 있는 권리를 얻게 된다면, 어떤 것도 모든 계약이 무효화하는 길을 막지 못할 것입니다. 50. 서면계약이 구속력

을 잃고, 그 같은 변명이 승기(勝機)를 타고, 부당행위를 한 이들의 주장이 공정함보다 더 우위를 점하는 것을 보고, 도대체 누가 돈을 대부하려 하겠습니까? 그런 상황을 만들지 마십시오, 재판관 여러분. 그런 것은 여러분 다수에게나 무역에 종사하는 사람들에게나 이득이 되지 않기 때문입니다. 후자는 여러분 모두의 공적 생활과 사적 거래에서 공히 가장 유용한 역할을 담당하고 있습니다. 그래서 여러분은 이들을 위해 배려해야만 합니다.

이제 저로서는 제가 할 수 있는 말은 다 한 것 같습니다. 다만, 제 친구 가운데 한 분에게 저를 위해 발언해 주시도록 부탁드리려 합니다. 데모스테네스 씨, 이쪽으로 나와 주십시오.

57

에우불리데스에 반대한 에욱시테오스의 항소

해제

할리무스구 출신인 에욱시테오스는 구민 명부 입적 과정에서 아테나이 부모를 둔 태생이 아니라고 구민의 등재표결[1] 절차에서 제소되었다. 에욱시테오스는 구민 집회의 결정에 불복하여 항소했다. 이때 구민이 뽑은 원고단의 대표가 에우불리데스였다. 이 변론은 에욱시테오스에 의해 발표된 것으로, 그는 자신의 부모가 모두 아테나이인이며, 자신은 그들의 합법적 자식이라고 주장한다.

등재표결이란 각 구에서 구민 명부를 검증하는 절차이다. 구민은 구민 명부에 등재됨으로써, 구(區·데모스) 및 부족의 하부조직인 형제단[2]에 입적되고, 그로써 부족 성원이 되고 아테나이 시민으로서의 자격을 얻는다. 구민 명부는 구(區)의 수장[3]이 관리하며, 그 등재와 검토는 구민들의 회의에서 결정한다.

자격이 의심스러운 이가 있으면 제소하고, 불법으로 등재된 것으로 밝혀지

---

1   *diapsephisis*.
2   *phrator*(복수형 *phratores*).
3   *demarchos*.

면 거류외인으로 분류된다. 그 같은 결정에 불복하면 항소할 수 있고, 거기서 패소하면 항소한 이는 예속인으로 팔리고 그 재산은 몰수된다.

이 변론은 항소 재판에서 항소한 이가 발표한 것이다. 이 같은 항소 재판은 2건이 알려져 있다. 기원전 445년 1건, 그리고 약 100여 년이 지난 다음 기원전 346년에 나온 이 변론이 나머지 1건이다. 고대 주석가들은 이 변론이 데모스테네스의 작품인 것으로 보았으나, 근대에 들어와서 위작이 아니냐는 의혹이 제기되었다.

1. 에우불리데스가 저에게 여러 가지 거짓말로 비난을 퍼붓고, 타당성도 정당성도 없는 욕을 하고 있으므로, 제가 진실하고 공정한 사실을 진술함으로써, 재판관 여러분, 제가 어떻게 도시 일에 참여하였고 또 어떻게 이 사람에게 부당한 피해를 보았는지 증명하겠습니다. 여러분 모두에게 간청하고, 재판관 여러분, 호소하고 읍소하건대, 여러분이 당면한 재판의 중대성은 물론이고 유죄 선고를 받는 이에게 따를 수치와 파멸을 감안하셔서, 여러분이 제 소송상대의 발언을 들을 때처럼, 제 말도 차분하게 들어 주십시오. 가능하다면, 상대에게 베푸는 것보다 더 큰 연민을 가지고 제 말을 경청하게 될 것입니다. 위험에 처한 이들에게 더 많이 연민하는 것이 인지상정이기 때문이지요. 그렇지 않다면, 적어도 같은 정도의 선의를 가져 주십시오. 2. 저도 여러분과 같은 입장에서, 재판관 여러분, 도시 일에 참여할 권리가 있으므로, 용기백배하고 이 소송에서 행운을 거둘 것 같기도 하지만, 시절이 하수상하고 또 도시가 시민권자를 가려서 제명하는 데 골몰하고 있어 불리한 판결이 나지 않을까 저는 걱정됩니다. 모든 데모스[4]에서 다수가 공정하게 제명되었으나, (그들과 달리) 음모의 희생양이 된 우리는, 단순히 각기 자신의 입지만 정당화한다고 되는 것이 아니라, 그들(공정하게 제명된 이들)에게로 향하는 편견에 연루되고, 그들을 향한 비난으로부터도 벗어나기 위해 싸워야 하므로, 우리의 두려움은 부득이 클 수밖에 없지요.

3. 이런 지경에서도, 저는 무엇보다 이 사건과 관련하여 공정하다

---

4   행정구역으로서의 촌락.

고 생각하는 점을 여러분에게 말씀드리겠습니다. 제 소견으로, 이방인이면서, 여러분에게 허락이나 양해를 구하지도 않고, 몰래 규칙을 어기고 제사와 공적 행사에 동참한 이들 모두에 대해서 여러분이 분노해야 할 것 같습니다. 반면, 불운에 처했으나 시민임을 증명한 이는 여러분이 도와서 구조해야 한다고 봅니다. 권리를 부정당한 우리들의 처지가 다른 어떤 이들보다 더 처절하다는 점을 여러분이 유념하셔야 하기 때문입니다. 우리가 여러분과 함께 죄인을 처벌하는 권리를 가지고 있음에도, 처벌받은 이들 쪽의 명단에 속해 있고, 전반적인 분노의 희생물이 되고 있다면 말이에요.

4. 제 소견에, 재판관 여러분, 에우불리데스 및 이 제명5 관련 재판에서 원고로 출석한 모든 이의 의무는 무엇이든 알고 있는 것을 정확히 증언하는 한편, 소문으로 들은 유사한 사건을 언급하지 않는 것입니다. 후자의 방법은 좋지 못한 것으로서 예로부터 매도되었던 것이라, 가장 사소한 부당행위와 관련해서도 풍문에 의거한 증언은 지금도 법으로 금지하고 있거든요. 타당한 조치이죠. 누가 확실하다고 주장한 것도 거짓말로 드러나는 판에, 화자 자신도 알지 못하는 것을 어떻게 우리가 믿을 수 있습니까? 5. 다른 한편, 개인적으로 책임을 진다고 해도 풍문에 들은 소문으로는 다른 이에게 불이익을 주지 못하도록 금지하는 마당에, 책임도 지지 않은 채 누가 하는 말을 믿는 것이 옳습니까? 이 사람은 법을 숙지하고, 그것도 일반 상식 수준보

---

5 *apopsephisis* (*diapsephisis*). 여기서 이 단어는 시민 명단에서 이름을 제거함을 뜻한다. 같은 단어가 무죄 선고한다는 뜻으로도 쓰이나 여기서는 그런 뜻이 아니다.

다 더 잘 파악하고 있으면서도, 부당하게 자기 욕심을 가지고 비난하는 것이므로, 저는 먼저 저의 데모스인들6에 의해 제가 당한 부당한 처우에 대해 말씀드려야 하겠습니다.

6. 제가 당부 말씀드리는 것은, 아테나이인 여러분, 제가 저의 데모스인들에 의해 유죄 선고를 받았다는 사실을 두고 제가 도시 일에 동참할 권리가 없다는 증거로 보시면 절대로 안 된다는 겁니다. 데모스인들이 언제나 올바른 결정을 내린다고 여러분이 생각했다면, 여러분의 재판소로 항소7할 권리를 부여하지 않았겠지요. 그러나 지금 경쟁심, 질투, 적의, 그 외 다른 동기에 의해 모종의 왜곡이 있을 수 있다고 여러분이 보시기 때문에, 부당한 처우를 받은 우리들로 하여금 여러분에게 호소할 수 있는 권리를 준 겁니다. 이 절차를 통해서, 아테나이인 여러분, 여러분은 부당한 처우를 받은 모든 이들을 구제해왔습니다. 7. 처음에 데모스인들이 성원 자격의 검토 작업을 어떻게 시작하게 되었는지를 제가 말씀드리겠습니다. 제 소견에, 누구라도, 갈등의 희생물로서, 조령을 위반하여 부당하게 피해 본 사실을 증명하려면, 언제나 이런 점에 대해 언급할 것이기 때문입니다.

8. 여기 이 에우불리데스는, 아테나이인 여러분, 여러분 중 다수가 주지하듯이, 라케다이모니오스의 누이를 불경죄로 고소하였으나, 5분의 1 지지표8도 얻지 못했어요. 그 재판에서 제가 공정을 도모하

6 *demotai.* 데모스(행정구역 촌락) 사람들.
7 *ephesis.*
8 공연히 근거 없는 기소의 남발을 막기 위해 원고가 5분의 1 지지도 얻지 못하거나 제기한 기소를 중간에 파기할 때는 1천 드라크메의 벌금을 문다.

기 위해 그에게 불리한 증언을 했는데, 그 때문에 그가 저에게 앙금을 갖고 공격하는 겁니다. 의회 의원으로서, 재판관 여러분, 맹세의 주체로서, 데모스인을 소집하는 명단의 소지자로서, 그가 어떻게 한 줄 아십니까? 9. 무엇보다 먼저, 데모스인이 모였을 때, 그가 발언하고 투표자 등록하는 데도 늑장을 부리며 날을 보냈어요. 이것은 우연이 아니라 계획적으로 저를 음해하기 위한 것이었는데, 저에 관한 투표가 가능한 한 늦게 이루어지도록 하려는 것이었고, 급기야 그는 소기의 목적을 달성했어요.

우리 데모스 구성원들 가운데 맹세하고 참석한 이가 73명이었는데, 저녁 늦게 투표하는 바람에, 제 이름이 호명되었을 때는 이미 날이 어두워져 버렸어요. 10. 제 이름이 호명된 것이 60번째였는데, 그날 불린 이름 가운데 제일 마지막 순번이었어요. 그때는 이미 나이 든 데모스인들은 그들 밭이 있는 곳으로 돌아가 버린 다음이었고요. 우리 데모스가 시내9에서 35스타디온10 떨어진 거리에 있는데, 과반수가 거기에 거주하므로 다수가 떠나 버린 것입니다. 남은 이가 30명이 채 안 되었고, 그중에서도 그의 편을 드는 이들이 전부였답니다. 11. 제 이름이 불리자, 이 사람이 벌떡 일어나 빠르게 많은 욕을 커다란 목소리로 해댔는데, 꼭 지금처럼 말입니다. 그는 자기가 퍼붓는 비난을 사실로 증명할 수 있는 증인은 데모스인11이든 다른 시민12이

---

9 *asty* (도시). 아테나이 도시 중심부를 뜻한다.
10 약 6.5킬로미터 (1스타디온 = 약 185미터). 데모스 할리무스는 아티카 남쪽 해변에 연해 있다.
11 *demotes*.

든 간에 아무도 대지 않고, 무턱대고 데모스인들에게 유죄 선고를 하라고 강요했어요.

12. 그때 제가, 시간이 늦었고 또 저를 변호해 줄 사람이 아무도 오지 않았고, 너무 갑작스레 그 같은 상황에 처했으므로, 결정을 다음 날로 미루자고 제안했거든요. 그러면, 에우불리데스 측에서도 하고 싶은 비난을 더 할 수도 있고, 또 증인이 있으면 출석시킬 수도 있게 되고, 저도 모든 동료 데모스인들 앞에서 저 자신을 변호하고 저의 식구들을 증인으로 데려올 수 있을 것이니까요. 그렇게 하면, 저로서는 저에 대해 어떤 결정을 내리든 수긍할 작정이었지요. 13. 그러나 이 사람은 제 제안13을 무시하고 당장에 그 자리에 있는 데모스인들에게 바로 투표하도록 재촉했어요. 제 자신을 변호할 수 있는 기회를 제게 주지도 않고, 또 그도 자기가 주장하는 비난에 대한 확증을 제시하지도 않은 상태에서 말이죠. 그러자 그에게 동조하는 이들이 냉큼 나와서는 투표한 겁니다. 날은 어두웠고, 그들은 이 사람으로부터 각기 두세 개 표를 받아들고서는 투표함14으로 넣었어요. 여기 그 증거가 있습니다. 투표한 이들은 30명이 채 되지 않았으나, 집계된 표수는 60표가 넘었어요. 그래서 우리가 모두 놀랐어요.

14. 모두가 임석했을 때 투표한 것이 아니었고, 또 집계된 표가 투표한 사람들보다 많았다는 저의 진술이 사실임을 증명하기 위해, 증

---

12 *polites*.

13 *proukaloumen* (*proklesis*). 참조, Demosthenes, 53. 22.

14 참조, Aristoteles, *Athenaion Politeia*, 68. 2.

인들을 여러분에게 소개하겠습니다. 이런 사실들 관련하여, 그 옆에 제 친구나 저를 위해 증인이 되어 줄 다른 아테나이인은 없었어요. 너무 늦은 시간이었고 또 누구에게도 남아 달라고 부탁하지 않았거든요. 그러나 저를 음해하는 이들 자신을 제가 증인으로 소환하는 바입니다. 그래서 그들 관련하여 이미 그들이 부인할 수 없는 사실을 서면으로 밝혔습니다. 읽어 주세요.

증언

15. 그러니, 재판관 여러분, 할리무스15인들이 그날 모든 데모스 사람들의 자격 여부에 대해 결정을 내리는 것이었다면, 투표가 늦게까지라도 계속되는 것은 있을 수 있는 일이죠. 집으로 돌아가기 전에 여러분의 조령을 실천하기 위해서 말이죠. 그러나, 사실 20명 이상의 데모스인들에 대해서는 그다음 날 투표하기로 되어 있어 어차피 데모스인들이 다시 소집되어야 했던 상황에서, 다음 날로 표결을 연기해 데모스인들로 하여금 저의 경우에 대해 맨 먼저 표결하도록 할 수도 있었는데, 이것이 에우불리데스에게 무슨 문제가 된단 말입니까? 16. 그가 그같이 서두른 이유는, 재판관 여러분, 제게 발언 기회가 주어지고, 저에 대해 데모스인들이 모두 임석한 가운데 표결이 공정하게 이뤄지면, 그에게 동조하는 패거리들이 설 자리가 없어지기 때문이었어요.

이들이 어떤 연고로 결탁하게 되었느냐는 점에 대해, 여러분이 원

---

15 행정구역으로서의 촌락(데모스).

하신다면, 제가 여러분께 말씀드리겠습니다만, 그전에 제 부모 관련하여 먼저 소개하겠습니다. 17. 당장에, 재판관 여러분, 제가 바르다고 여기는 것이 무엇이고, 해야 하는 것이 무엇이겠습니까? 제가 부모 양쪽으로 공히 아테나이인이라는 사실을 여러분께 증명하고 그 증인들을 소개함으로써, 여러분이 그 사실을 인정하게 되고, 그래서 제게 주어지는 음해와 혐의를 불식시키는 것이겠지요. 여러분이 사실을 듣고, 제가 시민인데도 음해를 받는 것이라고 여기신다면 저를 구해 주시고, 그렇지 않다면, 어떤 것이라도 여러분이 마땅하다고 여기는 조치를 취하도록 하십시오.

18. 이들이 제 아버지에 대해 이방인 억양을 쓴다고 음해했습니다. 실은 제 아버지가 데켈레이아 전쟁16 때 적군의 포로가 되어 레우카스로 가게 되었고, 거기서 배우인 클레안드로스를 만나 지내다가 오랜 세월이 흐른 다음에야 이곳으로 돌아오게 된 겁니다. 이런 사정을 이들은 다 생략하고는, 마치 그의 불행으로 인해 우리가 파멸해야 하는 것처럼, 이방인 억양을 트집 잡아 음해해 왔던 거예요. 19. 그러나 저로서는, 무엇보다 바로 이런 정황들이 제가 아테나이인이라는 사실을 여러분 앞에 증명하는 것이라고 생각합니다.

먼저 제 아버지가 포로로 잡혀서 풀려났다는 것, 그다음 돌아와서는 자신 앞으로 돌아오는 몫의 재산을 숙부들로부터 받은 것, 그 후,

---

16 펠로폰네소스 전쟁(429~404 B. C.)의 후반기(413~404 B. C.)로, 라케다이몬 (스파르타)인이 아티카로 쳐들어와 그 북쪽 데켈레이아를 점령하고 있었기 때문에 그 지역 이름을 따서 그렇게 불린다.

데모스인, 형제단[17] 사람들은 물론 다른 누구도 그 이방인 억양을 두고 그를 이방인이라고 내몬 적이 없다는 사실을 두고 제가 여러분에게 증인들을 소개하겠습니다.

저를 위해 증언들을 들려주십시오.

증언들

20. 제 아버지가 적에 의해 포로로 잡혀갔다 풀려나 이곳으로 돌아오게 되었다는 사실을 여러분이 들으셨습니다. 이제 그가 여러분과 같은 시민이라는 것은, 재판관 여러분, 엄연한 진실로서, 아직 생존해 있는 부계 친척들을 그 증인으로 소개합니다. 먼저 투크리티데스와 카리시아데스를 불러 주시기 바랍니다. 이들의 부친 카리시오스는 제 아버지의 숙부, 그러니까 제 할아버지 투크리티데스와 제 할머니 리사레테의 형제였어요. 제 할아버지는 어머니가 다른 누이와 혼인했답니다. 21. 다음에는 니키아데스를 불러 주십시오. 그의 부친 리사니아스는 투크리티데스와 리사레테의 형제로서 제 아버지에게는 숙부가 됩니다. 그다음엔 니코스트라토스를 불러 주십시오. 그의 아버지 니키아데스는 제 할아버지와 할머니의 조카로서, 제 아버지의 사촌입니다.

자, 저를 위해 이들을 모두 불러 주시고, 당신은 물시계를 멈추어 주시지요. [18]

---

17 *phrateres*.
18 증인들의 발언에 드는 시간은 소송당사자에게 주어진 시간에서 제외하므로 물시계를 멈추었다.

22. 이제 여러분은 제 부계 친척들의 증언을 들으셨습니다, 아테나이인 여러분. 이들은 제 아버지가 아테나이인이며 그들[19] 자신의 친척이라는 사실을 증언하고 맹세했어요. 이들 중 아무도 위증하는지의 여부를 알 수 있는 이들 앞에서 거짓 맹세로서 자신의 파멸[20]을 자초하려는 이는 없습니다. (서기를 향해) 제 아버지에게 여계(모계) 쪽으로 걸리는 친족의 증언들을 들려주십시오.

증언들

23. 이렇게, 남계, 여계로 각각 제 아버지의 생존한 친척인 이들이 증언한 바에 의하면, 제 아버지는 부모 양쪽을 통해 아테나이인이며, 정당하게 도시 일에 참여할 권리가 있습니다. 자, 이제는 저를 위해 형제단, 그다음엔 씨족[21] 사람들을 불러 주십시오.

증언들

이제, 구민(區民·데모스인)과 형제단에 속하는 친족들이 저를 형제단 수장[22]으로 선출했던 사실과 관련된 증언을 들으시겠습니다.

---

19 *diomnymenon* (*diomosia*).
20 자신뿐만 아니라 집안 전체에 저주가 내릴 것을 걸고 맹세한다.
21 *gennetai*.

증언들

24. 이렇게 해서 제 집안, 23 형제단, 구민, 씨족 등, 당연히 증언할 자격이 있는 친척들의 증언을 여러분이 들으셨습니다. 이로부터 이 같은 배경을 가진 이가 도시민24인지 이방인인지를 판단하셨을 것 같습니다. 한두 사람의 증언에만 의지하려 한다면, 위증일지도 모른다는 의심을 가져 볼 수 있겠습니다. 그러나 제 아버지 생전에, 그리고 지금 저 자신이, 여러분 자신이 각기 속해 있는 형제단, 집안, 구민, 씨족 성원 등, 모든 이들 앞에서 검증받은 상황이라면, 이 모든 이들이 제 친척이 아니면서도 그런 것처럼 위증하는 일이 어떻게 있을 수 있으며, 그런 것이 가능하기나 한 일입니까?

25. 제 아버지가 부자여서 이들을 매수하여 자기 친척이라고 말하도록 했다 치면, 그런 이는 시민이 아닐 것이라고 의심할 수도 있겠습니다. 그러나 그(아버지)가 가난한 이인데도, 이 같은 사람들을 친척인 것으로 증언하게 하고, 또 이들이 그와 더불어 재산을 분배했다면, 그이가 진실로 이들과 친척 관계임이 분명한 것 아닙니까? 참으로 제 아버지가 이들 중 어떤 이와도 친척 관계에 있지 않다면, 이들이 씨족25 성원으로 간주하고 재물까지 나누어 주는 일은 없었을 겁니다. 사실에서 드러나고 또 증인들에 의해 여러분에게 밝혀졌듯이,

---

22 *phratriarchos.*
23 *syngeneis.*
24 *astos.*
25 *genos.*

그런 것은 사실입니다. 더구나 제 아버지는 공직에 추첨되었고, 자격 검증[26]을 거쳐 봉직했어요. 저를 위해 증언을 들려주세요.

증언

26. 구민들이 시민 아닌 이방인인 제 아버지를 그들의 촌장으로 임명하고 또 타박하지도 않고 그냥 내버려두었다고 여러분은 보십니까? 이렇듯, 아무도 그를 힐난한 사람도, 아무런 혐의를 지운 사람도 없어요. 더구나, 에우불리데스의 부친 안티필로스가 구(데모스)의 촌장[27]으로 있을 때, 구민 명단[28]이 사라져 버려서, 데모스인들이 신성의 관례에 따라 부득이 맹세하고 투표하게 되었고, 그들 중 일부를 추방했지요. 그때도 제 아버지에 대해 이의를 제기하거나 이 같은 혐의를 두고 비난한 사람은 아무도 없었어요. 27. 실로 모든 사람이 삶이 끝나면 죽습니다.[29] 누구라도 살아 있을 때는 어떤 잘못으로 비난받게 되면, 그 자식들이 당연히 그에 관해 해명할 책임이 있어요. 그러나 생전에 비난받은 일이 없는 사안에 대해, 누가 멋대로 그 자식들을 재판에 부친다는 것이 말이 됩니까? 만일 이런 문제와 관련하여 검증이 한 번도 없었다면, 이 사안이 간과되었던 것으로 이해가 가능하

---

26 *dokimastheis* (*dokimasia*).

27 *demarchos.*

28 *lexiarchikon grammateion.*

29 비슷한 표현은 Demosthenes, 18. 97. 참조. 이곳 '끝(*telos*)' 대신 '너머(*peras*)'로 표현이 바뀐다.

겠습니다만, 검증되어 수정이 이루어졌음에도 아무도 제 아버지를 두고 이의를 제기한 적이 없었어요. 그런데 어떻게 제가 당연히 제 아버지에 의해 아테나이인이 되는 것이 아닙니까? 출생에 대한 의혹이 일기 전에 죽은 사람인데 말입니다. 이 사안과 관련하여 저의 진술이 사실임을 증명해 줄 증인들을 소개하겠습니다.

증인들

28. 더구나 제 아버지에게는 저와 같은 어머니를 둔 4명의 자식이 있었어요. 그들이 죽었을 때, 아버지는 씨족이 모두 공유하는 선조의 묘지에 그들을 묻었지요. 그때 이들 가운에 누구도 반대하거나 방해하거나, 제소한 사람이 없었어요. 씨족과 무관한 이를 선조 묘지에 안장하는 것을 허용하는 이가 도대체 어다 있답니까?

제가 한 이 진술도 사실임을 증명하기 위해 증언을 들려주십시오.

증언

29. 실로, 제 아버지와 관련하여, 그가 아테나이인이었다는 제 주장의 근거가 이러합니다. 그리고 제 소송 상대측 사람들 자신이 시민인 것으로 판정 투표했던 이들을 제가 증인으로 소개한바, 이들이 제 아버지가 자신들의 사촌이라고 증언했습니다. 더구나, 제 아버지는 참으로 오랫동안 이곳에서 살았고, 이방인으로 판명된 적이 한 번도 없었으며, 그 친척인 이들과 함께했으며, 이들도 그를 받아들여서 같

은 구성원으로서 재산을 분배해 주었던 겁니다. 30. 더구나 출생 시기로 보더라도, 제 아버지는 부모 양쪽 모두가 아니라, 어느 한쪽만 도시민이라 해도 시민 자격을 가질 수 있었습니다. 에우클레이데스 (명칭) 장관30 이전에 태어났으니까요.

제 어머니 관련해서도 이들이 저를 음해하기 때문에 제가 말씀을 드리고, 제 진술에 대한 증인들을 소개하겠습니다. 그런데, 아테나이인 여러분, 우리에 대한 에우불리데스의 험담은 시장과 관련한 조령은 물론이고, 시장에서 생업을 영위하는 남성 혹은 여성 시민을 폄훼하는 이를 모욕죄31가 있는 것으로 규정한 법에 반하는 것입니다. 31. 우리는 시장에서 장식 띠(리본)를 팔아 생계를 유지하고, 원하는 바의 바람직한 방식의 삶을 살지 못했음을 인정합니다만, 이런 사실이, 에우불리데스 씨, 당신에게 우리가 아테나이인이 아니라는 사실의 증거로 비치는 것이라면, 내가 완전히 그 반대되는 사실로서, 이방인은 시장에서 일하지 못한다는 점32을 당신에게 증명하도록 하겠소. 저를 위해 먼저 〈솔론법〉을 들고 읽어 주십시오.

---

30 에우클레이데스는 기원전 403년에 명칭(수석) 장관으로 있었다. 이때 아리스토폰의 제안에 의해 〈솔론법〉이 재정비됨과 동시에, 기원전 451년 페리클레스 때 제정되었다가 곧 폐기되었던 〈시민권법〉이 다시 부활되었다. 〈시민권법〉은 양친 모두 아테나이 도시민이어야 참정권을 부여하는 것이다. 그전에는 양친 가운데 한 명만 도시민이면 참정권을 가질 수 있었다.

31 *enochos prosboles*.

32 참고. 이방인은 시장에서 일할 수도 있으나, 그 대가로 이방인세를 지불해야 한다. 이 변론의 화자는 자기 어머니가 그 같은 이방인세를 지불해야 하는 조건에 구애받지 않았음을 뜻한다.

법

32. 이제 아리스토폰의 법도 들려주십시오. 이렇듯, 아테나이인 여러분, 그이(솔론)는 올바르고 민주적인 법을 정초했고, 여러분은 그 법을 다시 재정비하도록 표결한 바 있습니다.

법33

그러니, 여러분은 마땅히 법을 준수하여, 장사하는 이들은 이방인 으로 볼 것이 아니라, 오히려 악의적이고 비열한 소송을 제기하는 이 들이 불량배인 것으로 여기셔야 합니다. 왜냐하면, 에우불리데스 씨, 우리가 장사꾼이라고 폄훼하는 당신에게 적용되는 것으로 태만34에 관한 다른 법이 있어요. 33. 지금 우리는 너무 큰 불행에 처해 있는 바, 이 사람은 본 소송 현안과 무관한 사안을 가지고 폄훼하고, 또 가 능한 온갖 방법으로 제가 아무런 권리를 갖지 못하도록 사실을 왜곡 하고 있습니다. 이러한 행위가 허용된다면, 저도 이 사람이 도시를 헤집고 다니면서 하는 짓거리들을 여러분에게 고자질하면 혹여 여러 분이 저를 나무라시겠습니까? 당연하죠. 여러분이 알고 있는 사실인 데, 제가 왜 거론하겠습니까?

그러나 생각해 보십시오. 제가 보기에, 시장에서 우리가 장사하는

---

33 아리스토폰은 〈솔론법〉을 재정비하기 위한 조령을 제안했다.
34 *nomos tes argias.*

사실이 이 사람이 하는 말도 안 되는 비난의 가장 강력한 근거가 되는 것 같아요. 34. 제 어머니가 리본을 팔러 다니고, 모든 이가 그런 사실을 알고 있다고 그가 말하니, 그렇다면, 그냥 소문으로 들은 것이 아니라 그녀를 잘 알고 있고 어떤 사람인지를 증언할 수 있는 다수를 소개해야 하는 겁니다. 만일 제 어머니가 이방인이라면, 시장 납세 목록에서 이방인세(稅)35를 납부했는지 조사하여 증명하고, 어디 출신인지도 밝혀야 합니다. 만일 예속인이었다면, 그녀를 매수한 이, 아니면 매도한 이, 그도 아니면 다른 어떤 이가 나타나서 제 어머니가 예속인이었다든가 혹은 해방된 자유인이라든가 하는 사실을 증언해야 하는 거예요. 지금 이런 점들에 대해 그(에우불리데스)는 아무것도 밝히지 않고, 대놓고, 제가 보기에, 갖은 욕만 해대는 겁니다. 이런 것이 온갖 비난을 늘어놓으면서 아무 증거를 대지 못하는 공갈범36의 속성이에요.

35. 또 이 사람은 제 어머니가 유모로 일했다는 말도 했어요. 도시가 역경에 처하여 모든 사람이 궁핍에 허덕일 때, 그런 일을 한 적이 있다는 사실을 우리로서도 부인하지 않습니다. 그러나 어떤 과정으로 어떤 연고로 그녀가 유모로 일하게 되었는지, 제가 분명히 여러분에게 말씀드리려 합니다. 여러분 중 아무도, 아테나이인 여러분, 이런 사실 때문에 우리를 폄훼하지 마십시오. 지금도 많은 아테나이 도시여인37들이 유모로 일하는 것을 여러분이 볼 수 있어요. 여러분이

---

35 *xenika*.
36 *sycophantes*.

원하신다면, 그들 이름을 욀 수도 있지요. 우리가 부유하다면, 리본을 팔지도 않고, 가난에 쪼들리지 않을 수도 있지요. 그러나 이런 사안이 우리의 출생과 무슨 상관이 있습니까? 제 소견에, 아무런 연관이 없어요. 36. 아테나이인 여러분, 빈곤한 이들38을 폄훼하지 마십시오. 가난한 것 자체만 해도 충분하게 불행하니까요, 그들을 포함하여 일하면서 올바르게 살아가는 제 말에 귀 기울여 주시고, 또 제 어머니의 집안39사람들이 자유인으로서의 자격을 가진 이들이며, 이 사람이 제 어머니에 대해 하는 이 같은 험담을 이들이 맹세로서 부인한다는 사실을 제가 증명한다면, 그리고 이들이 그녀가 도시여인 출신임을 알고 있다고 증언하고, 여러분이 이들의 증언을 신뢰할 수 있는 것으로 본다면, 우리에게 지지표를 주십시오.

37. 제 어머니의 부친인 제 외할아버지는, 아테나이인 여러분, 멜리테40 출신 다모스트라토스입니다. 그에게는 4명의 자식이 있었어요. 첫 번째 부인에게서 딸 하나와 아미테온이라는 아들 하나, 둘째 부인에게서 제 어머니인 카이레스트라테와 아들 티모크라테스가 태어났어요. 이들이 다시 자식들을 낳았지요. 아미테온은 다모스트라토스라 불리는 아들을 두었는데, 그의 이름은 할아버지 이름과 같아

---

37 *astai* (*aste*)
38 *penetai* (빈곤층). 아테나이에 존재하던 4개의 사회계층 가운데 소득이 적었던 최하층은 테테스(*thetes*) 라고 불렸다. 이들은 국가에서 필요한 경제적 부담을 면제받으나, 민회 등에서 참정권을 행사한다.
39 *oikeioi*.
40 아티카 케크로피스 부족의 한 데모스.

요. 그 외에도 칼리스트라토스와 덱시테오스라는 아들이 있었어요. 제 어머니의 형제인 아미테온은 시켈리아 원정에 참여했다가 거기서 죽었고,41 공공묘지에 묻혀 있어요.42 이런 사실들은 증거에 의해 증명될 것입니다. 38. 아미테온의 누이는 할라이43 출신 디오도로스와 동거하여, 크테시비오스라는 아들을 얻었는데, 그는 트라시불로스44 를 선봉으로 한 원정에 복무하다가 아비도스에서 죽었지요. 이들 친족 가운데 아미테온의 아들이며 제 어머니의 조카인 다모스트라토스가 생존해 있고요. 제 할머니 카이레스트라테의 자매는 플로테이아45 출신 아폴로도로스에게 출가해서, 올림피코스란 아들을 두었고, 올림피코스는 아폴로도로스란 아들을 두었는데, 이 사람이 아직 생존해 있어요.

자, 저를 위해 이들을 불러 주십시오.

---

41 아테나이의 참담한 완패로 끝난 시켈리아 원정(415~413 B. C.)과 관련한 일이다. 이때 원정군 대장으로 파견된 알키비아데스는 헤르메스상 절단사건에 연루되어 아테나이로 소환되자, 스파르타로 달아나 버렸다. 이 같은 상황 등이 시켈리아 원정에 부정적인 영향을 주었다.

42 빈 무덤을 만든 것.

43 아티카에 할라이(Halai) 데모스는 두 군데 있다. 하나는 아티카 동쪽 해변 아이게이스 부족, 다른 하나는 남쪽 사로니코스만에 연해 있는 케크로피스 부족에 속해 있다. 여기서 둘 중 어느 것인지는 불확실하다.

44 트라시불로스가 프로폰티스(마르마라해)에서 스파르타에 대적하여 작전한 것은 기원전 389~388년이다.

45 아티카 아이게이스 부족에 속하는 한 데모스.

39. 이렇게 해서, 이 증인들이 증언하고 맹세하는 것을 여러분이 목격하셨습니다. 이제 부모 양쪽으로 다 친척에 걸리는 증인과 그 아들을 소개하겠습니다. 제 어머니의 동부동모 형제인 티모크라테스는 에욱시테오스란 아들을 두었고, 에욱시테오스는 다시 세 아들을 두었는데, 이 세 아들이 다 생존해 있습니다. 자, 저를 위해 이곳에 거주하는 이들을 불러 주십시오.

증인들

40. 제 어머니의 형제단, 구민(데모스인)인 친척 증인들과 무덤을 가진 이들과 관련한 증언을 저를 위해 들려주십시오.

증언들

이제 제 어머니 가계 관련하여, 씨족의 남계와 여계를 막론하고 그녀가 도시여인이었다는 증거를 다음과 같이 여러분에게 소개합니다. 제 어머니는, 재판관 여러분, 처음 프로토마코스와 혼인했어요. 어머니와 동부동모 형제인 티모크라테스가 그녀를 그에게 출가시켰던 것이죠. 거기서 딸 하나를 얻은 다음, 다시 그 딸이 제 아버지와 동거하여 저를 낳은 겁니다. 그런데 어떻게 해서 어머니가 제 아버지와 동거하게 되었는지 여러분이 들어 보셔야 하는데요. 제 소송 상대방이

클레이니아스, 그리고 제 어머니가 그의 유모였던 사실 등을 두고 하는 비난과 관련하여, 또 제가 여러분에게 분명히 설명드리겠습니다.

41. 프로토마코스는 빈한[46]했으나, 무남상속녀인 제 어머니와 혼인함으로써 거액의 재물을 물려받았어요. 그 후 다른 이에게 제 어머니를 출가시키려 했고,[47] 자기 친구이며 제 아버지인 투크리토스에게 그녀와 혼인하도록 권했지요. 제 아버지는, 자신의 두 숙부 모두와 또 다른 증인들이 임석한 가운데, 제 어머니의 형제였던 멜리테 출신 티모크라테스로부터 제 어머니를 취했습니다. 이들 가운데 아직 생존해 있는 이들이 여러분에게 사실을 증언할 것입니다.

42. 얼마 후 여기서 두 아이가 태어났어요. 제 아버지는 병사로 트라시불로스와 함께 원정을 가서 부재했으므로, 제 어머니는 궁핍한 형편에 클레이디코스의 아들 클레이니아스의 유모가 되어 일한 거예요. 이런 그녀의 생업이, 제우스의 이름을 걸고, 지금 저를 당면한 위험으로 몰아가는 계기가 된 점에서 썩 반길 일은 아니지요. 우리에 대한 모든 험담이 바로 제 어머니가 유모로 일했다는 사실에서 나오

---

46 *penes.* 수입을 기준으로 최하위 계층인 제 4계층이다.

47 아들 상속자가 없을 때, 딸이 무남상속녀(*epikleros*)가 되고, 최근친부터 순서대로 가까운 친족이 그녀와 혼인할 수 있다. 최근친 남자가 이미 혼인한 상태에서 이혼할 의사가 없거나, 그와 무관하게 무남상속녀와 혼인할 의사가 없을 때는, 집안의 다른 남자에게 출가시켜야 한다. 이때 무남상속녀가 집안 남자와 혼인할 의사가 없고 다른 집안의 남자에게 출가할 때는 상속권을 포기해야 한다. 참조, 최자영, 《고대 그리스 법제사》, pp. 298~299, pp. 401~406, p. 409, pp. 452~453, p. 458, p. 748; 같은 책(전자책), 제3장, 3. 5) (3) 지참금과 무남상속녀: 제6장, 1. 2) (1) 혼인의 범위와 규제: (3) 지참금: 5. 2) (2) 딸: 4) 에피디카시아: 부록 VI (viii)

는 것이니까요. 그러나 그녀가 감당해야 했던 빈곤을 감안하면, 어쩌면 불가피하고 적절한 일을 한 것이 아닌가 합니다. 43. 분명한 것은, 아테나이인 여러분, 제 어머니와 처음 혼인한 이는 아버지가 아니라 프로토마코스였고, 그는 제 어머니에게서 아들 하나, 딸 하나를 얻었어요. 프로토마코스는 죽었지만, 그 행적으로 인해, 제 어머니가 도시민[48]이며 시민[49]이라는 사실을 증명하고 있습니다.

제 진술이 사실임을 증명할 수 있도록, 저를 위해 먼저 프로토마코스의 아들들을 불러 주시고, 다음으로 제 어머니가 제 아버지와 혼인했을 때 임석했던 증인들, 그리고 제 아버지가 제 어머니를 위해 벌인 피로연에 초대한 형제단 친척들, 그다음 (제 어머니가) 프로토마코스에게서 얻은 제 (동모이부) 누이를 취한 콜라르고스 출신 에우니코스, 그다음엔 그 누이의 아들을 불러 주십시오. 이들을 불러 주십시오.

증인들

44. 이렇듯 이 모든 증인들이, 아테나이인 여러분, 저의 친척이라고 증언하는 동시에 맹세하며, 아무도 이들이 시민이라는 사실에 이의를 제기하는 이가 없는 마당에, 여러분이 저를 이방인으로 판정한다면, 저는 세상 사람들 가운데 가장 불쌍한 이가 되지 않겠습니까?

자, 저를 위해 클레이니아스와 그 친척들의 증언을 들려주십시오.

---

48 *aste*
49 *politis.*

제가 알기로, 이들이 한때 그(클레이니아스)의 유모로 있었던 제 어머니가 어떤 이라는 것을 알고 있기 때문입니다. 그들이 맹세로서 하는 증언은 오늘 우리가 말하는 것이 아니라, 그들이 언제나 제 어머니와 그(클레이니아스)의 유모에 대해 알고 있는 사실입니다. 45. 유모로 일하는 것은 비천하지만, 저는 그 사실을 부인하지 않습니다. 우리가 당하는 부당함은 우리가 최하층 빈민[50]이었는지 여부가 아니라, 시민이 아닌 것으로 간주되는 데 있는 겁니다. 당면한 소송은 운이나 돈이 아니라 출생에 관한 것이에요. 자유인이 가난 때문에 부득이 해야 하는 비천한 일이 많지만, 그런 이들에 대해서는 누구라도 마땅히 연민해야 하고, 아테나이인 여러분, 더욱더 짓밟아서는 안 됩니다. 제가 듣기로, 당시 도시에 닥친 불행 때문에, 많은 도시민 여인[51]이 유모, 하녀, 밭일 노동자로 일해야 했습니다. 그리고 그때 가난했던 많은 이들이 지금은 부자가 되어 있어요. 이런 사실에 대해 제가 곧 말씀드리겠습니다만, 당장에는 증인들을 불러 주십시오,

증인들

46. 이렇게 해서, 방금 제시된 증거들, 또 제 아버지와 관련하여 이미 주어진 증거들을 통해, 모계와 부계 공히 제가 도시민이라는 사실을 여러분이 알게 되셨습니다. 이제 저 자신에 관한 이야기를 여러분

---

50 *penetes.*
51 *astai gynaikes.*

께 말씀드릴 일만 남았습니다. 제 부모 양친이 다 도시민이고, 또 그 재산과 태생을 물려받았으므로, 저도 시민이라는 저의 주장은, 제 소견에, 가장 명백하고 가정 정당한 것이겠습니다. 그렇지만, 제가 형제단에 어떻게 입적되고, 어떻게 구민(데모스인) 명단에 등재되었으며, 어떻게 이들에 의해 가장 고귀한 혈통을 가진 이들로 선택되어, 추첨을 통해 헤라클레스 신전의 공직에 선출되고, 또 자격심사[52]를 거친 후 공직을 역임하게 되었는지 등과 관련하여, 제가 증인들을 소개하면, 그들이 마땅한 증거를 여러분에게 제공할 것입니다.

자, 저를 위해 이들을 불러 주십시오.

증인들

47. 그런데 재판관 여러분, 제가 선택되어, 추첨으로 성직에 임했다면, 제가 직접 이들의 이름으로 제사를 거행하고, 이 사람들도 저와 함께 제사를 지내야 했던 것인데, 지금에 와서 그 같은 이들이 제가 그들의 제사에 동참하지 못하도록 하려 한다면, 황당한 짓거리가 아니겠습니까? 그러니, 여기서 분명한 것은, 아테나이인 여러분, 지난날 내내, 지금 저를 폄훼하고 있는 모든 이들이 저를 시민으로 인정했다는 사실입니다. 48. 지금 에우불리데스가 주장하는 것처럼, 실로 제가 이방인[53] 혹은 거류외인[54]이었다면, 그런 이가 공직에 임하

---

52 *dokimasia.*
53 *xenos.*
54 *metoikos.*

거나 그와 함께 추천을 받아 성직 추첨 대상이 되도록 내버려두지 않았을 거예요. 그 사람도 저와 같이 추천을 받아 추첨 명단에 함께 들어가 있었거든요. 더구나, 아테나이인 여러분, 그는 저의 앙숙으로서, 저에 대해 그 같은 사실들을 알았다면, 올지 안 올지 누구도 예상할 수 없는 이 같은 기회를 지금까지 기다리고 있을 리가 없어요. 49. 실로 그는 그 같은 사실을 인지하지 못하고 있었던 거예요. 그러니, 지난날 내내 그는 저와 함께 구민(데모스인)으로 활동하고 공직자를 추첨하면서도, 그 같은 이의를 제기한 적이 없었던 겁니다. 그러다가 부정하게 구민으로 등재된 이들에 대해 온 도시가 분노할 때, 그전에 가만히 있던 그가 음모를 가동하기 시작한 거예요. 과거에는 스스로 제기하는 혐의가 진실이라고 확신할 때 제소했으나, 지금은 적대적이고 폄훼하고 싶을 때 하는 것이 되어 버렸어요.

50. 저로서는, 재판관 여러분, 제우스와 여러 신들의 이름을 걸고, 행여 여러분 가운데 누구도 제가 하는 발언을 두고 고함치거나 언짢아하지 마십시오. 여러분이 각기 자신을 아테나이인이라 자처하듯이, 저도 자신을 그렇게 여겨 왔습니다. 처음부터 그녀를 제 어머니로 여겨 왔음을 여러분에게 밝히는바, 실제로 다른 여인의 아들이면서 그녀의 아들인 것처럼 제가 꾸미고 있는 것이 아닙니다. 제 아버지와 관련해서도 마찬가지예요, 아테나이인 여러분. 51. 유죄로 밝혀진 이들의 경우에는, 친부모가 아닌 다른 이들의 자식처럼 속이는 것이 이방인이라는 증거가 된다고 여러분이 판단하시는 게 일리가 있겠습니다만, 저의 경우는 그 반대로 정황상 시민이라는 사실이 증명됩니다. 제가 이방인 남자와 이방인 여성을 제 부모로 등재한 적이 있다

면, 도시 일에 동참하려고 엄두를 내지 않았을 겁니다. 제가 만일 그런 사실이 있음을 인식하고 있었더라면, 저의 부모가 누구라고 말할 수 있도록 찾아다녔을 거예요. 그러나 그 같은 인식이 없었으므로, 마땅히 제 친부모 되는 이들에 근거하여 제가 도시 일에 동참할 자격이 있음을 밝힙니다.

52. 더구나 저는 고아로 컸습니다. 그러나 이들이 말하기를, 제가 부자이고, 증인 몇 명이 매수되어 저의 친척이라고 증언한 것이라 합니다. 그러니, 한편으로는 제가 가난해서 비천하게 산다고 하며 출생의 근본도 폄훼하는 동시에, 다른 한편으로 제가 부자라서 모든 것을 매수했다고 하는 거예요. 53. 이 중 어느 쪽을 믿어야 하겠습니까? 제가 만일 사생아거나 이방인이라면, 온 재산을 이들이 다 상속받을 수 있어요. 그런데, 모든 재산을, 그것도 안전하게, 또 파멸의 저주에 자신들을 연루시키지 않고 차지할 수 있는 것을 마다하고, 쥐꼬리만큼 받고는, 맹세하고, 위증으로 처벌받는 위험을 무릅쓰려고 하겠습니까? 그런 일은 있을 수 없지요. 오히려, 제 소견에, 이들이 제 친척이므로, 같은 친족 일원을 마땅히 도운 것뿐이지요. 54. 그들이 저의 꼼수에 넘어가서 그런 것이 아닙니다. 그 반대로 제가 어릴 적에 이들이 바로 저를 형제단에 입적시켰고, 선조의 신인 아폴론은 물론 다른 신들에게도 저를 안내했어요. 더구나 아직 미성년이던 제가 돈으로 이들을 매수하여 추동한 것이 아닙니다. 오히려 제 아버지가 생전에 법 규정에 따른 맹세와 함께 저를 형제단에 입적시켰어요. 자신이 계약을 통해 취한 도시여인에게서 얻은 도시민이라는 사실을 인정하고, 그런 사실을 증명했던 겁니다.

55. 그런데도 제가 이방인입니까? 제가 어디서 거류외인세[55]를 낸 적이 있습니까? 아니면 제 가족 중에서 누가 그런 것을 낸 적이 있나요? 어디 다른 구민(데모스인)들에게로 가서 그곳에 입적하지 못하여 이곳으로 와서 등록한 겁니까? 순수 시민[56]이 아닌 이들이 모두 하는 이런 짓거리들 중 어떤 것이라도 제가 한 적이 있습니까? 아닙니다. 분명히 제 아버지의 할아버지,[57] 제 할아버지, 그리고 제 아버지가 함께 살았던 사람들이 있는 이곳에서 저도 구(데모스)의 일원[58]으로 있었습니다. 그러니 지금, 제가 도시 일에 동참할 수 있었다는 사실을 누가 어떻게 이보다 더 분명하게 여러분에게 증명할 수 있습니까? 56. 여러분이 제각기 한번 생각해 보십시오, 아테나이인 여러분, 제가 증명한 방식 아닌 어떤 다른 방식으로 누가 자기 친척이란 사실을 증명할 수 있는지를. 애초부터 줄곧 자신들이 저의 친척이었다는 사실을 맹세로서 증언하는 것 이외에 말이지요.

그러니, 이 같은 근거에서 저는 제 자신에 대한 확신을 가지고 여러분에게 호소합니다. 제가 알기로, 아테나이인 여러분, 여러분 법정의 결정은 저를 제명한 할리무스인들뿐 아니라 의회와 민회의 결정보다 더 공정합니다. 모든 사안에서 여러분의 판정이 가장 정통한 것으로 드러났기 때문입니다.

---

55 *metoikion*.
56 *politai*.
57 증조부.
58 *demoteuomenos*.

57. 이제, 큰 규모의 구(데모스)에 속하는 분들이라면, 누구를 막론하고 고소하거나 변호하는 권리를 여러분이 박탈하지 않았다는 점도 기억해 주십시오. 그리고 이런 원칙을 지켜온 여러분 모두에게 많은 축복이 함께 하시기를 빕니다. 연기하기를 원하는 이들에게 선처함으로써 준비의 기회를 빼앗지 않았기 때문입니다. 이런 아량을 베풂으로써, 여러분은 협잡꾼과 남을 악의적으로 음해하는 이들을 가려냈습니다. 58. 이런 점에서 여러분은 칭찬받아 마땅한 겁니다, 아테나이인 여러분. 그러나 바람직하고 공정한 절차를 악용하는 이들은 비난을 받아야 하는 것이고요. 우리 구(데모스)에서 일어난 것보다 더 열악한 상황을 다른 어떤 구(데모스)에서도 여러분은 볼 수 없을 거예요. 동모동부 형제들 중 일부는 제명하고 다른 일부는 내버려두었으며, 또 나이 많고 가난한 이들은 내치고, 그 자식들은 명단에 남겨 두었으니까요.

이런 사실을 증명하기 위해서, 여러분이 원한다면, 이들이 공모하여 세상에서 가장 악랄한 짓거리를 한 것과 관련하여, 제가 증인을 소개하겠습니다. 59. 제우스와 다른 신들의 이름으로 당부 드리건대, 저에게 피해를 준 이들의 비열함에 대해 제가 고한다 해도, 여러분 중 누구도 언짢아하지 마십시오. 이들이 얼마나 비열한지를 드러내는 것은 소송 현안과 관련하여 제가 겪은 일과 같은 맥락에 있다고 보기 때문입니다. 이들은 말이죠, 아테나이인 여러분, 아낙시메네스, 니코스트라토스 등 일부 이방인을 시민으로 만들기 위해서, 돈을 받아서 각기 5드라크메씩 나누어 가졌어요. 에우불리데스와 그 공모자들은 이 일을 모른다고 맹세할 수 없어요. 이들 이방인이 아직도 제명되지 않았거든요. 공모하여 이 같은 일을 자행할 정도로 무모한 이들이 혼자서는 무슨 일을 못할 것이라고 여러분은 보십니까?

60. 에우불리데스를 중심으로 한 일당으로 말하자면, 재판관 여러분, 돈에 팔려, 한편으로 많은 이들을 파멸시키기도 하고, 다른 한편으로 혜택을 주기도 했어요. 과거에도, 제가 보기에는 현안 소송과 관련되는 일로서, 아테나이인 여러분, 에우불리데스의 부친인 안티필로스는, 제가 말씀드렸듯이, 구(데모스)의 수장이었는데, 일부 사람들에게서 돈을 알겨먹으려고 다음과 같은 꼼수를 꾸며냈어요. 구민(데모스인) 등록 명단이 없어졌다고 하면서 알리모스인들에게 사람들을 다시 심사하여 등재하도록 하고는, 10명을 명단에서 제거했는데, 그중 한 명만 제외하고 나머지 사람들은 모두 재판소에서 복권시켰어요. 지금 나이 든 이들은 이 사건을 다 알고 있지요.

61. 이들이 아테나이인이 아닌 이들을 목록에 남겨 놓은 것은 물론 아니었겠으나, 이들이 공모하여 시민인 이들을 제명했는데, 이들은 법정에서 다시 시민으로 복권되었어요. 그런데, 에우불리데스가 당시 제 아버지와 개인적으로 사이가 나빴으나, 아버지를 비난하지 않았을 뿐만 아니라 제 아버지가 아테나이인이 아니라는 데 찬성표를 던지지도 않았어요. 이런 사실이 어떻게 증명되냐고요? 제 아버지가 구(데모스) 구성원이라고 모든 이들이 투표로 판정했으니까요. 조상들을 거론할 필요까지 있겠습니까? 저의 구민(데모스인) 등록에 즈음하여 모든 구민이 맹세한 후 공정하게 투표할 때, 에우불리데스 자신이 저를 폄훼하거나 반대표를 던진 일도 없으니까요. 이때도 모든 사람이 제가 구민이라고 찬성투표를 했거든요. 이런 사실에 대해 제가

거짓말한다고 다시 그가 주장하려 한다면, 제 발언을 위해 물시계가 가고 있지만, 이들 중 누구라도 원하는 이가 나와서 제게 반박 증언을 하라고 하십시오. 62. 그러니, 아테나이인 여러분, 지금 와서 구민들이 저를 제명시켰다고 하는 제 소송 상대방의 말이 설득력 있다고 생각하신다면, 지난날 네 차례에 걸쳐 저와 제 아버지가 그들과 같은 구민이라고 그들이 찬성투표를 했던 사실이 있었음을 기억하시도록 말씀드립니다. 첫째, 제 아버지 공직 취임에 즈음한 자격심사, 다음엔 저의 공직 취임, 그다음 이들이 명단을 없애 버리고 난 후 시행한 지난번 투표, 마지막으로 가장 품위 있는 이들 가운데서 제가 헤라클레스 신전 성직에 추첨되었을 때의 투표입니다. 이 모든 사실은 증거로서 증명됩니다.

63. 한편, 구청장59 직무수행과 관련하여 제가 언급해야 할 필요가 있을 것 같습니다. 이 사안과 관련하여 다수가 저에게 분노하고, 또 제 직무 수행 기간 중 다수가 납부의무를 지닌 신전 토지 임대료는 물론 이들이 갈취한 또 다른 공공기금을 거두어들이는 과정에서 제가 반감을 사게 되었기 때문이지요. 저로서는 여러분이 제 진술을 들어주셨으면 합니다만, 이런 사안은 소송 현안에서 벗어난 것이라고 여러분이 여기실 수도 있을 것 같습니다. 그러나 저는 이 사건을 이들의 음모에 연루되었다는 확실한 증거로 보려 합니다. 이들이 "가장 공정하게, 애착도 적의도 없이 표결에 임하겠다"란 구절을 맹세에서 빼 버렸던 거예요.

---

59 *demarchia.*

64. 이 사실은 공공연하게 알려진 것이고, 그 외에 또 있어요. 제가 공공기금을 반환하게 했던 구민들이 그와 공모하여, 제가 아테나 여신에게 헌납한 방패를 신전에서 훔쳐감으로써 신전을 더럽혔다고 주장했고, 이 점에 대해서는 말씀드릴 기회가 있었으면 합니다만, 또 구민들이 저에게 명예를 수여한 조령을 뭉개 없애 버렸어요. 이들의 뻔뻔함이 어느 정도냐 하면, 제 자신을 변호하기 위해 제가 이런 짓을 한 것이라고 떠들고 돌아다닌 거예요. 도대체, 재판관 여러분, 제가 증거를 조작해서 이득을 보자고 사형에 해당하는 범죄를 저지르는 동시에, 분명히 저의 명예를 기리는 기념물을 없앨 만큼 정신 나간 놈이라고 여러분 중 누가 그렇게 생각하시는 분이 있습니까? 65. 그러나 실로 그중에서도 가장 악랄한 행위를 제가 획책했다는 말은 그들이 할 수 없을 거예요. 제가 이미 추방되어 파멸한 사람같이, 이들 중 몇 명이 밤중에 전원의 제 밭에 있는 오두막으로 가서 거기 있는 기물을 들어내려 했으나, 그 같은 불행이 당장에는 저를 비켜 갔으니까요. 이렇듯 이들은 여러분과 여러분의 법을 완전히 무시했어요. 이런 사실을 아는 이들을, 여러분이 원하신다면, 제가 소환할 수 있습니다.

66. 이들이 수작해 놓고도 거짓말하는 또 다른 많은 사건들에 대해서도 제가 여러분에게 소개드릴 수 있습니다. 기꺼이 말씀드릴 수 있겠으나, 본안 소송과 무관하다고 여기신다면 그만두겠습니다. 제가 여러분에게 한 진술을 기억하시고, 얼마나 많은 공정한 주장을 여러분 앞에서 전개했는지에 유념해 주십시오. 여러분이 법무장관을 심문하는 것과 똑같은 방식으로 제가 저 자신을 여러분 앞에서 심문해

보겠습니다. 67. "이보시오, 당신 부친은 누구요?" "제 아버지요? 투크리토스인데요." "그의 친척이 있다는 사실을 증언할 사람이 있습니까?" "물론이지요. 먼저 4명 조카가 있고요. 그다음 한 조카의 아들, 그다음 형제단, 선조 아폴론과 집의 수호신 제우스의 씨족 사람들, 그다음 묘지 공동체, 그다음 구민들이 있지요. 아버지가 여러 번 자격 심사받고 관직을 역임했는데, 그때 찬성투표 한 것이 구민 자신들입니다. 제 아버지에 대해서 어떻게 그 이상으로 더 당당하게, 더 분명하게 여러분께 말씀드릴 수 있습니까?" 여러분이 원하시면, 그 친척들을 증인으로 부르겠습니다.

제 어머니에 대해서도 좀 들어 주십시오. 68. 제 어머니는 멜리테 출신 다모스트라토스의 딸 니카레테입니다. 그녀와 관련하여 누가 집안사람이라고 증언합니까? 먼저 조카가 한 사람, 그리고 사촌의 아들, 다음엔 제 어머니 첫 번째 남편인 프로토마코스의 아들들, 그다음 프로토마코스의 딸인 제 누이와 혼인한 콜라르고스 출신의 에우니코스, 그다음엔 제 누이의 아들이 있습니다. 69. 그 외에도 그녀 집안의 형제단, 그리고 그녀가 속한 구민들이 이 사실을 증언했습니다. 여러분은 더 많은 증거를 원하십니까? 제 아버지는 어머니와 합법적으로 혼인했고, 형제단에게 피로연을 베풀었어요. 그 밖에도 저 자신과 관련하여, 저는 자유인에게 어울리는 것들을 스스로 향유한다는 점을 증명했습니다. 이렇게, 온갖 측면에서 공정하고 올바른 것으로서, 여러분이 우리에게 지지 투표하신다면, 여러분은 맹세에 어울리는 투표를 한 것이 됩니다.

70. 더구나, 재판관 여러분, 9명 장관을 심문하여, 각기 자기 부모

를 공경하는지 물어보십시오. 저로서는 아버지 없이 컸으나, 제 어머니를 위해 여러분에게 간청하고 호소하는바, 이 재판을 통해 제 어머니를 선조의 묘지에 묻을 수 있는 권리를 회복하도록 해 주십시오. 제게서 그것을 빼앗지 말아 주시고, 저를 근거할 도시 없는 이로 만들지 마시고, 이렇듯 많은 친척들로부터 저를 격리시켜서 완전한 파멸에 이르게 하지 마십시오. 이들에 의해 제가 도움을 받지 못한다면, 저는 그들 곁을 떠나는 것보다 차라리 여기서 제 손으로 죽으렵니다. 그러면 적어도 이들에 의해 조국 땅에 묻힐 수 있을 테니까요.

58

테오크리네스를 비난하는
에피카레스의 정보 고지

해제

〈테오크리네스를 비난하는 에피카레스의 정보 고지[1]〉는 사적 현안(懸案)이 아
니라, 명백하게 공적인 사안에 대한 변론이다. 이 글은 데모스테네스가 작성
한 것이 아니라는 데 모든 이의 견해가 일치한다. 문체가 다르고 또 화자가
데모스테네스를 개인적으로 신랄하게 비판하는 점에서도 그러하다. 화자에
따르면, 데모스테네스는, 다른 고명한 위정자들과 함께, 명백하게 테오크리네
스와 야합하여, 화자를 도울 수 있었는데도 무시했다고 한다. 고대 널리 수용
된 견해는 이 변론의 저자가 데이나르코스였다는 것인데, 데이나르코스가 데
모스테네스에게 적대적이었던 사실은 널리 알려져 있었다. 현대 연구자들 중
에서, 이 같은 견해를 받아들이는 사람이 있으나, 섀퍼와 블래스[2]는 이러한

---

1 *endeixis*. '정보 고지(告知)'란 혐의자가 있는 곳, 혐의 내용 등을 제공하는 것을
   뜻한다. 참조, 최자영, 《고대 그리스 법제사》, pp. 594~595; 같은 책(전자책),
   제9장, 4. 1) (2) 엔데익시스(정보제보).
2 A. Schaefer, *Demosthenes und seine Zeit*, Teubner, 1856; F. Blass. *Die attische
   Beredsamkeit*, III, i, *Demosthenes*, Leipzig, 1893.

견해를 거부한다.

이 변론은 테오크리네스를 비난하는 것인데, 데모스테네스의 다른 변론(18), 〈화관 관련하여 크테시폰을 위하여〉(§313)에서 아이스키네스를 헐뜯기 위해 예시로 언급되는 테오크리네스가 이 사람과 동일인이라 보기도 한다.

테오크리네스는 지난날 자신이 위법이라고 주장하는 조령의 제안에 대해 지지 변론한 에피카레스의 부친을 위법제안에 대한 공소[3] 절차에 걸어 소(訴)를 제기한 적이 있었고, 승소했다. 에피카레스의 부친은 감당하기 어려운 10 탈란톤의 벌금을 선고받았으며, 갚을 능력이 없어서 공적 채무자가 되어 자격 박탈당했다. 그 부친이 죽은 후, 채무는 자식들에게 승계되었는데, 그 자식인 에리카레스도 그 같은 거액을 갚을 수 없어 자격 박탈되었다. 그러나 시민으로 법정에 호소하고 발언하며, 법의 보호하에, 정보 고지 절차로 테오크리네스에 대해 소를 제기했다.

공적 범죄와 관련한 정보 고지에 따르면, 고발인은, 장관 앞으로 고발장을 제시하는데, 이때 원하는 경우 피고를 체포할 수 있으나, 반드시 스스로 체포해야 하는 것은 아니다.[4] 아리스토텔레스의 《아테나이 정치제도》(52.1)에 따르면, 이런 경우 11인이 체포에 나서며, 어떤 경우에는 법무장관들(thesmothetai)이 할 수도 있다. 데모스테네스 자신은 변론(24) 〈티모크라테스를 비난하여〉(§22)에서, 공작을 역임한 이의 공금 채무는 법무장관 관할이라 언급한다.

---

3 *graphe paranomon*. 참조, Demosthenes, 7. 43, 18. 103.

4 참조, M. H. Hansen, *Apagoge, Endeixis and Ephegesis against Kakourgoi, Atimoi and Pheugontes*, Odnese, 1976, 9~28; D. M. MacDowell, *The Law in Classical Athens*, London, 1978, 58; 최자영, 《고대 그리스 법제사》, pp. 590~595. 같은 책(전자책), 제9장, 4. 1) 아파고게, 엔데익시스, 에페게시스. '정보 고지'와 달리 '강제구인(强制拘引·*apagoge*)'은 고소인이 혐의자를 체포하여 장관들에게 인도한다.

'정보 고지'는 자격 박탈된 이가 금지된 공적 활동에 참가하거나, 재판관으로 임하거나, 공적·사적 현안 관련하여 민회에서 발언하는 경우에도 할 수 있다.

에피카레스는 테오크리네스가 공적 채무자인데도 법정에 소(訴)를 제기했다고 주장한다. 테오크리네스가 미콘이라는 상인에 대해 '파시스'5의 절차로 제소했는데, 그 혐의는 도시가 곡물 부족으로 시달릴 때, 미콘이 아테나이가 아닌 다른 곳으로 곡물을 수송했다는 것이었다. 에피카레스의 주장에 따르면, 그 후 테오크리네스는 소를 취하했는데 그 이유는 혐의자로부터 금전을 취했기 때문이라는 것이다. 그런 경우 유죄가 되면, 테오크리네스는 1천 드라크메의 벌금을 물어야 한다. 또 근거 없이 고소한 것이라면, 구금형에 처해지게 된다.

한편, 화자에 따르면, 테오크리네스는 부족장에게 700드라크메를 지불해야 하나 변제한 적이 없었다. 또 테오크리네스의 부친이, 케피소도토스의 하녀를 해방시켜 주어, 500드라크메의 벌금형에 처해졌으나, 납입하지 못하여 자격 박탈되었으며, 그의 사후 그의 아들인 테오크리네스가 채무와 함께 자격박탈형을 물려받았다고 한다.

---

5 'phasis(파시스)'는 'graphe(그라페)'와 같이 위법 사안에 대한 고발 절차이다. 그 라페와 같이 기소했다가 재판관 5분의 1 지지표도 얻지 못하면, 벌금을 물게 된다. 공공 재물 관련하여 세금을 거두어들이지 않거나, 고아의 후견을 소홀히 하거나, 후견인이 피후견인의 집 임대료를 거두어들이지 않거나, 시가보다 싼값으로 임대하거나, 험담하거나, 광맥 등 공공재산을 훔치거나, 은밀하게 행한 부정행위에 대해 장관(아르콘) 앞으로 소(訴)를 제기한다. *Lexikon Cantabrigiense*(s. v. probole)에 따르면, 'probole'는 명백한 부정행위에 대해, 'phasis'는 은밀한 부정에 대해 고발하는 것이라고 한다. 이어서 Kaikilios의 전언이라고 하면서, 파시스는 공공재산을 훔치는 이에 대한 고발로서 '상거래 고발'이라고도 불린다고 한다. 참조, 최자영, 《고대 그리스 법제사》, pp. 596~597; 같은 책(전자책), 제9장, 4. 2) 파시스.

에피카레스는 테오크리네스가 전개할 수 있는 변명을 미리 예상하여 반박한다. 테오크리네스가 아크로폴리스에 있는 공적 채무자 명단에 올라 있지 않다는 것, 700드라크메는 테오크리네스 자신이 아니라 조부의 채무로 귀속되었다는 것 등 변명과 관련한 것이다. 나아가 테오크리테스는 관행적으로 위법소송[6]에 의지하는 것은 민주정체를 지키려는 것이라기보다, 혐의자로부터 돈을 뜯어내기 위한 수단이라고 한다.

---

6   *graphe paranomon*. 법이나 조령이 그 형식의 절차나 내용에서 기존 법을 위반한
     경우 소(訴)를 제기하는 절차이다.

1. 제 아버지에 대해 말씀드리자면, 재판관 여러분, 이 테오크리네스 때문에 도시와의 관계가 꼬여서 10탈란톤 벌금을 선고받았고, 그것이 마침내 배가(倍加)하는 지경에 이르렀어요. 저희가 이 같은 질곡에서 벗어날 가능성이 전혀 없었으므로, 저는 여러분과 협조하여, 이들을 응징하기 위해, 제 나이의 연소함이나 또 다른 어떤 여건의 한계에 구애받지 않고, 이 사람을 정보 고지7해야겠다고 결심하게 되었습니다. 2. 제 아버지로 말하자면, 재판관 여러분, 사실 제가 하는 모든 행동이 그분 뜻을 따르는 것이에요. 그가 모든 지인들에게 공지했어요. 제 아버지가 모든 것을 빼앗기고, 테오크리네스가 위법하게 공소8 제기하고, 또 그에 상응하는 권리도 없으면서 비열하고 악의적인 행위로 많은 시민들을 괴롭히는데도, 제가, 아버지 생전에, 이들에게 보복할 권리를 가지고 있으면서도 허송세월하고, 저의 철없음과 어린 나이를 핑계로 마냥 방관하고 있다면, 참으로 불행한 일이 될 것이라고 했어요.

3. 제가 여러분 모두에게, 아테나이인 여러분, 연민으로 제 말을 들어 주시기를 청하고 호소하건대, 첫째, 제 아버지를 위해서 그 뜻을 받들어 소(訴)를 제기하고, 그다음 제가 젊고 경험이 없기 때문

---

7 *endeixis*. 'endeixis'는 '제보'에 의한 특별한 고발 절차이다. 이 절차에 열린 재판에서 5분의 1의 지지표를 얻지 못할 때는 자격박탈(*atimia*)의 불명예에 처해져, '두 여신'의 신전에 출입하지 못한 경우가 있고, 이를 어기면 처형된다(Andokides, 1.33). 참고, 최자영, 《고대 그리스 법제사》, p. 592, pp. 594~595; 같은 책(전 자책), 제9장, 4. 1) 아파고게, 엔데익시스, 에페게시스: 1) (2) 엔데익시스.

8 *graphe*.

에, 저는 그저 여러분의 연민에 기대어, 이 사람의 짓거리를 있는 대로 밝히는 것으로 족하다고 봅니다. 4. 더구나, 재판관 여러분, 자초지종 내막을 제가 다 말씀드리겠습니다만, 저희가 믿었으나, 이 사람(피고)에 대해 적의를 갖고 있었던 사람들에게 제가 속았던 거예요. 그들은 저희 사정을 듣고는 소송에서 저에게 힘을 싣겠다고 했는데, 지금은 현안 소송에서 저를 버리고 그에게로 넘어가 버렸으므로, 저에게는, 집안에서 누군가 저를 도와줄 사람이 없다면, 저를 변호해 줄 사람도 하나도 없는 처지에 있습니다.

5. 이 사람은 수차례 저를 고발했고, 명백하게 관련 법 전부를 위반했어요. 가장 최근의 행적으로 저희가 파악한 것은 배[船]와 관련된 고소9였는데, 이에 관한 정보는 제 아버지가 제게 넘긴 제보10에도 담겨 있습니다. 먼저 여러분에게 관련 법조문을 들려드리겠습니다. 이 법은 고발했으나 법정소송까지 가지 않고 불법으로 야합한 이들에 대한 겁니다. 이 법조문을 소개하는 것으로서 제 변론을 시작하는 것이 마땅하다고 저는 생각하고, 그다음 이 사람이 미콘을 상대로 제기한 소에 대해 말씀드리겠습니다. 읽어 주십시오.

---

9 *phasis*. 참조, 최자영, 《고대 그리스 법제사》, pp. 596~597; 같은 책(전자책), 제 9장, 4. 2) 파시스.

10 *endeixis*. 여기서 ‘*endeixis*’는 범죄, 부당행위 등에 대한 ‘정보 고지(제시, 제보)’를 뜻한다(동사는 *endeiknymi*). 참조, 최자영, 《고대 그리스 법제사》, p. 592, p. 594; 같은 책(전자책), 제9장, 4. 1) (2) 엔데익시스.

법

6. 이 법은, 재판관 여러분, 공소, (주로 재물 관련) 소 제기,[11] 그 외 이 법에 열거된 다른 어떤 절차를 밟으려는 이들이 각각의 절차에 대해 어떤 조건을 갖추어야 하는지를 분명히 규정하고 있습니다. 그 내용은, 여러분이 법조문 자체를 통해서 들으셨듯이, 누구라도 법정에 회부하여[12] 5분의 1 지지표도 얻지 못하면, 1천 드라크메 벌금을 물고, 또 법정에 제소하지 않으면, 테오크리네스 씨, 그에 대해서도 1천 드라크메를 지불해야 합니다. 이것은 누구도 근거 없이 음해하거나, 멋대로 야합하여 도시의 이익을 해치지 못하도록 하려는 것이지요.

제가 주장하는바, 정보 고지 절차에 따라 테오크리네스가 콜레이다이[13] 출신 미콘에 대해 소를 제기해 놓고는 재판으로 넘기지 않고, 매수되어 소를 취하했으므로 죄가 있습니다. 7. 이 사실에 대해서는 제가 아는 대로 상세하게 소명하겠습니다. 그런데, 재판관 여러분, 테오크리네스와 그 일당은 증인들에게 접근하여, 협박과 설득 등 갖은 방법을 다 동원하여 증언하지 못하도록 했습니다. 그러나 만일 여

---

11 *phainein* (*phasis*). '파시스'는 공적 사적 범죄가 다 포함되나, 주로 재물과 관련한 사안에 대한 것이 주를 이루며, 교역, 납세 등에서 속이거나 공공이익을 훼손, 고아에 대한 후견 의무 소홀 등과 관련한 것이다. 참조, 최자영, 《고대 그리스 법제사》, pp. 566~567.

12 *epexeimi*.

13 레온티스 부족에 속하는 데모스이다.

러분이 도리를 다하여 저를 도우시고, 이들에게 명하거나, 저와 협력하여 이들로 하여금 증언하거나 아니면 맹세로서 부인하도록 강제하고, 또 불성실하게 발언하도록 내버려두지 않으신다면, 진실이 드러날 것입니다.

자, 먼저 소(訴)의 취지, 그다음 증언을 읽어 주십시오.

소의 취지

8. 이 소의 취지는, 재판관 여러분, 이 사람(현안의 피고 테오크리네스)이 (그전 재판에서) 미콘을 소환한 다음 제출한 겁니다. 무역감독관14들에게 딸린 서기인 에우티페모스가 그것을 받아서 회의장15 앞에 한동안 공시되도록 했는데, 이 사람이 매수되어, 관리들이 예비심리16에 이 사람을 소환하려던 무렵, 그것을 제거되어 버리도록 한 거예요.

제 진술이 진실임을 증명하기 위해, 먼저 그곳 (감독관) 관청의 서기 에우티페모스를 불러 주십시오.

---

14 '무역감독관(*epimeletai tou emporiou*)'은 10명의 추첨된 관리들로 아테나이 외항 페이라이에우스에 도착한 곡물의 3분의 2를 아테나이로 수송되도록 감독한다. 참고, Aristoteles, *Athenaion Politeia*, 51. 4(아리스토텔레스 · 크세노폰 외, 《고대 그리스정치사 사료: 아테네 · 스파르타 · 테바이 정치제도》, 최자영 · 최혜영 역, 신서원, 2003, p. 98).

15 *synedrion*.

16 *anakrisis*.

9. 이제, 공시되어 있던 소의 취지를 본 이들의 증언을 읽어 주십시오.

증언

이제 무역감독관, 그리고 고발 대상이 된 배의 주인 미콘을 불러 주십시오.

증언들

10. 이렇게, 재판관 여러분, 테오크리네스가 미콘의 배를 두고 소를 제기했고, 그 소 취지가 한동안 공시되어 있었으며, 그는 예비심리에 소환되었으나 응하지 않았고 사건을 재판으로 넘기지도 않았던 사실 등, 상황을 아주 잘 꿰고 있는 이들의 증언을 통해 들으셨습니다. 그러니 그는 1천 드라크메 벌금에 그치는 것이 아니라 구인(拘引)[17]되어야 하고, 또 무역상과 선주들을 폄훼한 사람과 관련하여 법이 규정하는 또 다른 처벌도 받아야 한다는 점을 여러분이 같은 법을 통해 쉽게 아시게 되겠습니다. 11. 입법자는 죄가 있는 무역상이 처벌을 모면하는 일이 없도록 할 뿐만 아니라, 그 밖의 사람들이 불편을 겪지 않도

---

17 *apagoge.* 참조, Aristoteles, *Athenaion Politeia*, 52. 1.

록, 이 같은 부류의 사람들이 소를 제기한 사안이 실제로 일어났다는 점을 여러분 앞에 증명할 수 있다는 확신도 없으면서 소를 남용하는 행위를 엄금하고 있어요. 이런 법 규정에 반하여 음해하는 이는 정보고지에 의한 제소(提訴)과 구인의 대상이 됩니다. 차라리 관련 법을 직접 읽어 주세요. 제가 구차하게 설명하는 것보다 더 분명히 이해가 될 것 같습니다.

법

12. 이 법을 통해, 재판관 여러분, 근거 없이 음해하는 이들이 어떻게 처벌받아야 하는지 들으셨습니다. 그러니, 만일 테오크리네스가 소 취지에 적은 그 같은 행위 중 어떤 것이라도 미콘이 한 일이 있는데, 테오크리네스가 야합하여 그에 대한 소를 철회한 것이라면, 그는 여러분 모두를 기만하는 죄를 범한 것이므로, 1천 드라크메의 벌금을 물어야 합니다. 만일 미콘이 적법하게 항해해 갈 수도 있는 항구에 간 것이라면, 미콘은 어느 쪽이라도 편익에 따라 선택이 가능한 것이겠습니다. 그런데도 그(테오크리네스)가 그(선주인 미콘)를 두고 소를 제기하고 소환한 것이라면, 선주에 대해 근거 없이 비난한 것이며, 앞서 소개한 법뿐만 아니라 방금 소개한 법도 어긴 것이 되고, 또 말과 행동 공히 스스로 부정직함을 드러낸 것이에요. 13. 합법적으로 돈을 취할 수 있는 떳떳한 길을 마다하고, 앞에서 제가 소개한 법에 따르면 소 제기 시 제시한 상당액의 반을 받을 수 있는데도, 오히려 야합하여 하찮은 보수를 받고 법에 저촉되어 처벌받는 쪽을 택하는

그런 이가 누가 있답니까? 그런 이는 없어요, 재판관 여러분, 고의로 음해하는 경우가 아니라면 말이죠.

14. 이 두 가지 법은 다른 이를 불법행위 한 것으로 공소18한 이 사람이 스스로 위반한 것입니다. 또 다른 세 번째 법이 있는데, 이 법에 따르면, 시민 가운데 누구라도 원하는 이는 공금, 혹은 아테나 여신이나 다른 신들에 대하여, 혹은 (부족의) 명칭영웅19들에게 채무를 진 사람들과 관련하여 정보 고지할 수 있습니다. 이 사람이 여기에 속하는 것으로 드러날 거예요. 수행감사20에서 자기 부족의 부족장21에게 700드라크메를 지불하라고 통고를 받았으나, 지불하지 않았거든요.

자, 저를 위해 이 법을 들려주십시오.

법

15. 거기서 멈추어 주십시오. 무슨 말을 하는지 당신은 듣고 있소? "혹은 (부족의) 명칭영웅들에게"라고 하는 것 말이요. 자, 부족 성원들의 증언을 읽어 주십시오.

---

18 *graphomenos.*
19 *eponymoi* (부족 등이 명칭을 따오는 영웅).
20 *eythynai.*
21 *eponymos.*

증언

실로 이 사람은 말이죠, 재판관 여러분, 미콘이 그랬던 것처럼, 일부 사람들 혹은 대부분 시간을 바다에서 보낸 이들에 대한 배려가 부족한 것 같아요. 미콘은 자신의 부족 성원들 앞에서 겁을 먹거나 삼가지 않았거든요. 이 사람(피고 테오크리네스)은, 한편으로 공공기금을 아무렇게나 유용하여, 이들(부족인)로부터 횡령혐의로 유죄 선고를 받았고, 다른 한편으로, 벌금을 납부하기 전에는 공소 제기하지 못하도록 법으로 금지당하고 있고 또 그런 사실을 알면서도, 법을 무시하고는, 채무를 진 다른 이는 공직에 임하지 못해도 자신은 법 위에 있는 것처럼 여기는 거예요.

16. 더구나 채무자 명단에 자기가 아니라 자기 할아버지 이름이 적혀 있다고 우기면서, 할아버지가 채무자라는 사실과 관련하여 많은 말들을 늘어놓을 거예요. 저로서는 이 두 사람 중 누가 채무자인지 정작 알지 못해요. 그러나 사실이 이 사람이 주장하는 대로라면, 그런 사실 자체가, 제 소견에, 한층 더 지당하게 이 사람을 유죄 선고할 수 있는 근거가 됩니다. 17. 그 할아버지가 이전부터 오랜 기간 채무자로 있었다면, 법에 따라 온갖 권리와 함께 채무까지 상속받아야 하는 것이므로, 그는 전부터 공소 제기할 권리가 없는데도 제기한 바 있고, 그가 3세대 동안이나 교활한 행위를 자행했기 때문에 자신이 무죄 방면되어야 한다고 여긴다면 타당성이 없지요, 재판관 여러분.

그러니, 이 채무가 자신의 것이라는 점, 자기 형제와 자기를 위해 부족인들과 변제 시기를 조율한 사실, 맹세에 신실한 재판관이라면 누구도 이런 범죄 관련 정보 고지를 대놓고 무시할 수 없다는 사실 등을 테오크리네스가 스스로 자백하고 있음을 증명하려는 저를 위해, 스키로니데스가 부족인들에게 소개한 조령을 들려주십시오. 18. 저희가 문제를 제기하고 나서서 목록에 올라 있는 명단 사본을 얻으려 한다는 정보를 입수하고는, 이 테오크리네스가 앞으로 나와서 채무를 인정하고, 부족인들 앞에서 변제하겠다고 약속한 사실이 있다고 하니까요.

조령

여러 가지 더 많은 이유로, 테오크리네스보다 오히려 테오크리네스로 하여금 7므나를 납부하도록 강제한 레온티스 부족인들을 여러분이 칭찬해야 할 것 같습니다. [22]

19. 네 번째 법도 있어요. 사실 이 사람이 저지른 짓거리 중에서 상당 부분을 제가 알아냈다는 사실을 밝히는바, 이 법에 따르면, 이 테오크리네스는 500드라크메의 벌금을 내야 합니다. 그 아버지가 케피소도토스의 하녀를 자유인이라고 하며 빼내려 하다가 법정에서 선고받은 벌금을 납부하지 않았거든요. 그러고는 소송 상대방이었던 산문작가[23] 크테시클레스와 야합하여 변상도 하지 않았고 아크로폴리스에 (채무자로) 그 이름도 기재되지 않았습니다. 20. 이런 사실에도 불구하고, 저는 여전히 테오크리네스가 법적으로 채무자라고 생각합

---

22 여기서 레온티스 부족인들이 언급되는 이유는 불명이다.
23 *logographos.*

니다. 비열한 이들끼리 작당하여, 거류외인인 크테시클레스가 이 사람과 내통하고, 법에 따라 벌금을 선고받은 이가 징수관에게 인도되지 않는다고 해서, 도시가 법에 근거하여 부과된 벌금을 수납하지 못하면 안 되는 것이니까요. 오히려, 사적 분쟁에서는 분쟁 쌍방이 상호 동의에 의해 조율이 가능하지만, 공적 분쟁에서는 법 규정에 따라야 합니다.

21. 자, 누구라도 부당하게 (예속인을) 자유인으로 간주하고 빼내가려 하는 것으로 판정되면, 시가(時價)의 반을 공금으로 납부하도록 한 법 규정, 그리고 케피소도로스의 증언을 저를 위해 읽어 주십시오.

법, 증언

자, 또 다른 법을 읽어 주십시오. 여기에는 공부(公簿)에 이름이 올라 있는지 여부와 무관하게, 누구라도 벌금을 선고받으면 그날부터 채무자가 된다고 되어 있습니다.

법

22. 그러니, 재판관 여러분, 이 테오크리네스에 대한 범죄 정보가 공정하게 제보된 것이라는 점, 또 이 사람이 정보 고지만으로도 1천 드라크메 벌금의 죄가 있는 것으로 밝혀졌을 뿐만 아니라 또 다른 많은 채무를 지고 있다는 점을 두고, 마땅하게 고발한 이가 이런 식이 아니면 달리 어떤 방법으로 증명할 수 있겠습니까? 제 소견으로는 다

른 방법이 없어요. 실로 여러분은 테오크리네스가 스스로 공금 채무가 있음을 인정하고, 그에게 주어진 혐의 제보가 공정한 것이라 말한다는 것은 기대할 수 없습니다. 반대로 그는 무엇이건 다른 구실을 둘러대고, 짐짓 자신은 음모의 희생양이며, 자신이 위법 관련하여 제기한 공소 건 때문에 이 같은 위험에 빠지게 된 것이라는 등, 온갖 이유를 다 끌어댈 겁니다. 23. 흔히 이 같은 사안에서 유죄로 판명된 이들은, 여러분으로 하여금 소송 현안에서 이탈하여 본안 혐의와 무관한 사안으로 주의를 돌리도록 하는, 그런 비난거리와 변명을 늘어놓는 것밖에 별다른 수가 없어요. 그러나 저로서는, 재판관 여러분, 금방 읽어 드린 법 규정들에서, "이 규정들은 음해를 일삼는 이들에게 적용되지만, 범죄 혐의 관련으로 정보 고지된 테오크리네스가 투키디데스,[24] 데모스테네스, 혹은 공직을 수행하는 어떤 다른 이를 고소하려하는 경우는 제외한다"라는 취지가 들어 있는 것을 보았다면, 조용하게 있었을 거예요. 그러나 저는 지금 이들 법 규정 안에서 그 같은 취지를 전혀 찾을 수 없고, 또 그런 취지는 지금 와서 처음 들어 새기는 새로운 것이 아니라 심리[25]받는 이들이 수천 번 들어왔던 겁니다.

24. 저 역시 제 손윗사람[26]들로부터 듣기로, 재판관 여러분, 어떤 경우에도 범법한 이를 양해해서는 안 되며, 만일 양해가 주어진다면, 그것은 상습적인 협잡꾼이거나 매수되어 범법한 이는 절대로 안 되

---

24 반마케도니아 정치가, 연사로 추정된다.
25 *krinomenoi.*
26 *presbyteroi.*

고, 다만 비고의적으로 잘 몰라서 어쩌다 법 규정 중 어떤 것을 위반한 이들이어야 한답니다. 테오크리네스가 후자의 부류에 속한다고는 말하는 이는 아무도 없을 것이고, 그 반대로 잘 모르는 법이 있어서 그런 것도 아닌 것 같습니다. 25. 그러니 여러분은 그를 경계하셔서, 저의 발언은 물론 이들이 진술하게 될 말도 그대로 받아들이지 마십시오. 법을 보호하기 위해서 모인 이들은, 장황한 변론이나 비난이 아니라, 오히려 여러분이 쉽게 이해할 수 있고, 또 정보 고지에 의해 제기된 혐의를 법에 따라 타당하게 판결하는 모습으로 모든 시민들 앞에 비칠 수 있는, 그 같은 말에 주의를 기울이는 것이 타당한 것이니까요. 분명하게 이렇게 물으면서 말이에요. "무슨 말입니까? 테오크리네스 씨, 그리고 이 사람이 하는 일에 동조하는 모든 여러분, 법에 의거하여 판결하겠다고 선서한 우리가 당신네가 한 말에 근거하여 법을 배반하는 결정을 내리란 말입니까?

26. 한편으로, 이 테오크리네스가 소(訴)를 제기해 놓고는 재판에 회부하지 않은 미콘이 우리 앞에서 증언함으로써, 스스로 이 현안에 연루되어 있음을 밝혔고, 다른 한편으로, 서기가 이 사람으로부터 직접 소장27을 접수한 사실을 인정했으며, 또 조금 전에 소개된 증언이 그의 유죄를 확실하게 증명하고, 더구나 무역감독관들이 부득이하게 이들과 같은 증언을 했으며, 그 외에도 당신이 조금 전에 들었듯이, 소 제기한 사실을 목격한 이들이 나타나서 증언한 상황에서 말입니다." 그러면 안 되죠, 재판관 여러분.

---

27 *phasis.*

27. 피고의 행동과 그 삶을 통해서 볼 때, 저는 여러분이 여기서 소개된 증언들을 거짓으로 여기지는 않을 것으로 봅니다. 자신이 늘어놓는 말보다는 그가 자행한 행실에서 테오크리네스가 어떤 부류의 사람인지가 훨씬 더 확실히 드러나는 것이니까요. 비열한 험담꾼이 할 수 있는 짓거리 중에서 이 사람이 하지 않은 짓이 무엇이 있습니까? 이 사람의 형제가 법무장관으로 있을 때 이 사람을 고문으로 두었는데, 이 사람의 비열함으로 인해 다른 이도 그 같은 부류의 사람으로 낙인찍히게 만들어, 급기야 자질 심사28에서 자기만 불신임29 받은 것이 아니라 해당 관직 동료 전원30을 그런 지경으로 몰아넣지 않았습니까? 더구나, 그들 동료들의 간청과 탄원, 그리고 테오크리네스가 다시는 공직을 맡으러 나타나지 않을 것이라는 그들의 약속에 속아 넘어가서 여러분이 다시 이들에게 화관을 되돌려 주는 일만 없었다면, 이들 동료 장관31들이 모든 것 가운데서 최대의 치욕을 초래하게 되었을까요? 28. 이런 사실을 증명하기 위해 제가 증인을 여러분 앞에 소환할 필요도 없어요. 리키스코스32 (수석) 장관 때, 이 사람 (테오크리네스) 때문에 법무장관들이 민회에서 불신임 받아 직위 해제된 사실을 여러분 모두가 알고 있기 때문이지요. 이런 사실을 기억하

---

28 *epicheirotonia.*
29 *apocheirotonethe* (*apocheirotonia*) *.*
30 *arche.* 여기서 해당 관직이란 6명의 법무장관(*thesmothetai*) 전원을 뜻한다.
31 *synarchontes.*
32 기원전 343년 리키스코스가 그 명칭을 따서 한 해를 상징하는 수석장관(*archon*)으로 있었다.

시고, 여러분은 이 사람이 예나 지금이나 똑같다는 사실을 기억하셔
야 하겠습니다.

해직된 지 오래지 않아 자기 형제가 폭행에 연루되어 죽었을 때,
테오크리네스는 그에 대해 너무나 냉혹하게도, 폭력을 행사한 이가
누구인지 물어 알아내자, 뇌물을 받고는 사건을 덮어 버렸습니다.
29. 또 그 형제는 죽던 당시 제사장33에 임직했는데, 이 사람이 불법
으로 그 직을 대리했지요. 추첨된 적도 없고 대리로 임명된 적도 없으
면서 말이죠. 이 사람이 돌아다니면서 그 형제를 애도하고 데모카레
스를 아레오파고스34 앞으로 소환하려 한다고 외고 다니다가, 마침내
범죄 혐의가 있는 이들과 타협해 버린 겁니다. 스스로 품위 있고 믿을
수 있고 돈에 초연하다는 말은 이 사람이 하지 못할 겁니다. 공정하고
적정하게 공무를 처리하려는 이는 욕심이 너무 많아서는 안 되고, 또
세인들이 가진 재물을 있는 대로 모두 스스로를 위해 소비하도록 하
는 그 같은 동기들을 초월해야 한다고들 하죠.

30. 자신의 형제가 관련된 사안에서 이 사람의 행실이 이러했습니
다. 그런데 정작 여러분이 들어 두셔야 하는 것은, 이 사람이 공직에
임하여 사무를 어떻게 처리했느냐는 겁니다. 그가 자기 집안사람 다
음으로 여러분을 사랑한다고 하니까요. 이 사람이 저희들을 어떻게
대했는지부터 시작하겠습니다. 이 사람이 제 아버지를 비난하고, 재

---

33 *hieropoios*(제사장). '*hieropoios*'는 제식을 담당하는 관리로서 추첨을 통해 10명이
선출된다. 참고, Aristoteles, *Athenaion Politeia*, 54. 6~7.
34 아레오파고스는 선출된 500인 의회와 달리 전직 고위 관료로 구성된 장로 의회의
일종이다. 전통적으로 살인사건이나 살인과 연관된 폭력 사건 등을 재판한다.

판관 여러분, 제 아버지의 위법제안35 혐의로 공소하면서, 한 아이가 음해 대상이 되고 있다고 주장했어요. 이 아이 관련하여 조령이 제안되었는데, 거기에는 프리타네이온36에서 식사하는 권리를 이스코마코스의 아들 카리데모스에게 부여해야 한다는 제 아버지의 제안37이 포함되어 있었다는 겁니다. 31. 그런데, 이 사람(테오크리네스)이 말하기를, 그 아이가 자기 친부 집으로 다시 돌아오면, 양부 아이스킬로스가 물려준 재산을 모두 상실하게 된다고 했어요. 이게 새빨간 거짓말인 것이, 재판관 여러분, 이런 상황은 절대로 양자에게 일어난

---

35 *graphe paranomon.*

36 행정부 관청.

37 이 변론 화자(話者, 에피카레스)의 부친이 조령을 제안했는데, 그 조령의 내용은, 장군이었던 이스코마코스가 도시에 기여한 공로를 기려서 그 아들 카리데모스에게 프리타네이온(행정부 관청)에서 (평생) 식사하는 권리를 부여하자는 것으로 추정된다. 그런데 그 카리데모스의 모친은 아이스킬로스의 딸이다. 그녀가 전 남편(이스코마코스)에게서 얻은 아이(카리데모스)가 자기 모친의 부친(즉 외조부, 아이스킬로스)의 양아들로 입적되었다. 이렇게, 카리데모스는 이미 아이스킬로스에게 입양된 상태였으므로, 만일 이 같은 특권을 받아서 친부(이스코마코스)의 집안과 연루되면, 양부(아이스킬로스, 카리데모스의 외조부)가 가진 거액의 재산에 대한 상속권을 상실하게 될 것이라고 테오크리네스가 주장한다는 것이다. 그러나 화자는 그런 일은 일어난 적이 없다고 말한다.

테오크리네스의 주장에 따르면, 에피카레스의 부친이 이런 조령을 제안한 것은, 아이의 모친과 재혼하고 아이의 재산을 차지하려 했던 폴리에욱토스와 공모했기 때문이라고 한다. 이때 아이 모친은 아이스킬로스의 딸로서 무남상속녀(*epikleros*)의 상속권을 가졌던 것으로 추정되며, 입양이 취소되는 경우 그녀의 남편인 폴리에욱토스가 아내의 상속재산을 관리하게 된다. 다만, 무남상속녀의 남편은 재산 관리자에 불과할 뿐, 그 처분권을 갖지 못하고, 후에 그 재산에 대한 권리는 무남상속녀의 아들에게로 바로 넘어간다.

적이 없거든요. 이 사람은 또 이 모든 사태의 원인이 아이 모친의 (재혼한) 남편 폴리에욱토스가 아이의 재산을 차지하고 싶어 하기 때문이라고 주장했어요. 그러자 이 사람의 말을 듣고 화가 난 재판관들이, 조령과 특권의 부여는 합법적이라고 보고, 이 아이의 재산권은 박탈당해야 한다고 했으며, 제 아버지에 대해서는 폴리에욱토스와 공모했다고 해서 10탈란톤의 벌금을 부과하는 한편, 테오크리네스는 아이를 보호하는 것이라고 믿었던 겁니다.

32. 법정에서 일어났던 상황은 이러하거나, 이와 유사한 방식으로 전개되었어요. 그런데 이 알량한[38] 이가 사람들이 분노하고 또 자신을 완전히 망나니는 아닌 사람인 양 믿어 주는 것을 보고는, 폴리에욱토스를 소환하고 고아 학대 혐의로 장관 앞으로 고발하고, 장관 보좌관[39]인 므네사르키데스에게 사건을 넘겼어요. 그런데 이 사람이 폴리에욱토스로부터 200드라크메를 받고는, 하잘것없는 액수의 돈에 팔려 제 아버지에게 10탈란톤의 벌금을 초래한 이 중대한 사건을 포기하고 고발을 취하한 겁니다. 자, 저를 위해 이런 사실들과 관련한 증인들을 불러 주십시오.

---

38 원문에는 '*chrestos* (유용한)'이라고 표현되었으나, 이것은 반어법으로 실제로는 경멸의 뜻으로 쓰였다고 볼 수 있다.

39 9명 장관(아르콘, 1명 서기를 합치면 총 10명 아르콘) 중 3명 장관(수석인 명칭(에포니모스), 왕(바실레우스), 국방(폴레마르코스)]은 각기 보좌관 2명을 거느리고, 업무를 보좌하게 한다. 고아 학대 사건은 수석장관의 업무이다.

증인들

33. 제 아버지가 부자여서, 재판관 여러분, 1천 드라크메를 마련할 수 있었다면, 위법제안에 대한 항변40의 공소부터 완전히 벗어났을 거예요. 이 사람이 제 아버지에게 요구한 금액이 바로 그만큼이었거든요.

자, 테오크리네스가 이 사건 관련 내막을 말해 주었던 파이아니아41의 필리피데스, 그리고 그런 말을 한 사실을 알고 있는 또 다른 이들을 저를 위해 불러 주십시오.

증인들

34. 이렇듯, 재판관 여러분, 테오크리네스는, 만일 1천 드라크메가 자기 손에 들어왔다면, 제 아버지에 대한 소(訴)를 취하했을 것이고, 이런 사실에 대해 아무도 증언하는 이가 없어도, 여러분도 모두 그렇게 생각하실 것으로 저는 봅니다. 그러나 많은 이들을 소환하고 공소했다가 취하한 사실, 그리고 소액의 돈을 받고 기소를 포기하곤 했던 사실을 증명하기 위해, 이 사람에게 돈을 준 당사자들을 증인으로 소개합니다. 제가 이렇게 하는 뜻은, 이 사람이 짐짓 위법제안을 하는 이들을 경계하려는 것이고, 또 위법제안에 대한 고소 절차가 없

---

40 *graphe paranomon.*
41 아티카 판디오니스 부족에 속하는 데모스이다.

어진다면 민주정치는 무너질 것이라고 말한다 해도, 여러분이 그 말을 믿지 마시라는 거예요. 이 같은 그의 말은 돈에 팔리는 모든 이들이 상투적으로 둘러대는 변명이니까요.

35. 자, 저를 위해 알로페케 출신 크리토데모스의 아들 아리스토마코스를 불러 주십시오. 그가 돈을 건네주었거나, 아니면 적어도 그 집에서 안티메돈이 테네도스인들을 위해 제안한 조령에 따라 매수되어서는 안 되는 이 사람에게 1. 5므나가 수수(收受)된 사실이 있습니다.

증언

그 같은 취지의 다른 증언들과 함께 히페레이데스와 데모스테네스의 증언을 계속해서 읽어 주십시오. 누구라도 고소를 취하한 대가로, 아무도 그 같은 요구를 한다는 생각조차 못 할 그런 이로부터, 좋아라 하고 돈을 받아 챙기는 것은 변태적 과욕입니다.

증언들

36. 이 사람은 곧바로, 자기를 상대로 한 정보 고지는 데모스테네스와 투키디데스를 상대로 한 고소를 진행하지 못하게 하기 위한 것이라고 말할 겁니다. 이렇게 거짓말하고 터무니없이 말을 둘러대는 데 능하니까요. 그렇지만 저희는, 재판관 여러분, 이런 점을 고려하여, 투키디데스의 조령이 통과되든 폐기되든, 도시가 아무런 피해를 보지 않는다는 점을 여러분 앞에 밝히겠습니다. 더구나 법에 따라 판결하기로

맹세한 이들(여러 재판관들) 앞에서 같은 식의 변명을 둘러대는 것은 옳지 못합니다. 그러나 우선 여러분은 그가 제기한 공소 사실 자체로부터, 이것이 자신을 향한 정보 고지를 회피하기 위한 꼼수 이상이 아니라는 점을 여러분은 간파하실 겁니다. 이 공소장[42]을 읽어 주십시오.

공소장

37. 이 조령들이, 재판관 여러분, 그 자체로서 유효하거나 폐기되거나 간에, 저로서는 무관하고, 또 도시가 그로 인해 무슨 득을 보거나 피해를 보겠습니까? 제가 보기에는 아무것도 없어요. 소문에 아이노스[43]인이 더는 우리 도시에 우호적이지 않은데, 그 이유가 바로 이 테오크리네스 때문이라고 하네요. 당시 이 사람의 음해 행위에 고초를 겪고는, 이들 주민 가운데 일부는 필리포스 쪽으로, 다른 일부는 아테나이 쪽으로 갈렸다고 합니다. 또 카리노스가 앞서 공소한 적이 있던 조령이 다시 불법인 것으로 (테오크리네스에 의해) 기소[44]된 사실을 알게 된 겁니다. 이 조령은 그들(아이노스인)의 기여금 액수에 관한 것으로, 투키디데스가 제안한 것이었어요.[45] 더구나 이 사안과 관

---

42 *graphai.*
43 에게해 북쪽에 있는 트라케 남쪽 도시.
44 *gegrahthai.* 공소(*graphe*) 된 사실을 뜻한다.
45 아테나이 장군 카레스가 아이노스인이 기부해야 하는 공납금의 액수를 적정선으로 산정하고, 투키디데스가 조령을 제안하여 그것을 확정하려 했던 것으로 추정된다. 그런데 먼저 카리노스, 그다음 테오크리네스가 이 조령을 불법인 것으로 고발했고, 그 결과 아이노스인이 반기를 들고 필리포스 쪽으로 넘어가 버렸다.

련하여 결정이 지체되는 가운데, 38. 급기야 그들(아이노스인)이 카레스 장군과 협약한 기부금을 아테나이 민중이 기정사실로 인정하려 했으나, 혐오스런 이 사람(테오크리네스), 그리고 배반자 카리노스가 한 것같이, 다시 조령을 문제 삼아 소를 제기하려는 것을 알고, 아이노스인은 어차피 자신들에게 닥칠 불행을 최소화하는 쪽으로 가닥을 잡은 겁니다. 그러니, 유념해야 하는 것은, 아이노스인이, 우리에게 반기를 들면서, 차라리 이민족의 수비대를 수용하고 그들에게 굴복하는 쪽을 택하기까지, 이곳에서 소 제기라는 꼼수를 구사했던 이들에 의해 그들이 당한 고통이 어떠했을까요? 그러나, 제 소견에, 여러분만이 이들의 비열함을 감내하고 있을 뿐, 다른 헬라스인은 아무도 견디지 못해요.

39. 그러니, 소개해드린 공소장 내용이나 어떤 다른 이유로, 정보고지 관련 법들을 다 무시한 채, 테오크리네스를 무죄 선고해서는 안 된다는 사실이 지금까지의 진술된 바를 통해 명확해졌습니다. 그러나 제 소견에, 재판관 여러분, 이들의 변명, 비난, 가장된 적의에 대해 여러분이 모르는 것은 아니라고 봅니다. 40. 법정과 연단에서 여러분이 드물지 않게 목격했듯이, 이들이 서로 적이 되어 다투지만, 사적으로는 같은 목적을 추구하고 이익을 공유합니다. 한번은 서로 거칠게 욕하고 다투다가 조금 뒤에는 그 같은 사람들끼리 회식하고, 공동으로 제사를 지내는 겁니다. 아마도 이런 현상은 조금도 이상할 게 없을 것 같습니다. 비열한 이들의 근성이 그러하고, 또 여러분도 그 같은 행태를 인정한다는 사실을 그들이 알고 있거든요. 그러니 그들이 그런 수작을 하고 여러분을 속이는 것을 어떻게 막을 수 있겠습니까?

41. 저로서는, 재판관 여러분, 다른 무엇이 아니라 현안에 주의를 집중하는 것이 전적으로 여러분의 의무라고 봅니다. 그래서 만일 제 진술이 여러분에게 설득력이 있고 합법적인 것으로 보이면 저를 지지해 주십시오. 고소한 이가 데모스테네스가 아니라 그저 애송이에 불과하다는 그런 사실에 전혀 구애받지 마시고, 또 법이 일상의 언어보다 수사적 언어로 잘 포장되어 여러분에게 소개될 때 더 권위 있는 것으로 여겨져서도 안 되겠습니다. 같은 법이기 때문이지요. 오히려 여러분은 젊은이나 미숙한 이에게 더 많은 도움을 주어야 하겠습니다. 이들은 여러분을 현혹하는 정도가 덜하기 때문이지요.

42. 본안 소송은 제 상대방 소송인이 주장하는 것과는 정반대로, 음모의 희생물은 그가 아니라 저입니다. 몇 사람이 소송에서 저를 돕겠다고 천명했는데, 바로 이들에게 제가 배반당했어요. 이 모든 것을 여러분이 다음 사실을 통해 아실 수 있습니다. 전령은 데모스테네스를 여기로 소환할 수도 있겠습니다만, 아마 그는 연단으로 올라오지 않을 것 같습니다. 그 이유는 제가 옆 사람들 말에 설득되어 이이를 '정보 고지'했기 때문이 아니라, 이 사람(테오크리네스)과 막 소환된 이(데모스테네스)가 서로 타협했기 때문이지요. 이것이 사실임을 증명하기 위해, 이들을 함께 데려온 클레이노마코스, 그리고 키노사르게스46에서 그들과 함께 있었던 에우불리데스를 소개하여 증언하도록 하겠습니다. 43. 뿐만 아니라 여러분이 들으시면, 제 말이 진실이라는 점에 대한 증거가 어설픈 것이 아니라 사뭇 강력하다는 것에 모두가

---

46 아테나이에 있던 김나시온(학교)인데 회합 장소로도 이용되었다.

수긍하실 그런 증언을 제가 제시하겠습니다. 이 테오크리네스가, 지금 그가 진술하듯이, 그가 당면한 질곡의 원인을 제공한 이 가증스런 이를 위법 혐의로 고발했을 때, 10 탈란톤의 벌금을 책정했던 공소사건에서 그를 공개적으로 풀어 주었어요. 어떻게요? 다른 것이 아니라, 그 같은 부류의 다른 사람들이 벌이곤 하는 꼼수를 동원한 것이죠. 공소 재판이 열리는 날, 누군가가 데모스테네스가 아프다고 맹세[47]를 통해 기일 연기 신청을 했어요. 아이스키네스를 공격하고 비난하려 했던 데모스테네스 말이죠. 그런데 이 사람이 그의 적을 풀어 준 거예요. 당시 이 사람은 맹세로서 반박도 하지 않았고, 그 후 본안 재판 개최도 요구하지 않았어요. 이런 처사는 이들의 분쟁을 벌이는 것으로 알고 있는 여러분을 실로 이들이 공공연히 우롱한 것 아닙니까?

증언들을 읽어 주십시오.

증언들

44. 그러니, 재판관 여러분, 데모스테네스를 향한 적의 때문에 테오크리네스를 변호하려 한다고 천명하는 이들의 말을 여러분이 곧이 듣지 않으려 하는 것은 일리가 있습니다. 이들이 진실로 데모스테네스의 적들이라면, 여러분이 이들에게 그에 대한 소장을 제출하라고 하고, 이들이 그로 하여금 위법한 제안을 하지 못하도록 요구해야 하는 거예요. 실로 이들은 영악하여 여러분으로부터 상당한 신뢰를 얻

---

47 *hypomosia*. 참조, Demosthenes, 21. 84.

고 있으면서도, 그렇게 하지 않지요. 그 이유가 뭘까요? 말로는 서로 적이라고 주장하면서도 실제로는 그런 게 아니니까요.

45. 이렇듯, 이들 사이의 적의와 관련하여, 여러분이 저보다 더 상세하게 말할 수 있을 것 같습니다. 그러나, 테오크리네스만 제게 정직한 대답을 해 줄 용의가 있다면, 제가 여러분 앞에서 참으로 그에게 물어보고 싶어요. 위법제안을 막을 의무가 자기에게 주어져 있다고 그 (테오크리네스)가 주장하므로, 만일 어떤 이가, 민회48의 전체 시민들 앞에서 발언하고 그 동의를 얻어, 자격 박탈된 이들과 공금 채무자들에게 공소, (주로 금전 관련) 소 제기, 정보 고지 등을 할 수 있도록, 다시 말하면, 현재 법이 금지하는 모든 것을 다 할 수 있도록 허락하는 법안을 제안49한다면, 46. 그(테오크리네스)가 그 같은 것을 제안한 이를 위법으로 공소하겠습니까, 안 하겠습니까? 만일 그가 안 한다고 한다면, 자신이 위법 제안하는 이를 막으려 한다는 말을 어떻게 여러분이 믿을 수 있습니까? 반면, 그가 공소50를 제기한다고 해도, 황당한 일 아닙니까? 한편으로, 다른 이가 법안을 제안하면 그것이 급기야 표결에 붙여져 통과되는 일이 없도록 막음으로써, 어떤 이도 이런 특권을 갖지 못하도록 하고, 또 그 옆에 법조문을 분명하게 부기하여 공소51를 제기하게 될 이가, 47. 다른 한편으로는, 지금 자기(테오크리네스)는 민중을 설득한 것도 아니고 문제를 공론화한 것도 아니면서, 법

---

48 *demos.*
49 *egrapsen* (*grapho*).
50 *egrapsato* (*grapho*).
51 *graphe.*

으로 자신에게 금지된 공소52를 제기하고 있으니까요. 혹여 이 사람이 곧, 이 같은 수작을 하지 못하도록 금지당하고, 유죄를 선고받아 법규정에 따라 당연히 받아야 할 벌을 받게 된다면, 아주 부당한 대우를 받았다고 불평할 거예요. 이 사람이 스스로 법을 유린하면서, 아무도 상상조차 하지 못할 그 같은 엄청난 특권을 여러분에게서 위임받았다고 주장하는 것이 황당한 일 아닌가요?

48. 정보 고지와 관련하여, 테오크리네스는 물론 그를 지지하는 사람들의 말이 타당성이 없음을 여러분 모두가 거의 간파했을 것으로 봅니다. 그러나, 제 짐작에, 아크로폴리스53의 명단에 없는 이들에 대해서는 정보 고지가 성립하지 않으며, 또한 아무도 수납관에게 명단을 넘긴 적이 없는 이들을 채무자로 간주하는 것도 옳지 않다고 이들이 짐짓 우길 것 같습니다. 49. 누구라도 벌금 처분을 받거나 혹은 법 혹은 조령을 위반하는 날부터 채무자로 간주하는 법을 여러분이 마치 알지 못하는 것처럼, 혹은 법을 준수하는 이들이 공금 채무자가 되어 그 채무를 변제하는 것은 여러 가지 상황으로 발생하게 된다는 사실도 세상 모든 사람이 모르고 있는 것처럼 말입니다.

자, 저를 위해 다시 이 법을 들려주십시오.

---

52 *graphestahi.*
53 아테나이를 수호하는 아테나 여신전이 있는 중심 성채이다.

법

법 규정이 뭐라 하는지, 당신, 짐승같이 가증스러운 이여, 듣고 있소? "누구라도 벌금 처분을 받거나 혹은 법을 위반하는 날부터"라고 하는 것 말이요.

50. 제가 듣기로, 법 규정에 따르면, 채무자 명단에 등록된 이들의 경우, 빚이 변제되면 그 이름을 삭제하게 되는데, 아예 기재된 적이 없는 이들에 대해서는 어떻게 그 이름을 지울 수 있느냐고 우기려 한답니다. 이 법은 명단에 등록된 채무자에 관한 것이고, 등록되지 않은 채무자는 다른 법이 적용된다는 사실을 여러분이 모르는 것처럼 말이에요. 법 규정에 따르면, 누구라도 벌금이 선고되거나, 법 혹은 조령을 위반하는 날부터 채무자로 간주됩니다. 51. 그러면, 그가 "본인이 미등록[54] 채무자인 줄 알면서, 미등록된 사실에 대해 왜 공소[55]를 제기하지 않았소?"라고 물을 수 있겠죠. 그러나 관련 법에 따르면, 정작 미등록 공소는 미등록 채무자에 대한 것이 아니라, 등록되었으나 채무를 변제하지도 않은 상태에서 그 이름을 삭제한 이들에 대한 것입니다.

자, 저를 위해 법을 들고 읽어 주십시오.

---

54 *agraphios*, 혹은 *me engegrammenon*.

55 *agraphiou graphei* (*grapho*), 혹은 *graphai tou agraphiou*.

52. 여러분이 들으신 바, 재판관 여러분, 법 규정이 분명히 밝혔듯이, 공금 채무자가 도시에 진 빚을 변제하지 않은 채 이름을 미등록하는 경우, 그 미등록에 대한 공소가 법무장관들 앞으로 제기되는 것이지, 애초에 등록되지 않는 이들은 여기에 해당 사항이 없습니다. 후자는 정보 고지나 다른 어떤 처벌 절차를 따라야 하죠. 그런데, 테오크리네스 씨, 당신은 왜, 당신이 법정 고발된 사실에 관해 진술하지 않고, 그와 무관한 온갖 방법을 동원해 적에게 앙갚음하려고 설득하는 거요?

53. 모이로클레스[56]는, 재판관 여러분, 상인들을 해치는 이들을 견제하고, 여러분뿐만 아니라 여러분 동맹국들까지 추동하여 부당행위자를 감독하는 경찰 같은 조직을 만들자는 조령을 제안했는데, 그 조령의 취지에 스스로 반하여 지금 테오크리네스를 위해 진술하는 것을 부끄러워할 줄도 몰라요. 54. 오히려, 이렇듯 상인들을 부당하게 음해[57]한 죄가 명백하게 드러난 사람을 벌하지 말고 방면하자고 감히 여러분을 추동하려 하고 있으니까요. 마치 바다에 질서를 세우려고 스스로 조령을 제안한 목적이, 바다의 위험을 무릅쓰고 안전하게 돌아온 이들이 항구에서 기다리는 이들(돈을 투자하고는 이자와 함께 원금을 돌려받기를 원하는 이들)에게 세금을 바치도록 하는 것밖에 없는 것같이, 혹은 사고 없이 기나긴 항해를 마친 이들이 테오크리네스의 마

---

56 모이로클레스는 에우불리데스의 반대파, 반마케도니아파 정치가였다.
57 *phasis* (복수형 *phaseis*).

수에 걸려드는 것이 상인들에게 무슨 이득이 되는 듯이 말이에요.

55. 제 소견에, 항해 중에 일어난 사고는 여러분이 아니라 장군들과 긴 여정의 배에 타고 있던 이들이 책임져야 하고, 다만 페이라이에우스 항구와 관리들 앞에서 벌어진 사고는 여러분이 비난받아야 하는 거예요. 여러분이 이들을 관리하고 있으니까요. 그러니, 해외에서 조령을 어긴 사람들보다 이곳 국내에서 법을 위반한 사람들을 더 엄하게 경계해야 합니다. 여러분 자신이 발생한 사태를 느슨하게 눈감아 주고 이들이 하는 짓거리에 다소간 공모한 것으로 보이지 않으려면 말이죠. 56. 실로 모이로클레스 씨, 우리는, 멜로스인들이 해적들에게 은신처를 제공했다고 해서, 여러분의 조령에 근거하여 그들로부터 10탈란톤을 거두려 하거나, 도시를 운영하는 원리로서 여러분이 제정한 조령과 법을 다 어긴 이 사람을 방면하지도 않습니다. 섬사람들이 부당행위를 하지 못하도록, 우리가 삼단노선에 장비와 인원을 채우고 그들에게 도리를 강요하면서, 지금 이곳에 출석한 이들이 법에 따라 처벌해야 하는 가증스런 이들을 우리가 방면하라고요? 적어도 여러분이 지각이 있다면 그렇게 하면 안 되죠. 공지판 기둥에 있는 내용을 읽어 주십시오.

공지판 기둥

57. 법과 현안 소송 관련하여, 더 이상 무슨 말을 해야 할지 저로서는 알지 못하겠습니다. 저로서는, 여러분이 충분히 숙지한 것으로 생각합니다. 저와 제 아버지에 대한 공정한 판단을 구하면서, 저는 이제 연단을 떠나고 여러분에게 폐가 되지 않았으면 합니다. 저로서는,

재판관 여러분, 제 아버지를 변호해야 하고, 또 그것이 도리라고 여기고, 58. 이 정보 고지에 착수하게 되었습니다. 애초에 제가 말씀드린 대로, 한편으로 저를 음해하려는 사람들이나 제 나이가 어린 것을 트집 잡아 비난하는 사람들, 다른 한편으로 저를 응원하고 제가 제 아버지의 적을 징벌하기로 한 것이 현명한 처사라고 하는 사람들도 있음을 다 감안하면서 말이죠. 제 말을 들은 사람들이 어떻게 반응할 것이냐는 운명에 맡길 수밖에 없었고, 다만 저는 제 아버지에 의해 제게 주어진 숙제를 감당해야만 했어요. 무엇보다 그것이 올바른 길이었으니까요. 59. 제가 언제 그(아버지)를 도와야 하겠습니까? 합법적으로 처벌이 가능한 동시에, 제 자신이 제 아버지가 당한 질곡에 같이 연루되어 있고, 아버지가 홀로 버려져 있을 때가 아니겠습니까? 지금이 바로 그런 상황이지요.

다른 여러 가지 질곡 가운데, 재판관 여러분, 이런 역경이 저희에게 닥친 겁니다. 세상 사람들이 모두 저희를 격려하고, 발생한 상황에 함께 연민하고, 저희가 참담하게 피해를 입었으며, 이 사람이 정보 고지의 대상이 된다고 말했어요. 그러나 이런 말을 한 이들 중 누구 하나 저희를 도우려 하지 않았고, 드러내 놓고 테오크리네스의 적의를 사려고 하지 않았지요. 실로, 진실에 대한 사람들의 연민이 언제나 솔직하게 말하는 데까지 이어지는 것은 아닌 거예요. 60. 저희에게 닥친 많은 불행이, 재판관 여러분, 단기간에 이 테오크리네스 때문에 닥쳤는데, 그중에서도 당면 현안보다 더 가혹한 것은 없었어요. 피해를 당하고 테오크리네스의 잔인하고 불법적 행위를 여러분 앞에 진술할 수 있는 제 아버지는, 법의 규정에 따라, 침묵해야 하고,

이런 일을 감당하기에는 역부족인 제가 진술하게 되었습니다. 더구나, 저와 같은 또래들은 그 아버지의 도움을 받지만, 제 아버지는 저의 도움에 의지하고 있습니다.

61. 이 같은 싸움에 당면하여, 우리는 여러분의 도움을 청하고, 또 청년이나 노인이나, 그 밖의 어떤 연령대에 있거나, 법의 규정에 따라 여러분 앞으로 오는 모든 이에게 완벽한 공정을 도모할 수 있음을 분명하게 해 주십시오. 바람직한 것은, 재판관 여러분, 법과 여러분 자신이 연사의 힘에 휘둘리게 두지 마시고, 그이를 여러분의 힘 아래 두도록 하시며, 또 달변으로 재치 있게 발언하는 이와 공정하게 발언하는 이를 서로 구분하도록 하십시오. 여러분이 맹세한 것은 공정하게 판결하는 것이기 때문입니다. 62. 이 사람과 같은 연사들이 부족하다거나, 그래서 도시가 잘못 운영될 것이라는 말을 누가 하거든 믿지 마십시오. 저보다 더 나이가 든 사람들로부터 제가 들은 바에 의하면, 사실은 정반대이니까요. 그 말에 따르면, 온건하고 신중한 이들이 도시 일을 관장하면, 도시는 최선으로 작동한다고 합니다. 이들 (테오크리네스 일당)이 성실한 조언자들이라고 생각하는 이가 누가 있습니까? 민회에서 말 한마디 못하고, 오히려 거기서 말하는 이들을 공소하여 돈만 챙겨요. 63. 놀라운 것은 폄훼를 일삼고 살아가면서도, 도시에서 아무것도 얻는 게 없다고 하는 겁니다. 그리고 여러분 앞에 나서기 전에는 아무것도 가진 것이 없었으나 지금은 부자가 되었는데도, 여러분에게 감사하기는커녕, 민중이 변덕스럽고 배은망덕하다고 말하고 다니는 겁니다. 이들이 민중 덕을 보는 것이 아니라, 마치 여러분이 이들 덕을 보는 것처럼 말이죠.

그러나 이들이 이런 말을 하고 다니는 게 당연한 것이, 여러분이 줏대 없는 것을 아는 것이에요. 누가 잘못해도 상응하는 처벌을 내리지 않고, 비난과 음해를 일삼는 이들 덕분에 민중의 안전이 도모되는 것이라고 이들이 말하고 다녀도 그냥 내버려두는 겁니다. 이보다 더 혐오스런 종족은 없는데도 말입니다. 64. 도대체 이런 치들이 도시에 어디에 쓸모가 있는지 누가 알아낼 수 있습니까? 이들이 부정한 이를 벌하고, 제우스의 이름으로 맙소사, 그래서 이들 때문에 부정한 이가 줄어드는 것인가요? 절대 아닙니다, 재판관 여러분, 오히려 늘어나지요. 부당행위를 하려는 이들은, 자신들이 얻은 것 중 일부를 이들에게 넘겨주어야 한다는 사실을 알고, 부득이 다른 이들에게서 더 많은 것을 빼앗게 돼요. 자기 자신들뿐만 아니라 이들에게 줄 것도 마련해야 하니까요.

65. 만나는 이들에게 나쁜 짓을 하는 이들을 조심하기 위해, 어떤 이들은 집에 경비원을 세우고, 또 어떤 이들은 밤에 집에 머물면서 화를 피하고, 또 다른 이들은 해를 끼치는 이들을 경계하여 이런저런 보호장치를 마련합니다. 그러나 이들같이 음해를 일삼는 자들을 피하기 위해서는 어디로 가야 안전을 도모할 수 있겠습니까? 이들에게 다른 온갖 부당행위로부터 벗어날 수 있는 피난처가 용역,58 법, 법정, 증인, 회합59 등입니다. 여기서 이들은 자신들의 힘을 과시하고, 뇌

---

58 *ergasiai*. Loeb 판본과 Kaktos 판본에서는 공히 이것을 다음에 나오는 여러 가지 활동을 총칭한 것으로서 '다음과 같은 일상적 활동'으로 번역한다. 여기서는 다음에 나오는 활동들과 동력으로 해석하여 '용역'으로 했다.

59 *agorai*. Gernet은 이것을 부족이나 구(區・*demos*)에서 열리는 '회의'로 보았다

물을 제공하는 이는 친구로, 복지부동하고 부유한 이들을 적으로 간주하는 거예요.

66. 그러니, 재판관 여러분, 이들의 비열함과 함께 저희 선조를 기억해 주십시오. 제 할아버지 에피카레스[60]는 올림피아 소년 달리기 경주에서 우승하여 도시에 화관을 안겼고, 생전에 여러분 선조들 가운데서 명성을 얻었습니다. 그런데 저희는, 신의 저주를 받은 이 사람 때문에, 도시 일에 동참하지 못하게 되었어요. 67. 그 도시를 위해서 제 할아버지의 숙부이며, 스켈리오스의 아들 아리스토크라테스는 제 형제와 이름이 같은데, 도시가 라케다이몬인과 싸울 때 많은 빛나는 공적을 남겼지요. 그는 크리티아스[61] 및 그 일당이 라케다이몬인을 불러들이려고 건설했던 에에티오네이아[62]를 파괴하고, 우리를 위협하던 그곳 요새를 허물어 버리는 민중을 귀환하게 했습니다. 그 과정에서 그는 흔히 겪는 일상의 위험이 아니라, 그 위험을 감내함으로써 영광을 구가했으며, 여러분을 음해하던 이들을 막아냈습니다. 68. 그의 공을 기려서, 저희가 이 테오크리네스를 닮은 이들이었다

(참조, Kaktos 판본, v. 14, p. 341). 그러나 반드시 그런 공식적 회의로 한정하기보다, 여러 가지 형태의 회합을 통해 일을 도모하는 것으로 해석할 수도 있다.

60 화자(에피카레스)의 조부는 화자와 같은 이름인 에피카레스인 것으로 나온다. 고대 그리스에서는 흔히 한 대를 건너 같은 이름을 쓴다. 참고로, 종종 부자가 같은 이름을 쓰는 경우도 없지 않았다.

61 에에티오네이아 요새를 허문 것은 기원전 411/410년, 400인 과두정이 잠시 수립된 때이고, 크리티아스가 활동한 것은 그로부터 6년 후인 기원전 404/403년경 30인 참주적 과두정부 때이다. 여기서 화자는 크리티아스의 활동 시기를 오해한 듯하다.

62 페이라이에우스 항구의 입구에 위치한 곳이다.

할지라도, 여러분이 마땅히 저희를 긍휼히 여겨 구해 주십시오. 저희가 그보다 더 나은 사람들이고 저희 진술이 공정하다는 점 등을 고려하지 않는다 해도 말입니다. 저희는 이 같은 것에 대해 여러 번 반복함으로써 여러분을 곤혹스럽게 하지 못할 거예요. 이 사람이 저희를 이 같은 질곡으로 몰아넣어서, 제가 처음에 말씀드렸듯이, 이방인에게도 허용되는 자유 발언[63]조차 누리지 못할 것 같기 때문입니다.

69. 그러니, 만일 다른 것을 얻지 못한다면, 적어도 이 사람(테오크리네스)이 떠들지 못하도록 하는 처분만 내려도 저희는 만족할 것이므로, 저희를 도와주시고, 조국을 위해 생명을 바친 저희 가족을 연민하시고, 이 사람이 정보 고지당한 사안에 한정해서만 변론하도록 견제해 주시고, 이 사람이 고소인[64]으로 저희를 대했던 것같이, 여러분도 그의 주장에 대한 재판관이 되어 주십시오. 70. 이 사람이 재판관을 기만한 가운데, 제가 간곡하게 청하면서 그 무릎 아래 읍소했는데도, 여러분은 선처하기를 거부했습니다. 오히려, 제 아버지가 조국을 배반한 것처럼, 10탈란톤의 벌금을 제시했어요. 이제 저희는 여러분에게 간청하고 탄원하는바, 공정한 결정을 내려 주십시오.

누구라도 저희를 도우셔서, 발언할 것이 있는 분은 저희를 위해 변호해 주십시오. 연단으로 올라오십시오.

---

63 *parrhesia.*
64 *ketegoros.*

59

테옴네스토스와 아폴로도로스가
네아이라를 비난하여

해제

이 변론은 아테나이인 테옴네스토스와 아폴로도로스가 네아이라를 상대로 이방인 혐의[1]로 소(訴)를 제기한 재판에서 양자가 발표한 것이다. 표면상으로는 네아이라가 이방인 기녀 출신이었는데도 아테나이인 행세를 했다는 것이나, 실제 제소의 목적은 네아이라의 유죄 선고 자체가 아니라 스테파노스를 공격하기 위한 것이었다.

기원전 349년 아테나이 시민인 스테파노스는 정치적으로 에우불로스 측 집단에 속했고, 반대 정파이며 데모스테네스와 이해를 같이하는 아폴로도로스를 제소하여 유죄 선고를 이끌어 내는 데 성공했다(§5). 죄목은 불법의 조령(條令)을 제안했다는 것이었고, 스테파노스는 거액의 15탈란톤 벌금형을 제안했으나, 재판관의 선처로 벌금은 1탈란톤으로 경감되었다. 후에 스테파노스는 다시 살인죄로 아폴로도로스를 기소했으나, 피고는 무죄 방면되었다.

---

1   *dike xenias.*

은행업자 파시온의 아들인 아폴로도로스는 〈포르미온을 위한 '위법의 소(訴)'에 대한 항변〉,[2] 〈스테파노스의 위증을 비난하여 1, 2〉,[3] 〈채무 관련하여 티모테오스에 반대하여〉[4] 등을 통해 잘 알려진 인물이다. 여기서 아폴로도로스가 유죄 선고 받은 불법 조령 제안이란 관극기금을 군자금으로 전용하자는 것이었고, 이것은 데모스테네스가 주창하는 것과 같은 맥락이다. 기원전 350~340년간의 10여 년, 당시 아테나이에서는 데모스테네스가 주도하는 정치적 추동력과 노선의 영향하에 갖가지 곤혹스러운 상황에 직면해 있었다.

유죄 선고를 받은 지 몇 년 후, 아폴로도로스는 자신의 사위 테옴네스토스와 함께 수년간 스테파노스와 동거하고 있는 네아이라를 고소했다. 네아이라가 이방인 기녀 출신인데, 불법으로 아테나이 여인으로 행세했고, 그녀의 자식들도 스테파노스의 자식인 것처럼 아테나이 시민으로 행세했다는 것이었다.

스테파노스는 네아이라의 딸을 자기 딸인 것처럼 두 번이나 아테나이인에게 출가시켰다. 그의 사위 테오게네스는 왕(바실레우스)의 장관직에 있었고, 그 왕의 부인은 가장 엄숙한 제사를 주관하는데, 시민이 아닌 네아이라의 딸이 그런 역할을 수행함으로써 아테나이의 명예를 훼손했다는 것이다. 이런 비난에 대해 스테파노스는 그들이 자신의 합법적 아내가 낳은 자식이며, 네아이라를 만나기 전에 얻은 자식이라고 주장하는 수밖에 다른 도리가 없었다. 그러나 딸은 이방인 네아이라의 딸이라고 하여 두 남편에게서 소박맞았고, 아들은 구민 명부에 오르지 못했다. 아폴로도로스는 네아이라의 몸종을 고문하여 사실을 밝히도록 제안했으나, 스테파노스는 이 제안을 거절했다. 이 재판에서 네아이라가 패소하면, 예속인으로 팔리고, 그 자식들은 시민 자격을 잃게 되며, 스테파

---

2   Demosthenes, 36.

3   Demosthenes, 45, 46.

4   Demosthenes, 49.

노스도 참정권을 박탈당하게 된다.

여기에 나오는 스테파노스는 〈스테파노스의 위증을 비난하여〉[5]에 나오는 스테파노스와 같은 인물이 아닌 것으로 추정된다. 만일 같은 인물이었다면, 〈스테파노스의 위증을 비난하여〉에서 화자는 이 변론에서 언급되는 내용들을 거론했을 것이지만, 그런 내용이 나오지 않기 때문이다.

이 변론은 먼저 테옴네스토스가 시작하여 아폴로도로스가 뒤를 이었는데, 후자가 나이나 경험이 더 많으므로 더 많은 부분을 발표했다. 화자의 주요 목적은 네아이라와 그 가족의 불법적·비도덕적 거취이며, 그로 인해 아테나이의 성문법과 불문법이 모두 훼손되었음을 증명하는 것이다.

이 변론의 위작 여부에 대한 논란은 고대 이래 이어져 왔으며, 아폴로도로스의 저작이 아니냐는 견해가 있다. 주제와 무관한 내용과 논리 전개의 부정합성이 있는 것으로 평가되기 때문이다. 기녀로서의 네아이라의 생활, 네아이라와 그 딸과 관련한 스테파노스의 비열한 작태, 두 남편을 거친 그 딸의 평판과 거취 등에 대한 묘사가 그러하다.

---

5   Demosthenes, 45, 46.

1. 아테나이인 여러분, 제가 부득이 네아이라를 고소하여 여러분 앞에 나서게 된 데는 여러 가지 곡절이 있습니다. 저희는 스테파노스에 의해 피해를 당했고 그 때문에 극도의 위험에 처한 적이 있습니다. 저희라 함은 제 장인, 저, 저의 누이, 저의 아내를 말합니다. 그러니 단초를 제공한 것은 제가 아니고, 저는 응징을 하려고 소(訴)를 제기한 것뿐입니다. 처음 적의를 유발한 것은 그였고, 우리는 말로도 행동으로도 그를 해친 적이 없어요. 이전부터 그이 때문에 우리가 받은 피해를 여러분께 말씀드리겠습니다. 그러면 제가 제 자신을 방어하려는 점, 그리고 그에 의해 조국의 상실과 함께 자격박탈6이라는 극도의 위

---

6   *atimia*. '아티미아'는 흔히 '시민권 박탈'로 번역하지만, 여기서는 '자격박탈'로 번역한다. '시민권', 즉 시민(남성 *polites*, 혹은 여성 *politis*)의 권한이란 정치적 참정권(권리 뿐 아니라 의무) 외에도 경제적 재산권, 가문 · 씨족 · 부족 성원으로서의 권리와 의무 등 그 개념이 광범하다. 사실 '아티미아'가 어느 정도의 범위에서 권리 상실을 의미하는지는 시대마다, 경우마다 같지 않다. 그래서 '시민권 박탈'이라는 포괄적 개념보다 '자격박탈'이 훨씬 더 한정적인 의미를 갖는다는 점에서 오해를 불러일으키거나 잘못 쓰일 가능성이 적다고 보았다.

　시기적으로도 '아티미아'의 의미는 다소간 차이가 있다. 기원전 6세기와 5세기 초에는, 아테나이인 혹은 이방인을 막론하고, 재산을 박탈당하고, 또 누구든지 '아티미아'에 처해진 이(*atimos*)가 금지된 장소에 나타날 때는 죽여도 살인죄에 걸리지 않았다. 기원전 5세기 말이 되면, '아티미아'는 아테나이 공적 활동에서 배제되는 것을 뜻했다. 그러니 이것은 이방인과 무관하게 시민에게만 적용되는 것이 되었다. '아티미아'는 자식과 후손에게 물려지는 것이었다. 한시적 '아티미아'도 있는데, 공적 채무로 인해 '아티미아'에 처해진 경우, 채무를 변제하면 풀려난다. 한 가지 혹은 그 이상의 권리를 상실하는 부분적 '아티미아'도 있다. '아티미아'에 처해진 이가 광장, 신전, 축제 등 금지된 장소에 나타나거나 민회 발언 등 금지된 행위를 하는 경우, 시민은 누구나 그에게 소 제기 등 조치를 취할 수 있다. 참조, Andokides, 1. 75~76.

험에 봉착해 있음을 여러분께서 더 잘 해량하실 수 있을 것 같습니다.

2. 아테나이 민중은 파시온7과 그 자손에게 아테나이 시민권을 부여하기로 결정했어요. 그가 우리 도시에 기여한 바가 있기 때문이에요. 저의 아버지는, 이 같은 민중의 선처를 지지하여, 파시온의 아들인 아폴로도로스에게 자신의 딸이자 제 누이인 이를 출가시켰고, 그녀로부터 아폴로도로스의 자식들이 태어났지요. 이 사람은 제 누이는 물론 우리 모두에게 친절했어요. 그는 진실로 친척 관계에 있는 이들은 모든 것을 함께한다고 생각했고, 저도 아폴로도로스의 딸인 동시에 제 질녀인 여인과 혼인했어요.

3. 얼마 후, 아폴로도로스가 의회 의원8으로 추첨되어 자격심사9를 통과하고 임직의 맹세를 하던 즈음, 우리 도시가 개전 상태로 들어가게 되었습니다. 거기서 승리했더라면, 우리 도시는 헬라스에서 가장 강력한 도시가 되었을 것이고, 확실하게 우리 관할 영역을 돌려받고, 필리포스를 제압할 수 있었을 거예요. 반면, 원군이 늦게 도착하여 여러분이 동맹국을 포기하고 또 군자금이 모자라서 군대가 해산되

7　파시온은 아폴로도스의 부친으로, 애초에 아테나이의 이방인이었다. 은행업 등으로 돈을 벌면서 전 헬라스에 발을 넓혔고, 그 기여한 바에 의해 아테나이 시민권을 얻었다. 참조, Demosthenes, 36, 45, 46.

8　*bouleuein.*

9　페르시아 전쟁을 전후하여, 9명 장관(아르콘), 의회 의원, 재판관 등 아테나이의 공직이 추첨으로 뽑히게 되었다. 추첨으로 뽑힌 공직자는 '자격심사(*dokimasia*)'를 거치게 된다. 자격심사에서는 출생의 근본, 사적 생활은 물론 공적 임무의 완수 여부 등을 검토하며, 부적격 사유가 있다고 생각한 이는 이의를 제기할 수 있다. 참조, Lysias, 16. 9.

기라도 했다면, 우리는 동맹국은 물론 다른 헬라스인의 신뢰까지 잃게 되고, 여러분이 가지고 있는 다른 영역들, 렘노스, 임브로스, 스키로스, 케르소네소스까지 상실할 위기에 처했을 겁니다. 4. 당시 여러분은 전체 병력을 에우보이아, 올린토스로 보내려고 했고, 아폴로도로스도 의회 의원으로서 조령을 예비안건10으로 발의하여 민회11로 보냈지요. 그 취지는 개전 시에 도시 재정에서 남는 돈을 군자금 혹은 관극기금12으로 전용할 수 있도록 하는 안의 가부를 두고 민중의 표결에 부치자는 것이었어요. 법 규정에 따르면, 전시에는 공적 경비에서 남는 여분은 군자금으로 쓰도록 하고 있고, 아폴로도로스는 그 공금의 용도를 민중이 결정해야 한다고 본 것이지요. 더구나 그는, 그 당시 여러분 모두가 목격한 대로, 아테나이 민중을 위해 의회 의원으로서 최선을 조언하기로 맹세했어요. 5. 의안이 표결에 부쳐졌을 때, 자금을 군사적 용도로 전용하지 말자고 반대하는 이가 아무도 없었어요. 지금도, 그 일이 거론될 때면, 아폴로도로스가 최선의 대안을 제시했으나 부당하게 처벌받은 것이라는 점에 모두가 수긍해요. 그러

---

10 *probouleuma*. 참조, Demosthenes, 18. 9, 20. 4.

11 *demos*.

12 *theorika*. '테오리카(단수형 *theorikon*)'는 관람수당으로 번역할 수 있으나 넓은 의미로 시민 혹은 빈민들에게 생활자금으로 국가에서 지급하는 돈이었다. 그 기원은 기원전 5세기 후반 페리클레스 민주정 시기에 국가의 공무 수행에 대한 수당이 지급되면서, 민회에 참석하는 민중, 재판소 배심원으로 참석하는 민중에게도 수당이 지급되었고, 연극을 관람하는 민중에게도 극장 관람수당이 지급된 것이다. 이 극장 관람수당은 기원전 4세기에는 연극관람과 무관하게 국가가 시민들에게 지급하는 일종의 기금이란 뜻으로 통용되었다. 참조, Demosthenes, 10. 36, 59. 4.

니, 여러분의 분노는 속은 이들이 아니라, 언변으로 재판관들을 속인 이에게 돌아가야 합니다. 스테파노스가 이 조령을 불법13인 것으로 고소하여 재판에 회부하고, 거짓 증인들을 동원하여 아폴로도로스를 폄훼했어요. 지금까지 25년 동안 공적 채무를 가지고 있다고 하고, 그 외에도 소송 건과 무관한 많은 다른 사안들로 비난하여, 마침내 조령이 폐기되었습니다.

6. 이것으로 그가 그쳤다면, 물론 우리가 이렇게까지 나서지는 않았을 겁니다. 그런데 재판관들이 형량을 정하기 위해 표결할 때, 우리가 그에게 선처를 베풀도록 청했으나 그는 듣지 않았어요.14 그러고는 아폴로도로스와 그 자식들의 자격을 박탈하기 위해 15탈란톤의 벌금형을 제안했고, 저의 누이는 물론 우리 모두를 극도의 궁핍과 함께 모든 것을 상실한 상태로 몰아넣으려 했지요. 7. 아폴로도로스의 재산은 3탈란톤에 미치지 못했으므로 그 같은 거액을 변제할 능력이 없었어요. 그러나 제9 행정회기까지 납부하지 않으면, 벌금이 배가되어 아폴로도로스는 공금 채무가 30탈란톤에 이르게 되는 겁니다. 그러면 아폴로도로스가 가진 재산은 공적 재산으로 귀속되고, 그 자신, 아이들, 아내, 그리고 저희 모두가 극도의 궁핍으로 내몰리게 되는 것이었죠. 8. 더구나 그 딸은 혼인도 못하게 될 판이었어요. 공금 채무자에다 재산이 없는 아버지에게서 지참금도 없는 딸을 누가 얻어

---

13 *graphe paranomon*. 참조, Demosthenes, 7. 43, 18. 103.
14 형량은 재판관들이 정하는 것이 아니라, 원고와 피고가 각각 의견을 내고, 재판관들은 그중에서 택일한다. 아테나이 재판에서는 1차 재판에서 유무죄를 결정하고, 유죄로 판결나면 2차 재판에서 형량을 결정한다.

가려 하겠어요? 우리가 어떤 식으로도 한 번도 괴롭힌 적이 없는 스테파노스가 그 같은 어마어마한 재앙을 가져온 겁니다. 그래서 저는 당시 이 사건을 재판한 재판관들에게 감사드립니다. 아폴로도로스가 궁지에 몰린 것을 보고서 외면하지 않고 벌금 1탈란톤을 부과했거든요. 그 정도는 어렵기는 했지만 그래도 지불할 수 있었어요. 15 그래서 우리는 당연히 스테파노스에게 그 같은 몫을 되돌려 주려고 합니다.

9. 스테파노스는 그 같은 식으로 우리를 파멸시키려 했을 뿐만 아니라, 아폴로도로스를 이 땅에서 쫓아내려 하면서, 거짓으로 혐의를 조작했어요. 그가 도망자16를 찾아 나섰다가 아피드나에 닿았는데, 거기서 한 여인을 쳐서 그녀가 맞아 죽었다는 거예요. 이렇게 몇 사람의 예속인17들을 앞세워, 마치 키레네인들인 것처럼 행세하도록 하고는, 아폴로도로스가 살인죄18로 팔라디온19 재판에 회부되어야 한다고 조작하여 공지한 겁니다. 10. 바로 이 스테파노스가 제소하면서, 아폴로도로스가 여인을 죽이는 데 직접20 개입했다고 맹세로 다짐을 하고, 자신과 가문, 집안에 대한 저주의 위험을 불사하면서까지, 존재하지 않았던 일, 그가 직접 본 적도, 다른 누구에게서도 들은 적도 없는 일을 있었다고 꾸며냈던 것이에요. 그러나 아폴로도로스를 추방

---

15 참조, 참조, Demosthenes, 21. 101, 185.

16 *drapetes*.

17 *anthropoi douloi*.

18 *phonos*.

19 팔라디온 재판소는 아테나 팔라스 신전 가까이에 있었다. 참조, Demosthenes, 23. 71.

20 *autocheiria*(*i*).

하고 그 자격을 박탈하기 위해 그가 위증하고 혐의사실을 조작한 것이 드러났고, 케피소폰과 아폴로파네스에 의해 매수되었음이 분명해졌으므로, 전체 500표 가운데서 불과 몇 표밖에 얻지 못했지요. 그래서 위증한 사람, 교활한 사람이라는 오명을 쓰고 물러갔어요.

11. 재판관 여러분, 여러분은 여러분 자신의 입장에 빗대어 순리에 맞게 판단할 때, 이 스테파노스가 그전 혹은 그다음 재판에서 획책했던 음모에 아폴로도로스가 걸려들어 피해를 보았다면, 제 자신, 아내, 누이가 무엇을 할 수 있었겠습니까? 실로 제가 어떤 수치와 불행으로 내몰렸겠습니까? 12. 많은 이들이 일부러 저를 찾아와 그(스테파노스)가 우리에게 끼친 악의를 응징하라고 부추겼어요. 제 누이, 장인, 누이의 자식들, 아내 등, 가까운 집안 식구들이 당하는데도 가만히 있으면 또 신들 앞에서 언어도단의 죄를 범하고 도시를 모독하고 여러분의 법을 무시한 이 여인을 여러분 앞으로 고발하고 그 죄상을 낱낱이 전하여 여러분의 재량으로 단죄하도록 하지 않으면, 세상에서 가장 비겁한 사람이 될 것이라고 저를 윽박질렀습니다. 13. 여기 이 스테파노스도 여러분의 법과 조령에 반하여 제 집안사람[21]들을 제게서 제거하려 했으므로, 저도 여러분 앞으로 나와서 스테파노스가 법을 무시한 사실을 고하려 합니다. 그는 이방인 여인과 동거하고 있고, 자기 소생이 아닌 자식을 형제단[22]과 구(區)[23]에 등록시켰으며, 그 첩의 딸들을 자신의

---

21 *oikeioi*.

22 *phraterai*. '형제단'이란 씨족(*genos*)보다 더 큰 범주로서 씨족과 부족(*phyle*) 중 간 단위의 집단이다.

23 *demos*. 데모스(구, 촌락)는 아테나이의 행정구역이다. 전체 아티카에 10개 부족

소생인 것처럼 (시민과) 혼인24하게 했고, 신들에게 불경의 죄를 범했고, 누구에게 시민권을 부여할 수 있는 민중 고유의 권한을 침해한 사실이 있습니다. 그러니, 이제는 어느 누가 여러분에게서 시민권을 얻기 위해 많은 돈과 수고를 들이겠습니까? 같은 효과를 내면서도 더 적은 비용으로 원하는 것을 스테파노스에게서 얻을 수 있다면 말이지요.

14. 제가 스테파노스에 의해 먼저 피해를 보았고, 그 피해로 인해 이번 공소를 제기하게 되었다는 점을 여러분에게 말씀드렸습니다. 이제 네아이라가 이방여인이자 아내로서 스테파노스와 동거하고, 여러 가지로 도시의 법을 침해한 사실을 여러분이 아셔야 할 것 같습니다. 그래서, 재판관 여러분, 제 소견에, 젊고 변론에 능하지 않은 이들을 위해 주효한 것으로 보이는 부탁을 하나 드리겠습니다. 이 재판에 아폴로도로스를 변호인으로 불러 저를 좀 돕게 해 달라는 겁니다.
15. 그는 저보다 손위이고 법에 더 정통하기 때문이죠. 그는 이 사건을 상세히 꿰고 있고, 자신도 이 스테파노스에 의해 피해를 보았습니다. 그러니 자신이 아무런 피해를 가한 적이 없는데도 자신을 해코지한 상대를 응징하려는 것을 두고 아무도 뭐라 할 수 없는 겁니다. 진실을 가리기 위해, 고소인 비난과 피고 측 답변을 여러분이 꼼꼼히 다 듣고 난 다음에야, 비로소, 신들, 법, 공정, 그리고 여러분 자신을 위한 판결을 내려 주시길 바랍니다.

이 있고 각 부족은 3개의 트리티스(*tritys*)로 구성되는데, 트리티스는 1개 데모스와 동일시되기도 하고, 경우에 따라서 다수의 데모스로 구성되기도 한다.

24 *engyonta*. 혼약은 여인의 친가에서 여인을 보증함으로써 성립되며, 흔히 친가에서는 지참금을 지불한다. 참조, Herodotos, 6. 130.

(이하 공동 변호인 아폴로도로스가 발언)

16. 아테나이인 여러분, 25 제가 스테파노스에 의해 피해를 입었기에 네아이라라는 이 여인을 기소하게 되었다고 테옴네스토스가 여러분에게 말씀드렸습니다. 네아이라는 이방여인으로 스테파노스의 아내가 되어 동거하는 것은 불법이라는 점을 제가 여러분에게 분명히 밝히겠습니다. 먼저, 테옴네스토스가 이 공소(公訴)를 제기하여 여러분 앞에서 재판이 열리게 된 근거가 된 법을 서기가 여러분에게 읽어드리겠습니다.

법

이방인 남자가, 어떤 수완26이나 꼼수27를 막론하고, 도시여인28의 남편이 되어 동거하면, 권리를 가진 아테나이인 누구라도 법무장관들29 앞으로 제소할 수 있다. 유죄 선고를 받은 남자는 자신은 팔려 나가고 그 재산은 몰수되고, 그 3분의 130은 고발자의 몫으로 귀속된다. 아테

---

25 여기서 변론의 화자(話者)가 바뀌고, 테옴네스토스 다음으로 아폴로도로스가 변론을 이어간다. 이 같은 구도가 Demosthenes, 34에서도 나타난다.

26 *technei.*

27 *mechanei.*

28 *aste.*

29 *thesmothetai.*

30 고소인이 승소하면 패소한 이가 지불하는 벌금 등에서 일부를 취하는 경우가 있다. *'phasis'*〔주로 상거래 관련 고소(*menysis*)〕에서 고소인은 벌금의 반을 취한다. *'apographe'*〔사적 재산을 공적 재산으로 귀속시키는 과정에서의 재산목록 파

나이 남자가 이방인 여인과 동거할 때도 이와 같아서, 여인이 유죄 선고를 받으면, 그 남편은 1천 드라크메의 벌금으로 가중 처벌된다.

17. 여러분은 이 법 내용을 들으셨습니다. 재판관 여러분, 이 법은 이방여인이 아테나이 남자와, 혹은 도시여인이 이방남자와, 어떤 수완이나 꼼수를 막론하고, 동거하지 못하고 아이를 갖지 못하도록 하고 있습니다. 법을 어기는 이에 대해서는, 법무장관 앞으로 이방인 남자와 이방인 여인에 대해 공소를 제기하도록 하고 있고요. 유죄 선고되면 팔려 나가도록 규정하고 있습니다. 그러니, 변론 첫머리에 저는 이네아이라가 이방여인이라는 점을 여러분에게 밝히겠습니다.

18. 엘리스[31]인 카리시오스에게서 해방되었고, 그의 요리사인 히피아스의 아내였던 니카레테가 어린 소녀 7명을 사들였어요. 그녀는 싹수 보이는 소녀들을 가려내는 비상한 능력이 있었고, 가진 끼를 살려서 그들을 잘 기르고 교육하는 일에 종사하면서 그 벌이로 삶을 꾸려 왔어요. 19. 소녀들을 딸로 두고, 이들이 자유인인 것처럼 보이게 함으로써, 그녀들에게 접근하는 이들로부터 가능한 한 거액의 돈을 우려냈지요. 그 어린 나이를 이용하여 이득을 챙긴 다음, 그녀는 7명의 소녀를 하나도 남김없이 다 팔아 버렸어요. 그들이 안테이아, 스트라톨라, 아리스토클레이아, 메타네이라, 필라, 이스트미아스, 그리고 바로 이

악) 에서는 4분의 3, 이방인이 아테나이 여인과 동거하거나, 아테나이인이 이방여인과 동거하는 경우, 패소한 피고인 재산의 3분의 1이 원고에게 귀속된다. 이런 제도는 기원전 5세기 후반에 나타난 것으로 추정된다.

31 펠로폰네소스 서북쪽 올림피아가 있는 지역.

네아이라였던 겁니다. 20. 여러분이 제 말에 관심을 가지고 또 물시계[32]가 허용하는 한, 누가 이 소녀들을 각기 니카레테로부터 사 갔고 또 이들이 그 주인들로부터 어떻게 해방되었는지 말씀드리겠습니다만, 우선은 네아이라가 니카레테에 속해 있으면서, 자신을 원하는 이가 있으면 몸을 팔았다는 사실로 다시 제 이야기를 돌릴까 합니다.

21. 소피스트[33]였던 리시아스[34]가 메타네이라를 사랑하여 그녀의 환심을 사는 데 드는 돈 말고도, 비의(秘儀)에 입문시키고 싶어 했어요. 그가 내는 돈이 다 니카레테의 손아귀로 들어갈 것 같았지만, 축제와 비의를 위해 쓰는 돈은 소녀 자신을 위한 것이라 기쁨을 줄 수 있으리라 생각했던 거예요. 그래서 니카레테에게 부탁하여 그녀를 비의에 데리고 오도록 하고, 또 자신도 비의에 입문할 것이라고 약속했던 거예요. 22. 두 여인이 왔는데, 리시아스는 이들을 자신의 집으로 들이지는 않았어요. 브라킬로스의 딸인 자기 아내가 있고, 자신의 조카, 늙은 어머니가 한집에 있었기 때문에 난처했던 것이죠. 그래서 자기 친구이며 여전히 건장했던 콜로노스 출신 필로스트라토스 집에다 메타네이라와 니카레테를 머물게 했어요. 그런데 그들 옆에 이 네아이라가 같이 있었어요. 네아이라는 나이는 아주 어려서 아직 이성

---

32 재판 사건의 주제에 따라 물시계의 크기가 다르고 발언에 주어지는 시간이 다르다.
33 소피스트는 기원전 5세기 후반 주로 아테나이에서 활동했던, 비전통적 사고방식과 철학 등에 관심을 가진 지식인 집단을 이른다.
34 연사인 리시아스는 브라킬로스의 딸을 아내로 삼았으나, 메타네이라와 한동안 관계를 했고, 이런 관계는 30인 참주정하의 질곡이 전개되기 시작한 기원전 403년 이전에 있었다.

을 접할 나이에 미치지 못했지만, 이미 몸을 파는 일에 발을 넣고 있었어요. 23. 네아이라가 니카레테에 속해 있었고, 그녀를 따라다니며 돈으로 그녀를 사고자 하는 이에게 몸을 팔았다는 제 말이 사실임을 증명하기 위해 필로스트라토스를 불러 주십시오.

증언

콜로노스 출신 디오니시오스의 아들 필로스트라토스는 다음 사실을 증언합니다. 본인은 메타네이라와 같이 네아이라가 니카레테에 속해 있었음을 알고 있습니다. 세 여인은 평시에 코린토스에 거주했는데, 비의에 입문하기 위해 아테나이에 왔을 때, 본인의 집에 머물렀습니다. 본인의 가까운 친구로서 케팔로스의 아들 리시아스가 본인의 집에 그들을 투숙시켰습니다.

24. 그 후, 아테나이인 여러분, 테살리아인 시모스가 네아이라를 데리고 대(大) 판아테나이아 제전35을 보러 왔는데, 니카레테도 같이 있었던 거예요. 그들은 키단티다이36 출신 글라우코니데스의 아들 그테시포스 집에 투숙했어요. 네아이라는 기녀(妓女)로서 많은 남자와 함께 주연을 즐겼고요. 제 말이 진실임을 증명하기 위해 증인을 소개하죠. 25. 자, 저를 위해 아익소네37 출신 시몬의 아들 에우필레토스, 알로페케38 출신 크리토데모스의 아들 아리스토마코스를 불러 주십시오.

---

35 아테나 여신을 기리는 제전.
36 아테나이 아이게이스 부족에 속하는 데모스(행정구역).
37 아테나이 케크로피스 부족에 속하는 데모스.

증인들

아익소네 출신 시몬의 아들 에우필레토스와 알로페케 출신 크리토데모스의 아들 아리스토마코스는 다음 사실을 증언합니다. 본인들은 테살리아인 시모스가 대(大) 판아테나이아 제전를 보러 왔는데, 니카레테와 현재 본 소(訴)의 피고인 네아이라가 함께 왔어요. 그들은 글라우코니데스의 아들 그테시포스 집에 투숙했고, 네아이라는 기녀로서, 다른 많은 남자와 술자리를 같이했습니다.

26. 그 후, 그녀(네아이라)는 코린토스에서 공개적으로 사업을 벌였고39 꽤 이름이 났어요. 그 고객들 가운데 시민 크세노클레이데스, 배우 히파르코스 등도 있었지요. 제 말이 사실임을 밝히기 위해 크세노클레이데스를 증인으로 여러분 앞에 세우고 싶지만, 그럴 수가 없어요. 그가 증언하는 것을 법이 허용하지 않으니까요.40 27. 칼리스트라토스의 말을 듣고 여러분이 라케다이몬인을 원조했을 때, 그가 민회에서 원조에 반대하는 쪽에 표를 던졌어요. 당시 그는 평화 시에 2%41 곡물세 징수권을 청부 계약했고, 각 행정회기마다 징수된 금액을 의사당에 납입해야 했어요. 그 때문에 그는 면제를 받아서 원정에 나가지

---

38 아테나이 안티오키스 부족에 속하는 데모스.
39 부유하고 돈이 많은 도시 코린토스에는 이름난 매춘 여인들이 많았다. 아프로디테 신전에는 수천 명의 젊은 예속인들이 있었다고 전해진다.
40 크세노클레이데스는 유죄 선고를 받아 자격 박탈되었으므로, 법정에 출석해 있으면서도, 증인으로 나설 수 없었다. 참조, Demosthenes, 21. 95.
41 *pentekoste*. 해외에서 들어오는 수입품에 매기는 관세이다. 2% 세금을 거두어들이는 세관 관리는 '*pentekostelogos*'이다.

않았던 겁니다. 그런데 스테파노스에 의해 군역회피 혐의로 기소되고, 스테파노스의 중상(中傷)에 의해 법정에서 유죄가 되어 자격박탈형에 처해졌어요. 28. 스테파노스가 시민 신분 태생으로 도시의 합법적 구성원인 이에게서 발언권[42]을 박탈하는 한편, 온갖 법을 다 위반한 무자격자를 아테나이인으로 내세우는 것이 황당한 일이라고 여러분은 생각하지 않습니까? 여기서 저는 이 히파르코스만큼은 여러분 앞에 소개하여, 그가 증언하거나 아니면 법에 따라 거부의 맹세를 하게 하도록 강요할 거예요. 그렇지 않으면, 제가 그를 소환[43] 조치할 겁니다. 저를 위해 히파르코스를 불러 주십시오.

증언

아트모논[44] 출신 히파르코스는 다음과 같이 증언합니다. 크세노클레이데스와 본인은 지난해 소(訴)의 피고인 네아이라를 기녀로 고용했고, 그녀는 코린토스에서 본인과 시민 크세노클레이데스와 술자리를 같이 했습니다.

29. 그런데 그 후 그녀가 코린토스인 티마노리다스와 레우카스인 에우크라테스 등 두 명의 연인을 두게 되었어요. 이들이 니카레테가

---

42 *parrhesia*.
43 *kleteuein*. 소송당사자는 미리 적은 내용을 증인에게 주고 증언 혹은 거부 맹세를 하도록 요구할 수 있다. 증인이 둘 다 하지 않을 때, 소송당사자는 그 증인에 대해 소환 조치할 수 있고, 그런 경우 증인은 1천 드라크메의 벌금을 물 수 있다.
44 아테나이 케크로피스 부족에 속한 데모스(행정구역).

돈을 너무 많이 갈취한다고 생각한 거예요. 니카레테가 집을 유지하는 매일 경비를 다 이들에게 물게 하여 이들은 30므나를 물었고, 급기야 그 도시의 법에 따라 아예 네아이라를 사서는 자신들 소유의 예속인으로 만들었어요. 그녀(네아이라)를 얻은 이들은 원하는 기간만큼 그녀를 가지고 놀았어요. 30. 그러다가 이들이 결혼하려 할 즈음, 정부로 데리고 있던 네아이라에게 말했지요. 그녀가 코린토스에서 다시 그 같은 일을 하거나 포주 밑으로 들어가는 것을 이들은 원하지 않고, 만일 그녀가 원한다면, 니카레테에게 지불했던 금액보다 더 적은 돈이라도 괜찮으니 돈을 내고 자유를 사서, 행복하게 살기를 바란다고요. 이렇게 이들은 각기 500드라크메씩, 총 1천 드라크메(10므나)를 깎아 주고, 그냥 20므나45만 구해서 달라고 했던 겁니다. 에우크라테스와 티마노리다스의 말을 들은 네아이라는 코린토스로 사람을 보내어 데몬의 아들이며 데모카레스의 형제인 파이아니아 출신 프리니온을 불렀어요. 그이는, 여러분 중 연세 드신 분들이 기억하시겠습니다만, 방만하고 사치스런 생활을 했어요. 31. 프리니온이 오자, 그녀는 에우크라테스와 티마노리다스의 제안을 들려주고는, 자신의 자유를 얻도록 다른 연인들이 기부한 돈에다가 스스로 번 돈을 합하여 내놓으면서, 모자라는 돈을 보충하여 20므나를 채워서 에우크라테스와 티마노리다스에게 좀 건네주고, 자신의 자유를 사게 해 달라고 부탁했지요. 32. 그(프리니온)는 기꺼이 그녀의 부탁을 받아들이

---

45 1므나가 100드라크메이므로, 니카레테에게서 네아이라를 산 금액은 총 30므나였고, 이 중 10므나를 깎아 주고 20므나(2천 드라크메)만 물도록 한 것이다.

고, 그녀의 다른 연인이 기부한 돈에다 부족한 돈을 자신이 채워서,
20므나를 에우크라테스와 티마노리다스에게 지불하고는 그녀의 자유
를 샀어요. 그녀가 코린토스에서 같은 일에 종사하지 않는다는 조건
을 달아서 말이에요. 제 말이 사실임을 증명하기 위해 이 같은 과정을
옆에서 목격한 증인을 여러분께 소개하겠습니다. 자, 저를 위해 멜리
테46 출신 필라그로스를 불러 주십시오

증언

멜리테 출신 필라그로스는 다음 사실을 증언합니다. 본인이 코린토스에
있을 때, 데모카레스의 형제 프리니온이 현재 진행 중인 소(訴)의 피고
인 네아이라의 몸값으로 코린토스인 티마노리다스와 레우카스인 에우
크라테스에게 20므나를 지불했습니다. 돈을 지불한 다음 프리니온은
네아이라를 데리고 아테나이로 갔습니다.

33. 그(프리니온)가 그녀를 데리고 이곳(아테나이)으로 와서는, 마
구잡이로 무절제하게 그녀를 내돌리고, 술을 곁들인 회식 자리가 있
는 곳은 모조리 데리고 다니면서, 언제나 그녀와 함께 여흥을 즐겼어
요. 그리고 어디서나 원할 때면 공개적으로 그녀와 성관계를 가짐으
로써, 주변 사람들에게 자신의 권위를 과시하곤 했지요. 그녀와 함께
여러 곳을 다녔는데, 그 가운데 아익소네 출신 카브리아스도 있었지
요. 그(카브리아스)는 소크라티다스 장관47 때 피티아 제전48에서 4두

---

46 아테나이 케크로피스 부족의 한 데모스(행정구역).

마차 경주에서 우승했던 이로서, 그 4두 마차는 아르고스인 미티스의 아들들 것을 빌린 것이었어요. 델포이에서 돌아오는 길에 그는 콜리아스49에서 자신의 승리를 기리는 연회를 열었고, 그곳에서 초대받은 프리니온이 잠든 사이에, 많은 남자들이 그녀와 관계를 가졌고, 그 가운데 카브리아스의 하인들도 끼어 있었답니다.

34. 저의 진술이 사실임을 증명하기 위해 그곳에 임석하여 현장을 목도한 이들을 증인으로 여러분에게 소개합니다. 저를 위해 크시페테50 출신 키오니데스와 키다테나이온 출신 데우테티온을 불러 주십시오.

증언

크시페테 출신 키오니데스와 키다테나이온 출신 데우테티온은 다음 사실을 증언합니다. 본인들은 카브리아스에 의해 만찬에 초대받았습니다. 그 만찬은 카브리아스가 자신의 마차경주 승리를 기리는 잔치로서, 콜리아스에서 열렸습니다. 사람들은 프리니온이 현재 소(訴)의 피고인 네아이라를 데리고 참석한다는 것을 알았습니다. 사람들이 잠자리에 들고, 프리니온과 네아이라도 잠자리에 들었을 때, 밤중에 다른 남자들과 카브리아스의 하인들 중 몇 명이 네아이라가 있는 곳으로 가는 것을 사람들이 목격했습니다.

---

47 기원전 373년 수석장관(아르콘)을 가리키며, 그 이름을 따서 한 해를 상징하므로 명칭 아르콘이라고도 한다.
48 피티아 제전은 4년 마다 델포이에서 열린다.
49 아테나 콜리아스 여신의 신전으로 팔레폰만 끝자락에 있었다.
50 아테나이 레온티스 부족에 속하는 데모스.

35. 프리니온에 의해 마구잡이식 처우를 받고, 기대했던 사랑도 얻지 못했으며, 그녀의 뜻이 그에게 받아들여지지도 않았으므로, 그녀(네아이라)는 그의 가재도구와 옷가지, 그가 그녀를 치장하라고 주었던 보석들, 그리고 두 하녀 트라타와 코칼리네를 데리고는 메가라로 달아나 버렸어요. 이것이 아스테이오스가 아테나이 장관으로 있던 해였고, 그때 여러분은 라케다이몬인과 두 번째 전쟁을 치르고 있었어요.[51] 36. 그녀는 메가라에서 2년을 머물렀는데, 그것이 아스테이오스 장관과 알키스테네스 장관 때였죠. 그런데 매춘업이 생활을 유지할 만큼 충분한 수입을 벌어들이지 못했던 거예요. 거기다 그녀 자신도 좀 사치스러운 데가 있었거든요. 그런데 메가라인들은 인색하고 용렬하며, 그곳에 이방인이 많지도 않아요. 전쟁 때문이기도 하고, 메가라인이 친(親)라코니아 성향인데, 바다를 여러분이 장악하고 있기 때문이지요. 어쨌거나, 그녀는 코린토스로 돌아갈 수는 없었어요. 에우크라테스와 티마노리다스로부터 해방될 때, 코린토스에서 일하지 않는다는 조건이 있었거든요.

37. 그런 와중에 프라시클레이데스 장관 때[52] 평화조약[53]이 체결되고, 이번에는 테바이인과 라케다이몬인 사이에 레욱트라에서 전투가 벌어졌을 때, 이 스테파노스가 기녀인 그녀의 집에 머무르면서 관계를 가지게 되었어요. 그녀가 그간의 사정과 함께 프리니온의 야만적

---

51 기원전 374년.
52 기원전 371년.
53 아테나이와 스파르타(라케다이몬) 사이의 평화를 말한다.

행위를 그에게 털어놓고, 프리니온의 집에서 가지고 나왔던 재물들
도 다 그에게 건네주었어요. 그녀는 이곳(아테나이)으로 오고 싶었으
나 프리니온이 겁났던 거예요. 그녀가 그에게 잘못한 것이 있고, 그
도 그녀에게 엄청 화나 있을 것이니까요. 더구나 그의 성격이 고약하
고 포악한 줄을 알고 있으므로, 그녀는 스테파노스에게 자신의 보호
자가 되어 달라고 청했어요. 38. 그러자 그(스테파노스)가 그곳 메가
라에서 그녀를 안심시키면서 약속하고 큰소리를 쳤어요. 만일 프리
니온이 그녀에게 집적거리면 후회하도록 만들어 줄 것이라고 하고,
그 자신이 그녀를 아내로 맞아들이고 또 그녀의 자식들을 자신의 형
제단에 입적시켜서 시민으로 만들겠다고 한 겁니다. 세상에 누구도
그녀를 해치지 못할 것이라고 하고, 메가라에서 이곳으로 그녀를 데
려왔어요. 그녀와 함께 그녀의 세 자식, 프록세노스, 아리스톤, 파노
라고 하는 딸이 온 거예요.

39. 그(스테파노스)는 그녀와 그녀의 자식들을 '휘파람 부는 헤르메
스상'[54] 근처에 있는 자그마한 가옥에 거처하게 했어요. 그 집은 엘레
우시스인 도로테오스의 집과 클레이노마코스의 집 사이에 있었는데,
지금은 스핀타로스가 그 집을 그(스테파노스)로부터 7므나에 사들여
놓았어요. 그런데 스테파노스의 재산이란 이 여인밖에 아무것도 없
었던 거예요. 이런 그가 네아이라를 데려온 이유는 두 가지였지요.
공짜로 어여쁜 여인을 정부로 갖는 것, 그리고 그녀가 일해서 집을 간

---

54 *psithyristes*(휘파람 부는 이). 아테나이에서 헤르메스상(像)은 '휘파람 부는 이'
   라는 별명으로 불렸다. 그 조각상의 위치는 지금 알려져 있지 않다.

수하는 것이었답니다. 게다가 이 사람은 남을 험담하여 얻는 것 외에
는 딱히 다른 수입이 없었거든요. 40. 그런데 네아이라가 아테나이에
있고 스테파노스와 동거한다는 사실을 프리니온이 알게 된 겁니다.
그래서 장정 몇 명을 데리고 네아이라를 잡으려고 스테파노스의 집으
로 갔어요. 그러나 스테파노스는, 법에 따라, 네아이라는 자유인이
라고 주장하면서, 소송을 제기하고 국방장관[55] 앞으로 보증금을 걸었
어요. 제가 드리는 말씀이 사실임을 증명하기 위해 증인을 소개하겠
습니다. 케이리아다이[56]인 아이에테스를 불러 주십시오.

증언

케이리아다이 출신 아이에테스가 다음 사실을 증언합니다. 본인이 국방
장관으로 재직 시, 데모카레스의 형제 프리니온이 이 소(訴)의 피고인
네아이라에 대해 보증금 공탁을 요구했습니다. 네아이라의 보증인은 에
로이아다이 출신 스테파노스, 케피시아[57] 출신 글라우케테스, 팔레론[58]
출신의 아리스토크라테스였습니다.

41. 네아이라는 스테파노스의 보증으로 해방되었고 그와 함께 지
냈으나, 그전에 하던 일을 계속하면서 그녀를 사귀기를 원하는 사람
들로부터 더 많은 돈을 벌어들였습니다. 이때는 집도 있고 남편도 있

---

55 *polemarchos.* 국방장관은 아테나이 9명 장관(아르콘) 가운데 속한다.
56 아테나이 히포톤티스 부족에 속하는 데모스.
57 아테나이 에레크테이스 부족에 속하는 데모스.
58 아테나이 아이안티스 부족에 속하는 데모스.

었으니까요. 스테파노스도 그녀가 사귀는 낯설고 부유한 이방인 연인을 잡을라치면, 방안에 감금해 놓고는 간음으로 고소한다고 협박해서 많은 돈을 받아 내곤 했지요. 당연히 그렇죠. 42. 스테파노스도 네아이라도 생활비 걱정을 안 해도 될 정도의 재산이 없었거든요. 돈도 많이 들었던 것이, 그와 그녀는 그녀가 올 때 데리고 왔던 아이 셋에다 하녀 두 명과 하인 한 명도 있었거든요. 게다가 그녀는 지난날 남이 가져다주는 것으로 그렇게 궁하지 않게 살아오는 게 익숙해 있었죠.

43. 이 스테파노스도 달변으로 정치 일을 할 만한 인물도 되지 못했어요. 연사라기보다, 험담꾼 나부랭이에 불과했어요. 연단 주변에 서서 고함을 질러대고, 매수되어 기소하고 밀고하며, 다른 이가 발의할 때 자기 이름을 같이 얹어 주고, 그러다가 마침내 아피드나 출신 칼리스트라토스[59]의 졸개가 되었지요. 어떻게 어떤 이유로 그렇게 되었냐는 것을 여러분에게 말씀드리겠습니다만, 그것은 제가 이 네아이라가 이방여인이며, 여러분에게 피해를 주고 신들 앞에 불경했음을 증명하는 것과 연결됩니다. 44. 여러분이 유념하셔야 할 것은, 스테파노스 혼자만 해도 이 네아이라보다 적지 않은 정도가 아니라 훨씬 더 큰 벌을 받아야 하고, 그 죄가 더 무겁다는 사실입니다. 아테나이인으로 자처하면서 법, 여러분, 신들을 완전히 깔아뭉개서, 자신이 행한 부정행위를 두고도 부끄러워서 가만히 있을 수 없는 지경이 되자, 오히려 비루한 비난을 저를 포함하여 다른 이들을 향해 퍼부었던 거예요. 그러니 그의 이 같은 짓거리가 그 자신과 이 여인에 대해 막중한 혐의의

---

59 고명한 변사이자 정치가였다.

소를 이쪽에서 제기하도록 만들었고, 그녀의 정체와 그 자신의 비루함에 대해 검증이 이루어지도록 하는 계기가 된 것입니다.

45. 프리니온이 그(스테파노스)를 고소하면서 그가 자기 소유인 그녀를 데려가서 짐짓 자유인이라 칭하고, 또 그녀가 자기(프리니온) 집에서 도주할 때 들고 나갔던 재물들을 취했다고 비난했습니다. 그러자 당시 그들의 친구들이 양쪽을 불러서 중재[60]에 맡겨 해결하자고 제안했어요. 프리니온 측에서는 라케다이모니오스의 형제로, 알로페케 출신 사티로스를 세웠고, 이 스테파노스 측에서는 람프트라이 출신 사우리아스가 나섰지요. 거기다 아카르나이 출신 디오게이톤을 공동 중재인으로 선정했어요. 46. 이들이 신전에 모여 양측의 주장과 그녀 자신의 말을 들은 다음 결정을 내렸고, 이 둘이 그것을 받아들였는데, 그 내용은 다음과 같았어요. "여인(네아이라)은 자유이며 자립적이다. 그러나 프리니온의 집에서 들고 나온 재물은 그에게 돌려준다. 다만 사용(私用)으로 구매한 옷가지, 보석, 하녀들은 제외한다. 두 남자들 사이에서 하루하루 교대로 오간다. 달리 동의한 바가 있으면, 그에 따른다. 그녀의 생활비는 함께 있는 이가 댄다. 앞으로 두 남자는 친구가 되고 서로 악의를 갖지 않는다." 47. 이 네아이라와 관련하여 프리니온과 스테파노스의 타협을 위한 중재인들의 결정은 위와 같았어요. 저의 말이 진실임을 증명하기 위해 그들(중재인들)의 증언을 들으시겠습니다. 자, 알로페케 출신 사티로스, 람프트라이 출신 사우리아스, 아카르나이 출신 디오게이톤을 불러 주십시오.

---

60 *diaita.*

증언

알로페케 출신 사티로스, 람프트라이 출신 사우리아스, 아카르나이 출신 디오게이톤은 다음 사실을 증언합니다. 현재 소(訴)의 피고인 네아이라 관련 사건에서 중재인으로 임명된 바, 본인들은 스테파노스와 프리니온 사이의 타협을 성사시켰으며, 그 타협의 조건은 아폴로도로스가 제안한 바와 같습니다.

타협 조건

본인들은 다음과 같은 조건으로 프리니온과 스테파노스 간 타협을 성사시켰습니다. 둘이서 번갈아가며 한 달에 같은 날수로 네아이라를 차지한다. 다만 쌍방이 다른 조건으로 정하는 바가 있으면 그에 따른다.

48. 타협이 성사되자, 중재와 전체 사안에서 각각의 편을 도왔던 이들이, 제 소견에 그런 경우, 특히 정부(情婦) 관련 사안에서 흔히 그러하듯, 네아이라가 있는 곳으로 이쪽저쪽 집을 번갈아가며 찾아다니며 회식을 했지요. 그녀도 기녀로서 그들과 먹고 마시고 했어요. 제 말이 사실임을 증명하기 위해, 자, 그 자리에 임석했던 프로발린토스[61] 출신 에우불로스, 멜리테 출신 디오페이테스, 케라메이스[62] 출신 크테손을 불러 주세요.

---

61 아테나이 판디오니스 부족에 속하는 구(區·데모스).
62 아테나이 아카만티스 부족에 속하는 구(區·데모스).

프로발린토스 출신 에우불로스, 멜리테 출신 디오페이테스, 케라메이스 출신 크테손은 다음 사실을 증언합니다. 네아이라 관련 건이 프리니온과 스테파노스 사이에 타협이 성사된 다음, 현재 소(訴)의 피고인 네아이라가 있는 스테파노스의 집과 프리니온의 집 등 그녀가 있는 자리에서 본인들은 그들과 함께 회식하고 술자리를 가졌습니다.

49. 네아이라는 원래 예속인[63]이었고 두 번이나 돈에 팔려 갔으며, 기녀로서 몸을 팔았고, 프리니온에게서 달아나 메가라로 갔고, 이곳으로 돌아온 다음에는 이방인으로서 국방장관 앞으로 보증인을 세워야 했다는 등, 제가 여러분에게 말씀드린 사실이 증명된 것 같습니다. 한편, 그녀가 이방여인이라는 사실을 스테파노스 자신이 증명하고 있다는 점에 대해 제가 말씀드리겠습니다.

50. 그녀가 스테파노스의 집으로 올 때 조그만 딸아이를 데려왔는데, 그 이름이 스트리벨레로 불렸는데, 지금은 파노라고 해요. 이 스테파노스가 이 아이를 자기 딸인 것처럼 해서, 아이길리아구[64] 출신 아테나이인 프라스토르에게 출가시키면서, 지참금으로 30므나를 주었어요. 프라스토르는 노동자[65]였고 검소하게 살아가는 사람이었는데, 그녀는 그 같은 생활에 적응하지 못했고, 친정어머니의 생활습관

---

63 *doule.*

64 아테나이 안티오키스 부족의 한 구(區·데모스).

65 *ergates*

과 방만한 씀씀이를 닮아 있었어요. 제 소견에 그렇게 버릇없이 자란 것이죠. 51. 그녀가 조신하지 않고 말을 들으려 하지도 않는 것을 보고, 동시에 스테파노스가 아니라 네아이라의 딸이란 사실을 분명히 알게 되었지요. 처음 그녀를 취하던 순간부터 이들이 그를 속였던 거예요. 네아이라의 딸이 아니라, 스테파노스가 네아이라와 동거하기 이전에 동거한 시민 여인66에게서 얻은 딸인 것처럼 말이죠. 그는 이 모든 사실에 분노하고, 자신이 모욕당하고 기만당했다는 생각에, 한 1년 정도 동거한 다음, 임신 상태의 그녀를 지참금67도 돌려주지 않은 채, 내쫓았어요.

52. 그러자 스테파노스가 법에 따라 오데이온에 생계비 소(訴) 68를 제기했지요. 그 법은 남편이 아내를 쫓아내면 지참금을 돌려주든지, 아니면 한 달에 1므나당 9오볼로스69의 비율로 지참금에 대한 이자를 지급하도록 하고, 그녀의 보호자가 그녀를 위해 오데이온에 별거 수당의 소를 제기할 수 있도록 규정하고 있지요. 반면, 프라스토르는 스테파노스에 대해 법무장관들 앞으로 공소를 제기했어요. 그

---

66 *aste gyne.*

67 *proix.* 여인의 지참금은 이혼 시, 혹은 여인이 자식 없이 죽을 때는 친정으로 반환된다. 여인이 과부가 되면 친정으로 돌아간다. 과부가 되었으나 자식이 있거나 임신 중일 때는 선택에 따라 시가에 머물거나, 아니면 자식을 데리고 친가로 올 수도 있다. 여인의 재산은 낳은 자식에게 상속된다. 여인이 사망하고 자식이 미성년일 때는 후견인이 지참금을 관리한다. 참조, 최자영, 《고대 그리스 법제사》, pp. 409~413; 같은 책(전자책), 제6장, 1. 2) (3) 지참금.

68 *dike sitou.*

69 1므나는 100드라크메, 1드라크메는 6오볼로스.

(스테파노스)가 이방여인의 딸을 자신에게서 난 아테나이 여인70인 것
처럼 해서 자신에게 출가시켰다는 것이었지요. 공소의 근거는 다음
과 같은 법입니다. 저를 위해 법조문을 읽어 주십시오.

법

(아테나이인) 누가 이방여인을 짐짓 자기 소생인 것처럼 꾸며서 아테나
이인 남자에게 출가시키면, 자격박탈을 당하고 그 재산은 몰수되며, 몰
수된 재산의 3분의 1은 그 유죄를 이끌어 낸 고소인에게 돌아간다. 고소
는 상응하는 권리를 가진 이들이 법무장관들 앞으로 하는데, 이는 이방
인 소송71의 경우와 같다.

53. 여러분은 법조문을 들으셨고, 그 법에 따라 프라스토르가 스테
파노스를 고소한 겁니다. 이방여인의 딸을 출가시킨 것이 드러나면,
중벌이 내릴 것을 염려했던 후자(스테파노스)는 프라스토르와 협상하
여 지참금을 돌려받지 않고 생활비 소송도 취하했어요. 프라스토르도
법무장관 앞으로 낸 공소를 취하했고요. 저의 말이 사실임을 증명하기
위해 프라스토르 본인을 소환하여, 법에 따라, 증언하도록 요구하는
바입니다. 54. 자, 아이길리아 출신 프라스토르를 불러 주십시오.

---

70 Athenaia.
71 '이방인 소송(*graphe xenias*)'이란 아테나이인 시민임을 참칭하거나 출생명부에
   입적한 이에 대한 것이다. 과거에 이 재판은 '해외사건 재판관(*nautodikai*)' 앞에
   서 열렸으나, 데모스테네스 시기에는 법무장관들(*thesmothetai*)이 맡았다. 유죄
   선고를 받으면 예속노동자로 팔려 나간다. '이방인 수뢰죄(*doroxenia*)'도 있는데,
   이것은 매수되어 이방인을 시민으로 등록해 준 이들에 대한 것이다.

증언

아이길리아 출신 프라스토르는 다음 사실을 증언합니다. 스테파노스가 네아이라의 딸을 자신의 딸인 것처럼 가장하여 본인에게 출가시켰으므로, 본인은 법무장관 앞으로 소(訴)를 제기하고, 법에 따라, 그녀를 본인의 집에서 쫓아내 버리고 더 이상 동거하지 않았습니다. 그리고 스테파노스가 본인에게 생활비 소송을 오데이온으로 제기했을 때, 본인은 그와 협상하여, 법무장관 앞으로 본인이 제기한 공소를 취하하고, 또 스테파노스는 본인에 대해 낸 생활비 소송을 취하했습니다.

55. 네아이라가 이방여인이라는 사실에 대해 프라스토르, 그 형제단,72 그 씨족 사람73의 또 다른 증언을 여러분에게 제시하겠습니다. 프라스토르가 네아이라의 딸을 쫓아내고 난 다음 병이 들었는데, 병세가 심하여 희망이 없었답니다. 게다가 그가 자신의 친척들과의 사이에 개재한 묵은 분쟁 때문에 그들을 괘씸하게 생각하고 미워했던 데다가, 자식도 없었거든요. 그렇게 병든 상태에서 그가 네아이라와 그녀의 딸의 간호를 받으면서 마음이 움직이게 되었던 것입니다. 56. 이들이 아픈 그를 돌보러 와서는, 간호하는 이가 따로 없는 가운데, 필요한 약을 가져다주고 보살펴 준 겁니다. 병들었을 때 병자 옆에서 시중드는 여인이 얼마나 중요한지 여러분 자신이 잘 아시지요. 그래서 그가 그녀를 다시 집으로 들여놓고, 네아이라의 딸이 나은 아이를

---

72 *phrateres* (단수형 *phrater*).
73 *gennetai* (단수형 *gennetes*).

자식으로 받아들였어요. 스테파노스가 아니라 네아이라의 딸이란 사실을 알고서 속았다는 사실에 분노한 프라스토르에 의해 이미 임신한 상태였던 그녀가 그 집에서 쫓겨난 다음에 낳았던 아이였죠. 57. 그의 이런 조치는 인간적이고 당연한 것이었어요. 병이 심했고 회복될 기미가 크게 보이지 않았으며, 자기 친척이 상속인이 되는 것도 원치 않았고, 자식 없이 남는 것도 원치 않았던 것이죠. 건강했더라면, 그가 절대로 그렇게는 하지 않았을 것이라는 명명백백한 증거를 제가 여러분에게 제시하겠습니다.

58. 곧 병에서 회복되어 다시 기운을 차리고 몸이 건강해지자, 그는 법에 따라, 도시여인을 취했습니다. 멜리테 출신 사티로스의 딸이며 디필로스의 누이였어요. 이런 사실은 그가 적극적으로 아이를 집으로 들인 것이 아니라, 병들고 다른 자식이 없는 데다가 이 여인들의 간호, 그리고 친척에 대한 적의로 자신이 죽어도 그들에게 상속하지 않으려는 등의 불가피한 사정 때문이었음을 여러분에게 입증하는 거예요. 그다음 이어진 상황은 더 확실한 증거가 됩니다. 59. 프라스토르가 아파 드러누웠을 때, 네아이라의 딸에게서 얻은 아들을 형제단과 프라스토르 자신이 속했던 브리티다이[74] 씨족에 등록하려고 했을 때, 그 씨족 사람들이, 제 짐작에 말이죠, 프라스토르가 처음 취했던 여인이 네아이라의 딸이라는 사실을 알고, 또 그가 그녀를 내쫓은 사실이 있고, 프라스토르가 부득이 아이를 집으로 들여놓은 것이 병 때문이라는 사실을 알고는, 아이의 적법성을 인정하지 않고 구성원으

---

74 Brytidai.

로 입적하기를 거부했어요. 60. 프라스토르는 입적을 거부한 이들에 대해 소(訴)를 제기했으나, 씨족 사람들은 그에게 중재인 앞에서 제물을 바치고, 진실로 그 아이가 도시여인이며 합법적으로 혼인한 이에게서 난 자식이라고 맹세하도록 제안[75]했어요. 씨족 사람들이 프라스토르에게 중재인 앞에서 맹세하도록 요구하자, 그는 맹세하지 않았던 겁니다. 61. 저의 말이 사실임을 증명하기 위해 이곳에 와 있는 브리티다이 씨족 구성원들을 증인으로 소개합니다.

증인들

헤칼레 출신 티모스트라토스, 에로이아다이 출신 크산티포스, 팔레론의 에우아클레스, 라키아다이의 아니토스, 아이길리아의 에우프라노르, 케팔레의 니키포스는 다음 사실을 증언합니다. 본인들과 아이길리아의 프라스토르는 브리티다이 씨족 사람들이고, 프라스토르가 자신의 아들을 씨족에 입적하려고 했을 때, 본인들은 프라스토르의 아들이 네아이라의 딸의 소생이라는 사실을 알고 그 아들을 입적시키지 못하도록 했습니다.

62. 그러니 제가 여러분에게 명백하게 증명하려는 사실은, 이 네아이라와 가장 친했던 이들까지 그녀가 이방인이라고 그녀에게 불리

---

75 *prokalountai* (*proklesis*). 제안은 서면 혹은 구두로 할 수 있다. 상대의 제안을 거부하면 거부한 쪽이 위증한 것으로 의심을 사기도 한다. 제안 내용으로는 흔히 사실을 밝히기 위해 하인을 고문하자는 경우가 많다.

한 증언을 하고, 이 스테파노스는 지금 그녀와 동거하고 있고, 프라스토르는 그녀의 딸을 취했다는 겁니다. 스테파노스는 프라스토르에 의해, 이방여인의 딸(파노)을 아테나이인인 그에게 출가시켰다는 죄목으로, 법무장관들 앞으로 고소당하자, 이 여인의 딸을 위한 재판에 출석하지 않으려 했고, 지참금을 되찾기 위한 소(訴)를 취하하고 포기했지요. 63. 반면, 프라스토르는 네아이라의 딸과 결합한 이후, 그녀가 스테파노스의 딸이 아니라는 사실을 알고는 그녀를 내쫓고 지참금도 돌려주지 않았고, 그 후 병이 들고 아이도 없는 상태인 데다가, 친척에 대한 적의로 인해 파노의 아이를 아들로 맞아들였어요. 그러나 아이를 씨족에 입적하려 했을 때, 씨족 사람들이 반대했으며, 아이가 합법적 결합의 소생이라는 사실을 맹세하라고 요구했어요. 그러나 그는 맹세하기를 거부함으로써 맹세의 신실함을 지켰지요. 그 후 한 도시여인과 합법적으로 결합했어요. 이 같은 명백한 사실들은, 이들 주장을 반박하는 것으로서, 이 네아이라가 이방여인이라는 사실을 증명하는 중요한 증거가 됩니다.

64. 이 스테파노스의 누추한 탐욕과 비열함을 눈여겨보십시오. 거기서도 이 네아이라가 도시여인이 아니라는 사실을 다시 확인하게 될 것이니까요. 안드로스[76] 출신 에파이네토스는 네아이라의 옛 연인이었는데, 그녀에게 거액을 쏟아부었고, 네아이라를 좋아하여 아테나이로 올 때마다 이들 집에 머물곤 했지요. 65. 그런데 이 스테파노스가 그이를 음해하려고 공작을 했어요. 제사를 핑계로 시골로 그를 불

---

[76] 에우보이아섬 남동쪽의 섬.

378

러들여서, 네아이라의 딸과 정사(情事) 하는 현장을 덮치고는 협박하여 30므나를 뜯어내려 한 겁니다. 그 대금의 보증인으로서 법무장관을 역임한 아리스토마코스, 지난날 장관직을 역임한 나우시니코스의 아들 나우시필로스를 잡아 놓고, 돈을 가져오겠다는 약속을 받고는 풀어 주었는데요, 66. 에파이네토스가 풀려나자 법무장관들 앞으로 스테파노스를 고소했어요. 그가 부당하게 자신을 구금했다는 것이었죠. 법조문에 따르면, 누가 다른 사람을 간통으로 걸어서 불법으로 구금하면, 구금된 이는 불법 구금에 대해 법무장관들 앞으로 고소할 수 있습니다. 구금한 이가 유죄 선고를 받고 구금된 이가 부당하게 혐의를 받은 것으로 드러나면, 후자는 무죄가 되고 세웠던 보증인은 보증 책임에서 벗어나게 되는 것이죠. 그러나 구금되었던 이가 간통한 것으로 드러나면, 법에 따라 보증인은 피의자를 현행범으로 체포한 이에게 넘기고, 법정에서, 칼만 사용하지 않는다는 조건하에, 그가 원하는 대로 처분하도록 맡기는 겁니다.

67. 에파이네토스가 스테파노스를 고소한 것은 이 법에 따른 것이었어요. 전자는 여인과 정사(情事)를 벌인 사실을 인정했으나 간통한 것이 아니라고 주장했지요. 그 이유는 그녀가 스테파노스가 아니라 네아이라의 딸이고, 어머니인 네아이라가 그가 그녀와 관계한다는 사실을 알고 있었으며, 그들을 위해 자신은 거액의 돈을 지불했고, 또 자신이 아테나이로 올 때마다 생활비 전부를 대주었다는 것이었어요. 덧붙여 그는 또 다른 법조문을 내세웠는데, 그 법에 따르면, 사창가에 있거나 공개적으로 몸을 파는 여인들과 관계하는 것은 간통으로 간주되지 않는다고 합니다. 그런데 스테파노스의 집은 바로 그

런 사창가이고 매춘이 이들의 생업이며, 주로 그런 일거리로 생계를 꾸리고 있다고 한 겁니다.

68. 에파이네토스가 이렇게 발언하면서 고소하려 하자, 이 스테파노스는 사창가를 운영하고 협박으로 돈을 갈취하려 한 것으로 유죄 선고를 받게 될까 염려하여 에파이네토스와의 분쟁을 중재에 회부하려고 했어요. 에파이네토스가 세운 보증인들이 채무 이행의 책임에서 벗어나고 에파이네토스는 고소를 취하한다는 조건이었습니다. 69. 에파이네토스는 이런 조건의 중재를 수용하고 스테파노스에 대한 고소를 취하했고, 그들 간 회합이 보증인들이 중재인으로 자리한 곳에서 이루어졌습니다. 스테파노스는 별말을 하지 않았고, 네아이라의 딸을 위해 지참금을 좀 기부하라고 에파이네토스에게 부탁했어요. 그 자신의 궁한 처지와 그 딸이 그전에 프라스토르와의 관계에서 겪었던 불행을 털어놓고, 그 때문에 그녀의 지참금을 상실했으므로 더는 그녀를 위한 몫이 없다고 말했던 거예요. 70. 그러고는 "당신이 그녀와 관계를 가졌으므로, 조금은 그녀를 위해 기부하는 것이 도리일 것이오"라고 말했어요. 그 외에도 곤경을 면하려는 이들이 동정을 사기 위해 으레 하는 말들을 더했지요. 중재인들이 양측의 말을 듣고는 협상을 이끌어 내면서, 에파이네토스가 네아이라의 딸이 출가할 수 있도록 1천 드라크메를 기부하는 데 동의한 거예요. 제 말이 모두 사실임을 증명하기 위해 중재인으로 있었던 보증인들을 여러분 앞에 소개하겠습니다.

증인들

71. 케팔레 출신 나우시필로스와 케팔레 출신 아리스토마코스는 다음의 사실을 증언합니다. 본인들은, 스테파노스가 에파이네토스를 간통현장에서 잡았다고 주장할 때, 안드로스 출신 에파이네토스의 보증인이되었습니다. 에파이네토스가 스테파노스의 집에서 풀려나서 자유로운몸이 되자, 스테파노스가 자신을 부당하게 구금했다고 법무장관 앞으로그를 고소했습니다. 본인들은 이 사건의 중재를 맡아서, 에파이네토스와 스테파노스를 타협하게 했으며, 그 타협의 결정은 아폴로도로스가제시한 것과 같습니다.

타협 사항

중재인들은 스테파노스와 에파이네토스 사이의 타협을 다음과 같은 조건으로 도출했다. 양측은 구금 관련 사안에 대해 어떤 적의도 갖지 않는다. 에파이네토스는 수차 파노와 사귀는 한 그녀에게 지참금으로 1천드라크메를 지불한다. 그리고 스테파노스는 에파이네토스가 아테나이로 와서 그녀와 함께하기를 원하는 때는 파노를 그의 처분하에 둔다.

72. 그런데 이 여인이 분명히 이방여인으로 알려져 있는데도, 스테파노스는 에파이네토스를 간통 혐의로 감히 체포할 정도로 무모합니다. 스테파노스와 네아이라의 무모함과 뻔뻔함이 이 같은 지경에이르러서, 그(스테파노스)는 그녀를 아테나이 여인으로 포장하는 데만 그친 것이 아니라, 좋은 출신이지만 가난[77]하고 경륜이 일천한 코토키다이 출신 테오게네스가 추첨을 통해 왕(장관)[78]으로 선출된 것

을 보고는, 자격심사 받을 때 돕고 또 임직할 때 드는 비용을 보조함으로써, 그의 환심을 샀어요. 또 그에게 뇌물을 주고는 그 조수79로 임명되었으며, 마침내 파노를 자신의 딸인 것처럼 꾸며서 그에게 출가시킨 바 있습니다. 이렇듯 그는 여러분과 여러분의 법을 완전히 무시했어요. 73. 그리고 이 여인은 도시를 위한 비의(秘儀)에서 제물을 올리고, 이방여인으로서 보아서는 안 되는 것을 보았습니다. 왕(장관)의 아내를 제외하고는 다른 모든 아테나이인조차 아무도 들어갈 수 없는 곳을 그 같은 이방여인 신분으로 들어갔고, 제식을 주관하는 성스러운 여사제들의 서약을 주관하였고, 디오니소스를 위한 여인으로 존경받았어요. 또 신들을 기리기 위해 선조들이 물려준, 여러 가지 성스러운 비의로서 도시를 위한 제식에 참가하였습니다. 누가 들어서도 안 되는 것이라면, 어떻게 뜨내기, 특히 그녀와 같은 출신에 그 같은 이력을 가진 이가 제식에 참가하는 것이 경건한 것이 될 수 있습니까?

74. 저는 이 사건과 관련하여 처음부터 가능한 한 상세하게 하나하나 여러분에게 설명드리려 합니다. 그러면 이들이 처벌받도록 하는데 여러분이 더욱더 주의를 기울일 수가 있고, 또 여러분의 결정이 여

---

77 *penes*.
78 *basileus archon*(왕의 직책을 가진 장관). 아테나이 9명 아르콘 가운데 하나로 가장 오랜 기원을 가진 장관(*archon*)이다.
79 *paredroi*(단수형 *paredros*, 조수). 조수는 9명 장관(아르콘) 가운데 기원이 상대적으로 오랜 3명 장관[바실레우스, 폴레마르코스, 수석(명칭) 아르콘]을 돕는 보조 인력이다. 각 장관이 2명의 조수를 직접 뽑는다.

러분 스스로나 여러분 법의 수호뿐만 아니라 신들에 대한 경건함과도 연관된다는 사실을 깨닫게 될 것 같습니다. 이들의 신성모독 행위를 응징하고, 부당행위자를 처벌함으로써 말이지요. 지난날, 아테나이인 여러분, 우리 도시는 왕정이었고, 왕권은 언제나 탁월한 토착인에게 속했어요. 왕은 모든 제식을 주관했는데, 가장 성스럽고 은밀한 제식은 왕의 아내인 여왕이 수행했어요.

75. 그런데 테세우스가 도시에 사람들을 집주(集住)하게 하고 민주정체를 세우고 인구가 늘어났는데도, 80 사람들은 그전같이 여전히 왕을 뽑았고, 그 왕은 가장 용기가 탁월한 이들 가운데서 나왔습니다. 그들은 법도 만들었는데, 그 아내는 아테나이 출생에다 다른 남자를 알지 못하는 처녀라야 된다고 했어요. 또 도시를 위해 전통에 따라 비의를 거행하고, 경건하게 관습의 제식을 신들에게 드리며, 아무것도 없애거나 변경하지 않도록 했고요. 76. 선조들은 이 법을 돌기둥에다 새겨서, 사당 옆, '림나이81의 디오니소스' 신전에 세워 두었지요. 그 기둥은 아직도 남아 있어서 아티카 글자로 금석문이 마모된 채 희미하게 새겨져 있습니다. 민중은 이 같은 방식으로 신들에 대한 외경심(畏敬心)을 표현하고, 후손들을 위한 봉헌물로 남겨서, 신에게 봉헌

---

80 참조, Ploutarchos, *Theseus*, 24.
81 Limnai. 림나이는 아테나이 남서부 지역이다. 정확한 위치가 전해지지 않아 다양한 의견이 제시되지만, 원래 늪(*limne*) 지역이었던 것으로 추정된다. 그곳에 디오니소스의 렘나이온 신전(Hieron Lemnaion)이 있었고, 디오니소스를 기리는 안테스테리아 축제가 거행되었다. 당시 왕(*basileus archon*)의 부인은 디오니소스 신의 부인 역할을 대신했다.

하고 제식을 거행하는 여인은 어떤 수준에 도달해야 하는지 가르쳤습니다. 그래서 선조들은 그 법기둥을 가장 오래되고 가장 신성한 '림나이의 디오니소스' 신역에 세워 두고서, 많은 이들이 보지 못하도록 했어요. 특히 이 신전은 1년에 한 번, 안테스테리온달[82] 12일에만 열립니다. 77. 여러분 선조가 이렇듯 훌륭하고 당당하게 마련한 신성한 제식은 여러분이 경건한 마음으로 받들어야 하며, 아테나이인 여러분, 그같이 여러분의 법을 어기고 신들에 대한 후안무치의 불경죄를 범한 이들을 처벌해야 합니다. 그 이유가 두 가지인데요, 하나는 범죄자가 그 죗값을 치르는 것이고, 다른 하나는 다른 이들을 경계하여 신들과 도시에 죄짓지 않도록 겁을 주는 것이에요.

78. 제가 신성 전령관[83]을 여러분 앞에 소개하겠습니다. 그는 왕의 아내를 보좌하는데, 그녀는 신성의 여사제들이 희생제물에 손을 대기 전, 제단 앞에서 바구니를 들고 갈 때 서약하는 의식을 주관합니다. 그때, 여러분은, 청취가 가능한 범위에 한해서, 맹세와 기도의 말을 들을 수 있게 되고, 그 제식의 관습이 신성하고 오랜[84] 전통이라는 것을 깨닫게 되는 겁니다.

---

82 2월 중순~3월 중순. 이달에 디오니소스를 위한 꽃의 축제(Antesteria·안테스테리아)가 열린다.
83 *hyerokeryx*.
84 *archaios*. 이 '오랜 것'의 의미는 흔히 신성하다는 뜻을 함축하며, 시간적으로 오래되었다는 뜻으로 많이 쓰이는 *palaios*와 다소간 차이가 있다.

여사제들의 맹세

저는 다른 불결한 것은 물론 남자와의 접촉으로부터 순결합니다. 전통에 따라 또 정해진 기간 내에, 디오니소스를 위해 포도주 축제와 이오바코스[85] 축제를 거행하겠습니다.

79. 여러분은 맹세와 전통의 제식에 대해서, 말하도록 허용된 범위에 한하여, 들으셨습니다. 그리고 테오게네스가 왕으로 재직할 때, 스테파노스가 자신의 딸인 것처럼 꾸며서 그에게 출가시킨 여인이 이 제식들을 거행하고, 성스런 여사제들의 서약을 주관했습니다. 이 제식에 참관한 여인들도 다른 이에게 그에 대해 발설하지 못하도록 되어 있습니다. 지금 제가 한 편의 증거를 여러분에게 보여드리겠는데요. 이것은 실로 비밀이지만, 그 자체로서 드러나는 확실한 것이에요.

80. 이 제식들이 거행되고 9명 장관[86]들이 정해진 날에 아레오파고스로 올라갔을 때, 다른 사안은 물론 도시의 종교 사무와 관련하여 아주 중요한 위치를 점하는 아레오파고스 의회[87]에서 바로 테오게네스의 아내가 누구인지를 검토하여 사실을 확인하기에 이르렀습니다. 제식의 신성함을 고려하여, 재량 가능한 한도에서 최대의 벌을 테오게네스에게 내리려 했으나, 제한되고 온건한 선에서 그쳤어요. 그들

---

85 *ta ueoinia kai ta iocakcheia.* 이것은 디오니소스를 위한 제식으로 이에 관한 정보는 특별하게 전해 내려오는 것이 없다.

86 *archon.*

87 아레오파고스 의회는 고의 살인혐의 등 주요 사건에 대한 재판소로의 기능을 가지고 있었다. 참조, Demosthenes, 23. 65; Aristoteles, *Athenaion Politeia*, 57. 3.

(아레오파고스 의원들)은 아테나이인에게 원하는 만큼 처벌을 내릴 수 있는 권한을 가지고 있지 않았거든요. 81. 논의가 이루어지고, 그 같은 여인을 취하여 아무도 발설할 수 없는 비의(秘儀)를 우리 도시를 대표하여 거행하도록 한 데 대해, (아레오파고스) 의회가 너무 분노하여 테오게네스에게 벌금을 매기려는 것을 감지한 테오게네스는 탄원과 간청으로 양해를 구하면서, 자신은 그녀가 네아이라의 딸인 줄 몰랐고, 스테파노스가 자기 딸인 것처럼 속인 것이라, 자기(테오게네스)는 합법적인 그의 친딸을 취하는 줄로만 여겼다는 겁니다. 또 자신이 미숙하고 단순해서 스테파노스를 괜찮은 사람으로 보고 자신의 업무를 돕도록 조수로 임명했고, 그러다가 그의 사위가 되었다고 하고 다음과 같이 진술했어요. 82. "제가 거짓말 하는 것이 아니란 것을 여러분께 증명하기 위해, 제 집에서 그녀를 내쫓아 버리겠어요. 스테파노스가 아니라 네아이라의 딸이니까요. 그렇게 하면, 여러분이 제가 속았다고 하는 말을 믿으시겠지요. 그렇게 하지 않으면, 저를 사기꾼인 동시에 신들에게 불경을 범한 죄로 처벌하십시오."

83. 테오게네스가 이렇게 약속하고 간청했으므로, 아레오파고스 의회는 악의 없는 그 품성을 연민하고, 실제로 스테파노스가 그를 속였다고 생각하게 되었습니다. 그래서 아레오파고스 의원들은 심리를 중단하게 되었어요. 테오게네스는 아레오파고스에서 내려오는 길로 바로 네아이라의 딸을 내쫓아 버리고, 그를 속인 스테파노스도 위원회에서 축출해 버렸지요. 이렇게 해서 아레오파고스 의원들은 심리를 중단하고 그에 대한 분노도 가라앉혔습니다. 속아서 그런 것이므로 양해하게 된 것이에요.

84. 제 말이 사실임을 증명하기 위해 이 사건 관련 증인으로서 테오게네스 본인을 여러분에게 소개하고, 증언하도록 청하겠습니다. 저를 위해 헤르키아 출신 테오게네스를 불러 주십시오.

증언

헤르키아의 테오게네스는 다음 사실을 증언합니다. 본인이 왕의 직에 있을 때 파노와 혼인했는데, 스테파노스의 딸인 줄로만 믿었습니다. 그런데 속았다는 사실을 알고는 그녀를 내쫓고 동거를 중단했고, 스테파노스도 조수직에서 파하고 더 이상 조수직을 수행하지 못하도록 했습니다.

85. (서기를 향해) 자, 이 사건과 관련한 이 법을 들고 좀 읽어 주십시오. 재판관 여러분이 다음 사실을 주지하실 수 있도록 말이죠. 이 같은 이력의 여성은 이와 같은 제식에 참가하여 구경하고 희생제를 올리고, 또 도시를 위한 관습에 따른 의식에서 무엇을 거드는 것뿐만 아니라, 아테나이의 모든 신성의 행사에 참가하지 못하도록 금지해야 합니다. 이방여인과 예속여인은, 구경하든 탄원하든, 참가할 수 있도록 법이 허용하고 있지만, 간통하다 들킨 여인만은 어떤 공적 제식에 참가할 수 없도록 하고 있습니다. 못하지요. 86. 이런 여인들, 간통으로 유죄가 된 이들에게만은 우리 공적 제식에 참가하지 못하도록 하고 있어요. 만일 이들이 들어와서 법을 어기면, 누구든 그런 이에 대해, 죽이지만 않는다면, 원하는 처벌을 가할 수 있고, 그 처벌로 인해 파생하는 상황에 대한 죄는 묻지 않아요. 또 법에 따르면, 그런 여인들을 만나는 이는 누구나 처벌 권한을 갖습니다. 법에서는 그

런 여인에 대해서는, 죽음을 제외하고는 어떤 재판에 호소할 수 있는 권한조차 박탈한 채, 어떤 처벌이라도 가할 수 있도록 함으로써, 신전에서는 부정이나 불경이 일어나지 않도록 예방합니다. 법은 우리 여인들에게 으름장을 놓아서, 조신하고, 잘못을 범하지 않고, 당연지사로 가정을 돌보도록 만들고, 이런 것들 가운데 뭐라도 어기면, 남편의 집뿐만 아니라 도시의 신전으로부터도 쫓겨납니다.

87. 상황이 이와 같으므로, 여러분이 법조문을 들으시면 더 분명히 이해하실 수 있겠습니다.

저를 위해 들고 읽어 주십시오.

간통법

누가 자기 아내와 간통한 이를 잡게 되면, 그 잡은 사람이 자신의 아내와 계속 동거하면 안 되고, 만일 동거하면 자격박탈형에 처한다. 간통하다가 들킨 여인은 공공제식에 출입하지 못한다. 만일 출입하면, 죽음을 제외하고 어떤 처벌이라도 가할 수 있으며, 가해자는 면책받는다.

88. 이제 저는, 아테나이인 여러분, 한 가지 증거를 보여드리겠습니다. 그것은 아테나이 민중이 자신의 신성 제식과 관련하여 얼마나 정성을 기울이는지에 대한 것입니다. 아테나이 민중은 도시의 온갖 일에 최고의 권위를 가지고 원하는 대로 추진할 수 있지만, 아테나이 시민권의 부여는 매우 귀하고 성스러운 것이라 여겨서, 원하는 이를 시민으로 만들려고 할 때 지켜야 하는 법을 제정해 놓았는데, 그 법이 이 스테파노스와 이 같은 혼인관계에 있는 이들에 의해 진구렁에 빠져 버

린 겁니다. 89. 그러나 그 법들을 들으시면 여러분 자신이 더욱더 긍지를 갖게 되고, 이들이 도시를 위해 공을 세운 이들에게 주어지는 가장 명예롭고 성스러운 특혜의 가치를 타락시킨 사실을 아시게 될 것입니다. 먼저, 아테나이인 민중을 위해 공적을 세운 이로 평가받지 않은 한, 아무에게나 아테나이 시민권을 부여하는 것을 금하는 법이 민중에게 주어져 있어요. 그다음에는, 민중이 마음먹고 이런 특혜를 부여하려 할 때, 다음 회기에 열리는 민회에서 비밀투표에 의해 아테나이인 6천 표[88] 이상을 얻지 못하면, 그 발의는 효력을 갖지 못합니다.

90. 법에 따르면, 당번 행정부 임직원[89]들은 투표함을 설치하고 민중이 들어오는 대로, 이방인[90]들이 들어와서 격막[91]을 제거하기 전에, 그들에게 투표 공을 건네줍니다. 그것은 시민들 각각이 완전히 간섭에서 벗어나서, 시민권 부여 여부와 관련하여, 시민권을 받으려는 이가 그만한 특권을 받을 자격이 있는지를 스스로 판단하게 하려는 것이에요. 이어서 그다음에, 법 규정에 따라 아테나이인은 시민권을 부여받으려는 후보의 불법 여부에 대해 고소하고, 법정으로 나와 해당인이 특혜를 받을 자격이 없으며 시민권 부여는 불법이라는 사실을 주장할 수 있습니다. 91. 또 시민권을 원하는 이의 주장에 속아서 민중이 특혜를 부여했는데, 그 불법성 여부와 관련한 고소가 제기되

---

88 시민권 부여, 도편추방 등, 개인의 신분 및 거취와 관련된 결정에는 6천 표의 찬성이 필요하다.

89 *prytaneis*.

90 *xenoi*.

91 이동식 격막이 방청객과 민회 투표권자들을 구분했다.

고 법정에 회부되어, 특혜 받은 이가 자격이 없는 것으로 드러나 법정이 그것을 회수한 사례도 그전에 있었어요. 과거에 있었던 많은 사례를 거론하는 것은 너무 긴 시간을 요구할 것이므로, 저는 여러분 모두가 기억하시는 것들에 한정해서 말씀드리자면, 테살리아인 페이톨라스와 올린토스인 아폴로니데스는 민중에 의해 시민권을 부여받은 다음 법정에서 그것을 상실했어요. 92. 이런 사례들은 여러분이 알지 못하는 먼 과거의 일이 아닙니다.

시민권 관련 법, 그리고 아테나이인이 되기 전에 거쳐야 하는 과정이 이렇듯 주도면밀한데도, 거기에 더하여 또 다른 법이 제정되었고, 이 법은 중요한 가치를 가진 것입니다. 이렇듯 민중은 자신과 신들을 위해서 대단한 안전장치를 마련하여, 도시를 위한 제식이 경건하게 이루어지도록 조치했던 겁니다. 아테나이 민중이 시민권을 부여한 이들과 관련하여, 이 법은 명백하게 이들이 9명 장관직 혹은 사제에 임하지 못하도록 금하고 있으니까요. 그러나 그 자손들은 모든 시민의 권리를 누리도록 민중에 의해 허용됩니다. 다만, 그 부가 조건은 그들이 합법적으로 결합한 도시인 여인의 자식인 경우로 한정하고 있어요.

93. 제 말이 사실임을 가장 분명하고 가장 확실한 증거를 통해 여러분에게 증명하도록 하겠습니다만, 지금은 먼저 법의 기원으로 거슬러 올라가서 그것이 어떻게 제정되었으며, 아테나이 민중의 신실한 친구로서의 진가를 증명한 이들로서 법조문이 포괄하는 이들은 어떤 이들인지를 말씀드리겠습니다. 이 모든 것들을 통해, 여러분은 도시를 위해 기여한 이들에게 주어지는 민중의 특혜가 진구렁에 말려 들어가 버렸고, 이 스테파노스와 그 같은 방식으로 동거하고 아이를 얻음으로써

여러분의 권능이 훼손해 버렸음을 깨닫게 될 테니까요.

94. 아테나이인 여러분, (페르시아) 다레이오스 왕이 침입했을 때, 헬라스인 가운데서 오직 플라타이아인만 와서 마라톤에서 여러분을 도왔어요. 그때 다레이오스 왕의 장군 다티스는 에레트리아에서 회군하여 에우보이아를 온통 점령하고는 많은 군사를 아티카로 보내어 약탈했던 거예요. 지금도 포이킬레92 주랑에는 그들(플라타이아인)의 공적을 기념하는 부조가 새겨져 있어요. 이 부조는 그들이 우리를 돕기 위해서, 보이오티아형 투구를 쓴 이들이 하나같이 질주하는 모습을 그리고 있지요. 95. 또 크세르크세스가 헬라스를 공격했을 때, 테바이인들은 메디아(페르시아) 측으로 가서 붙었으나, 플라타이아인은 우리와의 동맹을 저버리려 하지 않았고, 그중 반의 병력이 다른 여느 보이오티아인의 도움도 없이 단독으로 테르모필라이로 가서 합류했으며, 라케다이몬인과 레오니다스와 함께 쳐들어오는 이민족을 막아내다가 그들과 함께 전사했어요. 그들 나머지 병력은 여러분의 삼단노전선에 승선했고요. 그들 자신은 배가 없었거든요. 그래서 아르테미시온과 살라미스 해전에서 우리와 함께 싸웠어요. 96. 플라타이아에서 벌어진 마지막 전투93에서 여러분은 물론 헬라스의 자유를 공

---

92 포이킬레는 아테나이 아고라(시장, 광장) 테세이온 신전 오른 쪽에 있다. 원래 키몬의 사위 페이시아낙스의 이름을 따서 페이시아낙시오스라 불렸다가, 나중에 포이킬레로 개명했다. 그것은 폴리그노토스, 미콘 등이 새긴 의미 있는 부조가 새겨졌기 때문이다. 또 이 주랑에 아테나이 승리의 전리품이 전시되어 있고 그 입구에는 솔론 상이 있었다. 이 주랑에서 법정이 열리기도 하고, 후에 철학자 제논이 여기서 강의를 하곤 해서, 그의 철학이 스토아학파로 불리게 된다.

유하려는 모든 이들과 함께 (페르시아) 왕의 장군이었던 마르도니오
스에 대적하여 싸움으로써, 다른 모든 헬라스인을 위한 공동의 자유
를 확립하는 데 기여한 바 있습니다. 그 후 라케다이몬인의 왕 파우사
니아스가 여러분을 비하하려는 저의를 가졌고, 라케다이몬인만이 다
른 헬라스인에 의해 패권을 인정받는 것에도 만족하지 않았어요. 반
면, 우리 도시는 실제로 헬라스인의 자유를 지키는 데 선봉에 섰지
만, 동맹국들의 질시를 사는 일이 없도록, 명예를 두고 라케다이몬인
과 다투지 않았어요. 97. 이런 상황에서 라케다이몬인의 왕 파우사니
아스는 우쭐하여, 헬라스 공동체가 이민족에게서 얻은 전리품으로
델포이의 아폴론에게 봉헌한 델포이의 삼각대에다 글을 새겼어요.
살라미스와 플라타이아에서 모든 헬라스인이 합세하여 싸움으로써
이민족의 마수에서 벗어난 데 대한 감사로서 신에게 드린 것이었으
나, 그가 적은 글의 내용은 다음과 같습니다.

헬라스인의 장수였던 파우사니아스가, 메디아인 군대를 물리쳤으므로,
포이보스(아폴론)에게 이 기념물을 봉헌한다.

---

93 기원전 480/479년 페르시아 전쟁에서 페르시아가 그리스 본토에서 퇴각하기 시작
할 즈음, 아테나이 서북쪽 플라타이아에서 그리스 연합군이 페르시아 군대를 대
파한 사건을 말한다. 이 연합군에는 아테나이, 플라타이아는 물론, 라케다이몬
병력 등이 합세했다. 플라타이아 전투는 아티카반도 남단의 살라미스 해전(480
B. C.), 소아시아 서해안 미칼레 해전(479 B. C.)과 더불어 헬라스인이 페르시
아인에게 거둔 3대 승전 중 하나이다.

승전의 공적은 물론 봉헌물이 동맹국 공동의 것이 아니라 자기 것
인 양 말이죠. 98. 그래서 헬라스인이 분노했지요. 플라타이아인은
전체 동맹국의 이름으로 라케다이몬인을 신성동맹[94]에 고소하였고,
1천 탈란톤의 손해배상금에 더하여, 이미 새겨진 글자를 지우고 전쟁
에 참가한 모든 도시 이름을 적도록 요구했어요. 이 일 때문에 라케다
이몬인과 왕가의 적의가 주로 플라타이아인에게로 향했던 겁니다.
그러나 그 당시만 해도 라케다이몬인이 조치할 수 있는 게 아무것도
없었어요. 그런데 50년이 흐른 다음, 제옥시다모스의 아들로서 라케
다이몬인의 왕이었던 아르키다모스가 명색이 평화시[95]임에도 불구하
고 그 (플라타이아) 도시를 점령하려 했어요. 99. 그는 테바이를 통해
보이오티아의 한 지배자[96]로, 레온티아다스의 아들 에우리마코스를
앞세워 거사했고, 매수된 플라타이아인 나우클레이데스와 그 일당이
밤중에 그 성문을 열어 주었던 거예요. 밤중에 테바이인이 성문 안에
들어왔고, 평화 시기인데도 느닷없이 도시가 점령당한 것을 안 플라
타이아인이 사태를 수습하려고 전열 정비에 들어갔어요. 날이 밝자
플라타이아인은 테바이인의 수가 적고 그 전초부대만 들어온 상태라
는 것을 파악하게 되었죠. 그 밤에 폭우가 쏟아져 전 병력이 미처 다
들어오지 못한 겁니다. 아소포스강이 불어난 데다 밤중이라 도강하
는 데 어려움이 있었던 거예요. 100. 테바이인이 도시 안에 들어왔으

---

94 *amphiktionia*. 로크리스인이 주류를 이루는 델포이를 중심으로 한 신성동맹을 뜻한다.
95 428 B. C. Thucydides, 2. 2 이후 참조.
96 *boiotarchos*. 테바이가 자리한 보이오티아의 각 지역을 대표하는 수장이다.

나 전 병력이 아직 당도하지 않은 것을 파악한 플라타이아인이 공격에 나서서 기선을 잡고, 나머지 병력이 그들을 도우러 오기 전에 괴멸시켜 버렸지요. 그러고는 바로 여러분에게 전령[97]을 보내어 일어난 상황과 승전 소식을 전하고, 테바이인이 자기네 땅을 유린할 경우를 대비하여 여러분의 도움을 구한 것이에요. 전말을 전해들은 아테나이인은 서둘러 플라타이아를 도우러 갔고, 아테나이인이 플라타이아를 도우러 오는 것을 본 테바이인은 자기네 땅으로 되돌아갔습니다.

101. 테바이인의 거사가 실패로 돌아가고, 플라타이아인이 전투 중에 생포한 이들을 처형하고 난 다음, 독이 오른 라케다이몬인이, 아무런 명분도 없이 바로 플라타이아로 공격해 들어갔습니다. 아르고스만 제외하고 모든 펠로폰네소스인에게 각각이 보유한 병력의 3분의 2, 그 외 보이오티아인, 로크리스인, 포키스인, 말리아인, 오이테인, 아이니아나인은 전 병력을 투입하라고 명을 내린 것입니다. 102. 이들은 다수 병력으로 플라타이아 성벽을 포위하고는, 도시를 자신들에게 양도하면, 외곽 전원 땅은 농사를 짓도록 허용할 것이나 아테나이와의 동맹은 파기해야 한다는 조건을 내걸었습니다. 플라타이아인은 이런 조건을 거부하고 아테나이인 없이는 아무것도 하지 않을 것이라고 응답했지요.[98] 그래서 라케다이몬인은 2년간 포위를 계속하면서 주변으로 이중의 성벽을 쌓아올렸고, 온갖 수단을 동원하여 공격을 반복했어요. 103. 플라타이아인은 진이 다 빠지고 모든 것

---

97   *angelos.*
98   참조, Thucydides, 2. 72.

이 궁핍해지고 구원의 가능성마저 옅어지자, 추첨으로 편을 갈랐어요. 그래서 한쪽은 포위된 성안에 남아 있고, 다른 쪽은 비바람 세게 치는 밤을 기다렸다가 도시에서 나가서 성벽을 넘고, 적의 눈을 피해 그 보초를 죽인 다음 이곳(아테나이)으로 오게 된 것이에요. 참담하고도 기적 같은 일이었어요. 성안에 남아 있던 이들은 도시가 함락되었을 때 살육되었고, 소년, 아이, 여인들은 예속되었어요. 그 가운데 일부, 라케다이몬인이 성안으로 들어오는 것을 미리 알고 몰래 아테나이로 도주해온 이들을 빼고는 말이죠.

104. 이렇듯 분명하게 우리 민중을 위해 헌신하고, 우리 민중을 위해서 온 재산, 처자식을 내동댕이친 이들에게 시민권을 부여했던 사실을 돌이켜 생각해 보십시오. 여러분이 통과시킨 조령으로 인해 이 법이 모든 이에게 분명하게 각인될 것이며, 제 말이 진실임을 여러분도 알고 계시지요.

저 대신 이 조령을 들고 재판관 여러분께 읽어 주십시오.

플라타이아인 관련 조령

히포크라테스가 제안했다. 오늘 이후로 플라타이아인은 다른 아테나이인들과 같은 자격을 가지고,[99] 여느 아테나이인들 같이 신성[100]과 세속[101]의 행사에 다 동참할 수 있다. 다만 씨족[102]에 속하는 사제나 제식,

---

99 *epitimoi.*
100 *hiera.*
101 *hosia.*
102 *genos.*

또 9명 장관직에서는 제외된다. 그러나 그 후손은 … (제외되지 않는다).
플라타이아인은 데모스103와 부족104으로 배분 귀속된다. 이들이 배치된
후, 아테나이 민중의 결정 없이는, 어떤 플라타이아인도 아테나이인이
되지 못한다.

105. 보셨지요, 아테나이인 여러분, 연사의 제안이 아테나이 민중
을 위해 얼마나 타당하고 공정한지 말이죠. 플라타이아인 하나하나 따
로 특혜받을 만한지를 먼저 법정에서 자격심사105를 한 겁니다. 정말
로 플라타이아인인지 그리고 우리 도시의 친구인지를 검증한 거예요.
이렇듯, 아무나 이 같은 구실로 마구잡이 참정권106을 얻는 위험을 방
지하고자 한 것이죠. 그 뒤에도 자격심사를 통과한 이들의 이름을 돌
기둥에 새기고 아테나 여신전 가까이 아크로폴리스에 세워 두고는, 그
부여된 특권이 후손들에게 전승되도록 하고, 각기 혜택받은 이들과의
친족 관계를 입증할 수 있도록 했습니다. 106. 그리고 그 당시 특혜(시
민권)를 얻지 못하고 법정에 의해 인정받지 못한 이는 아테나이인이 되
지 못하도록 했어요. 많은 이가 플라타이아인이라고 하면서 시민권을
요구하는 일이 발생하지 않도록 하려는 것이었죠. 더구나, 그(법안 발
의한 연사)는 조령107에다 도시와 신들을 위한 플라타이아인에게 적용

---

103 *demos*(복수는 *demoi*). 행정구역으로서의 구(區).
104 *phyle*(복수는 *phylai*).
105 참조, 이 변론 §3.
106 *politeia*.
107 *psephisma*.

396

되는 법108을 마련하여, 이들(플라타이아인)은 9명 아르콘이나 사제직은 임할 수 없다고 못 박았지만, 그 후손은 그 모친이 도시여인인 동시에 합법적으로 혼인한 경우에 한하여 임할 수 있도록 했어요.

107. 한편으로, 우리 이웃으로서 온 헬라스인 가운데서 우리 도시에 최대 공적으로 기여한 이들에 대해서, 그들 각각이 (시민권의) 특혜를 받도록 이렇게 경우 바르게, 또 이렇듯 정확하게 규정을 마련하면서, 다른 한편으로는 온 헬라스에서 매춘하고 다닌 것으로 이름난 여인을, 이렇듯 우리 도시를 욕보이고 신들 앞에서 불경한 여인, 또 선조에 의해 도시여인이 된 것도 아니고 민중이 시민권109을 부여한 것도 아닌 여인을 수치스럽고도 비겁하게 벌하지 않고 내버려둔다면, 참으로 어처구니없는 일 아니겠습니까? 108. 그녀가 몸을 팔지 않은 곳이 어디 있으며, 일용할 생활비를 벌기 위해 안 가본 데가 어디 있습니까? 라리사 출신 시모스, 메데이오스의 아들 에우리다마스와 함께 펠로폰네소스, 테살리아, 마그네시아를 돌아다녔고, 크레타인 소타다스를 따라다니며 키오스와 이오니아 대부분을 다녔으며, 니카레테에 예속되어 있으면서 그녀의 지시에 따라 돈에 팔려 다니곤 하지 않았던가요? 친척이 아닌 다른 남자에게 종속된 여인, 또 돈을 주는 남자를 따라다니는 여인이 어떤 짓거리를 할 것이라고 여러분은 생각하십니까? 그녀는 자신을 찾아와 수작하는 이들의 온갖 욕망에 부응해야 하는 것 아닌가요? 그런데도 세상 모든 이를 대상으로 돈벌

---

108 *nomos*.
109 *politis*.

이한 사실로 세상 사람들에게 널리 알려진 그 같은 이력의 여인을 아테나이인으로 여러분이 표결하여 받아들이시렵니까?

109. 사람들이 물으면 무슨 잘한 일이 있다고 여러분이 대답할 것이며, 혹은 무슨 창피하고 불경한 일에 연루되지 않았다고 대답하시겠습니까? 이 여인이 고발당하여 재판받기까지, 그녀가 누구이고 어떤 불경을 범했는지 여러분 모두가 알 때까지, 잘못은 그녀에게 있는 것이지만, 도시에는 태만한 죄가 있어요. 그리고 여러분 중 일부는 아무것도 모르기도 하고, 또 다른 이들은 사실을 알고 말로는 분노하겠지만, 실제로 그녀를 처분할 아무런 재량권이 없었어요. 누가 그녀를 재판에 회부하거나 그녀와 관련한 사안에서 표결로 결정할 기회를 갖지 못했으니까요. 그러나 지금은 여러분 모두가 사실을 알고 또 그녀를 여러분 손에 장악하고 처벌할 수 있는데도, 벌하지 않는다면, 신에 대한 불경죄는 여러분이 범하는 것입니다.

110. 네아이라를 무죄 방면한다면, 여러분 각기 집으로 돌아갔을 때 처나 딸, 아니면 모친이 그에게 "어디 있었냐?"고 묻겠지요. 그러면 "재판하고 왔지"라고 여러분이 대답하고, 그러면 바로 "누구를?" 하고 다시 물을 거란 말이죠. 그러면 아마 "네아이라"라고 대답하실 것 같아요. 안 그렇습니까? "이방여인인데, 불법으로 아테나이인과 동거했지. 그리고 그 몸을 팔던 딸을 왕인 테오게네스에게 출가시켰고, 그 딸이 도시를 대표하여 비의 제식을 거행하고 디오니소스의 여인으로 추존되었다고도 하네요." 여기에 다른 혐의도 이야기해 줄 거란 말이죠. 기억에 각인될 만큼 상세하게 각각의 혐의가 소명되었으니까요. 111. 그러면 이들이 "어떻게 결론이 났어요?"라고 묻겠죠.

그러면 여러분이 "무죄 석방했지"라고 대답했다고 칩시다. 생각이 있는 여인들이라면, 여러분에게 화낼 거 아닙니까. 이런 여인이 그들과 같이 도시의 행사나 제식에 동참하는 것이 바람직하다고 여러분이 여긴 데 대해서 말이에요. 또 조신하지 못한 여인들에게는 마음 내키는 대로 하도록 여러분이 분명히 신호를 준 겁니다. 여러분이나 법에 대한 두려움을 전혀 갖지 않을 테니까요. 여러분이 이 사안에 대해 비겁함과 태만함으로 일관하면, 여러분 스스로 이 여인의 행동거지를 지지하는 것처럼 보이게 할 것이란 말이에요.

112. 그러니, 이 재판이 열려 여러분이 그녀를 방면해 주는 것보다는 차라리 재판 자체가 열리지 않는 것이 여러분에게 더 이로운 것이죠. 그녀가 석방된다면, 앞으로 창녀가 누구라도 원하는 이와 동거하며, 거기서 생긴 아이들을 편의에 따라 아무렇게나 아무개의 아들이라고 주장할 수 있는 온전한 권리를 갖게 될 것이고, 여러분의 법은 무용지물이 될 거예요. 그리고 창녀로 살아도 스스로 원하는 것은 무엇이든 다 얻을 수 있게 될 겁니다. 그렇다면, 시민 여인[110]의 경우, 가장 가난한 계층의 딸들이 출가 못하는 일이 없도록 하는 사실을 여러분이 생각해 보십시오. 113. 지금은 한 소녀가 가난해도, 법에 따라 필요한 지참금이 마련됩니다. 외모만 그런대로 무난하면 말이죠. 그러나 이 여인을 무죄로 풀어 주면, 법이 하릴없이 무용지물이 되어 버려요. 그래서 가난해서 출가할 수 없는 시민의 딸들 가운데 매춘으로 나서는 이들이 늘어날 것이고요. 반대로 창녀들이 자유인 행세를 하

___

110 *politis* (복수는 *politides*).

게 될 겁니다. 원할 때 자식에게 합법적 지위를 부여하는 권리를 얻고, 도시의 축제, 제식, 명예에 동참하는 권리를 얻게 된다면 말이죠.

114. 그러니, 여러분은 각기 자신의 처, 딸, 어머니, 또한 도시의 법과 종교를 위한 결정을 내리도록 하시고, 가족 여인들과 이 창녀를 같은 등급으로 대우하는 것처럼 보여서는 안 되는 겁니다. 또 애지중지 예절을 갖추어 집안사람에 의해 상당히 바람직한 범절과 정성으로 양육된 동시에 합법적 소생의 여인이, 자신을 원하여 접근해 오는 이들을 상대로 참으로 음란하게 하루에도 여러 번 접대에 응하는 여인과 같은 대우를 받아서는 안 되는 것이죠. 115. 지금 화자(話者)인 저 아폴로도로스, 그리고 피고(네아이라)를 지지 변호하는 이들은 아테나이 시민들이라는 사실은 그만 접어 두십시오. 다만, 네아이라의 이력과 관련하여 법과 그녀가 서로 다투고 있는 겁니다. 여러분이 피고에 대한 비난을 들을 때, 도시가 운영되고 여러분이 재판에 임할 때 맹세의 준거가 된 그 법을 듣고서, 법이 지시하는 바가 무엇이고 또 피고가 어떻게 법을 어겼는지를 생각하십시오. 그래서 여러분이 피고의 변론을 들을 때는, 그 법에 저촉되는 혐의와 증언에 의해 드러난 증거를 기억하십시오. 또 이 여인의 얼굴을 쳐다보고 오직 이것 한 가지, 네아이라라는 여인이 이 같은 짓거리를 했는지 여부만 생각하십시오.

116. 또 유념하실 것이 있습니다, 아테나이인 여러분. 엘레우시스 신전 제사장111직을 지냈던 아르키아스가 불경죄, 그리고 전통 의식에

---

111 *hierophantes*. 하에로판테스는 아테나이 서쪽에 위치한 엘레우시스의 데메테르 여신전 제사장이다.

반하여 희생제를 올린 죄로 법정에서 유죄로 판명되자 여러분이 그를 처벌한 사실입니다. 여러 가지 혐의 가운데서, 추수감사제[112] 지낼 때, 자신의 정부(情婦)인 시노페가 가져온 희생제물을 엘레우시스 신전 마당의 화덕에 올려놓고 제를 지낸 사실이 있습니다. 그날은 제물을 올리지 못하게 되어 있었고, 특히 그 희생제는 그가 아니라 여사제가 하는 것이었어요. 117. 에우몰피다이 가문 출신으로 그 선조가 덕성과 기개를 가진 이들이었고, 그 자신이 아테나이 시민이었던 그가 전통 의식을 다소간 어긴 것을 여러분이 알게 되면서, 그 친척과 지인들의 청원도, 우리 도시를 위해 그가 공적 부담을 감당했던 사실도, 엘레우시스 신전 제사장직을 지냈던 경력도 아랑곳없이, 그가 부정을 행했다는 이유만으로 처벌한 마당에, 신 앞에 불경하고 법을 어긴 네아이라와 그 딸을 처벌하지 않고 내버려둔다는 것은 황당한 일이지요.

118. 이들이 어떤 말로 변명할 것인지 저는 도무지 모르겠습니다. 이 네아이라가 도시여인이고, 합법적으로 스테파노스와 동거하고 있다고 할 건가요? 그러나 그녀는 접대부이고 니카레테의 예속인이었던 사실이 증명되었어요. 그(스테파노스)의 아내가 아니라 첩이라고 할 건가요? 그러나 그녀의 딸을 형제단에 입적시켰고, 또 그녀의 딸을 아테나이인 시민에게 출가시킨 사실은 그녀가 자기 아내임을 공공연히 밝힌 것이죠. 119. 스테파노스는 물론 그 변호인 누구라도 제기된 혐의와 증언을 터무니없는 것이라고 하거나, 또 네아이라가 도시

---

112 Alois(혹은 Aloas, Alos). 데메테르 여신과 디오니소스 신을 위한 수확제(추수감사제)다. 땅에서 추수하게 해 준 신들에게 감사하기 위해, 해마다 추수할 때쯤 열린다.

여인이라는 사실을 증명하지 못합니다. 제가 얻은 정보에 의하면, 스테파노스는 네아이라가 아내가 아니라 첩이며 아이들은 그녀의 소생이 아니라 자신의 친족이며 도시여인인 전처의 소생이라고 주장할 것이라고 합니다.

120. 이같이 뻔뻔하고 터무니없는 변명, 그리고 그 주장을 변호하기 위해 앞서 제출한 증거들을 반박하기 위해서, 제가 그에게 주효하고 정당한 제안을 하나 했어요. 네아이라의 하녀들을 고문하도록 내놓으라는 것이었지요. 메가라를 떠나 스테파노스에게 갔을 때 네아이라를 시중들었던 트라타와 코칼리네, 그리고 네아이라가 스테파노스와 살면서 사들였던 다른 두 하녀, 크센니스와 드로시스였어요. 121. 이들은 사실을 꿰고 있을 것이니까요. 이미 죽은 프록세노스와 아직 생존해 있는 아리스톤, 달리기 선수 안티도리데스, 그리고 그전에 스트리벨레였으나 지금은 파노로 불리며 왕(장관)이던 테오게네스와 동거했던 이들이 네아이라의 자식들이었어요. 하녀들을 심문해서, 스테파노스가 아테나이 도시여인과 혼인했고, 이 아이들이 네아이라가 아니라 그 전처 도시여인의 자식이라고 한다면, 저는 이 소(訴)를 접고 공소(公訴) 재판에 회부되지 않도록 하겠습니다. 122. 동거113한다는 것은 아이를 얻어 아들을 형제단과 데모스에 입적하고, 자신의 딸은 남자에게 출가시키는 겁니다. 정부(情婦)114는 쾌락을 위한 것, 첩115은 날마다 몸 시중을 들게 하기 위한 것이지만, 아내는 합법적 자

---

113 *synoikein*.
114 *hetaira*(복수는 *hetairai*).

식을 낳고 신실하게 집안 살림살이를 돌보는 것입니다. 그러니, 만일 스테파노스가 도시여인을 전처로 두었다면, 그리고 자식들이 네아이라가 아니라 그녀의 소생이라면, 가장 확실한 증거로서 하녀들을 고문하도록 내놓음으로써 증명할 수 있을 거예요.

123. 제가 그런 제안을 했다는 사실을 증명하기 위해, 그간의 사정과 저의 제안과 관련한 증언을 여러분에게 들려드리겠습니다. 자, 증언, 그다음에 제안을 차례로 읽어 주십시오.

증언

프로발린토스116 출신 히포크라테스의 아들 히포크라테스, 파이아니아117 출신 데모스테네스의 아들 데모스테네스, 알로페케118 출신 디오파네스의 아들 디오파네스, 키다테나이온119 출신 아르켈라오스의 아들 데이노메네스, 키단티다이120 출신 포르미데스의 아들 데이니아스, 아이길리아121 출신 리시포스의 아들 리시마코스는 다음의 사실을 증언합니다. 본인들이 광장에 있을 때, 아폴로도로스가 스테파노스에게 제안하여, 하녀들을 심문하도록 내놓으라고 요구하였습니다. 네아이라와 관련하여 아폴로도로스가 스테파노스를 고소한 사건에서 사실을 확인하고

---

115 *pallake* (복수는 *pallakai*).
116 아테나이 판디오니스 부족에 속하는 한 데모스.
117 아테나이 판디오니스 부족에 속하는 한 데모스.
118 아테나이 안티오키스 부족에 속하는 한 데모스.
119 아테나이 판디오니스 부족에 속하는 한 데모스.
120 아테나이 아이게이스 부족에 속하는 한 데모스.
121 아테나이 안티오키스 부족에 속하는 한 데모스.

자 한 것이었습니다. 그러나 스테파노스는 하녀들을 내놓으려 하지 않았습니다. 그 같은 제안을 한 것은 아폴로도로스였습니다.

124. 이제 제가 스테파노스에게 했던 바로 그 제안을 읽어 주십시오.

제안

네아이라와 관련하여 그녀가 이방여인이면서 도시여인인 것처럼 그(스테파노스)와 동거하고 있다는 혐의로 공소 제기한 본인 아폴로도로스는 스테파노스에게 제안하여, 네아이라의 하녀들을 심문하고 싶어 했습니다. 메가라를 떠나올 때 네아이라가 데리고 왔던 트라타와 코칼리네, 그리고 스테파노스와 살면서 사들였던 크센니스와 드로시스였어요. 이들은 아이들이 스테파노스의 소생이 아니라 네아이라가 데리고 들어온 자식이라는 사실을 정확히 알고 있을 것이니까요. 그 자식들은 이미 죽은 프록세노스와 아직 생존해 있는 아리스톤, 달리기 선수 안티도리데스, 파노 등이었습니다. 이 자식들이 네아이라의 소생이라고 이들이 말한다면, 네아이라는 팔려 나가야 하고, 그 자식들은 이방인이라고 천명해야 할 것이지만, 만일 그 자식들이 그녀의 소생이 아니라 도시여인이었던 스테파노스의 전처의 소생이라고 말한다면, 본인은 네아이라에 대한 소송을 접을 것이고, 또 심문 받은 여인들이 다소간 피해를 입었다면 그 피해복구를 위해 배상하겠습니다.

125. 저의 제안에 대해, 재판관 여러분, 스테파노스는 거절했습니다. 그러니, 여러분이 보기에, 재판관 여러분, 제가 공소를 제기한

혐의와 관련하여 네아이라가 유죄라는 결론을 바로 이 스테파노스 자신이 내리고 있으며, 저로서는 여러분에게 진실을 전했고, 그 증거를 제공했으나, 스테파노스가 여러분에게 하게 될 말은 순전히 거짓이며, 확실하게 근거 있는 주장을 개진할 것도 없을 것 같지 않습니까? 제가 제안한 바, 하녀들을 심문에 내놓기를 거절하는 한 말이죠.

126. 그러니, 재판관 여러분, 저는 이들이 불경죄를 범한 신들과 제 자신을 위해 응분의 대가를 치르도록 하고자, 이들에 대해 이 소 (訴)를 제기하여 여러분의 판결을 구하게 된 것입니다. 이들이 불법을 저질러 누를 끼친 신들은 여러분이 각기 어떻게 투표하는지를 모르지 않으리라는 점에 유념하여, 공정하게 투표하고, 무엇보다 신들을 위하고, 동시에 여러분 자신을 위해 응징하셔야 합니다. 그렇게 함으로써, 이방여인이 도시민122과 동거한 혐의를 걸어 제가 네아이라를 상대로 제기한 이 공소에 대해 여러분이 바람직하고 공정하게 판결 내린 것으로 세상 사람들에게 비치게 될 것입니다.

---

122 *astos*.

60

장례 추도사

해제

이 글은 기원전 338년 카이로네이아 전투에서 죽은 이들을 위한 공적 장례식 추도사이다. 헬라스인은 죽은 자의 장례를 신성한 의무로 여겼다. 이런 전통은 소포클레스의 〈안티고네〉에도 나온다. 테바이 왕 크레온이 죽은 폴리네이케스의 시신을 묻지 못하도록 하자, 이 같은 불경스런 독재에 저항하고 신의 법에 따라 안티고네가 형제 폴리네이케스의 시신을 묻어 준다. 펠로폰네소스 전쟁 말기 아르기누사이 해전에서도 폭풍으로 바다에 빠져 죽은 시신을 건지지 않은 죄로 승전한 장군들에게 사형선고를 내렸다.

헬라스에서는 전투가 끝나면 곧 쌍방이 잠시 휴전하고 시신을 거두어 갔다. 아테나이인들은 죽은 자를 화장하고, 그 뼈를 상자에 담아 아테나이로 보냈다. 어느 해 가을 피아넵시온달,[1] 우기가 시작되어 군사작전이 중단될 무렵이 되면, 도시의 공식 장례가 거행되고 케라메이코스[2] 장지(葬地)에서 무덤을 만들

---

1   10월 중순~11월 중순.
2   아크로폴리스 서쪽 편 근처에 있다.

면서 연사에게 위임하여 추도사를 하도록 한다.

페리클레스의 고명한 장례 추도사는 펠로폰네소스 전쟁(431~404 B.C.) 초년에 발표한 것으로서 투키디데스의 《역사》 2권에 전해진다.[3] 또 리시아스는 코린토스인과의 전투(395 B.C.)에서, 히페레이데스는 라미아 전투(322 B.C.)에서 죽은 이들을 위해 장례 추도사를 발표했다. 《데모스테네스 전집》에 실린 장례 추도사도 그 같은 전통을 이은 것이다.[4] 플라톤의 《메넥세노스》 대화편에는 소크라테스가 언급하는 가상의 장례 추도사가 나오는데, 이것은 아스파시아의 것으로 되어 있다.

카이로네이아 전투에서 죽은 이들을 위한 장례 추도사가 데모스테네스에게 위탁된 것은 이상할 것이 없다. 그는 당시 저명한 변론가였으며, 필리포스에 맞서는 불구대천의 앙숙이기 때문이다. 데모스테네스는 〈화관 관련하여 크테시폰을 위하여〉[5]에서 도시가 자신에게 추도사를 하도록 위임했다고 한다. 그러나 이 장례 추도사는 위작으로 의심받았는데, 그 변론 기법의 수준이 미숙하다는 이유였다. 근대 다수 학자들도 위작으로 본다.

이 장례 추도사는 아테나이 전통을 이은 것이다. 할리카르나소스 출신 디오니시오스에 따르면, 모든 장례 추도사의 공통적 구조는 크게 두 부분으로 나뉜다. 첫째, 죽은 이들의 조국, 가문, 개인의 품격, 정치 이력, 공적 등에 대한 찬사이다. 둘째, 살아 있는 이들에 대한 격려로서, 죽은 이들과 같은 영웅적 행위의 독려, 그리고 죽은 이들의 가족에 대한 위로의 말이다.

---

3   Thucydides, 2. 35~46.

4   참조, Dionysios (Halicarnasseus) [60 B. C. ~A. D. 7], *Techne tes Rheorikes* (*Art of Rhetoric*), 4. 1~4.

5   Demosthenes, 18. 285. (338 B. C.)

1. 용감하게 전투에 임했다가 이 무덤에서 잠드는 이들이 공공장례 〔민중장(葬)〕6의 예우를 받도록 도시에서 결정하고, 이들을 기리는 의례의 추도사를 내는 임무를 제게 부여했습니다. 그래서 제가 바로 작업에 착수했어요. 한편으로 어떻게 하면 이들이 마땅한 조의의 찬사를 받을 수 있도록 할 것인가, 다른 한편으로 제가 이들 사자(死者)에 걸맞은 추도사를 낼 수 있을까 고민하고 검토한 다음, 불가능하다는 결론을 내리게 되었습니다. 우리 모두가 가진 생에 대한 본능을 초월했고, 살아남아서 헬라스의 불운을 목도하기보다 용감하게 산화(散華)하기를 택한 이들은 어떤 추도사로도 범접할 수 없는 용기를 뒤에 남겼잖습니까? 그렇지만, 저는 저보다 먼저 이 연단에서 추도사를 낸 연사들과 같은 수준으로 말할 수는 있을 것 같습니다. 2. 싸우다 죽은 이들을 도시가 거두어야 한다는 사실은 다른 사안을 통해서도 알 수 있지만, 특히 공공장례에서 기념사 하는 이를 뽑는 법을 통해서 그러합니다. 한편으로 선한 사람들에게서는 삶에 수반되는 부의 획득과 쾌락의 향유가 경시된다는 사실, 다른 한편으로 그들의 모든 소망은 덕성과 찬사를 향한 것이라는 사실 등을 숙지하고, 이들이 생전에 얻었던 영광을 죽어서도 아주 확실하게 간직할 수 있도록, 그 같은 기념사로 이들을 기려야 한다고 보았던 겁니다. 3. 덕의 속성들 가운데 이들이 가진 것이 용기뿐이었다고 지금 제가 보는 것이라면, 그것을 기리는 것으로서 추도사의 의무에서 벗어날 수 있겠습니다. 그러나 이들에게는 좋은 집안과 조신한 교육의 배경이 따랐고 명예로운 삶을

---

6   *demosia thptein* (*demosiai taphai*).

살았으며, 이런 것들로 인해 마땅히 성실한 사람들이 된 것이므로, 이런 자질 중 어느 것이라도 그냥 지나쳐 버린 것으로 밝혀진다면, 제가 면목이 없을 것 같아요. 그래서 제가 이들의 태생에 관한 것으로부터 시작하겠습니다.

4. 이들 태생의 고귀함은 아주 먼 옛적부터 온 세상 사람에 의해 인정되어 온 것이에요. 각기 그 자연의 태생을 자기 부친은 물론 먼 조상까지 모든 이가 토착민7인 것으로 인정받는 전체 공동체로서의 조국으로 거슬러 올라갈 수 있거든요. 세상 사람들 가운데 이들만이 태어난 바로 그 땅에서 살았고 후손들에게 그곳을 물려주었으므로, 그 도시들로 이주해 들어와서 같은 시민으로 불리는 이들은 양자에 비유할 수 있다고 누가 말하는 것은 당연하다 하겠습니다. 그러나 이들은 조국의 순수 혈통의 시민들입니다. 5. 제 소견에, 사람들이 먹고사는 과실도 우리에게서 처음으로 출현한 사실8은, 세상 모든 사람에게 최대의 은혜라는 점을 별도로 하고라도, 이 땅이 우리 선조의 어머니라는 분명한 증거입니다. 자연에 따라 번식하는 모든 사물은 그 자체에서 자식을 위한 양식을 생산하거든요. 9 우리 땅이 바로 그런 것이에요.

6. 종족에 대한 이 같은 자부심이 예로부터 이곳 이들의 선조들에게 있었던 거예요. 용기와 다른 측면의 덕성에 대해서 제가 온통 다루

---

7   참조, Platon, *Menexenos*, 237b.
8   참조, 전설에 따르면, 올리브는 아테나 여신, 밀 등 곡물은 엘레우시스의 데메테르로부터 비롯된다. 아테나 여신은 아테나이의 수호신이고, 엘레우시스는 아테나이 서쪽에 있으며, 때로 아테나이 도시에 귀속되었다.
9   참조, Platon, *Menexenos*, 237e.

지는 않겠습니다. 말이 부적절하게 길어지지 않도록 말이죠. 그러나
전말을 잘 알고 있는 이들은 상기하고 또 모르는 이들에게는 듣는 것
이 아주 유익한 사안, 또 영감을 자극하면서도 장황한 설명을 요하지
않는 것에 대해서만, 간략히 다루겠습니다. 7. 지금 세대의 선조들,
즉 이들의 부친은 물론 그보다 앞선 세대는 양쪽 종족10 모두에 걸쳐
선의를 가진 것으로 알려졌으며, 한 번도, 또 헬라스인 혹은 이민족
을 막론하고, 그 누구에게도 해를 끼친 적이 없어요. 오히려, 다른
덕성들에 더하여, 이들은 훌륭하고 공정했으며, 방어에 임하여 많은
괄목할 만한 업적을 남겼어요. 8. 아마존인11 군대가 공격해 왔을 때
그들을 물리쳐 파시스강 너머로 내쫓았고, 또 에우몰포스12와 또 다
른 많은 이들이 쳐들어왔을 때도, 우리 땅뿐만 아니라 다른 헬라스인

---

10 *en genei.* '*genei*'는 두 개의 수를 뜻하는 것으로, 여기서는 앞뒤 문맥으로 보아 두
    개의 종족, 즉 헬라스인과 이민족을 뜻하는 것으로 해석했다.
11 아마존인(Amazon, Amazones)은 '*a*'와 '*mastos*(젖가슴)'의 합성어로, '젖가슴이
    없는 이들'이란 뜻으로 푼다. 이들은 카파도키아의 테르모돈강 유역에 거주하다가
    스키티아 지역으로 이주한 것으로 추정된다. 카우카소스의 가르가에오이 종족과
    만 관계를 맺고 거기서 아이를 얻으며, 여자 아이만 거두고 사내아이는 부친이 있
    는 곳으로 보낸다고 한다. 테세우스는 아마존 여왕 히폴리테를 아테나이로 데리고
    왔고, 후에 아마존 여인들이 아테나이를 공격해 왔으나 테세우스가 이들에게 승리
    했다. 아마존 여인의 원정에 관해서는 참조, Herodotos, 4. 110; Ploutarchos,
    Theseus, 26.
12 아테나이인이 에우몰포스와 싸우게 된 것은 엘레우시스인들(혹은 엘레우시스라
    는 인물)이 트라케의 에우몰포스에게 원조를 청했기 때문이다. 에우몰포스가 전
    사한 다음 아테나이와 엘레우시스는 화해했고, 엘레우시스는 아테나이의 일부가
    되었다. 에우몰포스의 후손 에우몰피다이의 족장이 엘레우시스 비의(秘儀)를 만
    들고, 에우몰피다이가 비의를 주관하게 되었다.

의 땅에서도 몰아냈어요. 우리 이전에 서쪽 지역에서 살고 있던 이들은 모두 이들을 견디지 못했고 막아 내지도 못했거든요. 이들(우리 선조들)은 헤라클레스의 아이들이 에우리스테우스13에게 쫓겨서 탄원자로 이 땅에 왔을 때, 이들을 도와준 구원자라고도 불렸어요. 스스로 다른 이들을 도와주었던 그 헤라클레스 말이에요. 이런 모든 일과 또 다른 많은 선행 외에도, 이들은 고인에 대한 합법적 의례가 악의에 의해 침해당하도록 내버려두지 않았지요. 크레온이 "테바이를 공격한 7인"의 장례를 금지했을 때 말입니다. 14

9. 여기서는 신화에서 회자하는 무용담 중 많은 것을 생략하고, 다만 몇 가지만 제가 언급할 텐데, 그 하나하나가 풍성하고 매혹적인 주제들을 포함하고 있어, 서사 혹은 서정시인, 많은 작가 등이 그 행적을 각각 예술 작품의 주제로 삼았던 겁니다. 그런데 제가 지금 언급하려는 행적은 전대의 무용담에 조금도 뒤지지 않으나, 더 후대에 일어난 것이라 아직 신화가 되거나 영웅담으로 편입되지 않은 것이에요.

10. 그(선조)들은 남의 도움도 없이 온 아시아 땅에서 모인 원정대를

---

13 에우리스테우스는 미케나이의 왕으로, 헤라클레스에게 12가지 모험을 하도록 강제한 인물이다. 참조, Herodotos, 9. 27.

14 오이디푸스가 테바이를 떠난 다음, 그의 두 아들 에테오클레스와 폴리네이케스는 차례로 통치하기로 약속했다. 그러나 에테오클레스는 폴리테이케스에게 왕위를 내주려 하지 않았으므로, 폴리네이케스는 펠로폰네소스 7인 장수의 도움으로 아테오클레스를 치게 된다. 아르고스 출신 아드라토스, 티데아스, 암피아라스, 티린토스 출신 카파네이아스와 히포메돈, 아르카디아 출신 파르테노파이오스가 그들이다. 두 형제는 싸우다 다 죽고, 훗날 7인 장수의 아들들이 다시 테바이로 원정하여 함락에 성공했다. 참조, Aischylos, *Hepta epi Thebas*; Sophokles, *Antigone*.

수륙 양면에서 두 번이나 물리쳤고, 스스로 위험을 감내하면서 헬라스인 모두를 구해 냈던 겁니다. [15] 제가 언급하려는 것들은 이미 이전에 다른 이들에 의해 다루어졌지만, 지금도 이들을 위해 당연하고도 훌륭한 찬사가 없어서는 안 되는 것이에요. 실로, 이들은 트로이아로 원정 갔던 이들보다 훨씬 더 용감했다고 평가할 수 있을 것 같습니다. 후자(트로이 원정대)의 경우 전 헬라스 땅에서 내로라하는 영웅들이 아시아의 요새 하나를 10년에 걸친 포위 끝에 어렵사리 장악했어요. 11. 그러나, 이들(페르시아 전쟁 당시의 선조)은 다른 도움도 없이, 전 대륙(아시아)에서 모여들어 다른 모든 땅을 짓밟은 무리들을 물리쳤을 뿐만 아니라, 이들이 다른 이들에게 행한 부당행위를 응징하기까지 했지요. 그 외에도 헬라스인 자신들의 욕심을 견제하고, 언제나 정당한 쪽에 편승하여 싸우면서, 어떤 위험도 불사함으로써, 세월이 흘러 지금 우리 세대까지 이르게 된 것입니다.

12. 제가 이 같은 공적들을 하나하나 열거하는 것이 이들 각각에 대해 제가 무엇을 말해야 할지 몰라 곤혹스러워하는 것이라고는 생각하지 말아 주십시오, 실로 제가 세상 사람들 가운데 가장 하릴없어 무슨 말할 거리를 찾아야 하는 지경에 처해 있다 해도, 이들 선조의 덕성 자체가 누구라도 바로 쉽게 깨달을 수 있도록 하고 있어요. 그러나 저는 그 선조들의 고귀한 태생과 대단한 업적에 대해 주의를 환기한 다음, 바로 이곳 사자(死者)의 행적으로 화두를 돌리려 합니다. 그것은 이들이 태생적으로 동족인 것처럼, 찬사도 양쪽 모두에게 향하도

---

15 페르시아 전쟁을 뜻한다.

록 하려 하기 때문이에요. 이것이 선조뿐만 아니라 여기 사자(死者)들 양쪽 모두에게 기쁨이 될 것이라 봅니다. 태생뿐만 아니라 우리가 드리는 찬사에서도 서로 덕성을 공유하게 된다면 말이지요.

13. 여기서 잠깐 제 이야기를 우회하겠습니다. 이들의 업적을 소개하기 전에, 가족이 아니면서도 이곳 장지(葬地)까지 우리와 동행한 이들에게 호의를 품고 제 말을 들어 주십사 양해를 구하려는 것입니다. 경비의 부담, 혹은 다른 무슨 경마나 체육 경기 등의 개최로서 장례를 기리는 임무를 제가 맡게 된다면, 16 더 큰 열의로, 더 많은 돈을 지출할수록, 그만큼 더 제게 주어진 마땅한 의무를 다했다는 인상을 줄 겁니다. 그러나 지금 저는 말로써 이들을 찬양하기 위해 임명된 것이므로, 청중의 양해가 없다면, 제 열의 때문에, 제가 해야 하는 바와 정반대로 하게 되지나 않을까 염려됩니다. 14. 부, 순발력, 육체의 힘, 그 같은 또 다른 것들은 그 자체로서 그 소유자에게 이득이 됩니다. 행운을 가져올 수도 있죠. 기원해 주는 이가 달리 없다 해도 그러합니다. 그러나 말의 설득력은 청중의 양해를 필요로 합니다. 그 양해가 있을 때는, 온건한 말도, 관심을 야기(惹起)하고 감동을 줍니다. 그 양해가 없다면, 연사가 다른 누구보다 말을 더 잘해도, 청중의 반감을 사게 되는 거예요.

15. 다시 본론으로 돌아와, 이들이 당연히 찬사를 받아야 할 공적에 대해 말씀드릴 것이 많지만, 그들의 행적을 바로 앞에 두고 있는

---

16 트로이아 원정에 준하는 경기 시합의 조직은 이미 호메로스에서부터 나오는 것으로 알려져 있다. 참조, Thucydides, 2. 46; Lysias, 2. 80.

저로서는 어느 것을 먼저 언급해야 할지 난처합니다. 이 모든 행적들이 동시에 제 앞에 주어져 있어서, 선택하기가 어렵습니다. 그렇지만, 저는 이들이 살면서 행한 순서에 따라 저도 그 행적을 말씀드리겠습니다. 16. 애초에 이들은 모든 학습 분야에서 두각을 나타냈어요. 연령에 따라 각기 습득해야 하는 것들을 연마하고, 부모, 친구, 친척 등 모든 이에게 상응하는 기쁨을 가져다주었죠. 그래서, 지금 이들의 집안사람과 친구들의 기억은, 발자국을 돌아보듯이, 내내 이들 자신을 슬픔으로 이끌고, 이들〔死者〕의 탁월함에 대한 많은 추억들을 회상하게 합니다. 17. 성년이 되었을 때, 이들의 타고난 재능은 시민들뿐만 아니라 세상 사람들에게까지 알려지게 되었습니다. 온갖 덕성의 시작은 지혜이며, 그 완성은 용기에 의한 것이에요. 전자에 의해 무엇을 해야 할 것인지를 판단하고, 후자에 의해서는 실천을 통해 성공으로 이어집니다. 이 두 측면에서 이들은 탁월했어요. 18. 위험이 온 헬라스인을 위협할 때마다, 이들이 먼저 그것을 예견하고, 다른 이들을 불러 모아 공동의 안전을 위해 대비하도록 했지요. 이런 것이 판단의 현명함을 보여 주는 증거입니다. 위험을 감수하지 않고도 이같은 불행을 모면할 수 있을 때도, 헬라스인들은 나태와 짝을 이룬 어리석음으로 인해 위험을 예견하지 못하거나, 아니면 아예 모르는 척했어요. 그런데 헬라스인들이 말을 듣고 호응하여 자신의 의무를 감당하기로 결단하자, 이들은 일말의 억하심정을 품지 않고, 적극 나서서 성심으로 신체, 돈, 동맹국 등 자신이 가진 모든 것을 제공했으며, 전투에 임하면서 자신의 생명에도 연연하지 않았지요.

19. 전쟁이 나면, 부득이 이기는 쪽이 있고 지는 쪽이 있어요. 양

측 공히, 전투에서 제자리를 떠나지 않고 죽은 이는 패배한 것이 아니라, 양측 모두가 승리한 것이라는 제 소견을 주저 없이 피력해야 할 것 같습니다. 생존한 이들 가운데 승리는 신성[17]의 뜻에 따라 정해지는 것이지만, 그런 목적을 위해 각자가 감당해야 하는 몫에는 자리를 지킨 모든 이가 기여한 것이니까요. 유한한 인간이 죽음을 맞게 되면, 그가 당한 것은 운에 따른 것이지만, 그 정신은 적에 의해 정복당하지 않은 채 남게 됩니다. 20. 그래서, 제 소견에, 적이 우리 땅에 발을 들여놓지 않은 것은, 그들 어리석음의 소치와 함께, 이들〔死者〕의 용기 덕분인 것으로 감사해야 할 것 같습니다. 이들〔死者〕 하나하나가 그 패기를 증명했으므로, 당시 이들을 상대로 백병전을 벌였던 이들은 이 같은 종족과 다시 전투를 벌이고 싶지 않았던 거예요. 그 상대와 같은 능력을 가지고 싸운다 하더라도, 전투의 운이 자신들에게 그렇게 유리하지 않을 수도 있음을 염려했던 겁니다.

그들의 심정이 이와 같았을 것이라고 믿는 만만찮은 근거는 당시 평화조약이 체결되었다는 사실이에요. 적의 장수가 우리와 평화조약을 체결한 것이 더한 진정성과 선의 때문이라고는 누구도 말할 수가 없어요. 모든 것을 걸고 위험을 불사하기보다, 죽은 이들이 내보였던 용기에 놀라서, 오히려 그 종족과의 친선을 도모하는 쪽을 택했던 거예요. 21. 또 제 소견에, 우리와 싸웠던 상대에게, 그들의 승리가 그들 자신의 용맹, 혹은 어떤 뜻밖의, 아주 우연한 결과, 그리고 그들쪽 장군의 수완과 대담함에 의한 것이라 생각하는지를 누가 묻는다

---

17   *daimon.*

면, 그 같은 결과에 스스로 공이 있다고 주장하고 나설 만큼 뻔뻔하고 무모한 이는 그들 중에 아무도 없을 것 같으니까요. 나아가, 이 전투의 결과는 모든 것을 원하는 대로 주재하는 운에 의해 판가름 난 것이므로, 인간에 불과한 다른 모든 이를 비난하는 것은 삼가야 합니다. 그리고 적의 장수가 아군 지휘자를 능가하여 승리한 마당에, 누구라도 그 같은 결과의 원인을, 적이나 아군을 막론하고, 다수 병사 탓으로 돌리는 것은 옳지 못한 거예요. 22. 다만, 인간으로서 이 전투의 결말을 두고 당당하게 비난할 수 있는 대상이 있다면, 그것은 당연히 지휘관으로 임명된 테바이인들18이어야 하며, 누구도, 테바이인이나 우리 자신을 막론하고 다수 사람을 당당하게 비난할 수는 없어요. 오히려 패배를 용납하지 않고 구차한 변명도 늘어놓지 않으며, 영광을 향한 열망을 가진 군대를 지휘한 지휘관들이 그 군대를 적절하게 운용할 능력이 없었던 겁니다.

23. 다른 사안과 관련해서는 각기 편한 대로 생각하면 되겠습니다만, 세상 사람에게 다 같이 분명한 것은 온 헬라스의 자유가 이들〔死者〕의 정신19을 통해서만이 지탱될 수 있다는 사실이에요. 운명이 이들을 앗아갔을 때, 남은 이들은 아무도 적에게 저항하지 않았어요. 누구도 제 말을 언짢아하시지 않았으면 합니다만, 저로서는, 이들〔死者〕의 덕성이 헬라스의 생명이라고 누가 말한다면, 진실을 말한 것이라 봅니

---

18 당시 필리포스는 교란작전으로 아테나이에서 퇴각하는 척하면서 테바이를 집중 공격했다. 이 작전이 결정적으로 전투의 승패를 갈랐으며, 테아게네스 등 테바이 장군들이 패전했다.

19 *psyche*. 정신 혹은 생명 등으로 이해할 수 있다.

다. 24. 이들의 영혼이 정든 육체를 떠날 때, 헬라스의 대의도 같이 사라져 버렸어요. 혹여 이런 말이 크게 과장된 것이라 할도 있겠습니다만, 그래도 거론은 해야지요. 이는 마치 누군가가 현 기존 세상에서 빛을 없애 버린다면, 남은 생은 우리에게 암담하고 가혹한 것이 되는 것과 같아요. 그같이, 지금 이들이 사라진 마당에, 헬라스인이 이전에 가졌던 열의는 어둠과 깊은 질곡으로 침잠하게 되었습니다.

25. 이들[死者]이 덕성을 가지게 된 것은 당연히 많은 요소들의 영향을 받았지만, 다른 것에 못지않게 정부 체제[20]에 의해서도 그러합니다. 소수가 권력을 행사하는 체제는 다수에게 공포를 야기할 뿐, 염치를 일깨우지 못합니다. 이런 정치체제에서 전쟁의 시련이 닥치면, 하나같이 날렵하게 자신이 살아날 궁리만 해요. 뇌물 혹은 또 다른 온갖 아첨의 수단으로 권력자의 호의를 사기만 하면, 가장 파렴치한 짓거리를 해도 나중에 가벼운 처벌로 대신할 수 있다는 사실을 잘 알고 있기 때문이지요. 26. 그러나 민주체제에서는 다른 온갖 올바르고 공정한 기제가 작동하고, 사려 깊은 이들이 이런 기제가 유지되도록 힘쓰며, 또 진실을 말하는 언론의 자유[21]를 막을 수 없고, 아무도 진실이 드러나는 것을 막을 수 없어요. 파렴치한 짓거리를 하는 이들이 세상 사람 모두에게 아첨하여, 혼자서 누추한 진실을 들추어내는 이를 움츠러들게 하는 그런 상황도 발생하지 않는 겁니다. 더구나 스스로는 함구하고 시빗거리를 발언하지 않는 이도 다른 사람이 말하는

---

20 *politeia.*
21 *parrhesia.*

것을 들으면 기뻐합니다. 당연히 그러하듯, 모두들 비열한 짓거리에 따르는 수치를 경원하는 이들이 외적의 위협에 용감하게 맞서고, 수치스런 삶보다 명예로운 죽음을 택하는 것이니까요.

27. 앞서 언급된 바와 같이 이들이 모두 고귀한 죽음을 선택하도록 추동하는 요소들은 그 태생, 교육, 올바른 생활습관, 정치체제 등입니다. 이들이 각기 용감해지도록 추동한 사례를 제가 부족별로 소개하겠습니다. [22] 에레크테이다이 부족 사람들은 모두, 주지하듯이, 에레크테우스[23]에게서 그 이름을 땄는데, 그는 이 땅을 구하기 위해, 히아킨티데스라 불리는 자신의 딸들을 희생하여 불가피한 죽음으로 몰아넣었어요. 불멸의 신이 낳은 이가 조국을 구하기 위해서 모든 것을 희생한 마당에, 자신들[死者]이 불멸의 영광보다 유한한 육체에 더한 가치를 두는 것을 수치라 여겼습니다. 28. 아이게이다이 부족도 아이게우스의 아들 테세우스[24]가 처음으로 도시에 평등 발언[25]권을 제도화했다는 사실을 모르지 않습니다. 그래서 선조의 원칙을 거스

---

22 페이시스트라티다이 가문의 참주정을 몰아낸 다음(508 B. C.), 클레이스테네스의 주도하에 10개 부족이 만들어지고, 영웅을 시조로 그 이름을 따서 부족 명칭을 정했다. 에레크테이스, 아이게이스, 판디오니스, 레온티스, 아카만티스, 오이네이스, 케크로피스, 히포톤티스, 아이안티스, 안티오키스가 그것이다.

23 에레크테우스는 전설상 아테나이 첫 번째 왕으로 '대지(Ge)' 여신의 아들이다. 그래서 아테나이인은 그 땅의 자식들(autochthonioi)이 된다.

24 테세우스는 이오네스 종족의 영웅이다. 그 부친은 아테나이의 왕 이게우스였고, 모친은 트로이젠 왕의 딸 아이트라였다. 테세우스에 의한 아티카의 집주(集住·synoikismos)에 대해서는 참조, Demosthenes, 59. 75.

25 isegoria.

르는 것은 있을 수 없는 일이라고 보고, 그 원칙을 저버리면서까지 속세에 대한 미련을 가지고 헬라스인 가운데서 살아남기보다는 차라리 죽음을 택했어요. 판디오니다이 부족은 판디온26의 딸들, 프로크네와 필로멜라의 전통을 이어받았지요. 이들은 테레우스가 자신에게 저지른 행위에 복수했습니다. 그러니, 이들 부족 사람들은, 헬라스가 모독받는다고 생각하면, 이들 여인과 같은 정신을 가졌다는 사실을 증명하지 않고는 삶을 영위할 수 없다고 여겼습니다.

29. 레온티다이 부족은 레오스27의 딸들에 관한 신화를 이어받았는데. 이들은 나라를 위해 시민들에게 자신을 제물로 내주었습니다. 여인들이 이와 같이 남성적 용기를 보여 주었으므로, 이 부족 사람들은, 남자이면서 이 여인들보다 사나이답지 못한 모양새를 보인다면 옳지 못하다고 여겼습니다. 아카만티다이 부족인은, 호메로스의 시구에 전하는바, 아카마스가 그의 모친 아이트라를 위해 트로이아로

---

26 판디온은 에리크토니오스와 요정 파시테아의 아들이었고, 아테나이의 왕이었다. 그에게 두 딸, 프로크네와 필로멜라가 있었다. 프로크네가 트라케 왕 테레우스와 혼인했는데, 테레우스가 처제 필로멜라를 범했다. 그래서 두 자매는 테레우스와 프로크네 사이에서 난 아들 둘을 살해했다. 그다음 이야기는 각기 다른 각색이 존재하는데, 테레우스가 두 자매를 다 죽였다고도 하고, 두 자매가 아테나이로 달아났다고도 한다. 세 사람은 모두 새가 되었는데, 두 자매는 나이팅게일과 제비가 되었고, 테레우스는 매가 되었다.

27 레오스는 테세우스가 팔란티다이 가문과의 싸울 때, 테세우스의 전령이었고, 신실한 우군이었다. 크레타의 미노스 왕이 미노타우로스를 위해 희생할 소년 7명과 소녀 7명을 공물로 요구했을 때, 레오스는 자진하여 자신의 딸들을 내놓았다. 아테나이인은 레오스의 딸들을 위하여 레오코리온이라는 사당을 지었는데, 이는 위치 미상, 혹은 시내 케라메이코스에 있었던 것으로 추정된다.

갔다고 하는 이야기를 기억하고 있습니다. 28 그가 모친을 구하기 위해 온갖 위험을 감내한 마당에, 어떻게 이들[死者]이 하나같이 고국에 있는 자신들의 부모를 구하기 위해 온갖 위험을 불사하지 않겠습니까? 30. 오이네이다이 부족 사람들도 숙지하고 있는 것으로서, 카드모스의 딸은 세멜레였고, 세멜레에게서 한 아들이 났어요. 그이의 이름29을 이곳 무덤에서 언급하면 신성모독이 되는데, 그 아들에게서 오이네우스가 태어났고, 그가 이 부족의 시조라 불리게 되었던 겁니다. 이렇게 해서, 두 도시에 같이 위기가 닥쳤을 때는 양쪽 모두를 위해 그들은 온갖 질곡을 끝까지 견뎌 내기로 했습니다. 30 케크로피다이 부족인이 알고 있기로, 그 시조는 일부는 사람이고 일부는 뱀의 몸을 가졌어요. 31 다름 아닌 이러한 이유 때문에 그가 사람같이 생겼으나 뱀의 힘을 가졌다고 믿었던 것이었지요. 그래서 이들은 이 두 가지

---

28 아이트라는 호메로스(Ilias, 3. 144)에 언급되나, 아카마스는 호메로스에 등장하지 않는다. 아이트라는 데모폰과 아카마스의 모친이 아니라 테세우스의 모친이고, 데모폰과 아카마스에게는 조모인 것이라 하기도 한다. 한편으로, 데모폰과 아카마스는 테세우스가 두 번째 부인 파이드라에게서 얻은 아들들이라는 각색도 전한다. 다른 한편으로, 테세우스가 헬레네를 납치했을 때, 헬레네의 형제인 카스토르와 폴리데우케스(디오스쿠로이 형제)가 그녀를 도로 찾아서 갔는데, 이때 테세우스의 늙은 모친 아이트라를 볼모로 함께 데리고 갔다고도 한다. 후에 아이트라는 헬레네를 따라 트로이아로 가게 된다. 트로이가 함락될 때, 아이트라는 그 아들들이 아니라 손자인 아카마스와 데모폰에 의해 구조되는 것으로 전하는 각색도 있다.

29 생식과 다산의 상징 디오니소스를 가리킨다. 그의 이름은 무덤 위에서 말하면 안 된다.

30 이때는 아테나이와 테바이의 사이가 우호적이었고, 필리포스에 공동 대응하기 위해 앙금을 당분간 접어 두었다.

31 케크롭스는 '대지(Ge)'의 아들로 아티카의 전설의 영웅이다. 반은 사람, 반은 뱀인 그에게 아크로폴리스에서 제사를 받들었고, 고전기 아테나 여신의 사제들은 뱀 한 마리를 길렀다.

속성에 맞는 의식을 거행할 의무가 있다고 여겼습니다. 히포톤티다이 부족은 알로페[32]가 결혼해서 히포톤을 낳았다는 사실을 기억하고 있고, 또 자신들의 시조가 누군지도 알고 있어요. 31. 이런 사안과 관련해서는 지금 이 자리에 어울리지 않으므로 제가 상술하지 않겠습니다. 그런데 이들은 이들 선조에 걸맞은 업적을 수행하는 것을 내보이는 것이 스스로의 의무라 여기고 있습니다. 아이안티다이도 유념하고 있는 것은, 아이아스가 명예를 상실하자, 더 이상 생존할 가치가 없다고 판단한 사실이에요. 33 신이 용기의 포상을 다른 이에게 돌렸을 때, 이들(아이안티다이)은 적에게 맞서다 죽음으로써 스스로 망신당하는 일이 없도록 해야 한다고 여겼습니다. 안티오키다이는 안티오코스가 헤라클레스의 아들이라는 사실을 잊지 않았습니다. 그래서 그런 전통에 어울리게 살거나 명예롭게 죽어야 한다고 생각했던 거예요.

32. 이들[死者]의 친족으로 살아남은 이들은 위로받아야 합니다. 이같이 용감한 이들을 여의고, 또 많은 일상적 교류와 애정을 상실했기 때문이지요. 또 우리 조국의 삶은 피폐해지고 눈물과 슬픔으로 가득 찼습니다. 그렇지만, 공정하게 곰곰이 생각해 본다면, 죽은 이들은 복이 있습니다. 무엇보다 먼저, 짧았던 생애로 영원히 지지 않는 명예를 얻었기 때문이지요. 그 명예 속에 자식들이 자라고, 그 부모

---

32 알로페는 엘레우시스 왕 게르키온의 딸로, 포세이돈의 아들 히포톤을 낳았다.
33 아킬레우스의 무구를 두고 오디세우스와 다투던 아이아스는 아카이아(헬라스)인이 이타카섬 출신 영웅 오디세우스에게 이를 주기로 결정하자, 스스로 자결했다.

들은 칭송 속에서 온 도시의 배려로 봉양받으며 노년을 보낼 거예요. 이들〔死者〕의 명예가 그들의 슬픔에 위로가 될 것이고요. 33. 두 번째로, 이들〔死者〕은 산 자가 당면한 불행 때문에 겪어야 하는 그 같은 육체의 병에서 해방되고 정신의 고통을 초월한 채, 합법적으로 큰 명예와 많은 존경을 받습니다. 조국이 공공장례를 치러서 높이고 세상 사람들 가운데 이들만이 공공의 찬사를 받으며, 그 가족이나 도시만 슬퍼하는 것이 아니라, 헬라스라고 불리는 모든 지역, 나아가 인간이 거주하는 대부분 지역으로부터 애도를 받는 이들을 어떻게 복 있는 이들이라 여기지 않을 수 있습니까? 34. 이들은 지하에서 신들과 함께하며, 축복받은 이들34의 섬에서 지난날 용맹했던 이들과 같은 위상에 있을 것이라고 누구라도 당연히 말할 수 있겠습니다. 아무도 거기 가서 보거나 그들에 관한 이 같은 소식을 전해 온 이는 없으나, 이들의 경우처럼, 살아 있는 우리가 저 위쪽 세상에서 명예를 누릴 만하다고 보는 이들은, 우리 감사의 정을 신탁을 통해 전해 받아서, 그 같은 명예를 저 위 세상에서도 누릴 것이라 우리는 믿습니다.

35. 말로써 당면한 불행을 위로하는 것이 어렵겠습니다만, 위로할 수 있는 쪽으로 마음을 가다듬을 필요가 있겠습니다. 이들〔死者〕 같은 사람을 낳은 부모와, 그렇게 명예로운 사람들로부터 태어난 자식들은 다른 사람들보다 더 품위 있게 불행을 감내하는 것으로 보이고 또 어떤 운이 닥치더라도 그 같은 식으로 대처하는 것이 바람직한 것

---

34 *makarioi*(축복받은 이들). 죽은 후에 영웅과 의로운 사람들의 영혼이 모이는 곳이 있다고 믿었다. 참조, Platon, *Politeia*, 540b; *Gorgias*, 523b.

이니까요. 36. 그 같은 대처는 사자(死者) 자신에게 큰 자랑과 명예를 가져오는 것이고, 온 도시와 산 자에게 풍성한 영광을 가져오는 것입니다. 부친과 모친이 자식을 잃는다는 것, 자신들의 노년을 돌보아줄 가장 가까운 사람과 이별한다는 것은 가혹한 일이지요. 그러나 불멸의 명예로 그들을 기리고, 그 용기를 기리는 공공 기념비를 세우며, 희생제와 제전으로 영원히 추모하는 것을 보는 것은 자랑스러운 겁니다. 37. 자식들이 아버지를 여의고 고아가 되는 것은 참담하지만, 부친의 명성을 물려받는 것은 훌륭한 일이에요. 그 고통을 야기한 책임은 신들에게로 돌려야 하고, 인간으로 태어난 이는 거기에 승복해야 하는 것이겠으나, 명예와 훌륭함은 고귀한 죽음을 택한 이들의 것입니다.

저로서는, 많은 것이 아니라 진실을 말씀드리려 했습니다. 애도하시는 여러분은 마땅한 절차와 법에 따라 제사를 드리고 돌아가도록 하십시오.

424

61

연정의 글

해제

〈연정의 글〉은 데모스테네스의 전집에 포함되어 있으나, 위작으로 평가된다. 데모스테네스의 것으로 인정되는 작품과는 문체가 확실히 다른 것으로 드러나기 때문이다. 글의 형식으로 보아 교육용 글인 것으로 보기도 한다. 그 작성 연대도 확정할 수 없고, 그저 데모스테네스 생존 시기의 것으로 간주된다.

이 글은 준수한 아테나이인 젊은이 에피크라테스에 대한 찬가이다. 첫 부분은 젊은이의 미모에 대한 격렬하고 과도한 찬사이다. 그다음에는 그 정신의 아름다움을 찬양하며, 고대 헬라스인 상호 간의 사랑과 우정을 논한다. 그것은 가족에 대한 애정이나 육욕에 대한 갈망과는 차원이 다른 것으로서, 헬라스인 종족의 빼어난 특성을 상징한다.

이 같은 취지의 논의는 그전에도 있었다. 철학자들은 사랑을 도덕적·지적 수준을 높이는 방편으로 삼으려 했다. 플라톤의 〈리시스〉, 〈심포시온〉(향연), 〈파이드로스〉, 크세노폰의 〈심포시온〉 등이 그러하다.

1. 당신이 정작 듣고 싶어 하니, 제가 글을 써 보이고 읽어드리겠습니다. 그러나 먼저 글을 쓰게 된 목적을 당신이 알아야 하겠습니다. 저자는 에피크라테스를 기리고자 합니다. 훌륭한[1] 젊은이들이 도시에 많지만, 저자[2]는 글에서, 에피크라테스가 그중 가장 사랑스럽고, 또 미모에서보다 신중함에서 모든 동년배들을 훨씬 능가한다고 했어요. 나아가 저자는, 일반적으로 볼 때, 많은 연정(戀情)의 글이 그 대상을 명예롭게 하기보다 오히려 누추하게 한다는 점을 깨닫고, 이번 경우에는 그런 우(愚)를 범하지 않도록 경계하고, 또 품위 있는 연인은 염치없는 짓거리는 하지도 않고 또 그런 것을 요구해서도 안 된다는 믿음에 어울리는 것만 적었지요. 2. 그러니 당신이 내 글 가운데 아주 연정에 몰입한 것으로 보는 부분은 바로 이 같은 주제에 관한 것이고, 나머지 글 내용은 소년을 칭송하고, 그 교양과 삶의 방법에 대해 조언한 겁니다. 이 모든 것이 책으로 엮을 수 있는 방식으로 적혀야 합니다. 구어에 적합한 글은 단순하고 즉석에서 말로 전할 수 있어야 하는 것이에요. 그와 달리 더 오래 간직하기 위한 글은 시적으로 화려한 문체로 적습니다. 전자는 설득을 위한 것이고, 후자는 자신의 능력을 드러내기 위한 것이지요. 당신을 위한 주제에서 벗어나지 않고, 또 이 문제와 관련한 제 사견을 견강부회(牽強附會)하지 않고 바로 본론으로 들어갈 것이니, 경청해 주십시오. 들어 주었으면

---

1   *kaloi kagathoi*. '아름답고 선한'이라고 할 수도 있으나, 여기서는 '훌륭한'이라고 번역한다.

2   이때 '저자'는 글 쓰는 사람으로 1인칭이다. 이 당시의 글에서는 흔히 글 쓰는 1인칭을 객관화해서 3인칭으로 표현했다.

하고 제가 원했던 이, 에피크라테스도 와 있으니까요.

3. 사랑받는 미모의 사람들 가운데 어떤 이들은 이런 두 가지 축복 가운데 어느 것도 바로 이용할 줄을 모르고, 한편으로 준수한 모습으로 자만하고, 다른 한편으로는 자신을 따르는 이들과 어울리기를 싫어합니다. 이들은 최선이 무엇인가에 대한 판단력이 너무 없어서, 사실을 왜곡하는 이들의 영향을 받는 한편, 호의를 가지고 신중하게 접근하는 이들을 경계합니다. 그래서 제 소견에, 이들은 자신에게만 불이익을 초래하는 것이 아니라, 다른 이들에게도 나쁜 습성을 조장하곤 해요. 4. 품위 있는 이들은 이런 사람들의 어리석은 전례를 따라서는 안 된다고 봅니다. 특히 행위 자체가 절대적으로 명예롭거나 수치스러운 것이 아니라,[3] 대개 관련된 사람이 누구냐에 따라 달라지기 때문에, 양편에 대해 같은 잣대로 재는 것은 불합리하다는 점을 알아야 합니다. 더구나 가장 황당한 것은 수많은 든든한 친구들을 가진 이들을 선망하면서도, 자신의 추종자들, 특별한 부류로서, 천성으로 모든 사람이 아니라 아름답고 조신한 이들에게만 이끌리는 이들을 거부하는 것이에요.

5. 그 같은 우정이 좋은 결말로 이어지는 것을 경험해 보지 못한 이들, 혹은 우연한 만남에서 진실한 교제가 이루어질 수 없다는 생각에서 지극히 자조(自嘲)하는 이들이 그같이 처신하는 것은 아마도 뜬금없는 것은 아닌 것 같습니다. 그러나 당신과 같은 성품을 가져서, 부끄럽지 않은 사랑을 통해 얼마나 친밀함이 돈독해지는지에 대해 문외

---

3 참조, Platon, *Symposion*, 181a.

한이 아닌 이들, 또 극도의 신중함으로 여생을 살아온 이들은 어떤 몰염치한 행위를 할지 모른다는 의혹을 품는 것조차 온당하지 않아요. 6. 그래서, 제가 작심하고 이 글을 쓰게 된 것도 두 가지 가장 가치 있는 것을 개진할 수 있다고 생각했기 때문이에요. 한편으로, 당신이 가진 덕성을 다루면서, 제가 원하는 것은 당신이 흠모의 대상이라는 것, 동시에 그런 당신을 사랑하는 제가 바보가 아니라는 점을 밝히려는 것이고요. 다른 한편으로, 참으로 불가결한 조언을 당신에게 줌으로써, 저 자신의 호의를 내보이는 동시에 우리 서로의 우정의 기초를 다지려는 거예요.

7. 그런데, 제게 곤혹스러운 것은, 한편으로 당신의 성품을 있는 그대로 표현하기가 어렵다는 것, 다른 한편으로 조언하려는 이가 그 조언과 관련하여 그것을 받아들이는 이에 대해 스스로 책임져야 하는 것이 더욱 위험하다는 것이에요. 다만, 제 소견에, 찬사를 받는 이들은 실제 그 덕성의 빼어남으로 인해 찬양하는 이의 능력을 능가하지만, 조언하는 것이 잘못된 것은 아니지요. 제가 잘 알고 있는 것으로서, 양식이 부족하고 무절제해서 무척 피폐해진 이들은, 아주 올바른 안을 생각해 낸다 하더라도 좋은 결실을 보기가 어렵지만, 신중하고 투명하게 살려고 하는 이들은 보통으로 생각한 것만으로도 잘못을 범하지 않아요. 8. 이 같은 가능성에 기대를 걸고, 제가 의견을 개진하겠습니다. 제가 알기로, 모든 사람이 다음과 같은 사실을 인정합니다. 당신 같은 나이의 젊은이들이 필히 갖추어야 하는 것은 준수한 자태, 분별력 있는 영혼, 그리고 이 두 가지 점에서 모두 기백을 겸비할 것, 품위 있는 대화 등입니다. 한편으로, 행운이 당신에게 이 같은

자연의 재능을 축복으로 내려서, 명성과 존경을 누리도록 했고, 다른 한편으로, 당신이 스스로 노력하여 그 같은 경지에 이르렀으므로, 공정한 심성을 가진 이라면, 당신에 대해 아무런 탓할 것이 없을 것 같습니다. 9. 최고의 찬사를 받는 사람이 그 외에 어떤 것을 더 가져야 하나요? 신의 사랑을 받고 또 일부는 자신이 연마한 덕성, 다른 것은 행운 덕분에 세인의 존경을 받아야 하는 것 아닌가요? 당신이 갖춘 덕성들 전체와 관련하여, 나중에 다루는 것이 좋을 것 같습니다만, 그 행운이 가져온 재능 각각과 관련하여 제가 언급해야 하는 찬사를 지금 제가 있는 그대로 밝혀 보겠습니다.

10. 무엇보다 먼저, 당신을 본 모든 이가 인정하리라 생각되는 것을 찬양하는 것부터 시작하겠습니다. 그것은 자태(姿態), 피부색인데요, 그로 인해 당신의 사지와 전신이 광채가 나는 겁니다. 어디에 비유해야 할지 아무리 생각해도 저는 찾지를 못했어요. 그러나 이 글을 읽는 분들이 당신을 보고 생각하도록 부탁드려야 할 것으로서 가름하고, 제가 적합한 표현을 찾지 못한 데 대해 양해를 구하렵니다. 11. 보는 이로 하여금 불멸의 열망을 야기하는 유한한 어떤 것을 무엇에다 비유할 수 있겠습니까? 보는 것으로 만족하지 못하고, 눈앞에서 사라지면 기억 속에 남아 있고, 인간의 모습을 하고 있으나 신들과 같은 자연의 미를 갖춘 존재, 우아한 꽃과 같고 불완전의 여지를 초월한 것 말입니다. 더구나, 지난날 미덕을 갖춘 많은 다른 이들에게 누를 끼친 그 같은 흠결도 당신의 모습에서는 찾아볼 수가 없습니다. 12. 상스러운 태도가 내재해 있는 온갖 우아함을 좀먹는다든가, 어떤 불운의 습성이 타고난 매력을 훼손시키곤 하는 건데요. 당신의 모습

에서는 그런 상흔(傷痕)을 전혀 찾아볼 수 없어요. 신들 가운데 누가 당신의 모습을 구상하면서, 이렇듯 세심하게 그 같은 모든 흠결(欠缺)로부터 방어하여, 나무랄 데 없이 최상의 외관을 갖추도록 했던 겁니다. 13. 실로 얼굴은 외관상 가장 노출이 심한 부분이고, 그중에서도 눈이 그렇습니다. 바로 그 눈을 통해 신은 당신을 향한 호의를 드러냈어요. 필요한 것을 볼 수 있도록 눈을 만들어 주었을 뿐만 아니라, 혹자의 경우 그 덕성을 행위를 통해서도 알 수 없는데, 당신의 시선에서는 그 고매한 품성이 드러나도록 했습니다. 그 눈이 당신을 보는 이에게는 온화한 인정을, 당신과 대화하는 이들에게 중후함과 진지함을, 그리고 모든 이에게 용기와 조신함을 전하도록 한 것입니다.

14. 그런데 아주 놀랄 만한 것이 있어요. 다른 사람의 경우 온화하면 진부한 것으로, 중후함은 오만으로, 용기는 거만으로, 조용하면 어리석은 것으로 간주되곤 하지요. 그러나 당신에게는 행운이 서로 상반하는 속성들을 적절하게 잘 조합하여, 그것은 마치 소원을 실현하거나 다른 이들을 위한 본보기를 세우려 한 것 같으며, 더구나 그 본보기는 보통 흔하게 보는 그런 유한한 생명을 가진 것이 아니에요 15. 당신의 아름다움을 말로 찬양할 수만 있다면, 혹은 그 아름다움이 당신에 관해서 기릴 가치가 있는 유일한 것이라면, 제가 아무것도 빠뜨리지 않고 당신의 매력을 찬양했을 것으로 생각합니다. 그러나 지금 제가 염려하는 것은, 나머지 이야기로 혹여 청중을 피곤하게 만들고, 이 문제를 쓸데없이 상술하는 것이 아닌가 하는 겁니다. 16. 누가 말로서 당신의 아름다움을 능가할 수 있겠습니까? 최고의 장인이 빚은 조각상도 그것을 능가할 수 없는 판에 말입니다. 이런 것

이 조금도 이상할 게 없어요. 예술작품은 움직임이 없는 것이라, 생명을 가졌을 때 어떤 모습을 지니게 될지 불확실하지만, 당신의 품성은 동작할 때마다 그 신체가 가진 최상의 아름다움을 강화합니다. 당신의 덕성과 관련한 찬사로서, 많은 것을 생략하고, 이 정도로만 해야 할 것 같습니다.

17. 신중함과 관련하여 제가 다음과 같이 최고의 찬사를 드려야 할 것 같습니다. 그 같은 나이에서는 쉽게 추문을 야기하게 되지만, 당신은 오히려 찬사를 받아야 합니다. 그냥 타락하지 않는 데 그치는 것이 아니라, 당신 나이에 어울리는 것보다 더 사려 깊게 살아가려 하기 때문이죠. 그 가장 확실한 증거가 타인과의 교우에 있습니다. 많은 이들이 당신을 만나고, 갖가지 종류의 성질들을 다 가진 이들이 당신을 자기편으로 끌어들이려고 하지만, 당신은 그들을 친절하게 대하면서 모든 이가 당신에게 우정을 느끼도록 처신합니다. 18. 이것은 세인의 존경과 사랑 속에 살아가기를 원하는 이들의 징표(徵表)입니다. 그런데, 지난날 어떤 이들은 오다가다 만난 이들과는 교류해서는 안 된다고 조언하는 이를 좋게 생각하고, 또 실로 그런 조언을 받아들인 이들도 있었어요. 그들의 주장에 따르면, 문제는 부득이 비열한 이들의 기분을 맞추고 대중에게 악평을 얻느냐, 아니면 그런 비난을 듣지 않고 그런 무리들의 혐오를 야기하느냐 둘 중 하나라는 겁니다. 19. 이런 점에 대해 제 소견은, 당신은 더욱더 찬사받아야 한다는 겁니다. 다른 이들은 모든 유형의 사람들을 만족시키는 것이 불가능한 일 가운데 하나라고 보지만, 당신은 이들을 능가하여, 까다롭고 성가신 모든 이들 위로 우뚝 올라서서, 어떤 부도덕한 관계로 의심할 만한

빌미를 타인에게 주지 않았고 또 당신의 순발력으로 그들과의 갈등을 극복했기 때문입니다.

20. 이제, 추종자들과 관련하여, 이들에 대해서도 언급할 필요가 있다면, 당신은 참으로 친절하고 현명하게 그들을 대하므로, 그들 다수가 자신이 선호하는 것을 두고 조바심을 억제할 수 있었던 것이 아니지만, 당신은 그들 모두를 아주 만족시키는 성과를 거두었어요. 이 것이 당신이 가진 덕성에 대한 분명한 증거입니다. 한편으로 누구도 올바르고 공정한 호의를 당신에게서 구하지 못하는 이가 없고, 다른 한편, 이들 중 아무도 어떤 수치스런 것을 당신에게서 취할 것이라는 기대하지 않기 때문이지요. 당신의 신중함은 최선을 도모하려는 이 들에게 힘을 실어 주고, 오만해지려는 이들은 소침하게 만듭니다.

21. 더구나, 다수가 젊은 시절에는 침묵함으로써 신중하다는 평판을 얻으려 하나, 당신은 천성의 재능이 그들을 크게 능가하므로, 다른 덕성보다 변론과 낯선 이들과의 친교를 통해 명성을 얻습니다. 일하 건 놀건 간에 당신은 그 같은 설득력과 매력을 지니고 있어요. 단순하 지만 실수하지 않고, 영악하지만 악의가 없으며, 자유를 추구하는 온 정 있는 사람이며, 총체적으로 덕성과 사랑이 결합하여 낳은 자식 같 습니다.

22. 이제 용기에 대해 언급할 것인데요. 이것도 생략하는 것은 당 치 않아요. 은혜로 타고난 재능이 아직 충분히 발현되지 않아서, 당신 을 찬미하려는 이들에게 다가올 미래에 더 풍부한 기회가 제공될 것이 라는 생각이 아니라, 오히려, 대부분 당신 나이 또래의 다른 친구들은 잘못을 범하지 않는 것만 대수로 여기는 그 같은 나이에, 당신이 받는

찬사는 가장 값진 것이라 보기 때문이지요. 당신의 용기는 여러 가지 측면에서 예시를 찾을 수 있지만, 특히 신체 단련에서 그러한데, 그 점과 관련하여 많은 증인들이 있어요. 23. 당신이 그 같은 강인한 생활을 선택한 것이 얼마나 잘한 것인지는 제가 무엇보다 먼저 언급할 필요가 있을 것 같습니다. 누구라도, 아직 젊은 나이에, 어떤 행동 노선을 따를 것인가를 올바르게 검토하는 것은 정신적 덕성과 건전한 판단을 같이 보여 주는 징표입니다. 이 두 가지 어느 면으로 보나 당신이 선택한 길에 대한 찬사를 생략하는 것은 당치않아요.

주지하듯이, 다른 경기는 예속인 노동자[4]와 이방인이 같이 할 수 있으나, '(달리는 말에서) 뛰어내리기'[5]는 시민들만 참가할 수 있으며, 최선의 사람들이 도전하는 것인데, 당신은 이 종목에 도전했어요.

24. 더구나 달리기 경주를 훈련하는 이들은 용기나 기백을 기르는 것이 아니고, 권투나 그 같은 것을 하는 이들은 마음과 신체를 상하게 한다는 것을 깨닫고, 당신은 경기 가운데서 가장 품위 있고 가장 장엄한 동시에 당신이 타고난 재능에 딱 들어맞는 종목을 선택했던 겁니다. 그것은 실제 무장(武裝) 및 고된 달리기는 전투 중에 벌어지는 것과 같고, 그 장비의 장엄함과 위상은 신의 권위에 준하며, 25. 그 외에도 보기에 흥겹고, 갖가지 다양한 장관을 연출하여, 최고의 공과로 평가되어 왔습니다. 이렇게 주어지는 것들에 더하여, 훈련과 그에 대한 노력 자체가 범상한 덕성의 소지자들에게도 사소하지 않은 공과로 비

---

4 *douloi*.
5 *apobainein* (영어로는 *dismounting*)

치는 것이죠. 그에 대한 최대의 증거가 호메로스 시에 보이는데, 여기서 헬라스인과 이민족이 이 장비를 두고 서로 다투었다고 합니다. 그뿐만 아니라 지금도 헬라스 도시들, 그것도 보잘것없는 도시가 아니라 가장 큰 도시들이 경기할 때 이 같은 것을 사용하는 관습이 있습니다.

26. 당신이 선택한 바는 이렇듯 고상하여 세인들의 사랑을 받습니다. 품위 있는 정신을 겸비하지 않는다면, 최고 가치를 추구해도 결실이 없고, 모든 것을 이룰 수 있는 좋은 신체를 갖추고 있어도 무용지물이라는 생각에서, 한편으로 당신은 애초에 훈련에 임하여 성실함으로 일관했고 실제 상황에서도 기대를 저버리지 않았습니다. 다른 한편으로 타고난 재능과 특히 정신의 담대함을 경기를 통해 비상한 탁월함으로 보여 주었어요. 27. 제가 이런 주제에 손을 대는 데 주저했던 것은 저의 문장이 그 같은 일을 묘사하는 데 부족하지 않을까 하는 염려 때문이었으나, 피하지 않겠습니다. 관중으로서 우리를 사로잡는 것을 전하지 않으려는 것이 오히려 염치없는 소치이기 때문이지요. 모든 경기를 상술하자면, 제 글이 지금 같은 경우에는 어울리지 않게 길어질 것 같아요. 그러나, 당신이 유난히 뛰어났던 한 가지 경기에 대해서만 소개해도 그 같은 효과를 거두는 동시에, 제가 청중들의 인내도 더 적절하게 선용하는 것으로 보이게 될 것 같습니다.

28. 말들이 조를 이루어 출발하자, 일부는 당신 앞으로 치닫고 다른 일부는 고삐를 조종하는 가운데, 당신은 노련하게 양쪽 모두를 차례로 다 제압하고 승리를 거두었어요. 그렇게 선망의 관을 수여받았는데, 그 자체로서도 영광이지만, 그보다 더 영광스럽고 놀라운 것은 당신이 살아남았다는 것이었지요. 당신을 뒤따르던 상대의 전차(戰

車)가 당신을 향해 돌진했을 때, 모두가 당신이 말들의 힘을 제압하지 못할 것이라 생각했던 거예요. 아무런 위험이 없는데도 일부 사람들이 너무나 불안해하는 것을 보면서, 당신은 놀라거나 겁먹지 않을 뿐만 아니라, 대담하게 한 조의 말들의 힘을 제압했고, 속력을 내어 경기에서 줄곧 앞서가던 이들을 따라냈지요. 29. 나아가 당신이 사람들의 생각을 바꾸어 놓았어요. 전차 경주에서 가장 큰 볼거리가 전차 충돌이라고 많은 이가 말하고, 또 이 말이 일리가 있는 것 같지만, 당신의 경우는 그 반대였어요. 모든 관중이 그 같은 사고가 당신에게 일어날까 봐 걱정했으니까요. 당신의 성공을 바라는 그 같은 선의와 열망을 그들에게 심은 것은 당신의 인품이었지요.

30. 그들이 그런 감정을 가진 것은 일리가 있습니다. 누구라도 장점을 가져서 명성을 얻는 것은 대단한 일이지만, 그보다 더 대단한 것은 양식 있는 이가 당당하게 긍지를 가지는 모든 속성들을 함께 가진다는 것이지요. 이런 점은 다음의 사실에서 분명합니다. 아이아코스6와 라다만티스7가 그 분별력에서, 헤라클레스, 8 카스토르, 폴리데우

---

6 아이아코스는 제우스와 아이기나의 아들로서, 모친의 이름과 같은 섬 아이기나에서 태어났다. 한번은 기근으로 아이기나에 사람이 거의 다 죽었을 때, 제우스가 아이아코스의 소원을 들어 주어서, 개미를 사람으로 변신하게 했다. 이들은 '개미족(Myrmidonai)'으로 불렸다.

7 라다만티스는 제우스와 에우로페의 아들로서, 미노스와 동부동모 형제다. 에게해 섬들을 지혜와 정의로 다스렸고, 법을 제정했는데, 이 법은 크레타섬에서 잔존했다 (참조, Aristoteles, *Ethika Nikomacheia*, 5. 3). 플라톤(*Gorgias*, 523e~524a)에 따르면, 라다만티스는 미노스와 함께 죽은 자의 영혼을 심판한다고 한다.

8 헤라클레스는 제우스와 알크메네의 아들이며, 도리스 종족의 전설의 영웅이다.

케스9는 용기로서, 가니메데스,10 아도니스,11 또 그와 같은 다른 이들은 아름다움으로서 신들의 사랑을 받은 사실을 우리는 보게 됩니다. 그래서 제가 놀라는 것은 당신의 우정을 얻으려 하는 이가 아니라, 그런 마음을 갖지 않은 이입니다. 누구라도 제가 언급한 이런저런 속성들을 공유함으로써 신들과 어울릴 가치가 있는 것으로 간주된다면, 실로 유한한 인간에게는 모든 가치 있는 속성들을 갖춘 자긍심 가진 이의 친구가 되고 싶은 것이 최고의 희망입니다. 31. 당신의 부친, 모친 및 집안의 다른 사람들이 선망의 대상이 되는 것은 당연합니다. 당신이 덕성에서 같은 나이 또래 사람들을 능가하기 때문이지요. 그러나 더 바람직한 것은 이렇듯 축복받을 만한 자질을 갖춘 당신이 많은 사람들 가운데 친구로 선택한 이들입니다. 행운이 전자(집안사람들)로 하여금 당신과의 정을 함께하도록 했으나, 32. 후자(당신의

---

9 카스토르와 폴리데우케스는 디오스쿠로이 형제로 불린다. 헬레네, 클리타임네스트라와 자매인 레다가 낳은 아들들이다. 폴리데우케스는 제우스의 아들로 불사이며, 카스토르는 레다가 남편 틴다레우스에게서 얻은 아들로서 가사(可死)의 인간이다. 불사와 가사의 차이를 없애기 위해서 제우스가 이들 형제를 별로 만들었고, 이것이 형제좌(Didima)이다.

10 가니메데스는 트로이아의 왕자인데 제우스에 의해 납치되어 독수리로 변신했고, 제우스를 위해 봉사한다.

11 아도니스는 프리기아 지역의 한 공주가 자신의 부친과 관계하여 낳은 아들이며, 미의 여신 아프로디테의 연인이었다. 질투한 아레스가 야생 곰으로 변신하여 아도니스를 죽였다. 아도니스가 죽어 저승(하데스)으로 갔는데, 하데스의 부인 페르세포네가 그에게 반했다. 제우스가 아도니스로 하여금 2년을 반반씩으로 나누어, 반은 이승의 아프로디테, 반은 저승의 페르세포네와 함께 지내도록 했다. 아도니스는 다산(多産)의 상징이며, 자연의 죽음과 재생을 상징한다.

친구들)는 그들 스스로 가진 훌륭함[12]으로 인해 당신의 친구가 된 것이므로, 저는 이 젊은이들을 추종자 아니면 올바른 판단자 등 어떻게 불러야 할지 모르겠습니다. 제 소견에, 비열한 이들을 경멸하고 진지한 이들의 통찰력을 일깨우는 행운이 애초에 당신의 천성을 품위 있게 만든 것 같기 때문입니다. 향락의 삶으로 기만당하지 않고, 유덕한 삶을 통해 행복을 누리도록 말이죠.

33. 당신을 기릴 것이 아직 많이 있지만, 여기서 제 찬사를 그치려합니다. 혹여 당신을 위해 인간의 한계를 넘어서 과장하는 것으로 보이지나 않을까 하는 염려 때문입니다. 언어의 힘이 보는 것에 한참 못미치는 것이 당연하므로, 눈으로 본 증거를 불신하려는 이는 없지만, 본 것에 대해 누가 찬사하면, 그것을 진실로 보지 않습니다. 찬사가실제에 더 못 미치는 경우에도 그러합니다. 34. 그러니 저는 이런 주제에 대한 이야기를 그치고, 이제 당신의 삶을 더욱 품위 있게 하는 방법에 대해 조언할까 합니다. 제가 드리려는 말씀을 허투루 하는 것이라 경시하지 마시고, 또 제 말이 당신을 위한 것이 아니라 오히려 제 능력을 돋보이려고 하는 그런 것이라 여기지 말아 주십시오. 핵심을 놓치고, 최선이 아니라 아무거나 되는대로 선택함으로써 더 불량한 결정을 내리지 않도록 말이죠. 35. 보잘것없고 비천한 이들은 좋지 않은 어떤 짓을 한다 해도 우리가 이들을 비난하지 않지만, 당신처럼, 저명한 이들이 다소간에 좋은 것을 소홀히 하면 망신당합니다. 더구나, 다른 말을 오해한 이는 한 가지 사안에서만 최선의 것을 놓치

---

12   *kalokagathia.*

게 되지만, 행동거지에 대한 조언을 놓치거나 경시하면 전 생애에 걸쳐 자신의 우둔함을 후회하게 되는 거예요.

36. 그러니 당신은 이 같은 부류의 우(愚)는 아무것도 범하지 말고, 오히려 인간지사에서 가장 큰 힘이 되는 것이 무엇이며, 좋은 것으로 드러나서 우리에게 최선이 되는 것이 무엇이며, 좋지 않은 것이 되어 삶을 최대로 피폐하게 하는 것이 무엇인지 찾아내도록 하십시오. 거론할 필요도 없이, 우리가 참으로 주의를 기울여야 하는 것은 본성상 긍정적인 것, 부정적인 것 중 어느 한쪽으로 최대한 영향을 주는 그 같은 요소에 대한 것이기 때문입니다. 37. 지능이 인생만사를 좌우하는데, 철학13만이 그 지능을 바르게 교정하고 훈련시킬 수 있습니다. 제 소견에, 철학에 관심을 기울이도록 하고, 소홀히 하거나 그에 따르는 어려움을 피해서는 안 될 것 같습니다. 여기서 유념할 것은, 나태와 태만으로는 아주 경미한 것도 무지 어려워지지만, 끈기와 근면으로는 어떤 가치 있는 것도 달성하지 못할 것이 없다는 점, 38. 세상만사에서 가장 어리석은 것은 부, 체력 및 그 같은 것을 탐하는 것이며, 언제나 일시적이고 통찰력에 종속적인 위치에 있을 뿐인 그런 것을 얻으려고 많은 수고를 하는 것이고, 또 다른 모든 힘을 관장하고, 언제나 그 소유자의 곁에 머물면서 전 생애를 안내하는 통찰력을 진작시키려고 하지 않는 점 등입니다. 39. 우연한 성공이라 하더라도 중진(重鎭)들 사이에서 칭찬받는 것은 좋은 일이지만, 영광의 업적에 몸을 사리지 않고 동참하는 열심을 통해 얻어지는 것이 참으로 귀한 것이에요. 전

---

13 *philosophia.*

자는 평범한 사람들에게도 주어지지만, 후자는 탁월한 용기를 가진 이 외에는 아무도 가질 수 없는 것이니까요.

40. 그런데 철학과 관련하여 그 속성들을 상술할 수 있는 더 적절한 기회가 앞으로 제게 주어지겠습니다만, 당장에 그 개요를 소개하는 것도 나쁘지 않을 것 같습니다. 그러니 무엇보다 먼저 당신이 정확하게 파악하셔야 할 것은 모든 학습14은 지식15과 실제16가 함께해야 한다는 것, 그리고 이런 점은 다른 분야 학문보다 철학에서 더욱더 주효하다는 것입니다. 감독자들이 더 정확17할수록, 그 결합은 그만큼 더 완벽해질 가능성이 있으니까요. 41. 더구나, 지능은 말하고 사고하는 영역을 관장하며, 철학은 이들 각각의 능력을 촉진하는데, 양쪽을 강화할 수 있는 이 같은 학문을 무슨 이유로 응용하려 하지 않겠습니까? 최강이 되기를 염원하면서, 한편으로 가르침으로 얻을 수 있는 것, 다른 한편으로 훈련과 습관으로 얻을 수 있는 것들을 응용할 때, 삶이 거대한 진보를 이룰 수 있는 것으로 보이기 때문입니다. 42. 좋은 생각에서 서로 차이가 생기는 것이 지식에 기인한 것이 아니라고 우기는 것은 실로 용납되지 않습니다. 보편적으로, 타고난 재능은 적절한 학습을 더함으로써 개선되며, 이런 사실은 애초에 천

---

14 *paideia.*

15 *episteme.*

16 *melete.*

17 Loeb 판 영역은 '*akribesteroi*'(정확한, 엄격한 이들), F. V. Blass, W. Rennie, Perseus Digital Libreay(Tufts University) 등에서는 '*phronimoteroi*'(조신한 이들)로 대체한다.

성적으로 타인보다 우수한 재능을 타고난 경우에 특히 그렇습니다. 한쪽은 그 자체를 개선할 수 있을 뿐이지만, 다른 쪽은 타인을 능가할 수도 있기 때문입니다.

43. 또 유념해야 할 것이 있습니다. 실제 경험을 통해서만 얻은 능력은 불안정하고 앞으로의 여생에서도 무용지물이나, 철학에 기인한 학습은 모든 경우에 적절하게 이용됩니다. 그러니, 지난날 실제 훈련으로 단련한 일부 사람들이 활동에서 행운의 덕을 입어 존경받게 된 사실이 있지만, 당신의 경우 적절한 것은 이런 이들을 논외로 하고 당신 자신을 간수하도록 하십시오. 극도로 중요한 사안을 다룰 때, 서둘지 말고 잘 살펴보며, 기회주의적으로 접근하지 말고 본질을 꿰뚫어 볼 수 있도록 노력하십시오. 44. 주지하실 것은, 철학의 모든 분야가 그것을 연마하는 이들에게 큰 덕을 가져오지만, 특히 정치활동 및 정치적 발언 관련 지식이 그러하다는 사실입니다. 기하(幾何)나 그에 유사한 다른 지식을 학습하지 못한 것은 물론 수치이지만, 이 분야에 최고수가 되는 것도 당신의 덕성에 비해 볼 때 더 저급한 것이죠. 그러나 전자(철학)의 분야에서 두각을 나타내려 하는 것은 의미가 있을 뿐 아니라, 무지한 것은 완전히 웃음거리가 되는 것이에요. 45. 이런 사실은 다른 많은 이들이 있지만, 당신 이전에 생존했던 저명한 이들을 살펴보아도 당신이 알 수 있어요. 한편으로, 페리클레스는 동시대 많은 사람들 가운데서 남다른 지혜를 가진 것으로 이름이 났고, 클라노메나이 출신 아낙사고라스[18]에게로 가서 그 제자가 됨으

---

18 아낙사고라스는 소아시아 이오니아 지역 클라조메나이 출신 철학자로서 기원전

로써 그 같은 능력을 얻게 되었던 겁니다. 다른 한편, 알키비아데스19를 당신도 알고 있을 텐데, 그는 천성적으로 덕성과는 아주 거리가 멀었고, 때로 거만하게, 때로 천박하게, 때로 방탕하게 살았으나, 소크라테스와의 교우를 통해 생활방식을 많이 교정했고, 훗날의 위대한 공적으로 나머지 것들이 묻혀 버렸어요. 46. 옛날 일로 지체하는 대신 최근 사례들을 살펴본다면, 티모테오스20를 아실 테지요. 그가 거두었던 최고의 명성과 수많은 존경은 젊은 시절의 활동이 아니라 이소크라테스21에게서 사사한 다음에 세운 공적 때문이었지요. 또 타라스 출신 아르키타스22는 통치자가 되어 아주 훌륭하고 인자하게 도시

500년경에 태어났다. 돈과는 담쌓고 오직 학문에 전념했다. 아테나이로 와서 페리클레스와 교류하고, 에우리피데스와 투키디데스의 스승이 되었다. 만물의 근원(*arche*)은 'nous(정신)'인데, 이것은 모든 요소 가운데 단 하나 단순, 깨끗한 것이다. 아테나이에서 신성모독으로 유죄 선고를 받고, 페리클레스의 도움으로 사형을 면하고, 5탈란톤의 벌금을 물었다. 기원전 428년 람프사코스에서 죽었다.

19 알키비아데스는 소크라테스와 교류했다. 플라톤의 《고르기아스》(481d)에 따르면, 소크라테스가 사랑한 두 가지는 철학과 알키비아데스였다고 한다. 그 외 참조, Platon, *Symposion*, 217a 이하.

20 티모테오스는 아테나이의 고명한 장군으로, 코논의 아들이다. 참조, Demosthenes, 49(이 변론은 데모스테네스가 아니라 아폴로도로스가 발표한 것으로 추정된다).

21 이소크라테스(436~338 B. C.)는 이른바 '철학'에 전념했으나, 그 철학은 추상적이고 형이상학적인 어떤 이론적 진실이 아니라, 일상의 실제적 소양과 활동에 관한 것이었다. 그의 정치적 교육도 그 같은 측면에서 이루어지는 것이고, 전 헬라스 단결의 필요성을 주창했다.

22 아르키타스는 타라스 출신 정치가, 철학자, 수학자로서, 피타고라스학파의 중심인물에 속한다. 그 연구 분야는 소리(날카로운 소리는 둔감한 소리보다 더 빠르게 움직이고, 톤의 높낮이는 움직임의 주기에 따른 것이라는 점을 발견), 수학(정육면체 확대 문제 혹은 델로스 문제), 기계, 찬문, 철학 등이다. 질료와 형태로 구성된 세

를 다스렸으므로, 그 공적이 세상에 널리 알려졌어요. 그런데 애초에 그는 비루했으나, 플라톤에게 사사함으로써 그 같은 성과를 초래하게 되었던 겁니다. 47. 이런 사례들 가운데서 하나도 상식에 어긋나는 것은 없어요. 지식과 실제를 결합함으로써 하찮은 결과를 얻는 한편, 이 같은 능력을 갖추지 않고서 최대의 성과를 거둘 수 있다고 한다면 참으로 더 부적절한 것이 될 테니까요.

  이런 주제에 대해 더 이상 말해야 할 것이 있는지 제가 모르겠습니다. 애초에 제가 이들을 거론한 것은 당신이 아주 모른다고 생각했기 때문이 아니라, 이런 것들을 언급함으로써, 혹여 모르는 이들이 있다면 일깨우고, 이미 알고 있는 이들에 대해서는 더 자극을 주기 위한 것이었거든요. 48. 이런 말을 하면서 제가 주제넘게끔 이 같은 어떤 분야에 대해 당신을 가르치려 한다고는 생각하지 마십시오. 제가 스스럼없이 말씀드릴 수 있는 것은 제 스스로 아직 많이 배워야 하며, 다른 것을 가르치는 선생이기보다 정치적 이력을 쌓기를 선호한다는 점이에요. 가르치는 직업을 사양하는 것은 지혜[23]를 가르치는 이들의 명예를 폄훼하려는 뜻이 아니라, 사물의 진실은 다음과 같다고 보기 때문이지요. 49. 많은 이들이 이 같은 기교를 익힘으로써 비천하고 보잘것없는 신분에서 명성을 얻었던 사실, 또 솔론이 생전이나 사후나 최고의 영광을 누린다는 사실 등을 저도 알고 있습니다. 그는 다른 점에서

계의 일체성에 대한 믿음을 가지고, 육체는 동작에 의해 질료로부터 발생한다고 보았다. 그 저작은 단편으로 남아 전해진다. 플라톤과 가깝게 지냈고, 시라쿠사이 참주 디오니시오스 2세가 플라톤을 구금했을 때 그가 풀려나오는 데 도움을 주었다.

23 *sophisteuein.*

도 명예를 잃지 않았으나, 메가라인에 대해 승리를 거둔 용기, 살라미스 수복에서 보여 준 지혜, 50. 다수 헬라스인이 지금도 원용하는 법률에서 보여 준 또 다른 명철함에서 존경을 받았습니다. 그러나 이 같은 그의 공적에도 불구하고, 7현인24의 한 사람이 될 정도로, 어떤 것에도 더 이상 연연하지 않았지요. 그 생각에 철학은 그에 매진하는 이에게 불명예가 아니라 명예를 가져오는 것이었고, 그런 판단에서 그는 스스로 두각을 드러냈던 다른 측면 못지않게 현명했던 겁니다.

51. 이런 것이 제 생각이고, 그래서 당신에게 철학에 힘쓰기를 권합니다. 애초에 당신이 가진 덕성을 제가 알고 있기 때문이지요. 실로, 그 때문에 제 글 서두에 그런 점에 대해 언급한 것입니다. 제가 당신의 천성을 기리면서 당신의 관심을 제게로 끌려고 한 것이 아니라, 오히려 당신이 철학에 관심을 갖도록 하려는 것이었지요. 그것을 하잘것없는 것으로 보지 않는다면, 또 지금 누리는 행복에만 큰 의미를 두고 미래에 무관심한 것이 아니라면 말이죠. 52. 당신이 보통 사람들에 비해 더 낫다 해도, 다른 이들보다 탁월하다고 여기지 마십시

---

24 기원전 7~6세기 고대 헬라스 7명의 현인은, 밀레투스의 탈레스, 아테네의 솔론, 프리에네의 비아스, 미틸레네의 피타코스, 스파르타의 킬론, 린도스(로도스섬의 도시)의 클레오불로스, 코린토스의 페리안드로스를 꼽는다. 그러나 참주로서 논란거리가 많은 페리안드로스를 빼고 (크노소스 혹은 파이스토스 출신으로 알려진) 에피메니데스를 넣기도 하고, 그 외에 아나카르시스, 미손[플라톤이 《고르기아스》에서 코린토스의 페리안드로스를 빼고 케나이(Chenai) 출신 미손을 넣었다], 페레키데스를 넣기도 한다. 나중에는 7현인이 아니라 20명 정도가 거론되기도 했다. 그러나 탈레스, 솔론, 비아스, 피타코스, 이 네 사람을 7현인에 넣지 않는 사람은 없다.

오. 유념할 것은, 모든 이들 가운데서 두각을 드러내는 것이 가장 중요하지만, 평범한 이들 가운데서 뛰어난 것보다, 그 같은 것을 위해 노력하는 모습이 당신에게 훨씬 더 유익하다는 사실입니다. 천성을 비천하게 돌리지 말고, 또 당신의 가치를 높게 사는 이들의 희망을 저버리지 말고, 당신의 능력으로 당신을 아끼는 이들의 소망을 초과 달성하도록 하십시오. 53. 또 마음에 새겨 둘 것은 다른 부류의 말은, 타당성이 있는 경우, 그 화자(話者)에게만 영광이 돌아가지만, 좋은 조언은 청취자에게 이득과 영광을 가져옵니다. 다른 사안에 대한 우리의 결정은 우리가 가진 감각을 드러내지만, 생활방식에 대한 선택은 우리가 가진 모든 천성을 시험하는 것이죠. 이런 사안과 관련하여 당신이 판단할 때, 동시에 세상 사람들에 의해 당신 자신이 평가된다는 사실에 유념하고, 또 당신에게 기꺼이 찬사를 보내려는 저도 그 시험대에 오르게 된다는 사실을 잊지 마십시오. 54. 당신을 위한 제 찬사에 걸맞은 그 같은 행위로 당신이 평가되어야만, 제가 당신에게 갖는 우정에 대한 온갖 비난을 제가 면할 수 있어요.

제 우정으로 철학이 당신에게 대단한 도움이 될 것이라고 제가 생각하지 않았더라면, 또 최선의 인력 결핍으로 도시가 종종 평범한 이들을 기용하며, 이들의 서투름이 막중한 불행을 초래하는 것을 깨닫지 못했더라면, 이렇듯 적극적으로 그 철학을 권하지 않았을 겁니다. 55. 그러니, 도시가 당신 같은 이의 능력을 기용하고, 당신은 그 같은 능력에 걸맞은 명예를 누릴 수 있도록, 제가 다소간 강력하게 당신에게 권합니다. 제 소견에, 당신이 원한다고 해서 마냥 운이 닿는 대로 살 수 있는 것이 아니라, 도시가 필요한 직에 당신을 임명하고, 당신이 타고난 재능이 더 뛰어날수록 더 큰 임무를 감당하도록 결정할 것이고, 머지않아 바로 당신을 시험대에 올리려 할 것이니까요. 그러니, 그때 가서 그르치는 일이 없도록, 당신의 양식을 갖추도록 연마하는 것이 좋겠습니다.

56. 제 역할은 당신이 어떤 것을 공부하는 것이 좋은지 제 생각을 말해 주는 것이지만, 그것을 결정하는 것은 당신의 몫입니다. 당신과 사귀려는 이들이 마땅히 지켜야 할 도리도 있습니다. 피상적 쾌락이나 오락에 만족해서는 안 되고, 어떻게 당신의 이력을 아주 훌륭하게 가꿀 수 있을지 진지하게 생각해야 하는 거예요. 그렇게 함으로써 그들은 스스로 참다운 가치를 더하고 당신에게 최대의 기여를 가져오는 마중물이 되는 것이고요. 57. 지금에 와서 제가 당신과 사귀는 이들 중 누구도 비난하려는 것이 아닙니다. 제 소견에, 당신이 누리는 온갖 행운 가운데 한 요소로 보이는 것은, 당신이 비열한 추종자를 옆에 두지 않고, 또 다른 이들도 즐겨 선택할 만한 그런 이들로서 같은 나이 또래 젊은이들을 친구로 선택해 왔던 겁니다. 그러나 저의 충고는, 이들 모두와 친근하고 화기애애하면서도, 그중 아주 이성적인 이들의 말을 수용하면, 당신이 이들은 물론 다른 시민들에게도 더 신중한 이로 비칠 것입니다. 안녕히 계십시오.

지은이 · 옮긴이 소개

지은이_ 데모스테네스 (Demosthenes, BC 384? ~ BC 322)

데모스테네스는 파이아니아 데모스(아테나이 동쪽 히메토스 산기슭)에서 태어났다. 그의 부친은 그와 같은 이름으로 부유한 자산가였고, 모친 클레오불레는 스키티아 계통이었다. 7살 무렵 부친이 타계하며 거액의 유산을 남겼으나, 성인이 되어 후견인들로부터 되돌려 받은 것은 그 10분의 1에 불과했다. 그는 부친의 재산을 되찾기 위해 변론인이 되기로 결심한 후, 유산상속 사건의 변론으로 유명한 이사이오스를 가정교사로 들이고 유산으로 받은 돈을 투자하여 법률과 변론술을 익혔다. 데모스테네스는 변론가이자 기원전 4세기 중후반 아테나이에서 영향력이 큰 정치가로 성장했다. 그는 마케도니아에 대항해 페르시아와 제휴한 반면, 그의 경쟁자 이소크라테스는 마케도니아와 손잡고 페르시아에 저항했다. 기원전 388년 카이로네이아 전투에 패배한 아테나이는 마케도니아에 종속되었다. 알렉산드로스가 바빌로니아에서 사망한 직후인 기원전 322년, 그는 마케도니아에 맞서는 아테나이의 반란에 앞장섰고, 아테나이 서북쪽 라미아에서 벌어진 마지막 전투에서 패배한 후 자살했다. 최고의 법정 변론인이자 명성 있는 정치가로서 이력을 가진 그의 변론문은 정치, 사회, 경제, 법률 등 기원전 4세기 아테나이 사회를 거울같이 조명하는 데 손색이 없는 귀중한 고전이다. 데모스테네스의 변론문집은 변론문 총 61개, 서설 56개, 서신 5개, 그 외 산발적으로 전해 내려오는 단편, 주석 등이 있다.

옮긴이_ 최자영 (崔滋英)

경북대 문리대 사학과를 졸업(1976) 하고, 동 대학교에서 석사학위(1979) 를 취득했으며 박사과정을 수료(1986) 하였다. 그리스 국가장학생(1987~1991) 으로 이와니나대 인문대학 역사고고학과에서 "고대 아테네 아레오파고스 의회"로 역사고고학 박사학위 (1991), 이와니나대 의학대학에서 의학 박사학위(2016) 를 취득했다. 그리스 오나시스 재단 방문학자(2002~2003), 부산외국어대 교수(2010~2017), 한국서양고대역사문화학회 학회장(2016~2017) 을 역임했다. 현재 한국외국어대 겸임교수이자 ATINER (Athenian Institute for Education and Research) 의 유럽 지중해학부 부장으로 재임하고 있다. 저서로 《고대 아테네 정치제도사》(1995), 《고대 그리스 법제사》(2007), 《시민과 정부 간 무기의 평등》(개정판, 2019) 등이 있다. 역서로는 아리스토텔레스의 〈아테네 정치제도〉 등을 번역한 《고대 그리스 정치사 사료》(공역, 2003), 기원전 4세기 아테나이 변론가 이사이오스의 《변론》(2011), 크세노폰의 《헬레니카》(2012), 기원전 5~4세기 아테나이 변론가 리시아스의 《리시아스 변론집》 1, 2권(2021) 등이 있다.